國家出版基金項目
NATIONAL PUBLICATION FOUNDATION
陝西出版資金資助項目
「十二五」國家重點圖書出版規劃項目

關學文庫　總主編　劉學智　方光華

文獻整理系列

李因篤集

[清] 李因篤　著
劉泉　高春艷　點校整理

西北大學出版社

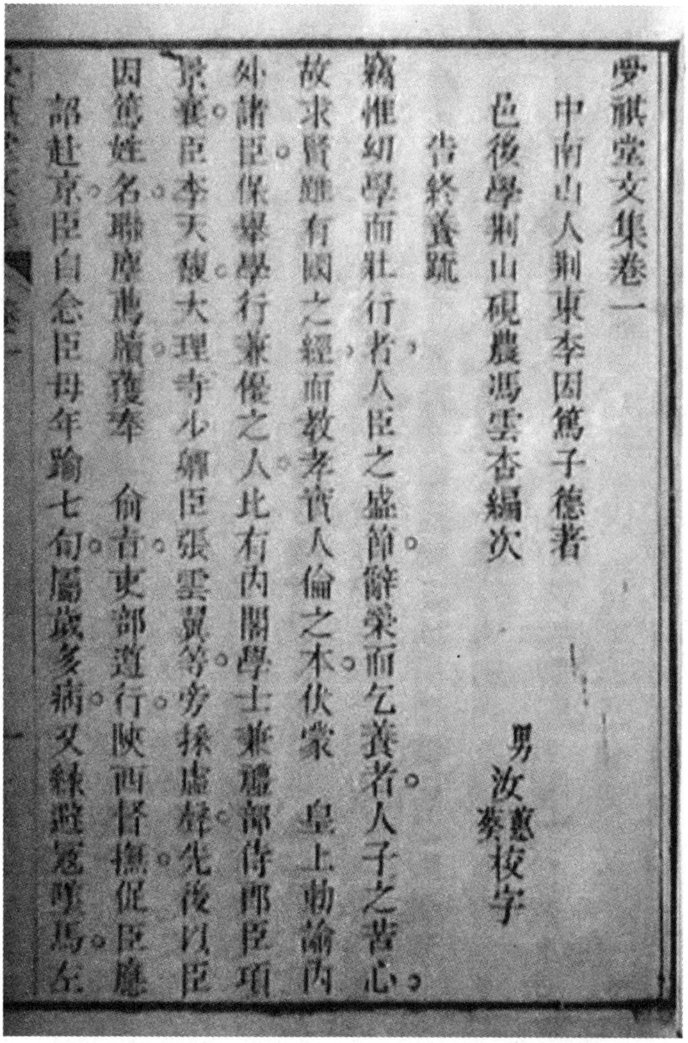
受祺堂文集卷一

中南山人荆東李因篤子德著

邑後學荆山硯農馮雲杏編次

男汝蕙麥校字

告終養疏

竊惟幼學而壯行者人臣之盛節辭榮而乞養者人子之苦心故求賢雖有國之經而教孝實人倫之本伏蒙 皇上勅諭內外諸臣保舉學行兼優之人比有內閣學士兼禮部侍郎臣項景襄臣李天馥大理寺少卿臣張雲翼等旁採虛聲先後以臣因篤姓名聯章薦牘獲奉 俞旨吏部遵行陝西督撫促臣應部赴京臣自念臣母年踰七旬屬歲多病又緣避寇墮馬左

《受祺堂文集》書影（清代道光年間關中書院刊本）

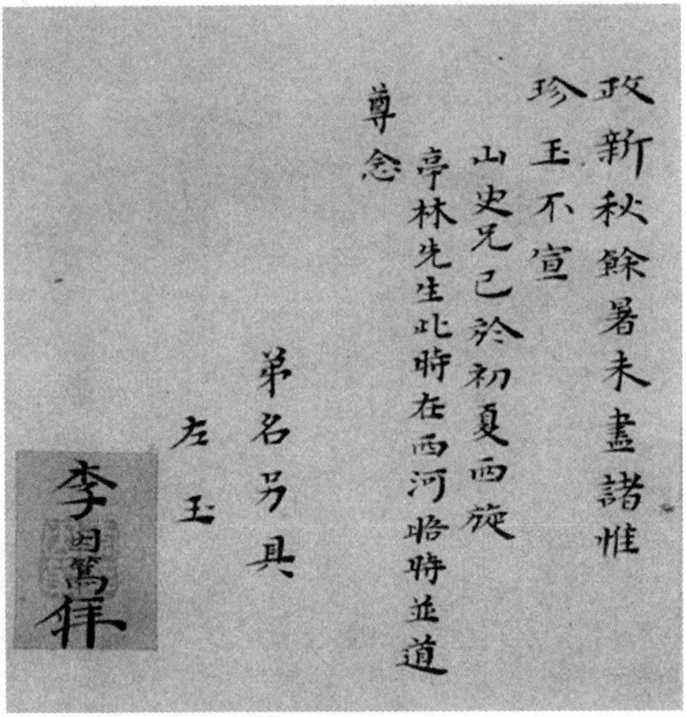
政新秋餘暑未盡諸惟
珍玉不宣
山史兄已於初夏西旋
亭林先生此時在西河晤時並道
尊念
弟名另具
左玉
李因篤拜

李因篤手跡

總序

張載（一〇二〇—一〇七七），字子厚，宋鳳翔府郿縣（今陜西眉縣）人，祖籍大梁，宋仁宗嘉祐二年（一〇五七）進士。張載出身於官宦之家。祖父張復在宋真宗時官至給事中、集賢院學士，死後贈司空。父親張迪在宋仁宗時官至殿中丞、知涪州事，贈尚書都官郎中。張迪死後，張載與全家遂僑居於鳳翔府郿縣横渠鎮之南。因他曾在此聚徒講學，世稱横渠先生。他的學術思想在學術史上被稱爲横渠之學，他所代表的學派被後人稱爲「關學」。張載與程顥、程頤同爲北宋理學的創始人。可以説，關學是由張載創立并于宋元明清時期，一直在關中地區傳衍的地域性理學學派，亦稱關中理學。

關學基本文獻整理與相關研究不僅是中國思想學術史的重要課題，也是體現中國思想文化傳承與創新的重要舉措。關學文庫以繼承、弘揚和創新中華文化爲宗旨，以文獻整理的系統性、學術研究的開拓性爲特點，是我國第一部對上起於北宋、下迄於清末民初，綿延八百餘年的關中理學的基本文獻資料進行整理與研究的大型叢書。這項重點文化工程的完成，對於完整呈現關學的歷史面貌、發展脈絡和鮮明特色，彰顯關學精神，推動傳統文化創造性轉化、創新性發展無疑具有重要意義。在關學文庫即將出版發行之際，我僅就關學、關學與程朱理學的關係、關學的思想特質、關學文庫的整體構成等談幾點意見，以供讀者參考。

一、作爲理學重要構成部分的關學

衆所周知，宋明理學是中國儒學發展的新形態與新階段，一般被稱爲新儒學。但在新儒學中，構成較爲複雜。比較典型的則是程朱理學與陸王心學。南宋學者呂本中較早提到「關學」這一概念。南宋朱熹、呂祖謙編選的近思録較早地梳理了北宋理學發展的統緒，關學是作爲理學的重要一支來作介紹的。朱熹在伊洛淵源録中，將張載的「關學」與周敦頤的

「濂學」、二程（程顥、程頤）的「洛學」並列加以考察。明初宋濂、王禕等人纂修元史，將宋代理學概括爲「濂洛關閩」四大派別，其中雖有地域文化的特色，但它們的思想內涵及其影響並不限於某個地域，而成爲中華思想文化史上重要的一頁，即宋代理學。

根據洛學代表人物程顥、程頤以及閩學代表人物朱熹對記載關學思想的理解、評價和吸收，張載創始的關學本質上當是理學，而且是影響全國的思想文化學派。過去，我們在編寫中國思想通史第四卷、宋明理學史上冊的時候，在關學學術旨歸和歷史作用上曾作過探討，但是也不能不顧及古代學術史考鏡源流的基本看法。

需要注意的是，張載後學，如藍田呂氏等，在張載去世後多歸二程門下，如果拘泥門戶之見，似乎張載關學發展有所中斷，但學術思想的傳承往往較學者的理解和判斷複雜得多。關學，如同其他學術形態一樣，也是一個源遠流長、不斷推陳出新的形態。關學沒有中斷過，它不斷與程朱理學、陸王心學融合。明清時期，關學的學術基本是朱子學、陽明學的傳入及與張載關學的融會過程。因此，由宋至清的關學，實際是中國理學的重要組成部分，它是一個動態的且具有包容性和創新性的概念，它開啟了清初王船山學術的先河。

關學文庫所遴選的作品與人物，結合學術史已有研究成果，如宋元學案、明儒學案、關學編及關學續編、關學宗傳等，均是關中理學的典型代表，上起北宋張載，下至晚清的劉光蕡、民國時期的牛兆濂，能夠反映關中理學的發展源流及其學術內容的豐富性、深刻性。與歷史上的關中叢書相比，這套文庫更加豐富醇純，是對前賢整理文獻思想與實踐的進一步繼承與發展，其學術意義不言而喻。

二、張載關學與程朱理學的關係

佛教傳入中土後，有所謂「三教合一」說，主張儒、道、釋融合滲透，或稱三教「會通」。唐朝初期可以看到三教並舉的文化現象。當歷史演進到北宋時期，由於書院建立，學術思想有了更多自由交流的場所，從而促進了學人的獨立思考，使他們對儒家經學箋注主義提出了懷疑，呼喚新思想的出現，於是理學應時而生。理學主體是儒學，兼采佛、道思想，研究如何將它們融合爲一個整體，這是一個重要的課題。從理學產生時起，不同時代有不同的理學學派。比如，在「三教融合」過程中，如何理解「氣」與「理」（理的問題是迴避不開的，華嚴宗的「事理説」早在唐代就有很大影響）的關系？理學如何捍衛儒學早期關於人性善惡的基本觀點，又不致只在「善」與「惡」的對立中打圈子？如何理解宇宙？宇宙與社會及個人有何關係？君子、士大夫怎麽做才能維護自身的價值和尊嚴，又能堅持修齊治平的準則？這些都是中國思想史中宇宙觀與人生觀的大問題。對這些問題的研究和認識，不可能一開始就有一個統一的看法，需要在思想文化演進的歷史進程中逐步加以解決。宋代理學的產生及不同學派的存在，就是上述思想文化發展歷史的寫照，因而理學在實質上是中國思想文化的傳承創新，具有重要的歷史意義。

張載關學、二程洛學、南宋時朱熹閩學各有自己的特色。作爲理學的創建者之一，張載胸懷「爲天地立心，爲生民立命，爲往聖繼絕學，爲萬世開太平」的學術抱負，在對儒學學説進行傳承發展中做出了重要的理論貢獻。北宋時期，學者們重視對易的研究。易富於哲理性，他通過對易的解説，闡述對宇宙和人生的見解，積極發揮四書義理，並融合佛、道，將儒家的思想提升到一個新的高度。

張載與洛學的代表人物程顥、程頤等人曾有過密切的學術交往，彼此或多或少在學術思想上相互產生過一定的影響。宋仁宗嘉祐元年（一〇五六），張載來到京師汴京，講授易學，曾與程顥一起終日切磋學術，探討學問（參見二程集河南程氏遺書卷二上）。張載是二程之父程珦的表弟，爲二程表叔，二程對張載的人品和學術非常敬重。通過與二程的切磋與交流，張載對自成一家之言的學術思想充滿自信：「吾道自足，何事旁求！」（呂大臨橫渠先生行狀）

因爲張載與程顥、程頤之間爲親屬關係，在學術上有密切的交往，關學後傳不拘門戶，如呂氏三兄弟呂大忠、呂大鈞、呂大臨，蘇昞、范育、薛昌朝以及种師道、游師雄、潘拯、李復、田腴、邵彥明、張舜民等，在張載去世後一些人投到二程門下，繼續研究學術，也因此關學的學術地位在學術史上常常有意無意地受到貶低甚至質疑（包括程門弟子的貶低和質疑）。

事實上，在理學發展史上，張載以其關學卓然成家，具有鮮明的特點和理論建樹，這是不能否定的。反過來，張載的一些觀點和思想也影響了二程的思想體系，對後來的程朱學說及閩學的形成也有重要的啟迪意義，這也是客觀的事實。

張載依據易建立自己的思想體系，但是，在基本點上和易的原有內容並不完全相同。他提出「太虛即氣」的觀點，認爲沒有超越「氣」之上的「太極」或「理」世界，換言之，「氣」不是被人創造出的產物。又由此推論出天下萬物由「氣」聚而成；物毀氣散，復歸於虛空（或「太虛」）。在氣聚、氣散即物成物毀的運行過程中，才顯示出事物的條理性。張載說：「太虛不能無氣，氣不能不聚而爲萬物，萬物不能不散而爲太虛，循是出入，是皆不得已而然也。」（正蒙卷一）他用這個觀點去看萬物的成毀。這些觀點極大地影響了清初大思想家王船山。

張載在西銘中說：「乾稱父，坤稱母。予茲藐焉，乃混然中處。故天地之塞，吾其體；天地之帥，吾其性。民，吾同胞；物，吾與也。」天地是萬物和人的父母，人是天地間藐小的一物。天、地、人三者共處於宇宙之中。由於三者都是氣聚之物，天地之性就是人之性，所以人類是我的同胞，萬物是我的朋友，歸根到底，萬物與人類的本性是一致的。進而認爲，人們「尊高年，所以長其長；慈孤弱，所以幼其幼。聖，其合德；賢，其秀也。凡天下疲癃殘疾、惸獨鰥寡，皆吾兄弟之顛連而無告者也」。這裏所表述的是一種高尚的人道主義精神境界。

二程思想與張載有別，他們通過對張載氣本論的取捨和改造，又吸收佛教的有關思想，建構了「萬理歸於一理」的理論體系。在人性論方面，二程在張載人性論的基礎上進一步深化了孟子的性善論。二程贊同張載將人性分爲「天地之性」和「氣質之性」。但二程認爲「天地之性」是天理在人性中的體現，未受任何損害和扭曲，因而是至善無瑕的；「氣質之性」是氣化而生的，也叫「才」，它由氣禀決定，禀清氣則爲善，禀濁氣則爲惡，正因爲氣質之性不可避免地受到了「氣」的侵蝕而出現「氣之偏」，因而具有惡的因素。在二程看來，善與惡的對立，實際上是「天理」與「人欲」的對立。

朱熹將張載氣本論進行改造，把有關「氣」的學說納入他的天理論體系中。朱熹接受「氣」生萬物的思想，但與張載的氣本論不同，朱熹不再將「理」看成是「氣」的屬性，而是「氣」的本原。天理與萬事萬物是一種怎樣的關係？朱熹關於「理一分殊」的理論回答了這一問題。他認爲：「太極只是個極好至善的道理。人人有一太極，物物有一太極。」又說：「太極非是別爲一物，即陰陽而在陰陽，即五行而在五行，即萬物而在萬物，只是一個理而已。」（朱子語類卷九四）「理一分殊」理論包括一理攝萬理與萬理歸一理兩個方面，這與張載思想有別。

總之，宋明理學反映出儒、道、釋三者融合所達到的理論高度。這一思想的融合完成于兩宋時期。張載開創的關學爲此做出了重要的學術貢獻。正如清初思想家王船山所說：「張子之學，上承孔孟之志，下救來茲之失，如皎日麗天，無幽不燭，聖人復起，未有能易焉者也。」（張子正蒙注序論）船山之學繼承發揚了張載學說，又有新的創造。

三、關學的特色

關學既有深邃的理論，又重視實用。這可以概括爲以下幾個方面：

首先，學風篤實，注重踐履。黃宗羲指出：「關學世有淵源，皆以躬行禮教爲本。」（明儒學案師說）躬行禮教，學風樸質是關學的顯著特徵。受張載的影響，其弟子藍田「三呂」也「務爲實踐之學，取古禮，繹其義，陳其數，而力行之」（宋元學案呂范諸儒學案），特別是呂大臨。明代呂柟其行亦「一準之以禮」（關學編）。即使清代的關學學者王心敬、李元春、賀瑞麟等人，依然守禮不輟。

其次，崇尚氣節，敦善厚行。關學學者大都注意砥礪操行，敦厚士風，具有不阿權貴、不苟於世的特點。張載曾兩次被薦入京，但當發現政治理想難以實現時，毅然辭官，回歸鄉里，教授弟子。明代楊爵、呂柟、馮從吾等均敢於仗義執言，即使觸犯龍顏，被判入獄，依舊不改初衷，體現了大義凜然的獨立人格和卓異的精神風貌。清代關學大儒李顒，在皇權面前錚錚鐵骨，操志高潔。這些關學學者「窮則獨善其身，達則兼善天下」，體現出「富貴不能淫，貧賤不能移，威武不能屈」的「大丈夫」氣節。

最後，求真求實，開放會通。關學學者大多不主一家，具有比較寬廣的學術胸懷。張載善於吸收新的自然科學成果，不斷充實豐富自己的儒學理論。他注意對物理、氣象、生物等自然現象做客觀的觀察和合理的解釋，具有科學精神。後世關學學者韓邦奇、王徵等都重視自然科學。三原學派的代表人物王恕以治易入仕，晚年精研儒家經典，強調用心求學，求其「放心」，用心考證，求疏通之解，形成了有獨立主見的治國理政觀念。關學學者堅持傳統，但並不拘泥傳統，能夠因時而化，不斷地融合會通學術思想，具有鮮明的開放性和包容性特徵。由張載到「三呂」、呂柟、馮從吾、李顒等，這種融會貫通的學術精神得到不斷承傳和弘揚。

四、關學文庫的整體構成

關學文獻遺存豐厚，但是長期以來沒有得到應有的保護和整理，除少量著作如正蒙、涇野先生五經說、少墟集、元儒考略等在清代收入四庫全書之外，大量的著作仍散存於陝西、北京、上海等地的圖書館或民間，其中有的在大陸已成孤本（如韓邦奇的禹貢詳略、李因篤的受祺堂文集家藏抄本），有的已殘缺不全（如南大吉集收入的瑞泉集殘本，現重慶圖書館存有原書，國家圖書館僅存膠片；收入的南大吉詩文，搜自西北大學圖書館藏周雅續）。即使晚近的劉光蕡、牛兆濂等人的著述，其流傳亦稀世罕見。民國時期曾有宋聯奎主持編纂關中叢書（邵力子題書名），但該叢書所收書籍涉及關中歷史、地理、文學、藝術等諸多方面，內容駁雜，基本上不能算作是關學學術視野的文獻整理。二十世紀七十年代以來，中華書局將張載集、藍田呂氏遺著輯校、關學編（附續編）、涇野子內篇、二曲集等收入理學叢書陸續出版，這些僅是關學文獻的很少一部分。全方位系統梳理關學學術文獻仍系空白。

關學典籍的收集與整理，是關學學術研究的重要基礎，文獻整理的嚴重滯後，直接影響到關學研究的深入和關學精神的弘揚，影響到對歷史文化的傳承和中國文化精神的發掘。

現在將要出版的關學文庫由兩部分內容組成，共四十種，四十七冊，約二千三百餘萬字。

一是文獻整理類，即對關學史上重要文獻進行搜集、搶救和整理（標點、校勘），其中涉及關學重要學人二十九人，編訂文獻二十六部。這些文獻分別是：張子全書、藍田呂氏集、李復集、元代關學三家集、王恕集、薛敬之張舜典集、馬理集、呂柟集涇野經學文集、呂柟集涇野子內篇、呂柟集涇野先生文集、韓邦奇集、南大吉集、楊爵集、馮從吾集、王徵集、王建常集、王弘撰集、李顒集、李柏集、李因篤集、王心敬集、李元春集、賀瑞麟集、劉光蕡集、牛兆濂集以及關學史文獻輯校。

二是學術研究類，其中一些以「評傳」或年譜的形式，對關學重要學人進行個案研究，主要涉及郿縣張載、藍田呂大臨、高陵呂柟、長安馮從吾、朝邑韓邦奇、盩厔李顒、郿縣李柏、富平李因篤、鄠縣王心敬、咸陽劉光蕡等學人，共十一部。它們分別是：張載思想研究、張載年譜、呂大臨評傳、呂柟評傳、韓邦奇評傳、馮從吾評傳、李顒評傳、李柏評傳、李因篤評傳、王心敬評傳、劉光蕡評傳等。此外，針對關學的主要理論問題與思想學術演變歷程進行研究，共三部。這些著作分別是關學精神論、關學思想史、關學學術編年等。

在這兩部分內容中，文獻整理是文庫的重點內容和主體部分。

關學文庫係「十二五」國家重點圖書出版規劃項目、國家出版基金項目、陝西出版資金資助項目，得到了中共陝西省委、陝西省人民政府和國家新聞出版廣電總局的大力支持。本文庫歷時五年編撰完成，凝結著全體參與者的智慧和心血。總主編劉學智、方光華教授，項目總負責徐曄、馬來同志統籌全書，精心組織，西北大學、陝西師範大學、中國人民大學、華東師範大學、鄭州大學等十餘所院校的數十位專家學者協力攻關，精益求精，體現出深沉厚重的歷史使命感和復興民族文化的責任感；他們孜孜矻矻，持之以恒，任勞任怨，樂於奉獻，以古人爲己之學相互勉勵，在整理研究古代文獻的同時，不斷錘煉學識，砥礪德行，努力追求樸實的學風和嚴謹的學術品格。出版社組織專業編輯、外審專家通力合作，希望盡最大可能提高該文庫的學術品質。我謹向大家卓有成效的工作表示衷心的感謝。由於時間緊迫、經驗不足等原因，文庫書稿中的疏漏差錯難以完全避免。希望讀者朋友們在閱讀使用時加以批評指正，以便日後進一步修訂，努力使該文庫更加完善。

張豈之

二〇一五年一月八日

于西北大學中國思想文化研究所

前言

李因篤，字天生，一字孔德，又字子德，陝西富平韓家村人。生於明崇禎四年辛未（一六三一），卒於清康熙三十一年壬申（一六九二），壽六十二歲。與李顒（一六二七—一七〇五，字中孚，號二曲，陝西盩厔人）、李柏（一六三〇—一七〇〇，字雪木，號太白山人，陝西眉縣人）併稱關中三李。

一　生平簡述

李因篤的生平，詳見於朱樹滋所撰李文孝先生行狀及吳懷清編關中三李年譜天生先生年譜，[一]尤以後者爲備。高春艷李因篤文學研究一書，對李因篤的生平事跡考訂補證良多，可資參考。今依所見文獻，略述李因篤學術思想發展的三個階段及其主要活動。

第一階段，崇禎四年到順治十五年。[二]此間，李因篤在關中，受學于外祖父，並與關中學者多有交往切磋，爲積累期。李因篤四歲喪父，幼承庭訓於母親田太孺人（一六〇九—一六八四）。其父李映林（一六〇八—一六三四，字暉天，謚孝貞），私淑於晚明關中大儒馮從吾（一五五六—一六二七，字仲好，號少墟，陝西長安人），尊禮崇德，鄉有賢名。五歲時，其

[一] 清吳懷清編，關中三李年譜天生先生年譜，陳俊民點校，陝西師範大學出版社一九九二年版。以下凡引此書簡稱年譜，隨文註釋并標注頁碼。

[二] 順治七年至順治十六年，因無具體文獻可據，暫歸入第一期。

母攜家避亂於外祖父田時霈（？—一六五九）家，遂從外祖父受讀經史及唐宋古文。七歲時，母取李映林藏書及馮從吾小像示之，以勉其向學。李因篤泣受，益發奮經籍，承其父志。清順治元年，十四歲，欲結客塞上不得，歸而閉門研習經學。次年，与理學家王弘撰（一六二二—一七〇二，字文修，一字無異，號山史，陝西華陰人）結交於長安。

第二階段，順治十六年至康熙十八年。此間，李因篤開始遊學生涯，廣泛結交文人豪客、理學名賢、達官貴人，爲精進期。順治十六年，李因篤二十九歲時，外祖父卒。其後，廣泛交遊。三十三歲，與顧炎武（一六一三—一六八二，字忠清，寧人，號亭林先生，蘇州昆山人）結交於山西代州。三十六歲，結交朱彝尊（一六二九—一七〇九，字錫鬯，號竹垞，浙江嘉興人）於山西太原，結交屈大均（一六三〇—一六九六，字翁山、介子，號萊圃，廣東番禺人）於西安。四十六歲，爲李顒作隱士莊擬山堂記。四十八歲至四十九歲，應博學鴻儒赴京，與閻若璩、魏象樞、湯斌、陸隴其等結識。

第三階段，康熙十九年至康熙三十一年。此間，李因篤歸養關中，爲成熟期。其晚年推崇張載，提倡關學，宣講禮教思想。康熙二十三年春，李因篤五十四歲，應川陝總督希福、西安知府董公之邀請，主講關中書院。次年七月，至岐山朝陽書院講學，著有朝陽書院會講録，已佚。康熙二十五年至三十一年，交遊關中，獎掖後學，整理詩文舊作。

二　著作概説[一]

李因篤著述頗多，今存者有受祺堂文集、受祺堂詩集、儀小經、漢詩音注、漢詩評、古今韻考，已佚則有九經大全、四書五刪、詩説、春秋説、杜律評語、朝陽書院會講録、廣韻正等。此就今存著作，述其源流。

[一]　此處參考李志凡陝西館藏關學文獻考察一文，載劉學智、韓高康玉主編，關學南冥學與東亞文明，社會科學文獻出版社二〇〇七年，頁一三一至一三二。

受祺堂文集，十五卷，家藏抄本，未刻印刊行。沈青峰雍正陝西通志著録，〔一〕舒其紳乾隆西安府志曾見引用。〔二〕據馮雲杏新刻受祺堂文集小序稱：「乾隆年間，詔求遺書，邑侯廣川李公録其文集，呈入四庫館中。其時，竇竹亭先生鳳輝謀刻之未果，後吾鄉黨亦齋孔武與江右吳邑侯謀刻之又未果，先生文集幾將泯没無傳矣。」（受祺堂文集卷首）可略見其流傳。此本今藏陝西師範大學圖書館善本古籍室，歷代學者幾未之見，多以爲佚。此本抄寫精良，字跡清晰，體例嚴謹。原當以此爲底本，但經多方努力，未能詳覽其書，僅得一觀，實爲可惜。

清光緒間，馮雲杏輯編受祺堂文集四卷，有道光七年（一八二七）楊浚刊本（簡稱「楊本」），道光七年關中書院刊本（簡稱「書院本」）。兩本正文刻版相同，每卷卷名下均題「中南山人荊東李因篤子德著，邑後學荊山硯農馮雲杏編次，男汝蕙、汝葵校字」諸字，應屬不同印次。卷首目録略異，楊本不録詳目，僅列文章類目，如卷一下列「疏一篇、策六篇」；書院本則詳列篇目。楊本僅鄂山序、周之楨序、馮雲杏序。書院本多兩篇殘序，一不知何人所撰；一見清路德檉華館文集卷一論説（清光緒七年解梁刻本），今據以補全。道光十年（一八三〇），楊浚又輯編續刻受祺堂文集四卷，前有楊浚序，每卷卷名下均題「中南山人富平李因篤子德著，邑後學楊浚校刊」諸字，書院本同。此八卷，今收入清代詩文集彙編編纂委員會編，清代詩文集彙編第一二四册，上海古籍出版社二〇一〇年版。另外，有文抄一册，抄録者不詳，民國間抄本。

儀小經，不分卷，有清光緒十年（一八八四）劉氏傳經堂刊本，後收入清賀瑞麟輯編清麓叢書外編。前有清光緒甲申（一八八四）閏月望日三原賀瑞麟序。馮雲杏所稱「上郡劉石生」序刻本今未見，或已佚。此書今有三種整理本，分別收入：宮南莊等著，志成、文信校注，蒙養書集成第一册，三秦出版社一九八九年版；徐梓、王雪梅編，蒙學輯要，山西教育

〔一〕清沈青峰等撰，雍正陝西通志卷七五，清文淵閣四庫全書本。
〔二〕清舒其紳等撰，乾隆西安府志引用書目，清乾隆刊本。

出版社一九九二年版；北京師聯教育科學研究所編，（宋—清）歷代（九六〇—一九一一）訓蒙教育與訓蒙要籍選讀（下）第四輯第五卷，中國環境科學出版社、學苑音像出版社二〇〇六年版。

受祺堂詩（亦稱受祺堂詩集，受祺堂集），三十五卷（卷四未刻），有清康熙三十八年（一六九九）田少華刻本。今收入四庫全書存目叢書集部第二四八册，齊魯書社一九八七年版；又見清代詩文集彙編第一二四册，上海古籍出版社二〇一〇年版。另有受祺堂詩集卷四補佚不分卷，跋一卷，張扶萬校，有民國二十年（一九三一）鴛鴦七志齋鉛印本，民國二十年中華書局排印本。

漢詩音注、漢詩評。四庫全書總目稱：「是編評點漢詩，兼注音韻一卷。至五卷題曰漢詩音注，六卷至十卷題曰漢詩評，一書而中分二名。又前五卷之評夾注句下，後五卷之評大書詩後，體例亦迥不同，不知其何所取也。」〔一〕據考證，此書康熙刻本有二種。一爲李因篤手評、康乃心跋漢詩評十卷，清康熙二十八年（一六八九）刊本，今藏首都圖書館，有清葉德輝題跋。〔二〕卷端題「漢詩卷之某」，板心題「漢詩評」。卷首有康熙二十八年李因篤康孟謀手録漢詩評序，卷尾有康乃心李先生手評漢詩跋。此本評語皆「大書詩後」。一爲李因篤評、李顒閲漢詩音注十卷，清康熙三十五年（一六九六）刊本。卷端、板心皆題「漢詩音注卷之某」。卷首有康熙三十六年荊南胡在恪、三十七年仁和丁擷、三十五年洽陽王梓序。此本評語皆「夾註句下」。疑原各有單行本，後遂合刻，作漢詩音注十卷。卷一至卷五題漢詩音注，卷六至卷十題漢詩評。另有：清光緒五年（一八七九）文登丁氏刊本；清萬卷樓刊本；關中叢書排印本。馮雲杏所稱「上郡劉石生」序刻本漢詩評今未見，或已佚。

〔一〕清永瑢等撰，四庫全書總目卷一九四集部四七，中華書局一九六五年版，頁一七七二下。

〔二〕倪曉建主編，首都圖書館館藏珍品圖録，學苑出版社二〇〇一年版，頁七二。

古今韻考，四卷。清光緒六年（一八八〇）王氏天壤閣重刊本；清光緒九年（一八八三）歸安姚氏咫進齋叢書本，另有清楊傳第附記一卷；民國二十五年（一九三六）排印本；王雲五主編丛书集成初编第一二五九册，上海商務印書館一九三六年影印天壤閣本；中國西北文獻叢書編輯委員會編，西北稀見叢書文獻第八卷，蘭州古籍書店一九九〇年影印關中叢書本。

三　關學思想

康熙二十五年，李顒在給許荃孫的信中評價當時關中學術狀況説，「關學不振久矣」，「若夫留意理學，稍知歛華就實，志存經濟，務爲有用之學者，猶龜毛兔角，不但目之未見，耳亦絶之不聞。」〔一〕雖然當時關中文人濟濟，但李顒仍有此嘆。其評價李因篤爲「風雅獨步，氣誼過人」，是褒揚，亦是批評。就理學思想而言，此期關中無出二曲之右者。王維戊認爲：「當時關中講學者，二曲爲最盛，成人亦最多。太史人知爲文章之士，而不知固講聖賢之學者。宜其品詣之卓越也。」（年譜卷七，頁三七四）李因篤以詩文名世，尤以詩爲著。以今存文獻而言，其在理學思想上僅略有闡述，有其堅持及可取之處。

李因篤的關學思想散見於其詩文、書信，集中體現在其十三篇策論及康熙十五年（一六七六）爲王弘撰所寫正學隅見序、與孫少宰書、康熙二十四年所撰重修宋張誠公横渠夫子祠記等文中。此外，雖然朝陽書院會講録已佚，但宋振麟朝陽書院奉迎李太史子德先生會講録序中略有所述，可見其意。概而論之，李因篤早年推崇朱熹但不排斥陸王，晚年極力提倡

〔一〕清李顒撰，陳俊民點校，答許學憲書五，二曲集，中華書局一九九六年版，頁一七七。

張載之學；其關學思想特點可以歸納爲：尊經、尚賢、重史、實政、崇禮、講學。

（一）「深於經學」的學術觀——尊經、尚賢

李因篤「深於經學，著詩說，顧炎武稱之曰：毛鄭有嗣音矣。又著春秋說，汪琬亦折服焉」（年譜附録，頁四一四）。汪琬稱其「經學修明」，乃「可師之人」（年譜附録，頁四四六）。顧炎武亦稱之爲「通經之士」，「其學蓋自爲人而進乎爲己者也」（年譜附録，頁四五六）。王士禎稱李因篤「博學強記，十三經注疏尤極貫穿」（年譜，頁四四三）。沈德潛稱其「邃於經學」（年譜附録，頁四六〇）。據屈大均記載，李因篤三十六歲時，嘗欲編定九經大全（年譜卷六，頁三一一）。

李因篤認爲治經學是爲了通曉治國之道，有裨於國計民生。這一思想充分體現在其著述中。與孫少宰書中說：「竊觀當世儒者，亦有留心斯道談孔朱如某某其人。然皆摭拾語録，妄稱性命之旨，而絕不知從事經學。自因篤論之，斷未有不深於經學，而能以理學名世者也，漢唐諸儒終不得列理學一席，非經學之不純故乎！」（續刻受祺堂文集卷三）顯然，李因篤以經學爲理學之根本。據此，他認爲漢唐諸儒雖多有「天資卓邁，出處較然」者，但終不得稱爲理學，概因其衍經學之未綸；而宋儒朱子稱理學大師，多因其學能以經學爲本，其四書集注，「盡善盡美，無可遺議」（同上）。

李因篤基於對漢唐儒學、程朱理學、陸王心學及當世空虛學風的反思，認爲理學當以經學爲本。此與顧炎武「理學，經學也」[一]之說相似。李因篤極重視音韻學，著有廣韻正四卷、古今韻考四卷。顧炎武認爲「讀九經自考文始，考文自知音始，以至諸子百家之書，亦莫不然。」[二]這一觀點在李因篤的著作中也略有體現。李因篤與顧炎武在音韻學上有切磋，且互相推崇。顧氏音學五書對李氏之說多有借鑒，而李因篤在古今韻考中對顧氏亦嘗稱引。

[一] 清顧炎武撰，華忱之點校，與施愚山書，顧亭林詩文集亭林文集卷八，中華書局一九八三年版，頁五八。

[二] 清顧炎武撰，華忱之點校，答李子德書，顧亭林詩文集亭林文集卷四，中華書局一九八三年版，頁六九。

李因篤以經學、詩文名傳後世，而無理學著作遺存，但在當時及後世仍有理學家之名譽。如江藩認爲：「其學以朱子學爲宗。時二曲提倡良知，關中人士皆從之遊。二曲與因篤交最密，晚年移家富平，時相過從。各尊所聞，不爲異同之説。君子不黨，其二子之謂乎？」（年譜，頁四二六）據史傳，李因篤學問傳自馮從吾，他早年熟讀理學各派典籍，學宗朱子，而晚年心慕横渠。李因篤於當時理學各派名賢亦多有交遊唱和，如稱李顒「倡明聖賢之學，篤實之征，光輝莫掩」（受祺堂文集卷三隱士莊擬山堂記）。觀其一生，可知李因篤的學術追求在於由經學而理學，正如其所言：「記曰：『惟天下至誠，爲能知天地之化育。』此學者之事也。學者，人道之極，則求其合於天。」（受祺堂文集卷一歷法）

（二）務求實用的社會政治觀——重史、實政

李因篤不但在經學觀上宣導求實，而且在社會實踐中也充分貫徹了求實精神。受祺堂文集卷一至卷二策論十三篇，均博引經史，針砭時弊。李因篤關注社會民生，注重教育、經濟等內容的研究，秉持關學的篤實傳統，即所謂「語學而及政，論政而及禮樂兵刑之學」[一]，有鮮明的求實之風。

在史法中，李因篤認爲司馬遷之史記綜合了尚書記言、春秋記事的史學方法，爲歷代史書之祖。其後「史之體三變」，唐杜佑通典爲一變，宋司馬光資治通鑒爲二變，宋朱熹資治通鑒綱目爲三變，「三變疊出，四體具備，後有作者，無以加焉」。他評析諸史，認爲前四史「創繼相因，得失互見」。李因篤總結撰史之法，提出「二旨六法」。認爲「作史前要旨有二：曰簡才，曰疕事。」前者指選擇人才，後者指搜異長編。在對史書的體裁、文采、凡例等論述的基礎上，提出「辯體」「尚質」「闕疑」「治例」「原贊」「專任」等六個方面的準備。李因篤認爲「當此時能留心史法，先擇其二，並謀其六，俾重且

[一] 宋程顥程頤撰，王孝魚點校，二程集河南程氏粹言卷一，中華書局二〇〇四年版，頁一一九六。

大者以次舉行，則史其庶幾乎」，并希望「世之有志史事者謹守先王之戒，而無徒托諸空名，則黃虞周漢以來之大典，二十一家之源流，當不至今日而中絕也」。李因篤認爲朱熹的通鑒綱目出自門人之手，而綱目「所改通鑒書法，大有可議者」。（續刻受祺堂文集卷三與孫少宰書）三十六歲時，嘗欲續修朱子綱目（年譜卷六，頁三一一）。後又參修明史，可見其不僅有心於史學且能付諸實際。

覽其策論，可知李因篤确有治國之才。在聖學中，李因篤認爲：「今天下之弊極矣，其患在奢，其風自上，愚謂公侯之家，世禄之胄，一馬之肴，費之數千，一食之須，費之數百，以至寵賂公行，恬不知愧，害將有不勝計者。今令不嚴禁之，然驕奢之源不杜，貨賄之流不息，而欲清其源，則必自上始也。」其所言之時弊，於今觀之，實爲歷朝歷代之弊，不可不重視。在漕運中，他提出通過精兵簡政、裁減冗員以減輕人民負擔等舉措。在鹽政中，主張「薄取於民」，「躬行儉德」，也是主張減輕民眾負擔，反對鋪張浪費，提倡勤儉節約，反映出他關於官員應勤政愛民、躬行儉德等方面的要求。在治河中，講如何疏通河道，防止水患，擴大灌溉。在錢法中，講如何發行貨幣、發展貿易、平抑市價、增加財政收入。在荒政中，講要以豐補歉，防止災荒。在屯田中，講軍隊如何開荒種田，寓兵於農，減少國家開支，減輕人民負擔。在漕運中，講到運輸、建倉、開渠、墾田、屯糧等等。在用人中，對用人的原則、選舉的作用等都作了辯證的分析。李因篤經世致用之學，與顧炎武「凡文之不關六經之指，當世之務者，一切不爲」〔一〕的思想暗合。

（三）崇尚氣節、正論闢學——崇禮、講學

李因篤熟讀六經及濂洛關閩諸儒之書，其思想多「恪宗考亭，不參異見」（年譜附録，頁四二三）。同時也在躬行禮教、

〔一〕清顧炎武撰，華忱之點校，與人書三，顧亭林詩文集亭林文集卷四，中華書局一九八三年版，頁九一。

崇尚氣節方面繼承了關學的傳統，如横渠、二曲。曾言「士必好禮，然後知學」，「天地之大經，莫信於禮矣。」（續刻受祺堂文集卷三待贈文林郎文學王公暨配待贈孺人張氏合葬墓表）又嘗言「夫君子不得志，則蓬累而行，此無關於世之治亂也」。（續刻受祺堂文集卷二王徵君史六袠序）

李因篤孝悌於家，忠信於友，心繫儒學的禮教傳統，甚爲恪守。面對清政府的招攬，李因篤力辭不就，在母親的規勸下才出仕。但思母心切，先後上疏陳情三十七次，遂許歸養。母歿後，仍不復仕。江藩在宋學淵源記中稱李因篤：「平生高氣節，急人之難，亭林在山左被誣陷，因篤走三千里，至日下泣訴當事，而脱其難。性伉直，面斥人過。與毛奇齡論古韻不合，奇齡强辯，因篤氣憤填膺不能答，遂拔劍斫之，奇齡駭走，當時傳爲快事。」（年譜附録，頁四二六—四二七）康熙二十年（一六八一），顧炎武在山西曲沃病倒，他寫信告訴李因篤，因篤即派人探視。豈料次年春節，顧炎武上馬失足受傷，不日即去世。李因篤驚聞噩耗，揮淚寫了哭顧亭林先生一百韻，深表悲痛與懷念。

李因篤一生游於詩文，深諳經史，雖學宗理學但未如二曲之深探苦索。或許感於世風，有心復興學術，遂於晚年學歸張載，在關中講學，振興關學學風，弘揚張載以禮教人之旨。其在與曹太守中說「雲巖（指張載，張曾任雲巖令）首創關學，淳修峻節，爲敝鄉三代之後一人」（續刻受祺堂文集卷三），對於關學的創立者張載給予很高的評價。後又在重修宋誠公横渠夫子祠記中說：「關學之興，肇端張子，文武周公而後，吾西土言聖人之道者，莫之能先也。」對於張載力創關學之功大加表彰。「誠公爲二程中表尊行，首撤臯比，力相推挽。徽國繼起，遂集大成。蓋自是內聖外王結合爲一。天下之言學者，論地則四，論人則五，四海之廣，千百世而遥，較然於此心此理之同，循循知所依歸。」（受祺堂文集卷三）認爲張載所創之關學與周敦頤所創之濂學、二程所創之洛學及朱熹所創之閩學相砥礪，廣泛流傳天下。

李因篤結合時情，總結有明一代之關中學術，說：「往嘉靖末，姚江實本鵝湖，樹幟良知。彼天資既高，危言駭俗，又負大勳於當代，據建瓴之勢，號召其徒，聞者如飲酒中狂，趨之唯恐不及。……而吾秦高陵、三原獨恪守傳注不變。於斯時也，關學甲海內，嗣則孫恭介、溫恭毅皆比老畯服田，弗敢畔於先疇，而耰耨之功，長安馮恭定公尤著。溯其原委，以誠公爲不祧之祖，諸賢各自繩其小宗。」（受祺堂文集卷三重修宋誠公横渠夫子祠記）指出在王學盛行的背景下，關中學者能祖張載之說，恪守不變，難能可貴。李因篤言「關中之學，經術則高陵、三原，辭賦則北地，武功。起衰正始，震動當世。」（受祺堂文集卷四朱大參山輝先生墓誌銘）他站在關中學術的角度來談關學，雖未跳出道統化的學術發展格局，但大致揭示出此一時期關學的發展脈絡。又說「茹明府莅岐之三載，築學宫，既成，於是即其西偏創朝陽書院。祀宋張誠公堂上。而設皋比，講學其間。」（受祺堂文集卷二創建朝陽書院序）將張載作爲「關西夫子」祀於書院和祠堂，以之鼓勵地方後學，成爲明清時期關中文化的一個重要現象。由此也可看出關學在地方社會發揮的教化功能与歷史影響。在明清學術轉變的大背景下，李因篤致力於糾正蹈於空疏的時代學風，又秉承注重躬行、崇尚氣節的關學宗風，爲關學在清初的影響和發展起到了重要推動作用。

劉泉

二〇一四年九月於長安

點校説明

本集包括受祺堂文集、續刻受祺堂文集、儀小經，另有附録三種。此次整理，限於客觀條件，點校以内校、理校爲主。本集分工：高春艷負責受祺堂文集（正續）的前期文字録入與初步句讀工作；劉泉負責儀小經、附録的録入、點校，以及本集的後期整理等其他相關事宜。

一、受祺堂文集四卷，以清道光丁亥年（一八二七）富平楊浚刊本爲底本。續刻受祺堂文集四卷，以清道光庚寅年（一八三〇）楊浚徵刊關中書院藏板刊本爲底本。以清道光丁亥年關中書院存板竹紙刻本受祺堂文集、清道光庚寅年關中書院存板竹紙刻本續刻受祺堂文集等相關資料進行對校。

二、儀小經，不分卷，一冊，以清光緒十年（一八八四）西京清麓叢書外編刊傳經堂藏書本爲底本。

三、附録，本集共編製附録三種，包括：附録一，輯録李因篤的佚著詩說、春秋說；佚文，主要爲序、記、書信等。附録二，輯録李因篤傳記資料，迻録續刻所附墓誌、墓表。附録三，輯録李因篤著作序跋、提要及主要著録信息。附録二、三均依時間順序編次，以供參考。

本書的資料搜集及點校工作，得到陝西師範大學哲學系劉學智教授與西北大學杜學林博士幫助良多，特爲致謝。由於點校者水平所限，疏誤難免，悉請讀者指正。

目録

受祺堂文集卷四

續刻受祺堂文集

續刻受祺堂文集卷一……一三四

續刻受祺堂文集卷二 …… 一七〇

序

頌

續刻受祺堂文集卷三 …… 二〇四

尺牘

記

碑

記

祭文

續刻受祺堂文集卷四……二五二

誌銘

儀小經

附録

佚詩

附録三　著作序跋及提要 …… 三八〇

序跋

提要

著録

受祺堂文集

序

天下之文章，與國家之元氣相感召。當夫景運初開，文明漸啓，日星河岳之氣，鳳麟芝菌之祥，旁薄鬱積而爲英髦奇士，鉅人長德，故其業之於言，著之於筆，皆光照俊偉，炳古爍今，爲一代之冠冕。以予所聞，關中李天生太史其尤著也。康熙初年，朝廷開大科，延致天下士。太史應召始出，擢列清閟，迴翔禁近，飛文染翰，名滿都下，卒以母老乞養退。

遂初服，與一二遺民逸老商榷文史，著書滿家，自北地、武功而後，關中學者皆以太史爲宗，百餘年來，流風遺韻，至今不衰。顧先生之詩集，海内已家尸而户祝之。文集類多散佚，自陳情一疏外，傳者寥寥，世以爲憾。太史同里明經馮君雲杏、孝廉楊君浚裒得太史之文若干篇，付諸梓。既楊君又得太史之文前刻未及者爲續刻，而太史之文始稍稍完葺矣。予聞太史抵里後，益肆其力於古文詞，詩嚴百家，采精擷腴，一時碑銘傳誌之作皆出其手。生平之文，或不盡於是編，而雄文健筆，上規馬班，下躪王李，爲一代風會之所開，爲百年後進之領袖者，略見於此。予嘉兩君之能，表揚其克正而又知文章之光氣其不可磨滅者，必有所待以傳於後也。是爲序。

賜進士出身太子少保頭品頂戴巡撫陜西等處地方長白鄂山譔。

受祺堂文集目録

[一] 正文實爲十九篇。
[二] 「疏二篇」正文無，疑爲卷四後兩篇。
[三] 卷四正文中有「書」一篇，此處未統計。

受祺堂文集序

蓋康熙中，關中儒者有李先生子德云。先生徒步登制科，與朱竹垞彝尊、嚴蓀友繩孫、潘次耕耒同稱「四布衣」，供檢討職。匝月，遽陳情疏三十七上。當是時，李令伯之名震天下，讀其疏者輒儀式其人，知先生不僅以詩文鳴也。然先生之詩傳矣，而文集卒不出。道光戊子，余奉命視秦學，王梅巖大令手一編授曰：「此武天章太守、楊松林孝廉所刊受祺堂文集也，公其序之。」余嘗論文之載道也，載其有用而已，求用故學淵，學淵故神古，唐之韓，宋之歐陽，孰非體立用行者？勝朝空同子崛起關中，逴躒嬴劉，上其失，故張大耳。而詹詹者，乃爰居之，駭鍾鼓也。今觀李先生大摹遠期，體彰而用豁，治河諸策十三篇，以比洛陽治安、鄱陽通考，非但不愧之而已。昔朱子讀康節書，以爲有王佐氣象，李先生固亦有世思乎哉？集名一見于四庫館書目，板而行之，實自道光丁亥。余非能盡窺蘊者，竊謂其復古之功不在空同之下，而又以斯集晚出，致經世大略幾閟而不徹，此則讀竟而喟然以歔者也。

道光九年歲次己丑嘉平朔日，陝甘督學使者江西周之楨識。

新刻受祺堂文集小序

李天生先生，諱因篤，字子德，富平縣東鄉人也。康熙初，詔天下舉鴻博，合肥相國李天馥、少司馬項公景襄、長安張大理公雲翼連疏荐，廷試超等第七，授翰林檢討職。旋即告終養疏七上，予告歸里，杜門著書，當時所稱「天下四布衣」之一也。李石臺先生來泰有云：「是科鴻博，當以關西李氏爲首稱，朱竹垞、毛西河次之。」德州盧雅雨先生選山左詩鈔，內載先生告終養疏，以爲「我朝第一篇文章，可以繼李令伯陳情表」。武功孫酉峯先生修郃陽誌，亦載先生文數則，謂其文「可追班馬，惜爲詩掩。」其爲名流推重如此。受祺堂詩集，田少華大令鏤板，一時海内風行，家有其書。所著漢詩評、儀小經，上郡劉石生已嘗序而刻之，惟文集久藏未刻。乾隆年間，詔求遺書，邑侯廣川李公録其文集，呈入四庫舘中。其時，竇竹亭先生鳳輝謀刻之未果，後吾鄉黨亦齋孔武與江右吳邑侯謀刻之又未果，先生文集幾將泯没無傳矣。

余向于曹春山先生處得抄本讀之，奥衍鴻博，力追秦漢，經經緯史，寔關世用。李北地、文太青而後罕有其儔也。屢欲謀刻，以廣其傳，苦于力綿，同志絶少。置之案頭，已經數十寒暑。前歲春初，及門楊孝廉浚過村齋，偶談及之，遂力任其事。旋赴金城，商及銀夏太守武天章，雅意周旋，各募貲助刻，而百有餘年屢刻未遂之舉可以告成。是可知鴻文傳世，定自有期。前哲靈爽，或式凴之，而武天章、楊松林亦可謂吾邑文獻之元晏、侯芭也。集刻竣，余爲之姑序其付雕之緣起如是。至序文冠集，則更希名手焉。

道光丁亥春正月，荊山硯農馮雲杏敬撰。

受祺堂文集卷一

告終養疏

竊惟幼學而壯行者，人臣之盛節；辭榮而乞養者，人子之苦心。故求賢雖有國之經，而教孝實人倫之本。伏蒙皇上敕諭内外諸臣，保舉學行兼優之人，比有内閣學士兼禮部侍郎臣項景襄、臣李天馥，大理寺少卿張雲翼等，旁採虚聲，先後以臣因篤姓名聯塵薦牘，獲奉俞旨，吏部遵行，陜西督撫促臣應詔赴京。

臣自念臣母年踰七旬，屢歲多病，又緣避寇墮馬，左股撞傷，晝夜呻吟，久成廢疾，困頓牀褥，轉側需人。臣只一弟因材，從幼過繼於臣叔曾祖家，分奉小宗之祀。臣年四十有九，母年七十，母子煢煢，相依爲命，躬親扶持，跬步難離。隨經具呈哀辭，次第移咨吏部，吏部謂「咨内三人，其中稱親援病，恐有推諉，一概駁回」。竊思己病或可諉言，親老豈容假借！臣雖極愚不肖，詎忍籍口所生，指爲推卸之端！痛思臣母遲暮之年，不幸身嬰殘疾，臣若貪承恩詔，背母遠行，必致倚門倚閭，夙疾增劇。況衰齡七十，久困扶牀，輦路三千，難通嚙指。一旦禱北辰而已遠，廻西景以無期。萬一有人子所不忍言者，則毛義之捧檄，不逮其親；温嶠之絶裾，自忘其母。風木之悲何及？餅罍之耻奚償？即臣永爲名教罪人，虧子職而負聖朝，非臣愚之所敢出也。皇上方敬事兩宫，聿隆孝治，細如草木，咸被矜容，自能宏錫類之仁，推之士庶，寧忍孑然母子，飲泣向隅，奪其烏鳥私情，置之仕路？蓋閣臣去臣最遠，故以虚譽採臣，而不知臣之有老親也。臣雲翼與臣皆秦人，雖所居里閈非遠，知臣有老母而不知其既病且衰，委頓支離，至於此極也。即部臣推諉之語，概指臣三人而言，非謂臣當必捨其親而不之顧也。且臣雖謭陋，而同時薦臣者，皆朝廷大臣，其於君親出處之義，思之熟矣。如臣獵名違母，則其始進已乖，不惟瀆斁天倫，無顔以對皇上，而循陔負疚，躁進貽譏，則于薦臣諸臣亦爲有靦面目。

去歲，臺司郡邑，絡繹遣人，催臣長行，急若風火，臣趨朝之限，雖迫於戴星，而問寢之私，倍懸於愛日。然呼天莫應，號泣就途，志緒荒迷，如墮雲霧。低頭轉瞬，輒見臣母在前，寢食俱忘，肝腸迸裂，其不可瀆官常而干禄位也明矣。況皇上至聖至仁，以堯舜之道治天下，敦倫厚俗，遠邁前朝，而臣甘違離老親，致傷風化，有臣如此，安所用之！乃臣自抵都以來，屢次具呈具疏，九重嚴邃，情壅上聞。隨於三月初一日，扶病考試，蒙皇上拔之前列，奉旨授臣翰林院檢討，與臣同官纂修明史，聞命悚惶，忝竊非分。念臣衡茅下士，受皇上特達之知，天恩深重，何忍言歸！但臣於去秋入京，奄更十月，數接家信，云臣母自臣遠離膝下，哀痛彌侵，晝夜思臣，流涕無已，雙目昏眊，昏至失明。臣仰圖報君，俯迫諗母，欲留不可，欲去未能，瞻望闕庭，進退維谷。乃於五月二十一日具呈吏部，未蒙代題。臣孺切下情，惟有哀祈君父，查見行事例：「凡在京官員，門無以次人丁，聽其終養。」臣身爲獨子，與例正符，伏願皇上特沛恩慈，許臣遄歸，扶養其母，叨沐聖澤，以終天年。臣母殘病餘生，統由再造。不惟臣母子銜環鏤骨，誓竭畢生而報國方長，策名有日，益圖力酬知遇，務展涓埃矣！臣無任激切，待命之至。

漕運

愚少讀太史公河渠之書而疑焉。河渠，漢初之漕，實寓其中。夫漕，天下之重務也。何爲舍漕不言，而以河渠名其書也？既長，則爲漕挽之學。歷觀古今之因革，利害之倚伏，疏排堤堰之原委，夫而後嘆太史公之用意甚深。蓋治漕，未有不本於治河者也；治河，未有不兼乎治渠者也。顧治河以治漕，人知之矣。獨是治渠以治河，而因以治漕。遠之省飛芻以休民，近之興水利以彊國。率置而未講，我不敢謂東南其有息肩之日也。雖然，漕，天下之重務也。舍漕與河而急言治渠，不可。愚試先舉漕法之大略，概述舊聞而後折衷之。

禹貢。帝都三面距河，九州貢道之來，皆以達河爲主。說者謂，繫達河于田賦之下，是漕之源也。然而未言漕也，且吾終以「甸服」一條疑之。蓋銍米之須，未嘗出五百里。則它州所賦者，皆貨幣之屬耳。

春秋。僖十三年，秦輸粟于晉。自雍及絳，命之「汎舟之役」。哀九年，吳城邗溝通江淮。說者謂，汎舟以輸粟，開渠以通糧道，皆漕之寓也。然亦未明言漕也。且鄰國告饑，事出偶然，而射陽至宋口，特四境之內耳。

漢興，高祖時，漕山東之粟給中都官，爲漕運之始。張良曰「河渭漕輓天下」，爲言漕之始。魏漕壽春，後魏漕江淮，隋漕關東及汾晉，唐漕東南，宋漕入河汴凡四路，元漕至中灤、任城，凡再變，明惟會通河一漕而已，至今因之。此漕運之始終也。

歷代之都會不同，其取道各異，愚請得洞言其故。蓋漕之要有三，而其並行者有五。三者惟何？曰「制用」，曰「恤役」，曰「議運」。五者惟何？曰「建倉」，曰「開渠」，曰「墾田」，曰「屯糴」，曰「復海運」。

何言乎「制用」？愚觀舊史，漢初之漕，歲不過數十萬石，至元封，則歲益六百萬石矣。唐初，水陸漕運不過二十萬石，至開元二十一年，則歲益二百餘萬石矣。夫肇興之君，百爲草創。其賜予之蕃，周給之優，以至宮室城池，乘輿什器之屬，一切倚于卒辦，是宜其多也，而數十萬則已具。及其子孫守成而已，宜其簡也，乃或至百倍而不足。善哉！唐史有云：「高祖太宗之時，用物有節而易贍。」呂祖謙曰：「漢武官多，徒役衆。故恒苦不給。」邱濬謂：「官多而不切于用，宜汰冗員。徒役衆而無益于事，宜汰冗卒。則食粟者少，而民力可以日紓。」由是觀之，國計之贏縮在用之奢儉，不在漕之多寡也。

何言乎「恤役」？自古輸粟，皆以轉爲名。漢、唐、宋之漕，皆轉相遞送，未有長運者。長運之法，始見于明，至今不改。夫唐宋之船，江不入汴，汴不入河，河不入渭，而今則遠至嶺北、湖南，皆直達至京師矣。唐宋漕卒，猶有更番，而今則歲歲不易矣。一年之內，强半在途，無室家之樂，有風濤之險，洪牐之停留，舳艫之沖激。陰雨則慮浥漏，淺澁則費推移。沿途爲將領之科率，上倉爲官攢之阻撓。抵家之日，席未及煖而催兑之檄又下。運卒艱難如此，故周世宗議給路耗，每石一斗。宋江南之船，輸米至三倉，即載官鹽以歸。苟推行其法于今日，則回舟有利，而士卒之力可以少寬。且也念漕丁之苦，長運之艱，即以一粒與人，不敢忘其所自，而務爲樽節。此又與「制用」之説相通者也。

何言乎「議運」？愚聞自古善理財者，必首劉晏。自唐代宗廣德中，晏領漕事。先是繇潤抵揚以陸運，斗米費十九錢。晏命囊米而載以舟，減錢十五。繇揚距河陰，斗米費百二十錢。晏造歇艎支江船，減錢九十。夫晏所造船，每船受千斛，十船爲綱，每綱三百人，篙工五十人，則是三百五十人御十船，運米萬石。較之今日，十人一船，船米三百石，通三十船運米九千石，人少五十，米少一千，不甚相遠也。惟囊米尚未行，綱之耗減，卒之困敝，皆坐此。故唐史謂：「晏歲轉粟百十一萬，無升斗溺。」然當時並未聞加兑也。其所行漕，乃大江大河，又隨處轉運，非若今長運于淺隘之漕渠者。其加兑反浮于所運之半，而歲捐之數，追償迄無已時。蓋剝淺之費廣，挨次之日多，不幸而溺，遂至于盡耳。今宜如晏法，所運之米，悉盛以囊。遇河淺，則暫舁岸上，過淺復舁歸舟。或分載小舟，亦有包封。雖偶溺，猶得取而出之，不致全失。其潰壞者，亦有它用也。然囊米而舟淺不能受，則奈何？夫既實諸艎中，宜加艎上更以竹葦，旁蔽風雨，俟後船乃再造，量加大之可也。囊以布爲，足支數年，其所費比所失則有間矣。且前代運漕皆民丁，至明始以兵運。愚考劉晏官雇運夫，而所需傭直皆出鹽利。上無月廩行糧之費，而下有覈實均支之樂，是又與「恤役」之説相通者也。三者舉而漕之用稍蘇，積粟于國，兼藏富于民矣。

則請言「建倉」。漢諸葛亮在蜀，運米集斜口，治邸閣，息民休士，三年而後用之。邸閣者，倉之别名也。後魏自徐揚内附，轉運中州，于水次隨便置倉。繇小平至大梁，凡八所。軍國有須，應機漕引。隋置黎陽、常平、廣通倉于衛、陝、華三州，轉相灌注。後又于洛口置回洛倉，積米至六百餘萬石。唐置河陰、栢厓、集津鹽倉，凡三歲，漕七百萬石。宋置三轉船倉于真、楚、泗三州，往來無復留滯，而三倉常有數年之儲。善乎裴耀卿之議曰：「諸倉節級轉運，水通則舟行，水淺則寓乎倉，以待不滯。遠船不憂欠耗，比于曠年長運，其利倍之。」邱濬亦謂：「漕粟給京師，經過以丁遞運，而要害置倉貯之。則運丁番休而不久勞，漕船迴轉而不長運。所漕之粟，亦可隨宜措置，或發或留也。」

則請言「開渠」。漢元光中，大司農鄭當時言：「關東運粟，漕從渭來，度六月而罷，而渭道九百餘里，時時爲難。請引渭穿渠，起長安，並南山，下至河三百餘里。徑易漕度，可三月罷，而渠下民田萬餘頃又可得溉。」損漕省卒，行之果利。明帝永平中，汴渠成，史特書之。隋初，詔宇文愷率工鑿渠。廣道渠成而關内便之，通濟渠成而天下利于轉輸，永濟渠成而北通涿郡。宋雍熙中，開沙河以避淮水之險。自楚至淮陰，凡六千里，舟行便之。元至元二十六年，從壽張尹韓仲暉議，自安民山開河至臨清，凡二百五十里，引汶絶濟，賜名會通，迄今漕道賴焉。又二十八年，從都水郭守敬議，疏通州至大都河道，長一百六十四里，節水通漕爲便，明年河成，賜名通惠。愚聞昔賢有云：「漢武歲漕至六百萬石，雖征收過煩，亦由河渠疏利，致之有道也。」觀于漢既若此，考于歷代又莫不然，然則渠與河相爲表裏者也。

則請言「墾田」。愚聞漢初之漕，資之山東。光武北征，命寇恂守河内，收四百萬斛以給運。隋漕汾晉之粟，宋漕陝西、陳蔡、京東之粟，並給京師。而魏正始中，鄧艾行陳項以東，開廣漕渠。東南有事，汎舟達于江淮，而資倉不匱。凡漕皆自南而北，此則自北而南矣。夫今之山東、河内、汾晉、陳蔡，其地猶故也。昔以之給京師餉戰士而有餘，今以之養百姓贍四境而不足。無亦田不盡墾，而水利尚未講乎？唐貞元中關輔宿兵，斗米千錢。江淮之米不至，六軍脱巾于道。會韓滉運米至陝，宫中置酒相慶。元至正中，汝潁盜起，海舟不至，遣官徵于江浙，下丐判臣，僅得十餘萬石，最後升斗無與焉。善乎邱濬之議曰：「人君之處國，當如富民之處家。有富人於此，附郭無半畝田而惟外田之是資。一旦道梗，坐而待斃，其無遠圖可知矣。」管子曰：「粟行五百里，衆有餓色。」賈誼曰：「越諸侯而調均發，徵一錢之賦，數十錢之費。」上之所得者甚少，而人之所苦者甚多。」故聖主當豐亨之時，爲闊絶之慮，慎懷儉德，務使有餘。而于畿甸之間，豬水務農，治其溝洫，而不專區區待哺于遠漕也。

則請言「屯糴」。漢武作柏梁臺，徒婢而下河漕度四百萬石，及官自糴乃足。宣帝五鳳中，耿壽昌奏糴三輔、宏農、河東、上黨、太原諸郡穀，省關東漕過半。趙充國條留屯十二便，其五曰：「春省甲士循河湟，漕穀至臨羌，揚武折衝之具也。」夫壽昌之議，遇京輔有年可行也。充國之議，邊境無事，遇歲豐人和亦可行也。

則請言「復海運」。海運之法，自秦黄陲始，唐人亦藉之給幽燕。杜甫詩云：「雲帆轉遼海，秔稻來宋吳。」其據也。然用以足國，則起于元而廢于明。其詳，吾請于海運篇悉計之。

惟是國家都燕，蓋極北之地，而財賦皆仰東南。會通一河，譬人身之有咽也。一日食不下咽，則患不旋踵。況自古皆轉般，而以鹽爲傭直。今則專役軍夫長運，又加兑支之耗，雖使食足，如兵之不足何？盍及國家閒暇，求元人海上故道，與海漕並行。萬一漕渠中滯，挹此注彼。胡長孺、虞集所記，亦思患豫防之一道也。而建倉可通于恤役，墾田屯羅可通于制用，開渠復海又可通乎議運，五者與漕並舉，而漕之害盡去。國不專恃乎漕，則漕將永便于國矣。

抑愚更有進者，按今之運道，自儀真直抵潞河。其間最險者，惟高郵湖。南起杭家嘴，北至張家溝，三十餘里。唐李吉甫節度淮南，始于湖東築平津堰以防之。宋宣和時，柳庭俊復修斗門水牐七十有九。明洪武中，州牧趙原，始甃以甎。永樂十九年，加以甎之大者。景泰中，又護以木樁。而是後一遇西風爲患，淪亡仍不計數。至弘治中，少農白昂治河。奏以會通餘貲，開複河于高郵堤之東。其長竟湖，夾岸築土爲堤，椿木甎石之固與湖岸同。引舟内行，以避甓社諸湖之險。比成，賜名康濟河。其在寶應越河倣此爲之者，始于正德中之郎中楊昹。嘉靖中之御史聞人詮、員外范韶、按察仲本，而事因循不果行。至萬曆十二年，以給事陳大科言，始築新堤。其西仍舊堤，而高與厚皆倍之，南北建二石閘。比成，賜名宏濟堤。然而，河勢既強，奪淮入海，倒注清江，害將日深。故議者請固高堰，復諸塘，疏淮浦，以兼利上下之水道，俾有所瀦洩。此一説也。

又近年運道，秋末春初，往往以涸澁致阻。議者請九月以後，于清口之入淮也，暫築小壩截水以過舟。又于直沽之趨海也，横作木閘以遏水。遇淺則兩際約去七八里，横立木柵以限舟。其中爲門，浚深河潢，使可容兩舟，分道上下行之，差官于此分籌授舟，次第遣行。俟有水各罷，則滯塞可以無虞。此亦一説也。

自通距都，僅五十里。元所開河，廢塞已久，明臣數欲復之未果。議水運者，請于城東鑿爲大潭。如積水，比引水自城西入濠，比轉而東注之，而于分水之入城也。築牐以司啟閉，于御河之南出也。建爲巨牐蓄禁中之水，非滿不開。慶豐以東，每牐之旁皆爲月河，以容挨牐之舟。此一說也。

議陸運者，議于都城之東，官道之旁，更闢新路二，皆廣十丈以上。故道令官民往來，止行小車。新道專以通行輦運大車，下而往者從左，上而來者從右。道旁民居，皆令于百步之外，東西分廛。近道市酒食者，惟許作浮舖，則水易涸而泥易平矣。又于中道建一提舉，司其慶豐諸牐，原設牐夫，編爲甲乙，專事修治。大車入門免其稅，俾輸之提舉，以爲甎石工作之費。又下有司拘集車戶牙行，從公酌價。遇晴乾每石若干，陰雨若干，泥濘若干，具數奏聞，永著爲例。而于所費民田，或償于官地，或給以價，或除其租，視開河減數十倍。此又一說也。

泇口崇岡汗漫，疏導爲難。議者請于彭城西境，達乎夏邑，求河故趾，濬而復之，以殺其勢。河改而南北流漸微，則秦溝、留城之間可免衝塞，徐南壅沙漸去，而蕭、碭、曹、單永有寧居。此一說也。

河突徙不常，議者請于禹之九道，元之四道，按圖分遣屬邑，徧加疏瀹。令由清入海，而别引沁水，從魏博折而東之，以濟造舟。此又一說也。

兼采六說，以三要爲綱，而徐圖其五，並舉之漕其有賴乎！至于未兑而禁弁旗之需索，既行而敕漕官之催趲，將到而清倉塲之壅滯，及省經費、杜私裝、核簽報、優廪給，凡有關于運法者，司農與河漕諸臣籌之無遺策矣，愚復何言？惟是古制淳樸，卿大夫各有采地而又寓兵賦于井田，無後世養官養民之勞。春秋戰國以來，師行千里，間有輸輓。然事已兵休，未至甚敝。今也聚京師數百萬之口，待哺東南。天下之漕約四百餘萬，天下之船約六千餘艘，每艘費六百四十金，僅運米四百五十石。又有折耗加貼，率數鍾而致一石矣。且用師未罷，萬里饋糧，誠公私交困之秋也。人主授一官，興一役，費一物，必以此爲念而痛自裁抑，漸求其豐，則愚終以節用爲拳拳焉。

郊祀

愚觀帝王之道，莫大乎事天，事天莫大乎郊，而後世每以分合之故，相爭無成議，吾請得卽援天以正之。

夫主郊之祭者天子，謂之天子，猶云天地之子也。行郊之事者，其治通乎天下，謂之治天下，猶云治天地也。故言天則地在其中，言郊天則祭地在其中。六經之言天，必與地俱。孔子之言郊，多與社並。天與地同壇，猶父與母同饗也。而或且曰：「離地與天祭之，非所以定一尊；混地與天祭之，非所以別二氣。」嗟乎！此言分言合，各爲一說者之所由昉也。其言合祭者，本乎虞書，以爲舜典言類於上帝。稱上帝而不稱地祇，是天與地合也。其言分祭者，本乎周禮，以爲大司樂言冬日至地上之圜邱以祀天神，夏日至澤中之方邱以祀地祇。既稱天神而又稱地祇，是天與地分也。司樂之文，類于巫祝之爲，所舉律同，自相背戾。

先儒胡宏、吳澂嘗辨其誤，吾姑不具論，而仍援天以正之。夫言其體曰天地，言其理曰天，而必曰天與地有異祇。然則言其朕兆曰天，言其主宰曰帝，而亦曰天與帝有異神乎？雖然，禮之失也久矣，世必無兩是之端，而嘗有兩持之說？論者愈多，聞者愈惑，而一旦定爲合祀，則非盡破從來之解，無以奪積疑之見，而使之心服。

如頌「昊天有成命」，序以爲郊祀天地，然其辭固不及地也。或疑此並非祀天地之詩。愚嘗考之，頌之樂章，各有所主。烈文主太王，清廟主文王，至辟公巡守期會祭告，莫不有歌，而獨於天地闕焉，可乎？且祀稷配天，祀文配帝，所以配祭者，尚有其篇，而顧於正祭之天地反不之及，又可乎？如大〔二〕宗伯禋祀，祀昊天上帝，禮以爲並建天神、人鬼、地祇。然地祇之祭無所謂后土也。或疑此亦無害於天地之分。愚嘗考之，祀之行事，各有其詩。般之詩爲望，雝之詩爲祖，其四岳

〔二〕「大」，原作「太」，依周禮及文意改。

河海，烈考父母，莫不同享，而獨於天地分焉，可乎？且天爲一壇，天神共爲一壇，所以從天者咸有其位，而顧於配天之地反不之及，又可乎？如司服王祀昊天上帝，則大裘而冕，禮以爲辨其吉凶名物陳序，然無有所謂后土地祇之服也，或疑此亦未足證天地之合。愚嘗考之，祭之衣裳，各有其别。祭先王則衮冕，祭先公則鷩冕，追饗射朝甸五祀羣小祀，莫不異服，而獨於地祇畧焉，可乎？且祀上帝此服，祀五帝亦此服，所以隨時隨方，各爲一天者，猶衷其制，而顧於對祭之地反不之及，又可乎？或曰宗伯以蒼璧禮天，以黄琮禮地，其色不同焉。或曰典瑞以四圭有邸祀天，以兩圭有邸祀地，其數不同焉。然何以不言所禮之地？所祀之時乎？禮莫大於祀，祀莫大於天地。於大宗伯所掌之三大禮，吉禮十有二之中，止言昊天上帝，不及后土地祇；於作器之時，始言禮天與禮地，祀天與祀地，固知所行之禮則一，而所用之器有二而已。合祭則其祭一，合祭天地則其神兩，惟其神之兩，故或以蒼璧四圭，或以黄琮二圭，惟其祭之一，故服無異服，歌無異詩。愈知所祭之神則兩，而主祭之神有一而已。况分祭之説見於周禮，他經不載也。始於周禮之司樂典瑞，雖周禮不更載也。以周禮廢諸經尚不可，以周禮司樂典瑞之微，廢周禮三大禮、十二吉禮之重而可哉？

郊，交也。郊天者掃地而祭，則地未有不與天交者也。地與天交，而後可以名郊。故凡祭天者，必有地焉。郊所以定天位也，郊天者禮行而百神受職，則六宗山川群神未有不合祭於類上帝之中者也。百神並從於帝，而後可以名類。故凡祭天者，必兼天地之貴神乎！然則言地必從其合，不言地不愈從其合乎？即魯事證之。卜郊不從，猶三望。魯諸侯不敢盡同於天子，故殺望於三，是郊之兼望也，而或疑其瀆。夫初獻之後，遣官分祀於其壇，則非瀆矣。禮行於郊，而天神皆降，譬天子所臨，百官扈從。凡至之國，諸侯射享天子，而命其大夫、士分享，其扈從之臣亦從乎禮意而已。即祭義證之。大報天而主日配以月，天尊其廣大不可得而見，故以日爲主，月配之，是郊之兼日月也。而或疑其僭。夫尊日月以次於天，爲三辰之主，設王宫、夜月二壇於郊壇之側，則非僭矣。禮行於郊，而天神皆從日月，譬王燕飲而主之以大夫，王嫁女而主之以諸侯。即祭之時，社配以句龍，稷配以棄，亦存乎祀法而已。况合祭之説，得之魯有郊之事也，得之祭義有郊之文也。以郊兼日月與望，則非專祭天。謂不合地倘不可，以郊兼百神，則不必更云祭地。凡神之成象者，皆地氣之所爲，謂地不在其中而可哉？周之歲首在子，恒以子月郊天，而遂以郊爲冬至。果爾宜應節即郊矣，而曰常用辛，奈何？又周之孟秋建午，恒以午月大社，而遂以社爲夏至。果爾宜顓名爲社矣，而中央后土，在國中與四立之月、四時在四郊並稱，奈何？夫郊本用辛，辛之日不必爲至之日，然以其月建而言，亦不離乎日至，故郊特牲曰「郊之祭，迎長日之至也」。祭地本與四郊，列爲五帝。五帝之尊，不必若天之尊。然以其主宰而言，亦得謂之上帝，故記曰「郊社之禮，所以事上帝也」。聞之爲召和氣而祭者，恒於郊；爲養萬物而祭者，恒於社，如四望亦附四郊之兆。禮所謂「山川、丘陵、墳衍，各從其方」是也。

又如建寅之月，則祈農事於郊，月令所謂「祈穀於上帝」是也。即祈農事，則及先嗇，周禮所謂「祈年於田祖」是也。建戌之月，則報成於方社，月令所謂「季秋祭獸於四方」是也。建巳之月則雩，雩則祭風雲雷雨，左氏所謂「龍見而雩」是也。建亥之月則饗，饗則祭霜露冰雪，月令所謂「孟冬祈來年於天宗」是也。建卯之月，晝則迎暑，而當春分之日則朝日於東郊，周禮所謂「仲春逆暑」，祭義所謂「祭日於東」是也。建酉之月，夜則迎寒，而當秋分之日則夕月於西郊，周禮所謂「仲秋逆寒」，祭義所謂「祭月於西」是也。凡此分祭之貴神，皆專主一事之帝，而五祀司中、司命、司民、司穀、司寒，八蜡諸小祭不與焉。其國有大故，以所主之貴神旅而祭之，則謂之旅。周禮所謂「大旅上帝」、「或旅上帝」、「或旅四望」是也。

故祭非必合，以天言之則合也。以天言之不獨與地合，雖百神皆合矣。祭非不分，以帝言之則分也。以帝言之不獨與地分，雖百神有時而分矣。合祭之郊，郊祭名也，祭名則主天，而天不得與地對稱，從其大地；分祭之郊，郊地名也，地名則不必主天主帝，而帝或與地對稱，或與百神並稱，從其時也。

三代而降，禮制迭更。秦襄公始作西畤，祠白帝，其子孫遂並青、黄、赤祠之。至漢高帝，又立黑帝祠之，然猶未親禮享也。文帝始幸雍郊，見五畤。又用新垣平言，立渭陽五帝廟，則親祠矣。然猶未有定時也。武帝元光初，始定三歲一郊，而其所行之禮，所祀之神，徒用方士之説，是則昊天上帝曾不如所謂太乙五帝，而高帝創業之，太祖曾不得一旦配享於天也。宣以求仙，成以祈嗣，哀平之間，怵於禍福，南北郊與甘泉五畤互罷互與，此西漢之郊也。光武建武二年，初制郊兆於雒陽，以高帝配，又采元始故事，天地同壇，凡六宗山川群神皆在焉。蓋亦有取於有虞之類周人之旅，此東漢之郊也。唐天寶中，以二月十八日親享元元皇帝於太清宮，十九日親享太廟，二十日合祭天地於南郊，謂之三大禮。宋之祖宗，皆合祭天地。其用分祭者，惟元豐六年一郊。元祐中，蘇軾主合，從之者五人；劉安世主分，從之者四十人，謂之北郊議。夫古有事於郊，必先告祖，然非大享也。自唐先期享元元，享太廟，而宋亦因之。先郊三日，奉謚册寶於太廟，次日享玉清昭應宮及景靈宮，宿太廟，既享而赴青城，豈非躋祖以逆天乎？其論天地之際，於天則有昊天上帝，有五方帝，有感生帝。夫土不得有二王，天何得有七帝也？於地則或立方澤，或立方邱，或立北郊，是猶家有二尊也。豈非崇地以抗天乎？此唐宋之郊也。明初築壇爲南北郊，行之數年，天多變異，乃復合祭之禮，而以正月上辛行之。迄嘉靖間，始有異論。一時主分者則汪鋐、廖道南輩也，主合者則方獻夫、霍韜、魏校輩也。及萬曆中，輔臣進祀禮圖考，仍復合祭之舊，蔚然改觀。此明之郊也。約而論之，大都漢唐主合，宋主分，明則分合遞變而終主於合。然唐主合矣，而中睿兩朝未嘗不言分；宋主分矣，而元祐至紹興未嘗不言合。有以一人而先合後分，如光武之合祀雒陽，復營北郊者；有以一時而並舉分祀，如明帝上丁祀南郊畢，次北郊者。揆諸仁孝之思，質乎合漠之志。蓋合祭之義勝，而明之行事，尤爲折衷。何則天道陽先陰後者也？人子父母同恩，不能不事母統乎父；天子、天地同敬，不能不使地統乎天。夫地統乎天，勢也。天子，父天母地者也。人子一日不見父母，則失所以爲子；天子一歲不見天地，則失所以爲君。夫天子歲見天地，亦勢也。明之祭主合，而禮以歲行，故曰其事爲折衷也。

若夫揆古今而酌其宜，權損益而舉其要，則愚得以禮言之。兆於南郊，所以貴陽也；掃地爲壇，所以尚質也。卜郊而受命於祖廟，所以尊祖也；作龜於禰宮，所以親考也。卜之日至，立於澤宮，親聽誓辭，所以受諫也；祭之日，喪者不哭，不敢凶服，汜掃反道，鄉爲田燭，所以聽上也。獻命庫門之內，所以戒百官也；太廟之命，所以戒百姓也。王皮弁而聽祭報，所以示嚴也；王被衮而戴冕璪，十有二旒，所以取則也。乘素車，所以明儉也；龍章而設日月，所以昭象也。牲幣倣其色，牧人毛其騂。祭則特牲，牲則角而繭栗。帝牛不吉，則用稷牛，故帝牛必在滌三月。鬯人供秬鬯，酒正供八尊，故鬯必親耕，酒不致味，所以將敬也；太羹、犧尊、疏布、樿杓之用樸，豆登、匏陶、蒲越、藁秸之用初，所以存本也；皆治其外者也。未祭而齋，齋必變食遷坐，則齋盡其誠也；方祭而思，思必報本反始，則思致其一也；既祭而享，享必本天配祖，則享極其儀也； 皆治其内者也。有文示外心之勤，有質示内心之敬。自强不息，以法其行，恭己無爲，以肖其體，而禮之以其道，不主之以其事，則郊可通而天可禮矣。

然愚更考近代所爲，有當亟正其失者。蓋郊行於一歲之中者有二： 歲首祭天於泰壇，而以祖之有功者配； 季秋祭地於明堂，而以宗之有德者配。夫郊而曰天，所以尊之也。尊之則祀之，惟以其誠，故壇而不屋。以其形體稱之爲天，配天以祖，亦所以尊祖也。明堂而曰帝，所以親之也。親之則祀之，必備其禮，故屋而不壇。以其王宰稱之爲帝，配地以父，亦所以親父也。今則泰壇明堂併爲一祭壇於南郊，而其上屋之，是知其所親，不知其所尊也。郊行於一月之中者亦有二： 辛日祭天，所謂十一月報本之郊； 元日祭上帝，所謂正月祈穀之郊。夫辛日之郊，古在子月，今在寅月，各從其正朔也。然謂之辛日，則無常日也。元日之郊宜在東郊，不在南郊，準諸迎春於東郊也。然謂之元日，則有常日也。今則報本祈穀，併爲一日，祀於南郊，而亦以上帝稱之，是以辛爲元，以天爲帝也。天地本合也，而今鰓鰓焉疑其分。泰壇、明堂、報本、祈穀，本二也，而今斷然行之爲一。典章瀆亂，燔瘞裸陳，而欲天神降，地祇出，風雨時，寒暑節，顧可得哉？ 然郊所以祭天，社所以祭地，朱子嘗取其説。天子既有大社，又有地祇，禮經嘗載其文。或疑地不惟與天分，而社且與祇二。自愚觀之，地祇與大社則誠二也。分社於郊，不得分祇於天也。蓋天一而已，地則尊卑之異。從其班爵、廣狹之殊，從其封國，故地祇無專祀，統之於天，所以祭天下之大祇也。大社有專祀，别之於郊，所以祭畿内之土祇也。地祇統於天者，以天下之大祇可並於天也。大社則於郊者，以封内之土祇不敢列於郊也。至於雲雷、霜露、冰雪，皆天之貴神，有生物之力，而周禮乃不列其目。孟冬祈來年於天宗，宜爲霜露、冰雪之神，有成物之用。而注乃謂「日月星辰，司中司命，皆歲終畢祀之小神」。有旅物之文，而周禮乃列於風雨之上，注乃指爲二星之名。周禮非盡出於周公，其失不獨司樂一節矣。他如漢六天五帝之陋，鄭玄裸以星象，王肅誤爲人名，唐襲道家，宋官提舉，則褻天之甚。宋因郊肆赦之訛，百僚皆得廕補，諸軍皆得優賞，或三歲一郊，或過期不行，則慢天之甚。明初，太祖皆盡革之，其得又不獨合祭一節矣。故夫論其分合，辨其得失，而一歸之正，此所謂責在天子者也。籩豆之事則有司存。

聖學

愚讀史至三代以前，而後知古之學與古之所以王也。古無不學之天子，無天子學而不爲聖人。當是時，天下之言學者，率皆以天子爲師，聖人爲規矩焉。夫人皆以天子爲師，則不致有細響爭鳴之害，而其本以端；以聖人爲規矩，則不致有卮言自樹之疑，而其傳以正。記曰：「非天子不考文。」蓋無不學于天子者也。又曰：「雖有其位，苟無其德，不敢作禮樂焉。」蓋無不學於聖人者也。自天子不學而學之統在下，在下則不尊，故處士得挾私以害公；自天子學不皆聖人而學之失在言，在言則不一，故百家得叢起而破道。秦漢以還，乘流逐弊。始也誤以文爲學，而其學日靡焉，繼也並以文爲不必學，而其文亦日靡焉。始也以秦漢視三代，有曠世之感焉，繼也以后王視秦漢，而亦有曠世之感焉。嗟乎！不有天子而學爲聖人者，將何以持其終哉？夫天子而學爲聖人，其功非一蹴而至，則其事必博修而明。

昔者堯之命舜曰：「天之歷數在爾躬，允執其中。」舜之命禹曰：「汝終陟元后，惟精惟一，允執厥中。」此學之始也，而其人皆聖人，則是學爲天子者也。說之告高宗曰：「惟學遜志，務時敏。」周臣之進戒于成王曰：「日就月將，學有緝熙于光明。」此言學之始也，而其人皆天子，則是學爲聖人者也。故語德有性反之殊，語行有安勉之辨，語世有創繼之分，而要其孜孜于學，異世同揆，雖末流漸細，襍伯相承，吾猶可遠綜其得失而詳說之。

漢高「馬上奚事詩書」，而每善陸生新語。文帝齋居，夜感鬼神，而遂爲賈傅前席。武饒雄畧，江都之策，三往而益親；宣本高才，修正之功，二人而已偹。光武之受經，樂且忘疲。孝明之執業，貴而能下。貞觀銳志經術，自征伐而抵耄期之年；開元妙選師儒，躬送迎而崇保傅之禮。宋太祖晚好讀書，而子孫多令主；明高祖首開文治，而歷代有聞人。他如元帝鼓瑟吹簫，優遊寡斷；魏子桓博聞強記，流覽無成。荒蕪于六朝，爭燕泥庭草之工，淪喪于五季，召白馬清流之禍，而其間以不學失之者半，以學失之者又半。甚矣！詞章誦記之末爲工，而忠信淵通之非坐致也。

董仲舒曰：「強勉于學，德日進而有功。」而范祖禹謂：「今日之學與不學，卽他日之治與不治。」則治術係之矣。程子曰：「君德之成就在經筵。」而元承旨謂：「天下事，宰相當言。宰相不言，台諫言之。台諫不敢言，經筵言之。」則言路係之矣。尹焞爲侍講，先宿齋沐，冀盡己誠以悟君，而朱子謂生平所學惟「正心誠意」四字，不敢不告，則臣品係之矣。曾子曰：「尊其所聞，行其所知，乃高明而光大。」而孟子謂：「以德行仁者王，以力假仁者霸。」則世風係之矣。明帝重几杖之師，自枉乘輿，太宗端宏文之選，時清中夜。而前世謂漢之羽林悉通孝經，唐之屯營皆受經義，則國勢係之矣。故真德秀論帝王爲學之本，格物、致知、修身、齊家之要，其篇自明道術至教戚屬，凡十有二焉。邱濬論帝王爲治之序，治國平天下之要，其篇自正朝廷至成功化，亦十有二焉。蓋天子之學，所謂大學。聖經之文，綱也；曾子之傳，目也，皆言其理也。德秀之書，内也；濬之書，外也，皆言其事也。天子而欲學爲聖人，其用力之次第淺深，成功之久近難易，致治之隆替偏全，討論其理，舉行其事，于以馴至乎唐虞而追蹤于湯武不難也。

雖然，今世之言聖學者，吾竊惑焉。以爲黄帝學于太真，顓頊學于録圖，帝嚳學于赤松，堯學于尹壽，舜學于郭叔，此正學于西王國，湯學于威于伯，文學于鉸時子斯，武學于郭叔，此正史所不載，其言失之誕而不經。〔二〕以爲法四表四瀆而學天地，準嬴縮緩急而學四時，因經緯德行而學九州，隨仁智信武而學萬姓，順嘲喙食息而學百物，御言聽動思而學六曹百執事，此荒忽無可致力，其言失之浮而鮮據。其最陋者則斤斤言御經筵，復召對，襲前人之成説而無所發明。夫經筵者，學之

〔二〕此句古帝王師承見載于戰國荀況荀子大略篇，曰：「堯學於君疇，舜學於務成昭，禹學於西王國。」（清抱經堂叢書本）漢韓嬰韓詩外傳卷五曰「哀公問於子夏曰：『必學然後可以安國保民乎？』子夏曰：『不學而能安國保民者，未之有也。』哀公曰：『然則五帝有師乎？』子夏曰：『臣聞黄帝學乎大墳，顓頊學乎祿圖，帝嚳學乎赤松子，堯學乎務成子附，舜學乎尹壽，禹學乎西王國，湯學乎貸乎相，文王學乎錫疇子斯，武王學乎太公，周公學乎虢叔，仲尼學乎老聃，此十一聖人未遭此師則功業不能著乎，天下名號不能傳乎後世者也。』詩曰：「不愆不忘，率由舊章。」」（四部叢刊景明沈氏野竹齋本）又漢劉向新序卷五雜事第五（四部叢刊景明翻宋本）等。今案：文中前有「舜學于郭叔」後有「斯武學于郭叔」與古人所言有異。「此正學于西王國」中「此正」不知所指，疑底本有誤。

一地，召對者，學之一時。且不知慎擇宮詹，委敵沃于僉邪？而朝嬰夕側，翻爲宴溺之資。不知簡求閣台，付論思于巧令，而糾繆繩愆，罕睹對揚之益，往往然矣。即使晝日便朝，薦紳儼列，昌言正論，輻輳于前，以爲匡弼則易；而暮夜所臨，晏朝所接，紛華眩目，淫巧蕩心，以爲持養則難。故經筵召對，一日之暴，深宮燕閒，十日之寒，此勢必不相勝，其言失之拘而不達。其尤繆者，則泛泛言心即政，政即道，踵制科之惡習而無能變計。夫心有人心、道心之別，政有徒善、徒法之譏。故大學言心必言正，中庸言性不言心。朱子以爲或生於形氣之私，或原於性命之理。而今曰心即政，將保其皆道心無人心耶？二帝不傳政而傳道，三王有傳政而要皆論其所存。程子以爲本關雎、麟趾之意，行周官、周禮之法。而今曰政即道，將保其政之盡善而一一合于先王耶？況乎平居有講貫習復之勤，存養省察之嚴，方寸之内，虚靈自持，必先不乘其守，而動靜云爲之際，危微理欲之防，酬酢之時，萬變紛紜，而後不爽其衡。蓋心放之則易，操之則難，政非知之艱，惟行之艱。此皆一切置而不論，其言失之僻而無稽。古之學者其得如彼，今之學者其失如此，豈真氣數之有升降，而降材之爾殊哉？吾聞天之生人，貴者多秀，故以貴治賤，即以賢治不肖。書云：「惟人萬物之靈，則人之秀於物也。」又云：「亶聰明作元后，則天子之尤秀于人也。」此亦何分于古今，而必甘自遜謝以爲不如，將謂有異人，亦有異天乎？天不可異，而人自異之。

蓋學與不學之辨也。孔子曰：「十室之邑，必有忠信如丘者，不如丘之好學。」故化赤漸乎丹，爲黔資乎墨；東矢貫犀，鐵羽更加其深入；西金躍虎，淬磨尤利于發硎。夫物則亦有然者矣，而況于學乎？況于天子之學爲聖人乎？且吾觀唐虞三代之君，率勞心焦思于上。茅茨不剪，土階不除，則無宮室之侈也；太羹不致，粢食不鑿，則無燕衎之奉也；大路越席，後庭練裳，則無服御之華也。清廟之音，一唱而三嘆，朱絃而疏越；后妃之美，勤著于葛覃，風行于芣苢，則無聲色之娱也。當時，如巢許之徒，甚至視天下爲厲己，相率而逃之，其語雖大過，亦可以知古人之非樂此而自便矣。

夫民勞則思，思則善心生；逸則淫，淫則惡心生。而又世之人主，生于深宮，長于富貴，慆心溺志之物習若自然，慎修思永之圖置諸身外，而一旦欲奪其所恃，進以所難，即使横經問業，如尋常章句之士，尚不能得，況乎天德、王道之重，「訏謨定命」之微？妄異生安，羞居困勉，無論其不學，雖學亦鋪張之具耳。愚嘗考明道、和靖之説，書西山、仲深之衍義，而約舉其最切于時君者，則效法宜明也。伊尹之訓太甲，周公之期成王，稱先德不軼于湯武，述前徽不出于夏商。何者？事非其所近，雖大不親，言非其所能，雖高弗涉也。今執孟子我非堯舜不敢告王之語，若殷周已不足爲，矧降而漢唐乎？然則伊周豈薄視其君哉？自宋以來，孰不以堯舜待君？孟子自待，而究其所成，比太甲、成王者何人？愚以爲學者，效也，以後覺效先覺，近則祖宗之家法，遠則先朝之實録，擇其善者而從之，其不善者改之，其虚實必有辨矣，則日講宜切也。今之經筵，類以十三經、二十一史彙而進讀。愚以爲世之儒者，窮年下帷，尚不能竭一經之用。如二十一史，卒業者益難其人，況人主宫寢之内燕居之時，未必時時皆學。驟授以經，則捍格而不入，泛投以史，亦駁襍而無從。曷若日講經義數條之外，勅大臣有識者，集漢文本紀、貞觀政要及慶曆宏治諸篇，共爲一書，置之上前，講臣敷陳，而條晰之，俾無有高遠難行之患，而凡稗官野乘，蠱惑君聽者，皆屏之如鴆毒，聞之如鴞音。其庶幾矣，則待從宜簡也。程子有云：「人君一日接賢士大夫之時多，御宦官、宫妾之時少，則道積厥躬，德修而罔覺。」吾觀立政之篇，自三事大臣，下及承僕、侍御，虎賁、綴衣之屬，凡朝夕在上左右者，皆三致意焉。故曰：「出入起居，罔有不欽。」今世主之御經筵，不數數也。其對賢士大夫端人强諫之時，不數數也。而其所最狎者，顧所謂承僕、侍御、虎賁、綴衣之屬，畋獵、聲歌、玩好之端。苟慎求賢者而任之，亦安往非學矣，則節儉宜敦也。傳曰：「上有好者，下必有甚焉。」漢諺云：「城中好高髻，四方至一尺。」所謂踵其弊而甚也。今天下之弊極矣，其患在奢，其風自上。愚謂公侯之家，世禄之胄，一馬之飾費至數千，一食之須費至數百，珠徑寸則不可爲價，石色丹則不可爲眞，以至寵賂公行，恬不知愧。害將有不勝計者，令非不嚴禁之。然驕奢之源不杜，貨賄之流不息，而欲清其源，則必自上始也。齊高祖曰：「吾治天下十年，當使黄金與土同價。」故后宫有大練之服，而下之衣綵者不安其身；宰臣有脱粟之餐，而下之食旨者不甘其味；其所令反其所好而民不從。以言教者訟，以身教者聽矣，則風俗宜厚也。吾觀周公之處頑民，始終凡八誥之反覆，二代興亡之故，忠厚悱惻，溢于言表。而卒之東遷，以後天下諸侯群起而叛周，而服事不二，以迄于亡者。則向之頑民，何則所以結之者深，感之者至，故久而不可變也。且人主之權，賞足以褒天下之善，刑足以止天下之奸，然皆治其已然者耳。若大消患于未萌，勸誠于未立，發其羞惡之良心，而恃爲根本之遠計，則非有曠舉不可。武王伐商，封舜禹之苗裔，尊微箕而不臣，興滅繼絕。若于勘亂之謀無與，此所謂曠舉也。獨不可做而爲之乎？況夫好生而惡殺者，天道也，先禮而後刑者，君德也。先後之序，今既不能盡合，而內之台省，外之節鎮，一切入告之章，皆有核無舉。以爲舉出於狥私，安知覈不出於報怨耶？夫大臣，國家所與共治者也。一薦賢之事，疑不敢信，則天子爲孤立矣。傳曰：「大臣以人事君。」又曰：「人君勞于求賢，而逸于得人。」今之論者，率以刻薄猜忌之道待其下，而下亦以粉飾因仍之政事其上。上下相蒙，坐賈之術也。蓋亦反其本矣，則功令宜信也。語曰：「令出如四時。」又云：「布令如金石。」古之賢王，或用一人下一令，非有大不便于民者，寧守之不易，何哉？易之而大善，則民受其利，易之而小善，則民兼受其利與害。苟易之而不善，即其害未有窮也。今一令之行，上嘗數變矣。夫數變以求其善，未必得善也。況令在甲而移之乙，則甲之害，人已受之，令在乙而移諸丙，在丙而移諸丁，則乙丙之害，人又受之。假使專守其甲，僅害之一耳。而今且以三易得三害，善者不可知，而害者未有已。何如政有徒循舊章者之爲得乎？

夫明效法切日講學之事也，非學無以要其成也。嚴侍從，敦節儉，厚風俗，信功令，不盡學之事也，非學無以悉其故也。天子而必學，則道與法皆自上操之，而天下之儀型乃端。天子必學爲聖人，則制行與立說皆自上教之，而天下之視履不惑。故主敬以立其基，克勤以擴其慮，存誠以俟其積，無倦以期其終，廸德以正其本，發政以觀其施。原于稼穡，艱難以定其志，推乎禮樂，修明以達其才；體諸尊賢，敬士以作其孚；極之配天，饗祖以盡其蘊；而學之能事，于是乎畢。然此皆載于史傳，備于經筵，近而求之，有餘師矣。

荒政

愚聞國託本於民，民仰資於食，食聽命於歲。國託本於民，而民之不能有聚而無散者，食爲之也。民仰資於食，而食之不能有盈而無詘者，歲爲之也。食聽命於歲，而歲之不能有備而無患者，政爲之也。愚嘗歷觀周漢以至今日，所謂凶年饑歲，無代無之，而獨怪今之議荒政者，何多夸辭鮮實用也！ 今之言荒政者，言率多歸重根本。是宜圖諸未然，而舉昔賢已效。如常平、當社、社倉、卹流之事，皆迂踈目之。夫平居未能修明王制，權天下之旱乾水溢而不至有害，不幸而耕稼未豐於前，歲凶適值於後。救荒如戢焚，火已燎原，則赴之惟恐不及，而必曰「爾何不曲突徙薪也」。不已晚乎？ 情勢既迫，安得不疾呼而請賑哉？ 且常平、當社、社倉、卹流之法，愚非以爲行之即事事盡善也，亦視其人何如耳。雖然，行而未善，其視格而不行者必有辨。況愚又非以爲姑設此數者是亦足矣，而平時墾田薄斂之政可置而不講也。愚意並行而不相悖，權其緩急，徐圖恒足耳。

愚考王制，三年耕必有一年之食，九年耕必有三年之食。以三十年之通，總計天下之口，雖有凶年，民無菜色。所謂講之於平日也。愚又考周禮「遺人掌委積」，曰邦，曰鄉，曰門關，曰郊里，曰野鄙，曰縣都。自民之艱阨老幼，至賓客羈旅，皆在所恤。「廩人掌九穀之數」，曰匪頒，曰賙賜，曰稍食。自民之四鬴三鬴，至二鬴不足，則令移民就穀。詔王減用，而大司徒更「以荒政十二聚萬民，曰散利，曰薄征，曰緩刑，曰弛力，曰舍禁，曰去幾，曰眚禮，曰殺哀，曰蕃樂，曰多昏，曰索鬼神，曰除盜賊」。司救又以節巡郊野，救其疾疫。胡安國又加之爲粥溢以救饑，興工作以聚失業之人。夫遺人所掌，乃國家嘗時收諸委積，以待凶荒施惠之法也。廩人所掌，乃國家每歲計其豐凶，以爲嗣歲移就之法也。荒政十二，乃國家遇凶荒之時，救恤之法也。其未荒也，預有以待之，將荒也，先有以計之，既荒也，又大有以救之。此所謂講之平日，與講之於臨時者也。繇是觀之，亦足以見三代之政並行不悖矣。

若夫常平之法，則始於漢耿壽昌請令邊郡築倉，穀賤則增價而糴以利農，貴則減價而糶以利民，名曰常平。邱濬曰：「年之豐歉不常，穀之種類不一。故斂散之際，必斟酌而上下之，兼行李悝之平糴。」中饑發中熟之所斂，大饑發大熟之所斂，則糴不貴而民不散矣。當社之法，則始於隋長孫平奏令民間每秋戶出粟米一石以下輸之當社，委社司權量，以備凶年，名曰義倉。胡寅曰：「義倉取民不厚，而置之當社，於民猶便。後世移於州郡，則文案之反覆，吏胥之侵没，其受惠者，大抵城郭之近，力能自達者耳。遠者惡能及哉？ 必以隋爲法而任其事者，不必見任之官，散之民者，不必在官之屬。」責以大義，加以殊禮，則上不勞而民享利矣。社倉之法，則始於宋朱子初建之。崇安開耀鄉有社倉一所，朱子請於府，得常平米六百石。夏受粟於倉，冬則加息償之。自後隨年斂散，小歉則捐其息之半，大歉則盡捐之，凡十四年，得息米造倉三間。及以元數六百石還府，而以見儲米三千二百石爲社倉，不復收息，每石止收耗米三升。以是鄉有凶年，人不缺食。孝宗時，下其法於諸路。邱濬曰：「里社不能皆得朱子者主之，又不能皆得劉如愚父子爲之助。恐或計私害公，則弊不勝言。」雖然「十室之邑，必有忠信」，苟有司擇長者付之，實心區畫，亦安在其不可行也？卹流之法，則莫善於宋富弼。按慶曆中河朔大水，流民就食京東者不可勝數。弼時知青州，勸所部出粟，益以官廩。擇公私廬舍十萬餘區，散處其人。而官吏目前資待缺者，皆賦以祿。使即民所聚，擇老弱病瘠廩之。仍書其勞，約爲奏請。率五日，輒持酒肉慰藉。出於至誠，人皆盡力。又山林陂澤之利，聽民擅取。死者爲大塚葬之。明年大熟，民各以遠近受糧歸。凡活五十餘萬人，募爲兵者萬計。邱濬更欲折衷其法，立爲定規，頒佈天下。凡遇荒年，或散粟，或給粥。所在長吏即下所屬，凡所部有致仕閒住及待選官監，與夫耆耇之夙重於鄉者，以名起之，待以士大夫禮。給以印凴，目爲公直。俾其量領官粟，各於所在，因人議賑，而官不遙制。事竣，其疏上聞，量加懲勸，則吏胥不得乘機肆其侵漁。此又不但可施之流民也。發賑之法，當本周禮之散利薄徵。遺人之施惠卹民，兼采唐宋之善者。如唐貞觀二年，遣使賑饑民，鬻子者出金帛贖還之。邱濬又謂「待其鬻而後贖，則不售而死者必多。莫若責令有司，遇年饑鬻子者，官爲買之。每一男一女，五緡以上爲率，量給身直，贍其父母。餘以爲調養之費，傳送邊郡，編爲什伍」。是於救荒之中，寓實邊之效。若費無所出，則請暫貸官錢。俟江南罪人謫戍西北二邊者，俾其納五百緡許除籍，納二百緡許改近衛。所得緡取補前貸。彼南人隸極邊，勾丁補伍，甚以爲苦，必有樂從之者。如此，則除一軍得百軍，移一軍得四十軍。倘行於今日，諸徙尚陽寧古之人，將引領恐後，莫之能御矣。如代宗朝，劉晏掌財賦。諸道各置知院官，每旬月，具州縣豐歉之狀白使司。貴入賤出，兼以穀易雜貨供官用。知院始見不稔之端，先申至某月須若干蠲免，某月須若干救助。及期，晏不俟州縣申請，即奏行之。應民之急，未嘗失時。倘行之今日，專責一府佐董其事，並知院官可以不立矣。如周顯德中，淮南饑，世宗令以米貸之，不責其必償。胡寅曰：「稱貸所以惠民，亦以病之，病其責償也。」或嚴其期，或徵其耗，或與米而取錢，或赤貧而重督，或胥吏以詭貸而徵諸編氓，弊不勝言。倘行之今日，散倉廩，頒帑金，權其被災之厚薄而不責其償，則其惠溥矣。如宋真宗大中祥符間，歲歉民流，命侍御史乘船安撫，出粟賑貸。如仁宗遇災，則避殿變服，恐懼見於顔色，哀矜形於詔命。被災之所，必發倉廩。平糶不足，則轉漕他路以給。又不足，則誘富人入粟，秩以官爵。災甚，則出内帑金帛，或鬻僧牒，或留歲漕，免租寬賦，休役弛禁。饑民不能自存，則官養之。不得其死，則官瘞之。倘行之今日，而又責督撫大臣，如趙抃之書問屬縣，如曾鞏之先期賜貸，如隆興中之特立賞格，如辛棄疾之痛懲首惡。相兼而求濟，則民困其有豸乎。此又不特專資之於發帑者也。

然愚更揆時審勢，有切方今之石畫而多與時議相背者。一曰，寬就食之禁。夫安土重遷，人之情也。苟非大不得已，孰肯捐親戚，違墳墓，甘爲亡民哉？蓋多藏而備具，則固無患矣。若不幸蓄積無素，與夫雖有蓄積而連歲洊饑，請之官無可發，勸之民無可貸，乞諸鄰無可應，將視其坐而待斃，不如縱其隨處糊口以求生也。於是嚴檄郡縣，考其有無，量其多寡。或移民就粟，或轉粟就民，或高市估以招商，或發官錢以市糴。又不幸而公私乏絶，計無所出，則亟聞朝廷，多遣官屬，所在招綏，給以公儲而不責償。故有以護送之，使不至潰散失所。有以節制之，使不至劫奪生亂。有以還定安集之，使彼之室家已破而復完。我之版藉已渙而復聚，富弼青州之政可踵而行也。曰，嚴遲報之罪。孟子曰：「民當饑歲，老弱死而少壯散。」有司莫以告，是上慢而殘下也。朱子嘗稱蘇軾與林希論熙寧荒政之弊，費多而無益，以救之者遲也。嘗見州郡每有凶荒，朝廷未嘗不捐租發粟。往往行之後時，緩不及事。上有鉅萬之費，下無分毫之益，其故遲而已矣。所以遲者，緣有司急簿書而緩撫字。遇有水旱災傷，非其不得已，不肯申達。比其申達，則州縣上府道，府道上督撫，批撥往還，動經旬月，及聞諸朝廷，而令下已往矣。然此非有司之罪，其失在國家也。何者？國家不能慎簡守令于平時，及其災荒入告，則鰓鰓疑之。豈惟守令並其司道督撫素倚安危者，亦莫不鰓鰓疑之。是以不得不遣官勘驗。而所遣者，又多以文法爲拘，後患爲慮。因一人之詐，疑衆皆然。惟己之便，不人之卹。彼寔能沾惠者有幾哉？夫朝廷於督撫司道諸臣，固前日所擇於諸臣之中，知其賢能而後任之者也。今一告災之故而不足信，則國家所倚重何如也？況今之遣官，又能保其廉而且才，一一稱上德意乎？請如邱濬所言：「定奏災限期，頒行天下。」八分以上馳傳，五分以上差人，二三分以上入遞。後不及期者，重治其罪。劉晏知院之說，可踵而行也。曰，厚勸輸之典。邱濬云：「鬻爵非國之美也，然用之他事則不可，用之救荒，則是國家爲民無所利之也。」故宋人謂之崇尚義風，不與進納同。自今以往，苟遇歲饑，民有多粟者，輸以濟荒，則定爲等第，授以官秩，給與璽書，俾有司優禮，與見任同。苟非大故，亦不追奪。如此，則平歲爭積而凶歲爭輸矣。仁宗誘富人入粟，秩以官爵之事，可踵而行也。至於勸農課桑，必如晁錯所言，「地無遺利，民無餘力，而後邦本固。」慎擇長吏，必如司馬光所云：「簡公正者爲監司，俾察被災郡邑。其守令不勝任者易之，而後吏治肅。」寬減租稅，必如漢文景，或全蠲，或免半，偏及於四海，而後民氣蘇。善乎！呂祖謙曰：「備荒，總而論之：先王有預備之政，上也；修李悝之政，次也；所在有可均，使之流通，移民移粟，又次也；咸無焉，設糜粥，最下也。」邱濬曰：「周宣王所以中興者，以萬民離散，不安其居，而能勞來還定安集之也。晉惠帝所以分崩離析而迄不復振者，以六郡洊饑，流民入於潁川者數萬家，不能撫之，而有李特之首亂也。」然則荒政之所關詎細故哉？吾願今日廟堂之上，求其實，勿徇其名。綏治其本，急治其標，以徐圖其至善，俾國常藏富於民，而民無待哺於歲。昔賢之成憲具在，「神而明之，存乎其人」，非有可行不可行也。

治河

愚觀禹貢，治河始於積石，終于海，而諸州之文不少槩見。其首揭於兖者，僅九河，既道而已。畧其所經於諸州，而著其所入於兖，此治河必治下流之驗也。九州不言治河，而貢賦之來則必以達河終焉。所疏不詳於侯國，而所會並舉於帝都，此治河卽治運之驗也。太史公謂「河災衍溢，害中國尤甚」，而其書則以河渠名，以河之害歸河，以河之利歸渠，此治河兼治渠之驗也。平當之言曰：「按經義治水，有決河浚川，而無所謂隄防壅塞。」禹貢稱導河，而孟子亦稱禹疏九河。此治河以浚爲治，不以塞爲治之驗也。九河逆河，同在兖州。經於兖，言九河不言逆河。九河以爲播，而逆河以爲同。此治河以分爲治，不以專爲治之驗也。商人六遷以避河決之害，天子之尊不與河爭强，王都之大不與河爭地，輕去其國而重爲之防。此治河以徙民，不以徙河爲治之驗也。

吾聞之善言天者，必有驗于人；善言古者，必有驗于今。置六驗之說于此，詳計而力行之。衷昔賢之成法，而參以當代之急務，要未有不明著其效者。雖然，愚者狃近功之易見，智者矜小慧而用鑿。故與愚者言，旣難預覩其情，而與智者言，又難頓破所恃。言之於先，易致功而嘗苦其不用。言之於後，易見聽而嘗苦於無功。國家之事，習若故。然不獨治河，而治河爲甚。何則？河之害深而治河之費大也。河之害不一，治河之功不一，而愚皆約舉其最著者，大較漢宋元明之間。計其患，漢之患爲決，宋之患爲入淮，元之患爲及山東諸郡爲妨運道，明之患爲合沁泗沂之水同歸于淮而河淮爲一，爲委河于淮以避運道，而河漕爲二。患在漢宋元，故道猶有存者，患在明，故道乃盡失之。然則河之患，未有甚於明者也，而今且過於明焉。紀其決，漢孝文時決酸棗，元光中決瓠子，又決館陶，永光五年決清河，建始四年決東郡，鴻嘉四年決渤海。宋至和二年決大名，熙寧十年決澶州。元至正四年決濟寧，大德中決蒲口。明洪武十四年決原武，二十三年決河南，明年決原武入淮，又明年決陽武，三十年決開封。景泰三年決沙灣，天順五年決開封，成化五年又決開封。弘治二年決汴城入淮，復決黃陵岡入海，五年決張秋，七年復決張秋，十三年決曹單。萬曆中決徐州，天啟中又決徐州。漢宋元決者十，明決者十五，然則河之決亦未有多於明者也，而順治二年七年金龍之決更烈於明焉。

度其勢，周以前，河之勢自西而東而北，漢以後，河之勢自西而北而東。宋迄于明，則自西而東而南。河之自西南而東北者，河爲之；河之自南而東南者，人爲之。然則河之勢未有不順於宋明者也，而今□仍其舊焉。約而論之，禹之功莫大於九河，然愚不曰九河而曰貝漯之二渠。何者？二渠以釃之，九河以播之，藉非二渠引河北行，卽九河之疏，安所施乎？漢之功莫大於宣防，然愚不曰宣防而曰館陶之屯氏。何者？宣防之築數年卽決，屯氏之分八十年無害，藉非屯氏因其自然播河爲八，不復隄塞，卽宣防之宫不旋壞乎？宋之失莫大於候水，然愚不曰候水而曰熙寧之閉北流。何者？候水隨決隨塞，民雖苦之而未嘗亢河，閉北流則亢也。六塔之渠決，大明而始罷，金堤之堰決，内黃而盡絕。河決以北，而欲回之使東之，幾與河爭乎？元之失莫大于蒲口，然愚不曰蒲口而曰安山之開會通。何者？蒲口隨塞隨決，河上之役雖無歲無之，而未嘗褋他水，開會通則褋也。引汶而北連白衛，至二百五十里，絕濟而南連淮泗，至一千八百里。河決以南而茫茫汶與濟之是求，不幾置河于外乎？明之失莫大於夏邑，然愚不曰夏邑而曰永樂之復漕運。何者？塞夏邑而不免於決溢，歸亳侵鳳泗，雖一方受之而未嘗徧天下，復漕運則徧天下也。引河自西南以通運，于是山東諸郡皆被其患，聽河徙東南以避運，于是濟、漯、汝、漢、淮、泗諸水皆被其沖。河勢在北，行在南，而往往欲息方割之勢，兼撼狂瀾之行，不幾令河無適從乎？夫得失則已較然也，從違獨無所折衷哉？

愚聞昔人之言河者，其最著凡十二家。司馬遷曰「河所從來者高，湍悍難以行，平地數爲敗」，是論其本也。馮逡曰「九河故道既滅難明，屯氏河新絕未久，其處易浚，可復浚以助大河泄暴水」，是論其支也。李尋曰「因其自決，可且勿塞。河苟欲居，當稍自成川，然後順而圖之，則用力寡而成工易」，是論其形也。賈讓曰「治河有三策，徙冀州之民當水沖者，放河使北入海。此功一立，千載無患，謂之上策」，是論其性也。「多穿漕渠，使民得以溉田。分殺水怒，且有秔稻轉漕之便，謂之中策」，是論其情也。「繕完故堤，數逢其害，勞費無已，謂之下策」，是論其權也。關並曰「平原東郡，土形疏惡，河決南北，不過百八十里，可空此地」，是論其屬也。韓收曰「署于九河之舊，穿爲四五，宜有益」，是論其滙也。王橫曰「西山之下，宜更開空，使緣山足，乘高地而東北入海」，是論其舊也。歐陽修曰「奪洪河之正流，使人力斡而回注，此大禹所不能」，是論其上也。劉彝曰「二股河已閉，而御河之由冀北者，尚宜疏導」，是論其下也。歐陽玄曰「治河有三法：釃河之流，因而導之，謂之疏。去河之淤，因而深之，謂之浚。抑河之暴，因而扼之，謂之塞」，是論其術也。余闕曰「中原平衍，何嘗橫潰爲患？其勢非多爲之，委以殺其流，未可以力勝」，是論其理也。宋濂曰「南波以後，河由彭城，併汴泗，東南以入淮，以萬里奔潰，難治之河而欲使一淮以疏其怒，此萬萬不能者」，是論其時也。

約而計之，有所爲百世之利百世之弊焉？有所爲一時之利一時之弊焉？何謂百世之利？邱濬有言：「今日之河，所以泛溢而爲淮豫之害者，因兩瀆之水既合爲一，衆山之溪又併以歸，霖雨無時，潢潦繼作，故欲得上流之洩，必先使下流之通。誠不惜棄地，不惜動民，擇任心膂大臣俾于下流迤東，相其便利之所，汙下之處，條爲數河，以分水勢。又于所條支河之旁，地堪種稻者，依江南法，創爲沃田，多作水門，引其灌溉，河分疏之後，水勢漸減，然後從下流而上，於河身之中，去其淤沙，或推而盪之，或就而開之，使河身益深，足以容水。如是，則中有所受，不至於横溢，而河之波不及於陸下，有所納不至於束隘，而河之委易達於海。」濬之此議，兼賈讓上中二策行之。但去其患，不言其利，然患平即所以爲利。夫百世之中，可以無河患，則利在百世矣。何爲百世之弊？河之南也，以徐爲壑，自辛卯張秋之決，盡徙而北。又以兖爲壑，開歸屬邑，七月告決；祥符、考城、封邱諸邑，荊隆、朱源、塔灣諸口，八月告決；山東諸都邑，九月又告決，起張秋至濼口。夫濼口去臨淄十五里耳，歷三十九城而直逼濟南，何其甚哉？虎牢之東距海幾三千里，無崇山巨磯以閑之，無洞庭、彭蠡以納之，又不令其縱而出海，無怪乎所經泛濫而城郭爲墟也。曩河自入海，尚能爲並河州郡之害，況今河淮爲一，而清口又合三水以同歸於淮乎？曩河猶有所豬，如鉅野、梁山，猶有所分，如屯氏、赤河。雖元人排河入淮，而東北入海之道，猶微有存焉。今則以一淮受衆水之歸，治之者往往違水之性，逆水之勢，而與水爭利。欲行則強爲塞，欲止則强爲通。惜微妙之費，而忘所捐之大。護已成之業，而興難就之工。勞力于無用，縻財于不貲。苟顧目前，遑恤其後，非徒無益而又害之，反不如聽其自然而不治之爲愈。夫百世之中，無日不治河，則弊在百世矣。何爲一時之利？賈魯有言：「水工之功，視土工之功爲難；中流之功，視河濱之工爲難。決河口，視中流爲難，北厈之功，視南厈爲難。其後總制河防，疏塞並舉，挽河東行，以復故道。凡八閱月，諸埽諸堤成，而河南滙于淮，又東入于海。」魯之此議，蓋兼歐陽玄二法行之，就目前之利，去目前之害。輕重相權，故一時不見害而見利，則利在一時矣。何爲一時之弊？以河須堤，歲歲而築之，以堤須埽，歲歲而完之。埽之成民，財不知其凡幾也。上諸部者，十不得一焉。堤之成，民力不知其凡幾也。上諸部者，又十不得一焉。然國家度支之費，已歲至億萬，幸而未決，此億萬者終無所減。不幸而決，小則數十倍，大則數百倍。且成堤有卒，而壞堤者即成堤之卒；守埽有夫，而破埽者即守埽之夫。何則？彼就食此中，目爲奇貨，固已久也。一歲無增堤繕埽之役，輒徬徨四顧，而無以自容。雖嚴爲之禁，究莫能止。鄙夫且曰：「此數萬之衆，皆藉庇於河，苟其輕罷，有相率而爲盜耳。」嗟乎！國家無術以養民，而以河爲之寄，無術以弭盜，而以河爲之歸。斯不亦可恥之甚哉？指目前之害，爲目前之利，上下相蒙，故一時知利而不知害，則弊在一時矣。

人君之政，莫先於舉利而去害。謀事之端，莫大于近取而遠該。將爲其利乎？將爲其弊乎？必曰爲其利矣。將爲其百世乎？將爲其一時乎？必曰爲其百世矣。而或有難者于此，曰：「捐數百里之膏腴，又所壞城郭田廬塚墓以萬數，其如民怨，何往應之？」曰：「今開封自鳳陽，河所浸沃田，歲數十萬頃。縱于迤東之地，開爲數河，所費近海斥鹵，不過數萬頃，果孰多孰少耶？仍即所開河旁，偶值民居，則官予地以償之。偶損民業，則官倍價以讎之。或從諸寬閒之野，或更與新墾之田，讓不云乎？瀕河十郡，治堤歲費萬萬，及其大決，所殘無數。如出數年治河之費，足以業其所徙之民。民知上之所以勞我，非爲私也，亦何怨之有哉？」則又有難者于此，曰：「漕東南以寔京師，必由博濟之境，河北則會通必有所礙，其如妨運，何往應之？」曰：「河不可驟使之東，非不可漸使之北。河突徙不常，議者每欲求禹之九道、元之四道，分遣郡邑，按圖而疏之，令由清入海，而別引沁水從魏博折東以濟漕，且漕又以汶不以河也。河北則汶水必微，微則吾得制而相之，亦可以舟，可以漕。蓋先防鉅野，使河不妄行。俟既復千乘，然後相其宜而治之，闕不云乎？」人以爲河北而會通之漕廢，予則以爲河北而會通之漕不廢。書所謂「浮于汶，達于河」者是也。亦安在其必爲運害哉？夫利之在百世者可以徐圖，而弊之在一時者不可不急改。舍小以成其大，棄少以就夫多，毅然必行，不惑浮言，而又委任得人，規置有序，度其權宜，遲以歲月，河淮之民，庶其有瘳乎？雖然，平都尉之領河堤，博求衆妙；桓司空之典河議，兼考群謀，則愚請畧述所聞，而更有進焉。

王延世治河，嘗爲竹落，長四丈，丈九圍，盛以小石，兩舟夾載而下之，三十六日堤成，此一法也。元初治河，議于杞河三汊口，選廉幹知水利之人專司之，謹其防護，較已決而後修者，功當十倍，此一法也。尚文議治河，令河西郡縣，順水之性，遠築長垣，以御泛濫，歸德徐邳，民之避沖者，並聽其便，仍于河南退灘地內，給被患之家以爲永業，此一法也。景濂議治河，于彭城東南，浚入舊淮河，使復故道，然後導入新濟河，分其半水，使北流以殺其力，此一法也。宋禮治河，議于中灤下二十里，濬舊黃河，分疏其流，使由故道而北入海，此一法也。白昂治河，議自東平之東北，以至興濟，鑿小河十餘，引太清河及古黃河入海，此一法也。劉大夏治河，自黃陵岡遙殺其勢，而浚孫家渡别爲新河，浚四府營分爲二派，築長堤，起胙城，至徐州，凡三百六十里，此一法也。董其昌議治河，謂漁溝、鐵線一帶，地形多下，陳平江始開會通，此實正河。今自桃源三义鎮至尾子灘，約九十里，其河跡尚存者三十里，宜循其舊而復之，此一法也。近時議治河者，或云自王家口以下，符離一帶，更開支河以分之，即此流彼淤，亟濬其淤者，務令兩河並行，或迭居焉，此一法也。或謂荊隆口新河最淺，其流緩，不如舊河之深而急，非其所安，爲區壑焉。徐邳一帶，舊河雖存，其怒愈大，而將鍾禍於山東。今淮泗之交，褰裳可涉矣，宜急有以濬之，此一法也。凡所謂就河言河，治其流者如是也。

興溝洫之宜，則水利不可不講。書云：「濬畎澮距川，濬川距海。」夫江南之地，水患鮮者，以渠多而水勢分也。誠于齊豫間，定其疆里，因通流畫爲大渠，因頃畝畫爲中渠，爲小渠，疏大渠，會於河疏。中渠達于大渠，又疏小渠達于中渠，淺深廣狹因乎水，曲直從横因乎地。其卑特甚者，董浚爲塘，澇則趨卑，旱則節蓄，使西北多渠，則多容水之地。多治渠，則多治水之人，此治渠以治河之要也。酌儲積之便，則屯田不可不修。趙充國條留屯十二便，其五云：「自春省士，循河湟漕穀。」夫漢唐之初，其漕率不過數十萬者，屯舉而收穀多也。誠于畿輔間，推乎郡國，可水耕者則立堰以耕之，可陸種者則分疆以種之，如淮南可爲水屯，潁壽可爲陸屯，襄鄧可爲水陸屯。分屬之守，令詳核之藩服，其出入大數，聽制總河，内則勸農，外則休運，使西北多屯芻粟魚鹽之富，既可籍以減漕舟車牽輓之費，又可捐以治河，此治屯以治河之要也。通轉輸之窮，則海運不可不復。秦紀云：「天下飛輓之役，起于黃陲瑯琊負海之郡，致于朔方。」夫元之世，數有河患，而治之得兼南北者，以海舟行而不仰給于漕也。誠于國家閒暇，求元人之故道，視有便河者則以河爲漕，有便海者則以海爲運。許吳楚從河，兩浙從海，蘇松與常兩從河海，米船存溺。稽之元史歲數，風角占視；取之沈氏筆談，如歷潢泊議。石沙之多寡，州渚之遠近，暫資之漁戶灶丁，或併漕于摠河，或併河于摠漕，使西北知海。海運行則運不妨河，而不必兼河以治運；河運緩則河不妨運，而且得舍運以治河，此治海以治河之要也。凡所謂置河言河，治其原者如是也。

十法以求其流，三要以正其原，而更取吾說之關于利弊分于百世一時者，權其緩急，揆其始終，以求當乎？六驗即薄太行而迫金堤，不煩目爲奇舉矣。不然，泛言疏而河殺，則留遲，有泥留沙滯之虞，泛言濬而河至，則淤深，有匱財竭民之慮，泛言塞而河悍，則氣張，有左支右絀之嗟。吾不知其可也。

史法

夫史之作何昉乎？粵稽黃帝，爰立左右，史以孔甲，沮誦爲之。執青纂，記言動，而上古其風樸畧，多軼而不傳。三代以來，其可見者有二：尚書記言，左史之屬也；春秋記事，右史之屬也。漢興，武帝中，其臣司馬遷世爲太史，始取而一之，名曰史記，有本紀世家表書列傳之目。後世遞相祖述，而迄不能易，遂稱標准焉。嗣是唐杜佑作通典，專以彙集典章因革爲主，而史之體一變。宋司馬光作通鑑，本史記諸書，易以編年，以帝紀爲主，而世家列傳之事，典章損益之文，逐年敘置其中，而史之體再變。朱子又本通鑑作綱目，綱以提要而褒貶寓之，目以紀事而論斷並附，其後而史之體三變。三變疊出，四體俱備，後有作者，無以加焉。

雖然，此四家之創繼相因，得失互見。吾姑置而勿論，而先以史法言之。夫司馬遷古稱良史，而後人譏其好奇輕信。按遷書最古者，莫若五帝本紀，其所述軒轅、顓頊、帝嚳之事皆依世本，而堯舜則專用尚書，故其贊有曰：「百家言不雅馴，薦紳先生羞稱之。」又曰：「擇其文尤雅者著之於篇，此遷作史之本意也。」今試取劉恕外紀、履祥前編、羅泌路史參考之，其迂謬詭怪，爲遷書所不録者，而三君子皆有宋鉅儒，或亟引而樂道之，果孰爲好奇耶？且遷爲漢臣，去高帝未遠也，而父曰大公不知其名，母曰劉媼亡其姓，遷悉仍其舊，慎重如此，尚得謂之輕信乎？班固又謂其先黃老而後六經，是非頗謬於聖人。夫遷所謂道，與後世不同。以道推黃帝則有之，未嘗及老也。遷之書，尊孔子爲世家，而老莊申韓並居一傳，其去取可知矣。吾又觀遷他傳中，群言糾紛，往往折衷夫子。秦漢以還，孰有尊夫子如遷者哉！至其叙貨殖遊俠，特遷自傷之辭，非有所進退也。或曰遷所著列國世家，多與毛詩左傳不合。不知遷之時，二書未出，遷據世本爲之，故小有牴牾耳。或又曰遷書所論禮樂，皆其粗迹。夫遷亦言其可言者耳，固書仿遷爲之，才亦畧當，特不宜自異以求勝，如世家列傳之分，所以貴貴賢賢也。固乃刪之而盡以爲傳，何説乎？且固既稱漢書，則一代之事也。而九品表更上及古初，已爲破體，而其軒輊又多未合。然世儒之論史漢，以繁簡爲差次，則大非也。何者？遷私史也，所述多前代之事，刪取任意，故簡耳；班國史也，又論列本朝之憲章，勢不得不趨於繁，惡可以是定其高下哉？范曄後漢，別著皇后紀，可以正遷史，降稱外戚之失，補班書削而不録之誤。何以知之？觀春秋記夫人薨葬之例，與國君同，則范義爲長。曄〔二〕雖六朝人，文藻之工，多於事實，比遷固爲小弱。然自叙謂「筆勢放縱，寔天下之奇作」，而「類次整齊，用律精深」，每見其佳已與扶風分鑣。陳壽作三國，以正統予魏。壽爲晉臣，而晉承魏朔，義不得不出於此。然不曰魏志，而曰三國。蜀漢稱主，而吳諸君直書其名，蓋有微辭焉？獨怪其以私憾多遺蜀事，致其文辭不少槩見。又三志中表志之屬闕焉，此其所短也。而舉此見彼，質其有餘，猶存司馬之遺風。是故遷、固、壽、曄，其才不甚相遠，後之紛紛言史者，譬如季札觀樂，自鄶以下無譏矣。

雖然，吾尤得畧而論之。兩晉之史，君臣互忝，彼意欲以雄騁相駕，故多附會增益成之。夫附會尚不可，况增益乎？劉宋以來，書凡九種，沈約數人纂而修之，綺靡相矜，至用駢語。陳、隋、北朝，愈益蕩然矣。新舊兩唐，未可偏廢。五代史出歐陽修一手，上下五十餘年，貫穿八姓十國，事有首尾，人有本末，詳畧進退之際，立義甚嚴。史至此褎然中興焉。惟正統之論，駁而未純。厥後司馬光祖之以成通鑑，豈天將留此一幟待考亭，故二公率不暇致詳耶？宋史人病其繁，吾病其漏。夫繁而得實，有後起者從博返約，猶反手耳。若其缺畧者，如韓琦傳不載鑾儀司撤簾，狄青傳不記與曾公亮論方畧，史彌遠傳，但序官閲奏章，褒刺失據，而靖康之流離，淳熙之屈辱，與夫哭西台樹冬青之憾憤，一切削而不書，其漏不亦多乎？遼金之書，遼爲稍優，以寔録在當時者，頗稱簡核，故其成之隔代爲易。金史則傷於繁，而叙南遷之喪亡，託劉祁之論相，亦

〔二〕「曄」，底本作「華」，依文義指范曄，據改。

有足多者。至其本紀之文，支離細碎，凡志傳所不勝書者，悉摭而入之。規矩不立，客主不辨，則二史之失一也。元史纂于明初，多所忌諱而又限以條例。要以時日，諸臣又非熟諳掌故者，焚膏宿火，廹而成書，僅可成稿本而已。明無成史，以鄭端簡曉之博雅，或謂論贊可方陳壽，而才具不逮歐陽。吾嘗讀吾學編，數章之中，有復出者，有自相矛盾者，益嘆古人之不可及。而十三朝寔録，藏之内府，無從抄録，則失不專在下也。萬曆中以閣臣之請，開局纂修，未卒業而報罷，論者惜之。然即令當日史局不罷，以二百五十餘年之人，日曆起居，因仍往事。列國之風，槩無所考，一旦欲羅列叙次之，難矣。其尤難者，如開國之於龍鳳，太祖未嘗諱而載筆者諱之，今其事若存若亡矣。夫秦楚之際，太史公有月表，係楚于秦，所以係漢于楚也。而項籍本紀，且居然冠漢高之上，今即不能載之世家，亦當以月表之法存之，而奈何諱也。僞周之時，一時遺臣，如陳基、王逢所述，皆鑿鑿而考之。元史明史，並歲月皆互異，其謬者無論矣。至于鄱陽代溺之事，青田牧豎之言，傳訛踵誣，迄今未有辨之者。他若建文景泰之廟號，靖難大禮之諸臣，新建白沙之從祀，東林三案之摘發，好惡紛然，迄無成議。一旦起而正之，以歸至當，故難也。

自漢迄明，爲目二十有二，成書者二十一，未成書者一。其間得失升降之林，愚既以大畧言之。雖然，必論史於此日，則愚又嘗參稽古今，斟酌創繼。其在作史之前，要旨有二，曰「簡才」。愚竊見六经有史之德，馬班有史之才，德不可及也。今世之所謂才，北以馳騁爲能，南以考證爲博。夫馳騁，辭賦之才也，以之爲史，必多誕而失寔；考證，注疏之才也，以之爲史，必多卑而不古，兩者其失均也。且史則有史之才，而泛常能文者不與焉！今有人于此，搦管臨池，風雨驟至，凌空結撰，思若淵雲，以之成私傳而有餘，以之當國史則不足。何者？私傳可以意爲損益，國史則其人其事，必明書其爲天下共知共見者，不得從而旁皇張大之也。或又有人焉，臨文矜慎，取舍有端，立格謀篇，尺寸不爽，以之成表志而有餘，以之當紀傳則不足。何者？表志可以直抒所知，紀傳則其事其文，必權衡審量，相配而行。苟其文淺陋而不傳，則其事湮没而不彰，愼擇二者之中，必求其通而不蔽，始能勝任而愉快，故莫大乎簡才也。曰「庀事」。司馬光修資治通鑑，先使其僚摭采異聞，以年月日爲叢目。叢目既成，乃修長編。漢則劉邠，三國至南北朝則劉恕，唐則范祖禹。通鑑之有長編，所謂先庀其事者也。今欲爲史，本紀取之寔録，書志以會典爲主。今之會典，唐之六典會要也。唐六典僅三十卷，一代之憲章備焉。唐宋會要，皆不可得見。惟獨元經世大典，出於虞集輩之纂修者，倣六典之例，分天、地、春、夏、秋、冬之别。凡君事四，曰帝號、帝訓、帝制、帝系；臣事六，曰治典、賦典、禮典、政典、憲典、工典。讀其序録，篇目，其義例井如也。倣而爲之，而書志之事舉矣。列傳以輯録爲主。宋琬琰録彙家狀别録，以備采擇。元蘇天爵名臣事畧，先疏其人而條列其事。自魯國淮安，迄于司徒文正，元一代之人物，薈萃數卷之中。今書雖充斥，以方天爵蔑如也。倣而爲之，而列傳之事舉矣。嚴寔録之去取，而廣收書志輯傳之文，庶守殘襲僞，兩不相病，故又莫大乎庀事也。

其在作史之日，要旨有六。曰「辨體」。蓋史與鑑不同，鑑以事爲主，而文行之；史則以文爲主，而事經緯之。孔子曰：「其事則齊桓、晉文，其文則史。」史記中有以事爲經、文爲緯者，夏、商、周、秦、文、景本紀，列國世家，曹參世家之類是也。有以文爲經事爲緯者，五帝、項、高、吕后本紀，留侯世家，與諸列傳之類是也。至伯夷、屈賈、遊俠、刺客、貨殖諸傳，則純乎文矣。而八書又不必言，故曰以文爲主也。故作鑑者，衹須明考其寔，據事直言，綱舉目張斯已。作史者則必慎求乎立言之制，或詳言之，或畧言之，或正言之，或傍言之，或大言之，或諱言之，或形容言之。叙人之大節而或從其類，述人之生平而或表其微，雖瑣屑紛紜而極盡其情，各還其故，凡此皆史法也。彼子京濡毫，徒取簡勝，而神氣索然，即一卷之書，能使人徹覽哉？故辨體爲重。曰「尚質」。夫史遜於經，以文過其質也。史之中，祖功宗德，多揚厲之辭，感舊懷賢，有傳聞之誤。其不得不趨于文者，勢也。然孟子嘗云「盡信書，則不如無書。于武成取二三策而已」，則過文之弊，經亦時時有之，而後人執夫子「文勝質則史」之論，不知夫子所謂史，指府史胥徒而言，非史官也。後人既以綺靡爲文，而因以鄙俚爲質，不幾交病哉？蓋古史之質，在體任自然。鳥獸之毛，草木之華，夫非彬彬質有其文者歟？故尚質爲重。曰「闕疑」。夫子〔二〕云「多聞闕疑」，又云「吾猶及史之闕文」。其所謂「闕文」者，如定哀之際多微辭，非削而不録也。遷表十二諸侯，而

〔二〕「子」，底本作「于」，依文義改。

載國十三；固表同姓列侯，而稱號謚姓名；修作本紀，而唐莊宗之弒詳于伶官傳，晉出帝之北徙詳於家人傳。猶其遺意乎？故闕疑爲重。曰「治例」。左氏傳春秋，解不盡同，或先後一見之，而杜預乃悉舉而歸之于例。夫事者著乎例之中，褒貶者寓乎例之外也。左之有例如易之有象，謂例可以盡春秋，將象可以盡爻象乎？故治例爲重。曰「原贊」。夫史之有贊，所謂傳言外之意。遷吾無間然矣，固已未能盡合，壽則摠論其一傳之大畧耳。然壽之書固曰評，未嘗曰贊也，范曄疑之。其論踵陳壽，而別以韻語爲贊，是兩存也。司馬貞不得其解，更效曄體，綴于「太史公曰」之下。貞豈以太史公云云論而非贊耶？故原贊爲重。曰「專任」。夫遷固壽曄〔二〕，皆一人之書也。當時討論采輯，必有其人，然權非獨任不可，故曰「筆則筆，削則削。游夏不能贊一辭」。筆者，書之冊也，削者，削而不書也。蓋春秋夫子所作，而游夏以文學得與其事，至於筆而書，削而不書，則歸之夫子。非惟夫子之聖，游夏所不能助，固史體也。假令游夏一人當筆削之任，雖夫子不贊一辭矣。司馬光作通鑑，崇文置局，詔劉恕、趙君錫同修，進呈列范祖禹、劉恕、劉攽名，而每卷止書「臣光奉勅編集」，亦此意也。又光嘗六就冗官，皆聽以書局自隨，得自辟官屬，御府供筆墨，御笥供果餌，出示三館秘書，歷十有八年而後成。故專任爲重。

當此時，誠能留心史法，先擇其二，並謀其六，俾重且大者以次舉行，則史其庶幾乎？李翺曰：「唐有天下，聖明繼周漢，而史官叙事，曾不如陳范所爲。」柳宗元數以書責韓愈，愈逡巡報罷。揭徯斯云：「有學有文而不知史事不可，有學有文知史事而心術不正不可。」李夢陽自言欲删宋史，究亦不能繇翺與斯之言觀之。史固不易爲，然愈與夢陽，亦可謂從事失時者矣。吾願世之有志史事者，謹守先王之戒，而無徒託諸空名，則黃、虞、周、漢以來之大典，二十一家之源流，當不至今日而中絕也。

〔二〕「曄」，底本作「華」，依文義指范曄，據改。

受祺堂文集卷二

天文

天有爲乎？無爲乎？以爲有爲，而日月星辰之紀，陰陽寒暑之行，宿離常變之端，消長倚伏之故，皆出自然而不可易。立于今以指乎前後千百年莫之能違，而天亦若。退處于無可如何，則疑天之非有爲焉。以爲無爲，而徵見於上則應見於下，人動於幽則天動於微，又皆相感而非偶然。據其象以論其政刑，百王莫之或異，而天且如申命之不能自已，則疑天之非無爲焉。

善乎！孟子有曰：「莫之爲而爲者，天也。」莫之爲，則無爲。莫之爲而爲，則無爲以有爲。先王克謹天戒，而于凡觀文稽數審序之事無敢忽者。誠以考躔緯而審機祥，星官日馭之才，其言若輕；象吉凶而修德政，有天下國家之責，其事則重也。是故圖成于太昊，占著于有熊；顓頊有二正之官，高辛有三辰之式；重黎之世爲羲和命諸堯舜，昆吾之後有巫咸興自夏商；周有馮相、保章之司，漢有司馬、張衡之論；在唐則淳風法象之篇而一行承之覆矩，五代則王朴歷象之制而沈括繼以宣和；及郭守敬儀表之規，最爲晚出，而諸家槩不能及。歷代天官之書，此其大畧也。

約而言之，屬于授時者有五：曰歲，曰月，曰辰，曰日，曰星。歲者，歲星所在，始于攝提格，終于赤奮若，凡十有二焉。月者，斗柄所建，始于寅，終于丑，凡十有二焉。辰者，日月所會，始于元枵，終于星紀，凡十有二焉。日者，日幹所直，自甲至癸，凡十焉。星者，天經所分，自角至軫，凡二十有八焉。天無體，以二十八星爲體；天無度，以行過爲度。所謂「日得一度」者，天左旋而周乎地，過之也。所謂「日差一度」「月差十三度」者，日月亦左旋而隨乎天，不及之也。所謂晦朔弦望者，日月行二十九日有奇，一周天而與之會，方會則月盡魄而爲晦，已會則復蘇而爲朔，近一遠三則倚而爲絃，相與爲對則滿而爲望，有中道，有九行也。所謂日月之食者，晦朔而日月之合，東西同道南北同度則日爲之食，至望而日月之對，同道同度則月爲之食，有所餘，有所掩也。所謂盈虛者，天三百六十五度四分度之一而歲缺其六，則天盈于歲，歲三百六十日，而月絀其六，則歲虛于月，有所餘也。所謂南北之極者，天包乎地，見其上，隱其下，各一百八十二度，北極出於地三十六，南極入于地三十六，高卑之極也。所謂冬夏之至者，日發而南，去極彌遠而景彌長，長極冬乃至；日斂而北，去極彌近而景彌短，短極夏乃至。二至之中，道齊影正，春秋乃分極南五十五度。當嵩高之上，爲天之中，又其南十二度爲夏至日之道，又其南二十四度爲春秋分日之道，又其南二十四度爲冬至日之道。春秋分去極九十一度而夏至六十七度，冬至一百一十五度，長短之至也。故歲之月十二，月之日三十，日之時十二，時之刻八，所以爲數也。四分其日，積九百四十分而月；四分其度，積三十度而次，積十二次而周天，所以爲算也。天之所歷，則至角至婁，至井至奎，某舍某度也；地之所經，則出卯入酉，出寅入戌，某時某刻也。度統於星，多莫如東井之三十四，少莫如觜觽之一。多非無星也，不與日相當，故其度濶；少非衆星也，適與日相當，故其度狹也。日變于氣，其初立春爲正月之節，其末大寒爲十二月之中節。或先月，或後月也，不與天相值，故限之先後也中。或在朔，或在望也，必與天相謀，故移之朔望也。是步其數，以授時者也。

屬于察變者有五，曰天星，曰星土，曰歲相，曰雲，曰風。天星者，日月五星，行十二辰之次，而日有薄蝕暈珥，月有盈虧朓朒，五星有贏縮圜角，必辨其象焉。星土者，十有二土，合之爲九州，而斗牛女屬揚，虛危屬青，室壁屬并，奎婁胃屬徐，昴畢屬冀，觜參屬益，井鬼屬雍，柳星張屬三河，翼軫屬荊，角亢氐屬兗，房心屬豫，尾箕屬幽，必考其封域焉。歲相者，歲星歷十二之紀，在木則火爲相，在火則土爲相，在土則金爲相，在金則水，在水則木，必度其躔焉。雲者，五雲之物，見於日旁，青爲蟲，赤爲兵荒，白爲喪，黄爲豐，黑爲水，必觀其色焉。風者，八風之動，應乎鍾律。艮爲條，從太呂太簇；震爲明庶，從夾鍾；巽爲清明，從姑洗仲呂；離爲景，從蕤賓；坤爲涼，從林鍾夷則；兑爲閶闔，從南呂；乾爲不周，從無射應鍾；坎爲廣莫，從黄鍾，必命其垂別焉。天爲變，以人事責之，則爲遷；天有妖祥，以人事責之，則爲修悖。所謂書日食，不書月食者，責在君，從其大也。所謂熒惑守心而徙三度者，應在君，從其動也。所謂元枵爲齊者，繇裨竈之説知之，昭十年，星出於婺女也。所謂星紀爲越者，繇史墨之説知之，昭三十年，吴伐越也。所謂晉之野主實沈者，昭元年，子產曰：「成王伐唐，封其弟叔。」而參爲晉星，實沈爲參神也。所謂宋之野主大火者，襄九年，晉士弱曰：「陶唐氏之火正閼伯。」居商邱而相土因之也。所謂衛之野主娵訾者，昭十七年，星孛及漢，申須云：「漢水祥而帝邱當之也。」所謂楚，重黎之裔者，分在鶉尾而周之鶉火秦之鶉首，其説衷於周史也。所謂燕，天漢之津梁者，分在析水而趙之大梁、魯之降婁，其説衷於爾雅也。故歲在星紀，淫于元枵，而梓慎以爲宋鄭必饑，則論其所屬也；以蛇乘龍，而裨竈以爲周楚所惡，則論其所衝也。既稱水旱，而又稱豐荒，各以其叙而相降也；既歌北風，而又歌南風，各以其分而相勝也。燭龍銜火，天問之誣，非誣也。騷之辭，皆寓耳，而煉石揮戈玉斧偃楂，則未明形氣之殊也。日月蟻行，晉志之妄，其妄也，指一星爲驗，自得之耳。而談風以草生木落，論雨以石牛黑蜧，論雷雲以漢鼎金門，則未明感召之理也。是觀其文以察變者也。

屬於分職者有五，曰日月之行，曰剛氣，曰歷斗之會，曰日行，曰日辰。日月之行者，察之以揆歲星，而以其舍命國焉。剛氣者，察之以處熒惑，而視其所居之久暫焉。歷斗之會者，定填星之位，其所居得士與女，去者失之焉。日行者，以位太白，其出入東西各五，爲八歲二百二十日，自營室而迄柳焉。日辰者，以治辰星，其出入常以丑辰未戌，候諸分至之日，與太白迭爲主客焉。天有五星，應乎地則爲五行；天有列宿，應乎地則爲列國。所謂天市者，明堂之位，而太微則朝廷，朱鳥則權衡也。所謂天極者，宮室之位，而咸池則車舍，營室則清廟也。所謂天子之出巡狩而有常居者，明堂之位是也。所謂天子之日聽政而有常居者，天極之位是也。所謂日月五星，必歷夫街歲，一受事于太微而後出者，猶大臣必稟天子之命于朝，以行其職業也。所謂二十八宿各守其躔，率諸經星，以拱北辰以帝者，猶郡國各治其職，統其民人，以上承天子也。所謂金水歲周天者，水行速，金流布也。所謂火二歲、木十二歲、土二十八歲周天者，火三月而改，木十二月而凋，土博厚而不遷也。故三垣所經，皆有州國、宮官、物類之象，則陰陽之精氣本在地也。衆星所次，或有贏縮、迷陵、留犯之名，則進退之機理實如人也。以十二邦係十二次，北海失之拘也；以受封之日屬歲星，賈氏失之罔也。月令作於不韋，而所舉中星異於堯典；圖籍起於馬績，而所舉星數異於張衡。其異也，詳畧之間也。大角，一星也，兩朝志以爲屬亢，而中興志則屬角；庫樓，十星也，丹元子以爲屬角，而兩朝志則屬軫。其屬也，高下之間也，是法其序以分職者也。

雖然，槩述其言，特考躔緯而審機祥耳。實求其事，則象吉凶而修德政者。如德有未純，謫見日食，于是大采朝日，以昭其德；刑有未當，謫見月食，于是少采夕月，以虔其刑。仁有未育，木乘其次，于是生殖象春，以施其恩；禮有未節，火乘其次，于是長養象夏，以嘉其會；義有未正，金乘其次，于是嚴嚴象秋，以果其行；知有未周，水乘其次，于是閉藏象冬，以斂其用。信有未孚，土乘其次，于是法四時之均，齊七政之常，以貞其令。斯則修之於已然，蓋不善必先知之而後天以奉天時，其道如此。如皇極建而太微明，相道得而三台麗，諫諍行而執法顯，刑罰輕而貫索空。角應將帥之臣，胃應倉廩之實，少微應逸遺之求，亢應黎獻之共，室應營造之省，斗應禮樂之彰。五星聚奎以應文昌之運，五星聚井以應武功之競。弧直狼以伐叛而懷遠，璧近離宮以尊賢而貴儒。昴者旄頭，參者司戚，井者司鉞，以振君之葆旅；大辰者心，以酌天之權衡。斯則修之于未然，蓋善必先知之而先天而天不違，其道如此。約而言之，夫修之于已然，非必盡袪其象也，或有象而無應，或有應而不至于太甚，則已矣；修之于未然，非必盡肖其徵也，或一二徵之而餘未必然，或次第徵之而轉深保盛持盈之懼，則已矣。

子聞白虹貫日，炎月飛霜。匹夫一念之誠一事之細，尚可以奪三光移四時，而況天子之尊去天未遠，聖人之學與天爲徒，反謂降格引逸，荒忽而無足據，則是葛洪「天生人而不知」也，其失也僻。愚又聞，天象有常變，天行有順逆。夫人之情，動履無恒，所遭不偶，則早夜懼之。而況蝕日隕星之大，明明可覩；烈風迅雷之作，史不絕書。顧謂災害並至，一切出於自然，則是王安石「天變不足畏」也，其失也誕。抑愚又聞，「天道遠，人道邇」。書不云乎「天聰明自民聰明，天明威自民明威」，又曰「惟天降災祥在德」。今使柴望之舉，周張孔多；圭璧之繁，荒謬殊甚。而一往委其人事于不問，則是漢武「天有意乾封」也，其失也誣。古之聖王，寅畏自持，事天唯謹，既已默體諸無聲無臭之中；鑒觀匪懈，法天自强，又復衆著乎六合四游之表。誠有見于僻誕誣之不可爲，而無爲有爲乃並行而不悖也。

至于歷數之文，相承而失者，其在今日，大端有四。日大于地，海特地之一物，而今曰「日自海出」，惑于初升之景也。然啟明之發，其景亦在水中，將謂星亦自海出乎？日月之食，日掩于月，月掩于地，而今曰「月亢日」，謬爲之辭也。夫月在日下，故得以下之魄掩上之光，何得與之亢乎？經星之序，觜先于參，參先于井，而今曰「參觜井」，惑于所居之躔也。夫星之先後，繫乎其繇來之道，以觜近于井而妄易之，然則其遠近果可爲據乎？甲辰之冬，彗星見自軫，歷婁凡十三舍，以法度之，爲辰星。乙巳之春，再見者爲熒惑，而今曰「含譽」，從其類而故爲之解也。然蚩尤之旗，狀亦類彗，何獨不言蚩尤乎？若此者，傳訛雖久，其失甚明，以討論歸經術而改正責歷官，要亦施之易易耳。若夫景圭具于周禮，差法詳于堯夫，渾天備于守敬，予嘗于歷書言之矣。觀天治歷，豈有二事哉！

曆法

從來善言天者，必有驗于人。而曆之言天也，又即以天爲驗。夫言之今日，固欲驗之將來。將來苦不可知，則仍以已然者爲據。善乎李謙之說曰「上能合于數百年之前，則下可以行之永久」，此治曆之要術也。

曆之作，始于神農，成于黃帝，容成初調其策，羲和世守其官，更新于三統，曼衍于百家，而秦漢以還，其間得失精觕之故，可得而指者，大要以人言之，其最著有五，曰司馬遷、揚雄、唐一行、郭守敬、劉基。遷世爲太史，其于曆非徒能述其文，蓋有所授也。雄于曆知其法，又知其理者也。一行推時而救其失，守敬稽古而酌其中，基積分而辨其統。其人皆不可及焉。

以書言之，其最著有七，曰太初、大衍、宣明、紀元、統天、大明、授時。推諸冬至，蓋大初尚矣。大衍，合者三十二，不合者十七。宣明，合者二十六，不合者二十三。紀元，合者三十五，不合者十四。統天，合者三十八，不合者十一。大明，合者三十四，不合者十五。授時，合者三十九，不合者十。然則授時爲密焉。

以法言之，其最著有八：曰觀天、治閏、測景、考律、辨器、曆元、日食、差法。觀天，始見于易賁之彖，「觀乎天文，以察時變」，而虞舜有璣衡之設，洪範有五紀之論，周禮有五物之官，記有孟春之命，春秋有六物之求，漢有舒速發斂之志，唐倚於數，五代準於占，宋考其績，元驗其象。事雖不一，而約舉其要，則步數以授時。堯之曆象，周官馮相實掌。太史公言律必兼曆，而後世宗之。朱子曰：「古之樂，皆推曆以生律，而其測候亦皆協律以定曆，二者恒相資以爲用，故不可相無。」漢晋迄隋，書志之屬可考焉。辨器，自黄帝問于臾蓲作蓋天，楊雄以爲難，幾其後言天者三家，一周髀，二宣夜，三渾天。蔡邕曰：「宣夜絶無師說，周髀多所違失，渾天近得其情以正。」黄道步五緯，雄不云乎，洛下閎營之，鮮于妄人度之，耿中丞象之，萬世莫之能違也。朱子曰：「帝世璿璣玉衡，卽今之渾天儀。」其後淳風有六合三辰四游之儀，一行有黄道之增，沈括有熙寧之制，守敬有簡儀、仰儀、諸儀之表。敬又謂：「以管窺天，未得其的，改用二線，而推測餘分，纖微皆可考。」蓋稱最善焉。曆元自黄帝己酉之歲，朔旦南至，獲神策寶鼎，以爲得天之紀。漢武太初更衍其說，歸本黄鍾，以爲統母。後漢志曰：「元以原之，贏朒萬變，章蔀相權而莫不稟正于此。」五代史云：「布算積分，上求遠古，必得甲子、朔旦、夜半、冬至，而日月五星皆會于子，謂之上元，以爲曆始。」邱濬曰：「曆不本于元，何所造端？故孟子以爲求其故，則千歲之日至可得而致焉。」日食見于書者，則胤征所載「季秋月朔，辰弗集于房」，見于詩者，則小雅所譏「十月之交，辛卯有食之」，見于春秋者三十有六，見于通鑑綱目者三百六十有七。而董仲舒詳其薄蝕以記災異，邵堯夫推其交感以求虧盈。蓋曆官考驗之道，此最其彰彰者，故不可闕焉。差法，自晋虞喜謂「天五十年退一度，立爲歲差」，而何承天以爲太過，倍之而反不及。劉焯取二家之中，以七十五年折之，卒不盡合。宋志曰：「天運不窮，而度以一法，故久則差，差則曆敝而不可用，乃數數改之。」元志曰：「天有不齊之行，而曆爲一定之制，故既久不能不差，既差不能不改。」元統曰：「繇至元辛巳，迄洪武甲子，積一百四年，天度漸差，擬合修改。」邱濬亦云：「聖人不能使曆之無差，然嘗因其差而正之。故歲差明而後七政不爽其躔焉。」

夫曆之作，必得其人，必考其書，必慎求其法。若是者，愚既已錯舉而詳說矣。雖然，其事不可不辨，其官不可不分，其術不可不約也。何爲辨事？易曰：「天垂象，見吉凶，聖人象之。」此君大夫之事也。君「自强不息」，肖其體於上；卿大夫「寅亮天地」，「燮理陰陽」，贊其功于下，而曆之本以端。記曰：「惟天下至誠，爲能知天地之化育。」此學者之事也。學者，人道之極，則求其合于天。歐陽修曰：「歷者，天之際，遠哉微矣，而後世一出于陰陽之家。其事則重，其學則末。」朱子亦云：「今之言曆者，但知其法，不知其理，雖唐鄧、洛下不免，故必深求其理而曆之用以精。」書曰「曆象日月星辰」，此曆官之事也。曆官敬守其職，詳求其變，而曆之傳以久。何爲分官？班固曰：「史官喪記，疇人子弟分散，解者謂世世傳其業爲疇，則知曆之必世守也。」又曰：「時御史大夫兒寬明經術。詔寬與博士共議，則知曆之不專用方技也。」又曰：「姓等奏不能爲算，願更募造密度者。」[一]蔡邕亦云：「曆以筭爲本，算之既審，而後驗之皆合，則知曆之必兼籌算也。」何爲約術？古今言曆者衆也，而大約太初起律，大衍準數，授時驗象，百家出入其中，弗能外也。是故事辨而通神明之德，官分而修效法之情，術約而得淹貫之旨，曆之源流具見矣。而愚竊更有進焉。

今之治曆，忝用前代之法，而其所獨擅者，則以地之高下與夫遠近爲經。是曆之有分野，自此始也。乃若損四餘之一而星有不同，減百刻之四而時有不足，更大寒餘日定閏之術而閏有不符，移子午南北之衡而位有不正，是則其與古異者。善乎杜預曰：「治曆者，當順天以求合，非爲合以驗天。」唐志有云：「爲曆者，其始未嘗不精密，而其後多疎而不合，不合則屢變其法以求之。」夫斗柄所建，月移一辰，曆一年這月，而一年之曆可考也；歲星所在，年轉一舍，曆一紀之年，而一紀之曆可考也。日月星辰，各有所交，履常察變，而曆之差可考也。即其異以求其同，推其差以盡其變，而曆之能事畢矣。雖然，有可變有不可變，可變者明其理，不可變者待其人也。是故古無閏也，至堯而置閏；古無差也，至虞喜諸人而立歲差；古無定朔與里差也，至淳風而後有定朔，至守敬而後有里差。此其理固有之，故可變也。朱子謂：「古之曆，必有一定之書，而今不傳。三代而下，迄無成議？一行號爲精密而差乃愈多。」邱濬則曰：「古之法，不可得見。如一行推移增

[一] 語見漢書律曆志上，原作：「姓等奏不能爲算，愿募治曆者，更造密度，各自增減，以造漢太初曆。」

減，隨時而救其失，斯亦可矣。」濬又謂：「授時曆年遠而所差必甚，失今不正，後將益訛。」江以達則曰：「守敬之法，求于古，類皆脗合。」今何所據而增損之？且元統所云「歲差一分五十秒」者，指冬至日躔赤道之度，非謂氣朔。氣朔何可改乎？此非得其人不行，故不可變也。金履祥曰：「古之言天嘗寬而曆則密，後之言天日密而曆則踈。」今方以經術取士，曷于欽天一監之外，更加延訪。倘有能明曆理之子雲，善立差法之堯夫，通星曆之學如守敬，明天人之事如許衡者，則擢之不次，俾列于宗伯太常之間，而參伍錯綜之當，不至因革之交病踈密之兩違，惠三辰而凝庶績，將有攸賴乎！至于推步占驗之法，具見諸書，愚又何辭焉？

鹽政

國家理財之事，田賦而外，莫大于鹽。故從來經□諸臣，□知其奪民以自便，出於霸者功利之習，而未有敢輕言報罷者也。呂祖謙曰：「天下利源不可開，一開不可復塞。」況當國用屢絀之秋，鹽法極弊之日，無術以振其窮，而區區謂三代無鹽政而其上常豐，文景無鹽榷而其國常富，則聽者不以爲苟且塞責，卽以爲迂闊不近事情。故有按古之文，有救時之論，有通久之謀。愚請得先言其按古者。禹貢，青州厥貢首鹽，然未以爲利也，此鹽見於經之始。周禮，鹽人掌鹽之政令，以共賓祀膳羞而已，此辨鹽之始。鹽筴征自管子，計其鍾釜而制其口，伐菹煮海，聚庸有禁，此鹽禁之始。漢武時，孔郭之徒，募民因官器作鬻鹽，官于牢盆，敢私者刑，此鹽官之始。唐劉晏上鹽法，輕重之宜，服御、軍饟、廩食皆仰給焉，又卽鹽利募庸，此鹽漕相權之始。初李沆爲運官真州，俾空船回皆載鹽，散之吳楚，此鹽運轉船之始。宋雍熙中，令商輸芻粟塞下，增其直，給鹽江淮，端拱以後並輸京師，此召商中鹽之始。明范祥更爲鈔法，俾商輸緡于邊，售鈔請鹽，聽其自貨，此鹽鈔之始。弘治中，大司農葉淇奏請改折輸戶部大倉，分發各邊，此鹽賈輸銀之始。夫夏周尚矣，管子巧爲予奪，遂使後世言利者祖其說以聚斂，迄今目爲厲階。然而計之甚詳，行之不頗，猶未至于病民也。桑孔踵其法，而榷利倍之，民以爲苦矣。然急于公家，不自封殖，猶未至于病國也。晏之辨鹽緡，至歲六百萬餘，衷然半天下之賦矣，而資其直以通轉漕，則漕政賴之。宋初之廻載，此利于得舟而彼利于得鹽；雍熙之輸粟，賦不憂告匱而民不憂淡食；范祥之鈔法，米緡實塞垣而州郡省輸運。要皆有足多焉。

則請言其救時者。明初，竈丁例給鹵地草蕩，而額鹽一引，子[一]工本鈔二貫五百。蠲其徭役，所以資之者甚厚；課引止七十萬，所以取之者甚薄。惟餘鹽不許私售，而以官鈔取之，制甚善也。自鈔法廢，官吏無術以處其餘。兩淮贏者已至三百餘萬，而所經楚豫凡數千里，僅仰食正引七十萬。中贏將安歸，食者又安所取足乎？乃仍襲故令，曰「挾餘者絞，私販者絞」。今果行，卽灶丁餒而待亡；不行，則三百萬盡飽諸姦之橐矣。正統以後，令嘗屢下，以米易鈔，徒滋虛名，而官且挾之以虛取其羨。竈丁朝得餘則欲夕得米，不得而稱貸于富人，其後必數倍其息以讎之，故鹽禁愈嚴而貧灶愈多，其弊一也。私販出于貧者，捕而富者則上下曲庇之，故貧竈餘鹽，必盡藉富者以出。游俠之民，挾海負險，募庸占鹵，勢比公侯，故鹽禁愈嚴而豪民愈肆，其弊一也。法愈嚴則利愈大，愚者見利而不見法。其初小試爲刼，久之遂蔓延成盜。唐之黃巢、王仙芝，元之張士誠，故皆販鹽者。既不能求古法以置其有餘，復不能通鈔法以救其本，則民將何恃而不爲變？故鹽禁愈嚴而盜賊愈多，其弊一也。此場竈之弊也。洪武中，召商引鹽，每引輸銀八分，官之征最少，商之獲至多。永樂以後，改輸邊粟一斗五升，商雖加稅，而邊儲仰足，民受其賜。今一引之稅增至八錢五分，而且有科例加貼，其耗幾浮於課。稅愈重則利亦愈大，奸人避重稅而趨大利。避重稅則正課壅，趨大利則私鹽溢。私者愈溢，正者愈塞。雖痛治之，卒不可遏。而要與邊儲無預焉，其弊一也。私販之罪，舊聽取贖，其令曰「人與鹽不兩獲不問」。蓋故縱之也，其弊一也。溢斤舊嘗割沒之，商作僞而捆，行重過之可也。今鹺使者或以多爲能，日新月盛，甚且強坐之罪而追取其直，其弊一也。逋課之積，既不可卒征，而往往坐是以舊欠虧見年之額，逃亡貽賠補之患，其弊一也。存積既興，常般遂尠，支者日繁而蓄者日寡，遂使今日之

[一]「子」，與下文「止」字同意，作「只僅」解。

存積亦無異前日之常般，其弊一也。鹽届所而候掣，一舟足容百引。乃商故盈引而縮其鹽，則引不聽截。逾時鹽至，或漫以所封之引，驗而全掣之，賄其吏胥，以欺其官，而前之所掣，固無引之鹽也，其弊一也。此中納之弊也。夫場灶之弊，工本即不能盡復，亦宜多予之米以恤丁，俾無漂析之虞而後嚴禁私售，斯豪民無所資，盜賊無所附矣。中納之弊，八分即不能驟輕，亦宜清盤踞，省配搭，革守支，節總催，議併引，除預徵以恤商，俾無額外之苦，而且重懲侵削，勿滋巧說之目，槩舍舊逋，勿牽無益之名，斯私販可不聽贖，虛掣可不聽縮矣。是亦豈有難行者哉？

則請言其通久者。邱濬曰：「今三運司，淮在南，滄在北，山東處其中。淮價最高，殆居其倍；山東抵河頗遠，而滄鹽近河，其價最兼。請用宋人轉般之法。遇有漕軍運米，空船南回，道經滄州，每船量給官鹽，每引量爲路直，俾運至揚州河旁，官爲建倉兩岸，按數貯之，其數不虧然後予直。如此，則官得倍稱之息，軍得歸舟之利。積鹽既多，乃令通計累年商中，依次給之見鹽。俟收支皆足，則請更行漢人官給牢盆之法。任民自煮，不征其人。其將舉火也，豫令灶戶先告之官，官爲給券。所煮之盆，定以尺寸，仍欵識鹽造官吏工作姓名，非官鑄者不得用。給券之時，取舉火錢若干，即聽其自煮自鬻。而商賈赴場易鹽，亦令具數告官，官給鈔引。其行鹽各限以地，過者没入之。給鈔之時，取工墨錢若干，寧寡取百文，或三五十文。其煮不聞官，商不請鈔者，皆治其罪。二者並貯運司，每歲申戶部，分泒以實邊。」由濬之說權之，即令各商養灶丁自煮，但依原額，按季命以輸課。彷民間兩税之制，亦無不可者。蓋鹽寄其事于商者也，鹽皆私而私販不禁自絶矣。霍韜曰：「鹽之行，必變通鈔法。俾灶丁得爲實利，引給工本鈔二貫五百，貫當錢千文。各場餘鹽，盡屬之官。有私挾者絞勿贖，則正鹽餘鹽，舉可募商開中。或如永樂時，引輸邊粟二斗五升可也。或如成化時，引折銀四錢亦可也。若國課既充，然後遵洪武八分之舊，與天下相休息。或更爲令，凡各商中正鹽百引，許中餘鹽三百引。正者引輸邊粟二斗五升，餘者輸二斗，聽其購諸灶戶。又嚴爲令，正鹽之引，止二百五斤，餘鹽如之。去比年大包勸借之弊，選廉而有才者，一爲邊督，一爲漕督，皆兼勸農治鹽，得自辟運司提舉之官，課與儲交相關以制其盈縮。」由韜之說權之，其最難者莫如重鈔。然鈔之輕而不行，自上壅之也。以鈔資商，而不許其以鈔抵賦，人孰利之乎？苟上下之用通，安有不行者？蓋私鹽多由正課重，正課均而私鹽亦不禁自止矣。此皆倣而爲之易易耳。

誠如是，按古以從其善，救時以庇其急，通久以持其終，亦可謂有倫有要矣。而愚顧竊有進焉，愚聞古大臣之事其君，莫不以德爲本，以則爲末，故管子海王之篇斥曰「伯功」。弘羊箕斂之事釀爲亂，論者皆深非也。然古之言利者，以利國也；今之言利者，以自利也。是不徒管何所羞稱，而且爲桑孔之罪人也。則鹽法之通於吏治，不可不端也。晏領鹽鐵，其始至鹽利僅四十萬，後乃至六百餘萬。沆爲發運使，以空船轉般，諸路咸得，鹽資船運二民力紓。祥爲鈔法，得錢以實塞下，省數十郡之費。前史皆以爲美。今巡鹺御史，間有廉者，收其餘緡，歸之朝廷，朝廷而賢之矣。其後至以爲例。既飽其私，而又朘商以奉其上，是教貪且賞奸矣。則鹽政之通於庸威，不可不慎也。古者開創之初，類薄取于民，而其用常足。及其後，加賦數十百倍，而其用益困。先正有曰：「國之富貴，在上之儉奢，不繫於鹽之有無。」然此皆其末世之爲耳。今立國之始，天下之利，已莫盡取，錙銖而較之，流連而漁之。譬之於人，其年尚壯，而衰老之病具見，更何恃以善其後耶？善乎蘇軾有曰：「用之不給，則取之益多。天下晏然無大患難，而盡用權宜苟且之法。」嘗使其下之不易竭，而後之有可加，是計之一時，且享之數世矣。則鹽政之通于國勢，不可不厚也。愚又聞，售歲關中，斗鹽之價，至一兩有奇。民苦不能售，甘心淡食。而有司俱按口授之，追取其直，如正賦然。夫人有貧富，則食有豐嗇，非可以口論也。況富者屬其里胥，不難以多爲少，貧者何以堪乎？其後高奴以南，私販如雲。官捕得之，讞于節鎮。販者曰：「吾以百金之產，易一金不獲，而催科到門，日不可俟。」絕販，則惟有相率爲盜耳。是聽之不敢，禁之亦不敢矣。則鹽政之通于封疆，不可不固也。其他專利之失，官鬻之害，興廢之宜，則昌黎、東萊與仲深論之甚明。及今折衷以求至當，使商有息肩之期。鹽之可爲，卽國之可爲也。而勳戚恩賜之濫，零鹽所鹽之私，存積越次之徼，以今視昔，風爲稍減，則亦非籌國者所亟詢矣。

錢法

愚觀貨幣之原，王者所以馭天下之情物而未嘗專自利也。是故權摻其要以銅楮之徵，可埒於金玉，而理失其平。以天子之威，不能得諸匹夫。何則？權出於上者也。上不愛其權，則利之所在，人爭趨之，究之下反受其害焉。理通乎下者也。下不服其理，使利專歸於上，則下有所苦而不行，究之上亦無所利焉。故其用與天下均之，而權非可旁分；其法自上制之，而理非可獨擅。則利以和義，而不至於滋害，此從來制錢之大經也。

雖然，不揆於古，則無以折損益之宜；不謀其精，則無以立變通之會。彼夫燧人之始作，黄帝之更端，遠者姑不論矣。如禹爲歷山之幣，湯鑄莊山之金，特以贍人之不足，非卽以阜財也。周九府之設，命之曰圜，而外府泉府掌其出入；齊三幣之論，命之曰衡，而上幣中幣準于刀布。此則通於制用，然猶未有厲禁也。漢武帝中，始置吏領鹽鐵，一大農丞，分部郡國，令遠方各以其物相灌輸，稱爲平準。蓋自是而利盡在官，公私之說起，良楛之形殊矣。語其重，則有赤仄比輪、四柱八銖、直百當千之變；語其輕，則有鵝眼綖環榆莢荇葉風飄水浮之名。而惟元狩之五銖，周郭其質，令不得磨錢取鋊；武德之開通，計十錢重一兩，當古之七十銖。以上二者，輕重之間，爲獨得其中焉。歷代相承，其言不一。舉其著者，凡有八家。管仲曰「夫幣，握之非有補於煖，食之非有補于飽，而先王以守物而御人」，是論其德也。孔琳曰「制無用之貨，通有用之財，既無穀帛毁敗之費，又省商旅轉般之勞」，是論其才也。單穆公曰「民患輕，則母權子，作重以行之；若不堪重，則子權母，作輕以行之，亦不廢重，子可廢，母不可廢」，是論其理也。賈誼曰「事有召禍，法有起奸，令細民摻造幣之勢，雖鯨罪，日報不止」，是論其柄也。孔覬曰「重之患在難用，而難用爲無累；輕之患在盜鑄，而盜鑄爲禍深。所以盜鑄而嚴法不能禁者，由上惜銅而愛工也」，是論其弊也。劉秩曰「物賤則傷農，錢賤則傷賈，故物重則錢輕。錢輕由乎物多，多則作法收之使少，少則重，重則作法布之使輕」，是論其術也。陸贄曰「廣卽山殖貨之功，峻用銅爲器之禁」，是論其用也。劉陶曰「民可百年無貨，不可一日有饑」，是論其本也。

八家之議，其在于今，或有行有不行，或有急有不急。若夫今之錢法，蓄于國者未能多，施於民者未能廣，傳於歷年者未能久，則愚嘗略取而計之，得十有二事，曰庀銅，曰易舊，曰核禁，曰聚工炭，曰定直，曰疏滯，曰抵賦，曰酌省鑄，曰立質，曰辨文，曰通市糴，曰治私冶。何言乎庀銅？銅者，所以爲錢之具也。錢之不贍，在于銅貴。銅貴之繇，採之者衆耳。夫銅以爲兵則不如鐵，以爲器則不如漆，故禁之無害。官禁之，則銅無所須而益賤，賤則錢之用給矣。且銅不下布，則盜鑄者無因而就。公錢不破而人不犯死刑焉。天下出銅之山四百六十，宋鑄錢之監二十六所，歲課至五百四十九萬貫。韶永通一監，至歲八十萬貫，載諸前史者可考已。何言乎易舊？舊錢者，民所自有之物，嘗利其行也。而行舊百，則廢新亦百；行舊千，則廢新亦千，故禁之便。然徒禁之，而不知所以收之，民孰肯捐其所自有者？一旦委諸溝壑，禁稍寬而舊錢將復出矣。法宜出新以易其舊，令民出舊者十，得新者六。民所得既浮於銅直，必爭聽命焉。責之守令，總於藩服，而國家亦可藉廢銅佐鼓鑄，則其用亦饒。此又與庀銅之說相權者已。何言乎核禁？禁者，禁奸民之鎔錢爲器也。錢苟爲器，其利十倍，而上將何恃以通百貨，平低昂？且鎔之爲器，錢雖毀而器存，若夫散而四出，轉遷他國，害將有不勝計者。王安石一罷錢禁，而邊關海舶，弛不復譏，卒致國用日耗，非其已事哉？自今申之，鉟銷爲器者罪，漏出外邦者刑，爲禁既嚴，而民曉然知蓄錢之無用，勢必樂輸之官。此又與易舊之說相權者已。何言乎聚工炭？工炭者，錢之所由以成也。一錢之成，費如其體，推諸先王足民之本心，固無所惜，而當國用屢絀之秋，亦必有以權其不及。今京師樓堞之建，例由罪人，苟倣其制，擇流軍之有力者，令鳩工輦炭以自贖，仍下其議於直省，準而爲之，嚴治侵人之罪，則銅不苦於鑄本，舊不苦於革新，禁不苦於厲商賈。此又與上之三說相權者已。定直維何？錢與物，平則行，觭則滯，故直不可不均也。直均矣，而民仍樂滯金，不樂蓄錢。何者？金積即伸，錢積而離也。今且行十數年，立一新局，而前之所鑄，二僅當一；更一字式，而前之所鑄，三僅當一。民以爲此旦夕事耳，孰能藏之哉？夫錢固欲其布，不欲其藏，然非有藏者，則錢之用必不勝于金。前史所稱富人之橐，類以錢計。愚又考明初洪武至成化，百年之間，僅大中、洪武、永樂、宣德四錢，未嘗更有所作，而其時亦不至乏，則今之數易者何爲乎？疏滯維何？錢之用，濶則通，狹則塞，故滯不可不開也。今以省言之，則行于北者，或不行于南，而製且互殊；以郡言之，則行于邊者，或不行于腹，而估無一律。有專行新者，有新故相準而行者，有此貴而彼賤者，奸民往來貿遷其中，是與朝廷爭利也。夫天下之同文久矣，何獨至于錢而異之？請嚴爲令，務使勿貳，錢之地寬而價益不搖，豈非與定直相表裏乎？抵賦維何？錢之出入，欲行下亦欲行上，故賦不可不明也。今官予民則廹而受之，民遷官則拒而不納。收之敝于無用，則子之莫肯復收，故錢之不行，自上格之也。倘議行，亦必先自上始。通計天下州縣正賦，除陸路解京之外，有隨地□銷者，有水路可達於京者，慨計納錢，而卽以此嚴治守令之威最。何則？有司之取民，金之耗爲難知，而錢之贏爲易見，故多藉口不便耳。誠使民間之錢得用于官，雖萬里如屬目矣。豈非與疏滯相表裏乎？酌省鑄維何？錢之數，取諸近則易，遠則難，故鑄不可不增也。今盡罷各省，而歸之京師寶源寶泉兩局。

計臣之意，不過撤外爐以杜私鑄耳。然京鑄之錢，僅用於京則可。如其自京而達之天下，則與省鑄何別？故私鑄之有無，係乎錢之盛衰，不係乎爐之多寡也。請詳議而復之。則錢給人用，而直可無低昂；省皆一式，而可無關閡；民取諸省，仍納諸省，而賦可無匱乏。豈不與上之三說相表裏乎？如所謂立質。質也者，體厚而後用宏也。夫珠玉出於天，幣帛成於人，錢則合天人而爲之。銅出於天，吾所無吝；工成於人，吾所無惜。俾其肉好適均，輪郭周正，造一錢，費一錢，本多而工裕，然後上下之情相安。今宜倣五銖之舊，每錢計用銅十五分。剉磨之餘，去五存十。輕重大小，各適其中，而行之可以不窮矣。如所謂辨文，文也者，義順而後施利也。夫天左旋，日星順之；地右旋，河江順之。唐之開通元寶，其文自上而右，右而下，下而左，猶之左旋也。後人不及詳考，遂訛爲開元通寶。一縱一横讀之，天地之間，有如是成文者乎？義之不順，而何有于施？至鑄錢同年號，始於劉宋之孝建。建隆以來，每更一號必鑄一錢。有一帝而九改號十鑄錢者，銅炭工作，保無厲民耶。今制，一帝一錢，宜未改元故得省。然二十年之內，已再易矣。宜倣開通之舊，順布其文。或用國號，或別製佳名，以古篆書之。輪郭之旁，週廻鑿爲細紋，而錯綜得體。義伸而用乃伸，卽準于立質之說，可以相資矣。如所謂通市糴，市糴也者，法立而後價平也。夫民之饑，出於無穀，穀之貴，由於法之不詳。商販者□耳。宜定市價之令，恒以米穀爲本。下之有司，在内俾坊市按月報於朝廷，在外俾市廛以旬上於戶部。使上知錢穀之數，驗民之足否。爲通融轉移之法，使錢不至於常餘，穀不至於常歉。其價卽平，而民不苦饑。因是以稽差科制稅斂，計工役而懋遷合義。法變而施不變，卽準於辨文之說，可以相資矣。如所云治私冶。私冶也者，外絕而後内專也。夫斂銅開冶，非一手一足之力也。聚入既多，必不能欺閭里之耳目。而奸民往往肆行無忌者，多與吏胥相比。今郡縣皆有游徼之卒，宜令有司擇其敏者，專主幾察，而嚴其責成。遇貿錢都市者，一有濫惡不堪，則境内必有盜鑄之徒。民卽齎錢以報，有司責游徼以奸人之主名而務其必獲。權在守令，弁員不得問。而鼓鑄既清，無敢雜以鉛錫；質將益固，無敢亂其字畫；文將益端，無敢妄爲軒輊。市糴將益明。卽準於上之三說，兼可以相資矣。故庀銅以儲之，易舊以斂之，核禁以藏之，聚工炭以濟之，則蓄於國者不患其不多。定直以長之，疏滯以擴之，抵賦以來之，酌省鑄以便之，則施於民者不患其不廣。立質以敦之，辨文以敘之，通市糴以裒益之，治私冶以剔蠹簡貴之，則傳于歷年者不患其不久。利弊之端，此其大略也。

然而銀禁不著，錢之積輕不可得而振；鈔法不復，錢之行遠不可得而達。愚聞國之本賦，民之貿易，其用銀皆自元始。明初嘗禁之，而規畫未周，權宜未審，故迄不行。請稽三弊之法，以銀爲上幣，錢爲下幣。下幣許公私通用，而一準於上幣。每銀一分，易錢十文。銀非至十兩以上者禁之，違者其罪流。如此，則錢與銀相權，勿致有偏重之慮。何積輕不振哉？愚又聞周官有傳別之成，漢武有鹿皮之幣，是鈔之權輿也。飛錢合券，委輸創於唐；交子會務，稱提盛于宋。迨元，而鈔遂孤行。終其世，人不知有錢之用焉。請稽三幣之法，以銀錢爲上下幣，鈔爲中幣。中下幣，許公私通用，而仍準于上幣。新製之鈔，每貫易錢十文，當銀一分。四角完而未中折者，貫五文；中折者，三文；昏爛而有一貫之字者，一文。銀之遞減如之。通詔天下，以爲定制。民以鈔易錢者聽，以納賦者聽，與凡軍士之頒賜，工役之稍食。鹽賈納鈔於京庫，鹽場給鈔爲工本。鈔關取鈔爲稅課，明以示民，津關必藉鈔而通，輸納必藉鈔而給。人亦曉然知取鈔之卽可當錢。又錢多則出鈔以聚之，鈔多則出錢以聚之，錢鈔俱多則出銀以聚之。詔大司農，敕都稅宣課二司，太倉節愼二庫，制其出入，易其有無，使循環如流水。如此，則錢與銀鈔相權，勿致有敗楮之憂。何行遠之不達哉？

今世胥吏惟恐錢鈔之法歸於畫一，則侵漁易窮，相與沮壞，而有司喜其利己，率樂從焉。但知有出，而不知入之爲出，藉口饑民，而不知兼用之廛爲便民，是在廟堂之上，獨斷而必爲之。若夫崇節儉以厚其基，重農桑以培其民，信功令以果其行，慎則有司申明賞罰以要其終，則凡有關于國用者，類宜加之意焉，又不獨錢法一事也。

樂律

今夫禮樂之興，何昉乎？昔者先王見天下之人情，日動而不能已，於是設爲禮以防之；而又恐其出於彊勉者或不能久，于是作爲樂以勸之。故樂者，樂也。君子樂得其道，小人樂得其欲。夫欲者，先王之所禁也。先王曰：「彼之欲，業已勃然自起於中，必將持擊以求出。吾有以禁之，而無以通之，則迫而入於叛耳。吾有以通之，仍卽彼之所甚欲而求出者，爲之暢發於聲容舞蹈之間，及其情見而義立，樂終而德尊。」樂得其道者，以好善而益深；樂得其欲者，以聽過而知反。夫然後相安于先王之教而不敢過，故曰：「生民之道，樂爲大焉。」

雖然，禮樂之不明久矣，而樂爲甚。何者？禮之行，文與器而已。樂不徒文而又有其容，不徒器而又有其聲。習者既失其傳，作者又失其製，一旦以不試之學，而欲得古人之情，其難一也。今樂之失，又與古不同。漢初，有製氏世在樂官，但能紀其鏗鏘鼓舞，而不能言其義。唐宋以來，其義之存於古典者，經術之士尚能因文以求之，而所謂鏗鏘鼓舞迄絕不傳。彼漢後諸儒，謂其數可知，其義難知，蓋數猶未亡也。自今論之，則可知者義耳。若夫千載之上，其難一也。司樂之官，自唐虞迄周，率皆明名公卿爲之，故執籥有碩人，執簧有君子焉。而今則列之教坊，充以俳優，以祇庸孝友之事，責之侏儒優襍之人。遂至士君子所羞稱，其難一也。三代而上，本人心以爲治，皆寓於鼓樂之中，而今則區區從事于簿書期會刑罰兵戎之末。所謂樂者，特用以行禮耳。不本於人心，不協於律呂，人之氣不復關於天，君之政不復寓於樂，而一切流爲苟簡，其難一也。古人尚質，器與聲樸，而後世則盡變之。如金石，鍾磬也，易之以方響；絲竹，琴瑟也，易之以箏笛笙。匏也，櫜之以斗塤；土也，改之以甌柷；敔木也，貫之以板。代變新聲，妖淫愁怨，導慾增悲，不能自止，而求之聖王太和之音，其難一也。抱此五難於上，而當世之君大夫，又目爲迂緩無用之物。百年而後興者，既謙讓而未遑。斯須不可去者，又委置而不道。然則樂之中絕，非一朝一夕之故矣。

問嘗稽作述之源流，舉帝王之因革，旁證於詩書，而取裁於朱蔡，凡得十有二事，曰原，曰節，曰序，曰章，曰象，曰制，曰立教，曰考政，曰分職，曰著辨，曰論器，曰求工。原也者，樂之所由生也。易曰：「雷出地，奮豫。先王以作樂崇德。」記曰：「人感于物而形于聲，聲應則生變，變化則比音而謂之樂。」易求其端于天，記推其動於人，故行有陰陽，氣有剛柔，聲有正奸，應有順逆，而樂之和淫繫之矣。節也者，樂之所由成也。虞廷之論樂，堂上主歌，堂下主管。孔子之論樂，始則合作，從則貫珠。虞畧其分于地，子詳其統于時，故位有咏間，音有高卑，工有戛擊搏拊，音有翕純皦繹，而樂之始終括之矣。且樂固有自然之序也。宮爲君，商爲臣，角爲民，徵爲事，羽爲物，用絲有多寡，取聲有清濁，此所謂大小之分也。故宮必爲君，而不可下於臣；商必爲臣，而不可上於君。推之角徵羽，皆以次降而不敢過。其有過者，則不用正聲而以半聲應之。五者不亂，無沾懘之音矣。樂又有秩然之章也。宣以黃鐘，贊以太簇，修以姑洗，靖以蕤賓，平以夷則，布以無射，助以大呂，出以夾鐘，中以仲呂，展以林鐘，秀以南呂，復以應鐘，管視乎聲律，所分于雅頌，此所謂還宮之義也。故黃鐘爲第一宮，而生于姑洗；林鐘爲第二宮，而生于應鐘。推之太簇、南呂、姑洗、應鐘、蕤賓、大呂、夷則、夾鐘、無射、仲呂，皆還相爲宮而不敢不盡。其有不盡者，則各具五聲而以二變求之。十二律相生，有旋折之用矣。況樂之象非可一端而竟也。清明象天，廣大象地，終始象四時，周旋象風雨，而五色八至百度各得其理焉。常而不紊，變而不窮，則樂行而倫清矣。樂之制又必相濟而成也。清濁小大制在器，短長疾徐制在人，哀樂剛柔制在情，遲速高下制在用，出入周疏制在意，而一氣二體三類四物五言六管七音八風九歌，咸得其宜焉。文以琴瑟，動以干戚，餙以羽旄，從以簫管，則樂和而聽平矣。若夫立教，樂之爲教，則已久也。胄子之教，始于命夔，而志言底乎克諧；功叙之教，見于禹謨，而董戒歸乎勿壞；成均之教，詳于周禮，而語舞致乎鬼神。故聖人以樂爲內外交修之本，始也作樂以廸躬，終也樂成以養德，而爲習，爲風，爲俗。聖人之意，蓋曰：「率之以形，不若率之以聲；喻之以事，不若喻之以理。」和順積中，英華發外，而樂乃洽乎人情矣。若夫考政，樂之與政則相資也。舜之命相，由出納以察政，而五聲六律八音之必協也；記之論世，由情文以聽政，而安和乖怨困哀之必明；孟子之合古今，由鐘鼓管籥以觀政，而獨樂、少樂、衆樂之必别。故王者以樂爲君民同欲之效，始也采風，樂自下而上；終也勸歌，樂自上而下，而以祭，以燕，以射。王者之意，蓋曰：「審聲以知音，則審音以知樂；審音以知樂，則審樂以知政。」沐浴膏澤，歌咏勤苦，而樂乃該乎物理矣。至于分職，樂之職，則儼然列乎六官也。太師掌律同，而合陰陽之聲。故陽道常饒，其律順而左旋；陰道常乏，其律逆而右旋。以應乎日月之會，則大不踰宮，細不踰羽焉。典同掌律間，而究天地四方之聲。故金、石、土屬地，推其所始，先金石而後土；匏、竹、木屬天，序其所生，先匏竹而後木；革絲兼屬天地，正其所歸，先革而後絲。以摻乎齊量之權，則昭其大，細鈞有鐘無鎛；鳴其細，大鈞有鎛無鐘。甚大無鎛焉，而和樂亦如之矣。至于著辨，樂之辨，又裒然通于九經也。衆仲之辨羽數，自八而降于二，故周子宗之，以復古禮爲先。蓋古以平心者，今以助欲；古以宣風者，今以長怨。而其初皆僭樂以倡姦溺，則不復古禮，必不覩古樂焉。家語之辨制音，自南而流于北，故程子宗之，以考正律爲亟。蓋尺度權衡之正，皆起于律；六律六吕之正，皆起于黄鐘。而其後卽奏樂以兆興亡，則不考正律，必不聞正樂焉，而典樂亦如之矣。乃如論器，蓋樂非聲不成，而所以寓其聲者器也。按漢志，黄帝命伶倫取懈谷之竹，生具空竅。其厚薄均者，斷而吹之，以爲黄鐘之宫。制十二筩，象鳳之鳴，雌雄各六，以爲律本，此器之所由製，卽樂之所由開乎。秦漢之間，其器猶有存者，而敝于晉魏，亂于隋唐，淪亡于五季，舛訛于崇宣。夫執今器以求古樂，何異指房中當清廟，鐃歌當采薇？無論失其義，雖其聲可得而彷彿乎？故必器可用，而樂之自然節奏出矣。乃如求工，蓋樂非音不傳，而所以摻其音者工也。按虞書，帝舜命后夔爲大司之長，化洽邦國。其氣質不齊者，就而正之，以立中和之極。率九德劑才之偏，過不及同歸，以爲教本，此工之所由著，卽樂之所由盛乎。春秋之日，其人猶有賢者，而遠于晉，散于魯，播遷于楚秦，飄泊于河海。夫驅賤工以集大樂，何異編牛鐸當鈞天，雞澤當柱下？無論乘其理，雖其音可得而庶幾乎？故必工可用，而樂當然與所以然之故常出矣。原以溯之，節以間之，序以成之，章以别之，象以顯之，制以彙之，而樂之體于是乎立；施于立教，達于考政，重于分職，嚴于著辨，詳于論器，明于求工，而樂之用于是乎行。此從來治樂之大凡也。

然愚更揆當代之急務，則有所謂中聲也者。國語曰：「古之神瞽，考中聲以爲制。」夫樂之有中聲，猶時之有中氣也。作樂者必取輕重之中以爲度，而十二律不能外。猶授時者必取分至之中以爲占，而十二月不能外也。有所謂定元聲也者。後漢書曰：「古之律法，本元聲以爲始。」夫樂之有元聲，猶曆之有元陽也。作樂者必自冬至之夜吹以考聲，元聲定而下皆定，元聲差而下皆差。猶治曆者必自甲子之朔列以候氣，曆元合而後皆含，曆元違而後皆違也。然中聲何以不屬角而屬宮？蓋聲以陽爲貴也。自下而上，未及其半，則位在陰而不暢；上而及半，則位在陽而始和。故即其始以爲宮。因其每變而益上，則爲商，爲角，爲變徵，爲徵，爲羽，爲變宮，而皆以爲宮之用焉。若角雖當五聲之中，變徵雖當七均之中，而非衆聲之會，故未若宮之盛也。元聲何以必屬黄鐘？蓋律以君爲主也。積少而多，未及其全，則職在臣而與衆爲群；積而及全，則職在君而與衆爲獨。故即其獨以爲黄鐘之宮。因其相生而有損益，則下生林鐘爲徵，上生太簇爲商；下生南吕爲羽，上生姑洗爲角。夷則之宮，則上生黄鐘爲角；夾鐘之宮，則上生黄鐘爲羽；無射之宮，則上生黄鐘爲商；仲吕之宮，則上生黄鐘爲徵。而皆以爲黄鐘之用焉。故大而至于雷霆，小而至于蠓蠛。而律止寫其黄鐘之一聲，則審音之要，不在于聲而在于律，不在于宮而在于黄鐘也。衷前賢之篤論，則有所謂黄鐘圍徑之法。漢斛之積分可考者。漢斛之銘曰：「積一千六百二十寸，容十斗，以法推之，爲分者一百六十二萬；十升爲斗，積百六十二寸，爲分者十六萬二千；十合爲升，積十六寸二分，爲分者萬六千二百；合龠爲合，積寸六分二釐，爲分者千六百二十。」然則黄鐘之龠，爲八百一十分甚明也。而長累九十黍，廣容千二百黍，故均其長得九寸，審其圍得九分也。有所謂寸以九分爲法，則淮南太史小司馬之説可推者。淮南子之言曰：「積十七萬七千一百四十七，得黄鐘之大數。」太史公曰：「黄鐘置一而九三之以爲法，凡得九寸。」司馬貞曰：「黄鐘八寸十分，九九之以爲數，凡得八寸十分。」一以太極推之，行于十二辰，始動于子，爲數者一。自子參之，于丑爲數者三，寅爲數者九，卯爲數者二十七，辰爲數者八十一；自辰參之，于巳爲數者二百四十三，午爲數者七百二十九，未爲數者二千一百八十七，申爲數者六千五百六十一；自申參之，于酉爲數者萬九千六百八十三，戌爲數者五萬九千四十九，亥爲數者十七萬七千一百四十七。然則黃鐘之管，九三爲寸法也。三爲分法，五三爲釐法，三三爲毫法，一三爲絲法，甚明也。而一三得三，九三得萬九千六百八十三，故寸爲九分，分爲九釐，釐爲九毫，毫爲九絲也。然五聲二變之數，變律半聲之例，何以見于杜氏通典？蓋律必取準于正聲也。通典曰：「五聲爲正，二聲爲變，故應鐘爲變宮，蕤賓爲變徵。」夫宮之與商，商之與角，徵之與羽，相去各一律，而角之與徵，羽之與宮，相去乃二律焉。于是卽角徵之間，近徵取一聲，比徵少下，則謂之變徵。羽宮之間，近宮取一聲，少高于宮，則謂之變宮也。又以子聲比正聲，正聲爲倍；以正聲比子聲，子聲爲半。故自黃鐘生十一律，有十二子聲爲正律正半律。自仲呂又生十一律，亦有十二子聲爲變律變半律。夫黃鐘所用也，聲皆正律，無空積忽徵。自林鐘而下，則有半聲；自蕤賓而下，則有變律，皆有空積忽徵焉。于是卽黃鐘之宮，用黃鐘之正律，而十二律八十四聲，皆黃鐘所生，則黃鐘不復爲他律役。卽十一律之宮，用黃鐘之變律，而正律六十三變律二十一，皆黃鐘所衍，則黃鐘之正律，不復爲他宮役也。變宮變徵之不得爲調，何以見于孔氏禮疏？蓋調皆畢曲于成聲也。孔穎達曰：「十二宮各有五聲，十二律凡有六十聲。故始于黃鐘，終于仲呂。」夫宮則成宮，商則成商，角徵羽則成角徵羽，皆比于正音。變宮則宮不成宮，變徵則徵不成徵，獨不比于正音焉。于是卽姑洗生應鐘，比于正音，則謂之和；應鐘生蕤賓，不比于正音，則謂之繆也。又三分益一，上生者得之隔八；三分損一，下生者得之隔八。故以所得之管，寸數半之，爲子聲之鐘；以相生之律，寸數半之，爲子聲之律。夫正變及半，上下相生，凡四十八聲。變律止于應鐘，雖設而無所用，實止三十六聲。陽律不用變聲，而黃鐘又不用正變；聲陰呂不用正半聲，而應鐘又不用變半聲，實止二十八聲焉。于是卽角聲之實，六十有四，以三分之，不盡一算，既不可行，而變起于一。變律非正，則僅爲聲。變徵之數，五百一十二，以三分之，又不盡二算，亦不可行，而變止于二。變聲非正，則不爲調也。

或曰：「求聲氣之中而莫適爲準，奈何？」則莫若多截竹以擬黃鐘之管，有蔡元定之說在。或曰：「度其圍徑而莫適爲準，奈何？」則莫若豫求秬黍，分爲三等，務使千二百粒，適滿其中，無欠無餘，有邱濬之說在。或曰：「欲得其音而莫適爲準，奈何？」則莫若先取人聲，度絲不如竹，竹不如肉，爲漸近自然之理，有孟萬年之說在。或曰：「今聲與古聲不同，奈何？」愚觀夫子所删三百之詩，舊皆可歌。見于晉志者，則漢宋社稷，嘗傳四曲，有鹿鳴、騶虞、伐檀、文王之目；見于唐志者，則開元鄉飲酒禮，有鹿鳴、四牡、皇華、魚麗、嘉魚、有臺、關雎、葛覃、卷耳、鵲巢、采蘩、采蘋之目。獨不可倣而行之耶！或曰：「有其詩，失其聲，奈何？」愚聞宋有趙彦肅者，嘗傳開元十二詩之譜，每句之字，皆叶以律吕，即開元遺聲也。朱子載之儀禮傳中，以爲詩樂。獨不可倣而爲之耶！或曰：「古樂唱以發歌，和以繼聲，其外應更有叠字散聲。今盡失之，不但如趙譜一聲叶一字，奈何？」愚意有之而不全，猶勝于全無而不有也。如向十二詩，鹿鳴以下六章，注云：「黄鐘清宫，俗呼正宫。」關雎以下六章，注云：「無射清商，俗呼越調。」試循俗而入于雅，得一以例其餘，安在其不可聽耶？或曰：「今器不適于用，奈何？」房庶有云：「古樂與今樂，本末不遠。試使由今之器，寄古之聲，去其靡曼，歸之雅正，亦治世之音也。」庶之此言，雖非窮本而能知變，誠推其變而合之同，舉其粗而歸之精，亦安在其不可作耶？或曰：「古聲不知所統，奈何？」請先以歌聲齊簫聲，以簫聲定十六聲，又以十六聲定八器，俾無一器之不諧，一音之不應。即不能如古人之純全，而以之視後世之苟且，豈不有間耶？或曰：「古器不知所據，奈何？」請先于學宫求鐘鼓，于鐘鼓及管絃，于管絃及于羽，俾太常觀于辟雍，辟雍觀于鄒魯，即不能如古人之微妙，而以視後人之荒唐，豈不有殊耶？因其所易，及其所難，因其所習，及其所未達。爲之以其漸，循之以其方，深造之以其道，此樂正之事也。

按文公之鐘律通解，考蔡氏之律吕新書。築室布灰，論候氣之法；截竹爲管，論求黄鐘之聲。此學者之事也。立德以爲樂本，擇人以爲樂官，求聲氣之元，立中和之極。此天子之事也。故星紀合黄鐘，娵訾合太簇，而律通于觀天；仲吕位大荒，夾鐘位單閼，而律通于治辰；始子則以天爲記，始寅則以人爲記，而律通于授曆；農氣不傷則土音正，土音既正則黄鐘出，而律通于勸田。單穆公曰：「名以成政，動以殖生，而律通于生財用。」周禮將戰，召太師以律同聽軍聲，乃太史公作律書。不言律而言兵，不言兵而言兵之偃于文帝，寢烽息民，天下和樂，而律通于成功化。是故扶犂、咸池、大淵、承雲、九招、大章、韶夏、濩武不更作，而樂之理未嘗亡；師曠、州鳩、信都、方萬、寶常、王令言、張文收不世出，而樂之工未嘗絶。在上加之意而已，如徵得其最盛者，則夫子所稱季札所論，蓋無有過于韶焉，何則？和之至也。一變而武失其和矣，再變而鄭有濃淡之别矣，三變而北有莊厲之分矣。夫古樂無所爲淡，以鄭濃而形其爲淡也；古樂無所爲莊，以北厲而形其爲莊也。今其由莊而趨于淡，由淡而返于和，則樂其庶幾乎！

屯田

愚聞邱濬有曰「天下無田不税，而吾求無税之地而耕之；無農不耕，而吾取不耕之人而役之；無兵不戰，而吾乘不戰之時而用之」，則惟屯田。是故兵所以衛民，而民常若其有餘，患不在兵而在賦。賦所以養兵，而兵常苦其不足，弊不在賦而在兵。屯田者，示兵之形，習民之勞，俾上收養兵之實，而下不致有賦民之害。蓋其制與井田相表裏焉，何則？井，寓兵于農者也；屯，寓農於兵者也。故人爲嘉師，出則宿飽，無事資守望之功，有事應車徒之選。而春蒐冬狩，訓以三年；振旅治兵，用之一旦，其義一而已矣。

雖然，井湮不可復行，屯法最爲近古，歷代相承，互聞損益，而愚常折衷以求之。大較舉其人之著者，則鼂錯、趙充國、諸葛忠武、棗祗、鄧艾、羊祜、韓重華、何承矩、孫良禎、康茂才是已。錯言于漢文，募民徙屯塞下，使戍卒省而輸將寡，此邊屯之始也。充國，神爵初上方畧罷騎兵，條留屯十二便，卒以持久成之，此屯事之盛也。忠武，建興末分兵屯居民之間，雜耕爲久計，而百姓按堵，此所謂渭濱之屯也。祇爲魏屯都尉，與典農任峻，募民行之，得穀百萬斛，于是州郡例置田官，而征伐四方，無餽糧之勞，此所謂許下之屯也。艾正始時行陳至壽春，請五萬人且田且守，兼于潁南穿渠三百餘里，軍興有資食而無水害，此所謂淮水之屯也。祜鎮吳，墾田至有十年之積。其後杜預繼之，修召信臣遺跡，激滍清諸水，浸原田萬余頃，公私賴之，此所謂襄陽之屯也。重華代北之屯，出賦罪吏九百餘人，假之牛種，自振武逾雲州，墾田三千八百餘里，歲省度支二千余萬緡。唐元和中，從李絳之請而爲之也。承矩河北之屯，發諸州兵萬八千人，給役雄霸之間，興堰六百里，置斗門引定水溉之。莞蒲魚蛤之饒，民賴其利。宋淳化中，從黄懋之請而爲之也。禎京畿之屯，自西山迄遷民鎮，立法治之，而召江南能水田及修築圍堰者，各千人爲之師，降空名職版十二。凡募百民者官九品，多者以次遷其爵。繇是歲乃大稔。元至正中，脱脱首言之，而與兀良哈台並主其事也。茂才龍江之屯，獨爲充牣，其後申令諸將，俾爲矜式。又取宋訥所獻策，分屯邊徼，遠近相望，立法漸密，而偏于天下。明洪武中，太祖親經營之，而與沐英並嘉其成也。他如陳恕端拱之議，其失在使者；張闓隆興之議，其失在有司；虞集泰定之議，其失在政府。遂皆格而不行，然其害可睹矣。

舉其制之善者，則唐與明是也。唐開軍府，以捍要衝。因隙地置營田，天下之屯，凡九百九十二。司農寺農屯三頃，州鎮諸軍每屯五十頃。而水陸腴瘠，與播植之土宜，工庸之繁簡，收率之寡多，皆決于尚书省。至天寶間，歲收百九十一萬三千六百六十石。此所謂府兵之屯也。明罷營軍屯田，諸萬户府，悉以衛兵徒事。每衛指揮一，督五千户；千户一，督十百户；百户各督旗軍百一十二人，畫地而耕。又誅暴屯百户。吳信嚴戒諸將，而令軍士樹桑、柿、桃、栗以備歲歉。命秦晉二藩，五月報養，七月報實，十月報粒。至洪武末，墾田至八十九萬九千一百二十四頃有奇。此所謂衛所之屯也。他如王鏊所云「兵法取敵一鐘，當吾二十鐘；屯田一石，當轉輸二十石」，其利在休運。楊一清所云「歲用仰給東南，緩急不足恃，屯興而田疇，無非廩庾」，其利在省賦。商輅所云「且戰且守，最爲今日防邊之要」，其利在裕兵。斯皆前人所已試，要非徒托諸空言矣。

舉其法之異者，則軍民與商是已。軍屯，擇曠土分授之兵，戍其地，即食其地之粟，此宜施之邊郡也。民屯，集民之流者辟其荒田，或弛弄徒以實之，或召富人率之，此宜責之有司也。商屯，令商人治田，輸粟于邊，給引開中，多予之直，此宜領之大臣也。他如永樂間，徵牛朝鮮，酬以布絹，分給屯軍。其本在重農。天順間，葉盛屯宣府，墾田廣穀，而以其贏築城易馬。其本〔二〕在勤穡。嘉靖間，李承勛于故興水縣地立三大營，耕戰具備，以遏亂畧。其本在固圉。斯皆與兵事權緩急，要能師其意足矣。

〔二〕「本」，底本作「木」，依文意改。

然而以人言之，既古今之不相及，以法與制言之，又行之或效或不效。將謀諸民，則性愚而安故常，心紛而無定見，故可與樂成，而難與慮始。將謀諸國，則徇人情之從遠，少獨斷之可否，故道旁之築難就，而先事之國難知。況屯政之在今日，其壞已極。苟不詳求其弊，則法有叢生之奸而蕩滌之難；不深計其事，則人無必奢之藉以息民。何晏復生，不易斯語。

若夫畿甸之東，其可爲屯者，宜遣有心計大臣，瀕海巡行而專任之。仍取閩浙士民之知田事者，相其可否，究其利害，然後募夫分疆，行虞集之策。勞以爵秩，若今盛京之例。愚聞海上多鹵，必得河水以蕩之。故爲海田者，築堤以遮鹹水之入，疏渠以導淡水之來，而後可耕。今漳御而下，繇白河至潞渚，其大無如直沽，然直瀉入海，所溉不多。曷于將盡之地，作禹貢遂河法，截斷其流，横開長河，瀦而分之，然後于沮洳之涯，築爲長堤，隨處各爲水門，以截鹹水而接淡水，則田可成也。而於凡有淡水入海所在，皆依此行之，則沿海數千里，無非良田。譬之富人東南之運，其別業所出也，濱海之收，其負郭所獲也。由是而可以寬東南之民，壯西北之勢。而或且曰：「得海田，抵園田以遷之民，其利尤博焉。」淮水之南，其可爲屯者，宜於湖蕩間，卑洳之地，蘆葦之場，盡取爲屯田。責守令親行其地，度勢之高下，測泥之淺深，召江南無田之民，因宜制便。先爲大河，濶二三尺者以通海。又各開中河，八九尺者以達大河。隨處開小河，四五尺者以達中河。使有所洩，然後於汙下不可耕者，浚深以爲湖蕩。更於原近舊湖者，疏其水使有所瀦。或隄以限之，堰以蓄之，斗門以縱之，俱如江南之制。民之無力者給以食，田成則依官田起科；有力者優以爵，田成則依公田出税。由是而可以興漁鹽之利，廣莞蒲之用。而或且曰：「淮去大江僅百里，江南民多田少，得此以奠，民居可漸復。」揚州之舊焉，潁壽之間，其可爲屯者，宜召民墾爲陸田，亦隨地以分之，因民而税之，其功又易於淮。考之唐史，上元中，于楚州古射陽置洪澤屯，于壽州置芍陂屯，地皆在此。由是而可以收桑麻之植，釋瞻烏之悲。而或且曰：「水田惟揚最賤，陸田惟潁壽爲多，故事半而功必倍焉。」襄鄧之界，其可爲屯者，宜于楚豫之中，遴廷臣知稼穡者並督之。蓋晉時羊祜所墾者，其遺跡在今湖廣之荆襄，河南之唐鄧。天下之田，南多水，北多陸，而此則兼水陸有之也。又南國流民僑寓于此者，比他郡爲多。請勅督臣親履其中，可水耕者，則引水立堰，募南人耕之；可陸種者，則分疆定域，募北人種之。俟其大稔，按畝行租，隨所在輸于官倉。遇有急需，由漢入江。由是而可以省歲運之數，留郡邑之儲。而或且曰：「苟河雒荒年亦可用以賑之，而又于暇日求武關入秦之路。商於陸輓之法，萬一三邊有缺，亦或賴以濟焉。」至於沿海行之，且屯且守，辨其潮汐，識其風角，兼可遠懾倭人，是屯之通於海防也。沿河行之，如齊之泗沂，豫之汝蔡，秦之渭涇，多疏爲渠，且可徐議秔稻，而分其支流，以降河勢，是屯之通于河道也。京師之食，仰漕會通而淺澁之患，識者嘗動隱憂，屯修則近之，所入漸多，東南可漸爲撙節，是屯之通于漕運也。集諸商田于邊，而所輸粟給之鹽直，則引不致壅鈔于境中，粟不致死金于境外。自弘治以來，司農葉淇改折之病今，一旦還其故然，是屯之通于鹽榷也。宋熙寧間，詔以坊司牧馬餘地，立田官專稼政，以資牧養之須。今京輔間，明初嘗設行太僕寺，轄六監二十四苑。其寺雖廢，而監苑之地故額具在。求而屯之，一如宋制，兼可補軍鑲賴蕃息，是屯之通於馬政也。充國金城之議，本起于邊，魏晉至唐明皆行之。其時未嘗不用兵也，而其所田又皆窮邊絕塞沍寒磽鹵之地。今師旅之費，多由黔中。黔固水鄉，其難易且不侔，酌其權宜，事可立集，是屯之通於圖敵也。洪武中，有言山東銀塲者。太祖曰：「汝知其利，我知其弊，不聞昔人之投茶種桑乎？」又有言加賦者。太祖曰：「人君當藏富於天下，豈可塞民之養而衛奪之？」故其時率一意治屯焉。蓋屯舉則儲足，儲足則邊境安。國用既裕，而言利之臣坐詘，是屯之通于理財也。明初，軍屯之外，無所謂兵；屯倉商粟之外，無所謂餉。至永樂中，乃于行營給鹽菜銀三錢，餘皆仍舊。耕戰相資，主客皆取食焉。迨其後，改折起而倉廩匱，衛士疲而招募興。夫屯丁猶土著也，招募猶流寓也。今輕重一失其衡，久而不復，是用流寓而舍土著矣。故始以內地之民，養邊塞之兵；繼以內地之民，養內地之兵；終以內地勤勞之民，養內地遊惰之民。有司因而取羨，則養兵并以養吏；奸胥因而行私，則養兵并以養役；寇讐因而挾撫，則養兵并以養盜。卒之合天下之賦，不足養天下之兵，而明鼎遂移，是屯之通於國祚也。

若此者，源流利病之端，因革損益之宜，經緯綜錯之要，愚既已詳陳其故，經國者舉而錯之，當無以畜艾爲緩圖耳。老子曰：「衰國若有餘，非真有餘。」上之嗜多而民心躁也。倘或方議屯而輒欲增察屯之官，置行屯之役，則利未見而害已隨之，豈愚之所敢出哉？

用人〔一〕

吾觀古之帝王，受命而興，其一時之人才，類多其鄉曲同起艱難之佐，而率爲一代所不可及。及其爲子孫計，始設爲科程，而一切歸之於法。夫豈不知法之不足恃哉？彼固多以爲後之子孫，必不能如其先世角力而臣之，量才而使之也，則不得不斟酌古今而創爲一代之法以示其後。若曰：「吾子孫遵吾法，以庶幾無大過也已。」非謂其法之一成而不可易，世世守之而不當知所變計也。今執事念掄才之難，資格之弊，上述唐虞，下迄元明，其間得失利鈍因革損益之數，類皆引而未發，然執事之指可覩矣。執事一則曰唐虞，用人備於「明明揚側陋」一語；再則曰三代，其途寖廣，要以不失二帝遺意。而其終又曰二帝三王之法，其則尚遠，是執事知上古之法雖善無徵，故不欲求其法，求其意而已。既錯舉漢唐以來設科取士之大略，詳求其弊，而其終又致審于恃法與恃用法之人，是執事知近世之法不能無弊。故不貴得其法，得其人而已矣。夫苟得其意，何求不可以來賢俊，得其人卽任取一法，而終不至貽冒濫之譏，此執事之大指也。

愚請得概舉舊聞，而後略陳固陋，可乎？愚聞取人之途，約言之有二：曰科貢，曰徵辟。漢唐以來，取士之科，約而言之有四，曰明經，曰詞賦，曰策論，曰制義。夫科貢，在周禮。鄉大夫以三物教萬民而賓興之，三年則大比之，而後升于司徒，此貢士之始也。漢初制，郡國口自二十萬至百二十萬，歲察一人，以至六人。其科有四，四科之外，又有孝弟、力田、文學、高第、淳厚、直言之目。而大約范曄所云「詔舉賢良方正，州郡察茂才孝廉」二語可以概之，猶之鄉舉之遺法也。魏晉以還，有九品之目。州郡皆置中正以定其選，而識者謂「鄉舉采毀譽于衆論」。中正寄雌黄于一人，至有上品無寒門，下品

〔一〕書院本目録「用人」下注「擬作」二字。

無世族之誚。五代因之，互有損益。至唐始以詩賦第天下貢士，專責考功，與周漢之法判然爲二矣。宋元明制雖遞變，然要之以唐爲準。故漢魏晉師周而有得失者也，宋元明師唐而有得失者也。其途二，徵辟。在春秋，雖曾季諸賢，皆先任於大夫之家，此辟士之始也。漢制，太守刺史各得自置其屬，而一時曹掾多天下知名之士，猶之列國卿大夫冢宰之遺法也。至唐則諸鎮參佐，必以隸名禮部者，始充其選，則與古異矣。宋以後，始一舉而納于銓衡，而居其官者，率以循資守例爲賢，不復留心于天下之奇才異等，以灰山澤豪傑之心，又與漢唐之法判然爲二矣。元明相沿，間或一行辟召，其上不過虚慕禮賢之號，乃其下逡巡畏縮而不能自安。故周漢晉唐，行徵辟而有得失者也。宋元明實未嘗有徵辟而震于其名者也，其途亦二。至于明經、詞賦、策論、制義，目雖不同，要之皆帖括之文，科貢之法耳。其盛則表裏相資，華實俱茂；而其衰則剽竊迂疏，同趨于弊。雖利鈍互見，要未有如制義之甚者。

今八股已停，姑不深論。然愚意罷制義而用策論，楚固失矣，齊未爲盡得也。何則？周漢以來，取人以人；唐宋以後，取人以言。夫君子不以言舉人，自孔子已有是説矣。今夫天下忠孝廉節利害臧否之故，能言之不必能行之也，況其不能言乎？曆法、屯田、河海、鹽茶、兵制之數，能言之不必其可行之也，況彼之所言，又人人之所嘗言者乎！執事試觀甲辰之役，所得士百有餘人。其文具在，冢宰曾採一語以通銓法之窮，司徒曾借一箸以釋仰屋之嘆，有之乎否乎？夫既以其言取其人矣，其言誠不足用，則取之者何心？其言足用，則冢宰司徒又何以若是其憒憒也哉？善乎執事之説，曰：「賢良方正孝廉諸□等，非經明行修，則循良之外篇。」夫經明行修，豈能舍是諸科而他有所求歟？顧經明行修者，其實也；賢良方正者，其名也。夫求之以實而應之以名者有之矣，未有上以其名求而下以實應者也。

今科貢之法，求之實乎？抑求之名乎？執事又曰：「唐宋，其初皆覈實，雖朴鈍亦足見功。」每至法制日嚴，而弊反叢生。執事以爲弊安在？則執事固言之矣，曰：「資格牢不可破。」夫資格者，弊之所繇集也。先王創爲一代之法，以新天下之耳目，而後人至沿爲資格，以阻賢才登進之路。求其一跡之可録，一事之可論，豈能得哉？愚謂資格之説，僅足以待中人，使之歷歲月之久，絶奔競之門，以明聖世無棄才，斯已耳！舜爲瞽子，傅説爲胥靡，太公操刀爲屠，則門第可略也。

張良貌如好女，相如、子雲口吃，裴度短陋，則容辨可略也。霍子孟不學，司馬光不能爲四六，則文義可略也。況乎躬邁等之姿，當世之望，拔之不次之典，授之以非常之任，猶懼其有遐之心也。而使俛首聯肩，與庸人萬輩，列名有司，以希一日之遇。倖而遇，又復曠日持久，設爲年限。若拾級而登者，雖有烏獲超距之勇，何所用之耶？且夫科貢之法，唐以後所行者，雖明襲其弊于既往，苟且□仍而必不敢改。選舉之法，周漢人所行者，又預指其弊于將來，深文巧詆而必不敢復。愚以爲選舉誠不能無弊，然天下必無無弊之法，善用之可也。科貢亦不可盡廢，然漢唐以前，率無專取之途，參用之可也。欲用之，則□如慎求用人之人，而重銓衡之典。有左雄之慎，限年任事可也；有寇準之公，卽立卻例簿亦可也；有山濤之明，盡舉所知可也；有劉毅之深慮，卽罷獨任亦可也。執事所云：「自漢以下，張弛不同，或得或失，則公私之辨耳。」或本于古，或創于今，要之有治人無治法，則恃法與恃人之辨耳。而其最可異者，漢之功曹，本如今世佐貳之類。譬之春秋，則家老也。今乃泥其名而不考其詳，妄舉州郡府吏胥徒之細，以充其選，不幾辱朝廷而汙當世之士哉？愚以科貢之法，論當舉經中疑義，俾各條晰以對，略其文詞，觀其用心，則辯難既可徵才，而並以爲他日處事臨民之念。策則務陳時政，責之六曹，必其言實可見諸施行。卽以此互相考覈，則真才出而僞學退矣。又參酌周漢鄉舉里選之法，庶幾銓法不至于日更，而治道亦可以近古矣。唯執事採而獻之。

受祺堂文集卷三

王子無異重刻張冢宰鷃庵先生文集序

鷃庵先生世居美原，去敝廬僅十里。東西頻山之陽，里人馬光禄理懷古詩云：「山川誰與爭光彩，太宰莊東有繡衣。」太宰謂先生，繡衣則楊侍御斛山爵也。予过美原，輒拜先生廟宮，所交諸孫，去先生已十五六世，皆恂恂彬雅，能承祖德。問至墓田，不封不樹，問之則先生遺命也。

先生歷官皆有显績，最著者爲雲南左布政使，凡十三年。撥亂反正，等於佐命之功。而明禮修樂，丕變其俗。迄今滇之人喪葬冠昏，遵用遺法。其儀去關中不遠焉。先生在滇，每考治行，必爲天下第一。徵拜大冢宰，太祖屢幸其第，御書旌廉牓以寵異之。及靖難兵入南都七日，而先生自經於吏部寢堂，可謂從容就義者矣。予讀實録，觀先生受知高皇帝與方黄諸君同。然任大責重，其死之遲速，一代典制之存亡係之，故爲方黄之激烈易，爲先生之從容難。何者？方黄齊練一朝之臣，先生一代之臣也。

惜其死於變亂，生平所爲詩文，多散佚不傳，斤斤從碑版中録存數首，故十九皆出雲南。如機務抄、黄黔宁照、靖王廟記諸作，經營草昧，推本廟謨，创守相資，貽謀來哲，俨然與多士多方相表裏。而文氣高古，整而不俳，有東漢大篇之風。予友華山王子無異讀而異之，庀工重梓。其前之書像，又麟谿集序一首，則予家藏本所無，無異購得他本〔一〕增入者。

〔一〕「本」，底本作「木」，依文義改。

嗟夫！斯文未喪，表述前賢，後死者之責也。冢宰名德峻節，一代冠冕，予生其里，欲窮歷幾年，搜集遺文，寸參銖積，漸傳大觀，以昭先生之休烈。惜乎遊覽四方，未遑從事，而若委之於文獻之無徵，無異一見顧深知篤好之，輒廣其傳，以偏同人。賢者之用心，固不可及乎？予兄事無異，於其刻成而敬諭大畧如此，旌無異且以志吾過也。

正學隅見序

自漢以來，士不盡出學校，而學校必以九經爲准，相與讲求先王之典章文物而守之不易。後世賴有存焉，顧說者紛然。或舉粗而遺其精，或病支離偏駁而不得其全體。

宋之盛也，程朱大儒，相繼作傳註。蓋由是內聖外王合而爲一，然視漢唐之補殘治墜，肆力於大經大法之間者，已稍有間。是時金谿二陸亦有志聖學，而性之所近，倡爲空虛妙悟之旨。後進樂其簡易，從之甚衆。微考亭即夫子博文約禮之訓，幾何其不遽湮也！金谿以尊德性爲主，學者雖心知其偏，而左朱以攻陸，則先自懼，曰：「是無以處中庸，或者爲兩是之語以調停之。」夫以陸爲賢，而不可與之異。彼老莊、楊墨、申韓之徒，非當世之俊傑哉？如曰言本中庸，舍問學而專言德性，其失自在象山。故得其正，夫子問禮柱下，無害於道；不得其正，即介甫之周禮，適足致亂而已。中無灼見，模棱兩是，抑何陋也！

友兄華山王君無異著正學隅見述一編，格物從朱，太極從陸，予閱而善之。或曰：「若不類兩是乎？」曰：「無異與予，皆學考亭者也。無極太極之辨，以陸子爲長。無異確有見其然者，已詳篇中，姑不具論。無異以賢者之異，不害其爲同；予又以太極從陸，不害其爲學考亭也。」史稱蘇轍「君子不黨」，吾於無異是編亦云。

創建朝陽書院序

茹明府莅岐之三載，築學宫既成，於是即其西偏，創朝陽書院，祀宋張誠公堂上，而設皋比講學其間。自邑人士，推之四方，楹舍咸具，置田數百畝，贍來學者，悉自傾其篋爲之。適予遊岐，明府暨博士劉君淑止並有舊，因得至廟。班荊院之前亭，徐詢所繇。喟然知明府之好學，而達於有政。臨先王之邑，而勤作人也。謀始不辭難擇地之宜，寓意深而成功敏也。應博士君之請而序之曰：

書院之建，昉於宋儒，所以通庠序之窮，而輔其所不及也。近代科名日重，而獲之者或忘其源，積漸至於公卿。驅車結駟，甚且過廟宫而不下。求所謂仕優則學者，邈焉！夫庠序以養天下之人才，非專爲科名設。其初蓋準帖括之法，束之一途，若曰「舍是則科名無繇致也」。今反以科名爲鵠，視博士之門，居之去之，不異逆旅，故庠序乃日趨於敝。國家有所用非所養之嘆，而士亦無解於學興政達。當是時，賢者欲起而救之，舍書院不可！且岐固周之舊，豐鎬之所基命也。先王之大經大法，至周略備，游於斯者，相與博綜而討論之。力行積學，去聖道不遠矣！其側於學宫者何？曰：「蔽於習聞而不稽古，好稱古而非今，皆學者之大患也。」遠之則趨向分而是非易起，勢必至於交病；近之則有觀而興，互劑其偏而裨其所不足。既使束脩負笈者，無守殘護陋，泥一家之師説。而尊經學古之士，密邇宫牆，聆絃歌而有懷，瞻俎豆而作肅，日斂其嬌心逸氣。循循博文約禮之中，事賢友仁以成其德，庶不致放言高蹈，薄業制科。故曰「擇地之宜」，其寓意甚深也。

抑予重有感者，宋人之作書院，重其事，故聞之朝。爲立山長，而鄉之巨室，多相與輦貲共營之。乃明府處蕞爾邑，民瘠地衝，受任亂軍之餘，悉索敝賦之不暇，而獨能唱曠舉，闢坫壇，不擾民，不假哀助，銷戎馬之氣，優遊西河之遺風，誠戛戛其難之。杜陵云：「因見令尹心，根源書宫闕。」感時撫事，不禁載筆而流連也。

明府少工文章，尤邃於詩，而負大有爲之才。其治岐，綏良詰奸，多從巖穴隱者，寬而有制，美不勝收，而吾終於豁荒田及斯役爲大。蓋施政之本末先後，類如是也。然明府於斯二者，心苦而力竭矣。若之何不以上聞哉？

前巡撫河南中丞常公寰一先生遺集序

從古國是之誤，至前明崇禎間而極矣。元年，關中大饑，而上郡尤甚。旱蝗連歲，民不聊生。盜賊所在蔓延，殘州縣十九處殆遍。然猶如王莽之末，未敢殺守令取城也。而延綏撫臣，匿不以聞，厥後賊入宜川。宜川與西安韓城接壤，韓多顯者，始大駭，往見西安撫臣。西安撫臣具疏入告，朝廷乃知關中有賊，嚴勅督撫合剿，而賊遂順漢水遁入河南。勢益張，所謂流寇也。河南亦處處蟻聚爲盜，所謂土寇也。

凡仕宦中州者，自巡撫至守尹，率目爲畏途，而三原大中丞寰一常公適逢其會。按公推豫撫，在崇禎十年之秋。時流寇混十萬、整世王、八大王、順天王、順義王、搖天動等，暨土寇李好、郭三海等，方分屯嵩少間。公未暇莅任也，先從衛輝邀請主帥，繇孟縣渡河討賊，賊皆逃去。公始得安行抵廨。無何，賊仍大合其徒，蹂躪汝寧十數州縣。公星馳電擊，應剿以時，露宿戎行，寒暑不避，屢戰屢捷，庶幾蕩平，而總理熊公文燦撫賊之議起矣。公雖受熊節制，深悉此舉之失，猶力爭之。奈諸懦帥皆以數奉總理之檄爲辭，按兵壁上。公憤甚，痛哭灑血，連寓書於熊。熊終不悟，公遂有「剿事全廢，撫局難成，祈速敕理臣翻然改圖，以留雒西塊土」之疏，而柄國者聽之泄泄也。曠日持久，諸寇潛遁，公與理院交章互劾，而事益不可爲矣。其後，公復敗賊於東，賊勢窮乞降，鎮將奉理院安插許州。公爭曰：「招安惟解散脅從，若脅從緊戀不去，是又添一張獻忠也。在穀城猶難，況許州乎？」鎮將漠然。公知勢必中變，乃上許州撫局尚需善後一疏，亦未蒙旨，而賊果大譟。蓋自是賊愈横，不可復制。雖有善者，莫如之何！

約計公撫豫一年，有宜陽東趙堡之捷，葉縣保安驛之捷，襄城白菜園之大捷，襄城舞陽界北舞渡之捷，唐縣戴家店之捷，舞陽詹山之捷，泌陽饒陽鎮之大捷，郟縣高鐵爐之大捷，鄧州埠口之大捷，祥牟之捷，先後殺賊數十萬人。常日夜馳數百里，每捷必委地方官驗所獲馬騾器物，即頒賞有功。頻擣賊巢，如闖塌天劉國能、順義王沈萬登已輸誠，整世王王國寧、順天王劉國槐已就戮，混十萬馬進忠已遠竄，土寇李好輩已掃除矣。大較公盡瘁行間與士卒同甘苦，鋒鏑之下，戰必身先，故能以弱爲強，積著功效，而斷斷以剿自任，力攻撫議之非。雖古之名將，何加焉！夫何理臣，怙過搆讒，嗾言者中公以去。未幾，潼關不守，逆成竊據秦藩，肆毒薦紳，公亦預禍。

嗚呼！將傾大廈，固非一木所支，然誤國有人，主撫者應當其咎。雖曰春秋責帥，普天同悲，而功罪之淺深，班班可按也。上郡劉石生昆仲，時方借箸外臺家，故有流賊起末塘鈔。予得寓目，深痛公之有才而莫展，無罪而被誣，與鴈門大司馬九苞張公、督帥白谷孫公，俱蒙首而膺世儒之謗，誰爲信史？彼南董其可詢乎？故因敘公事而不禁，反覆遺恨於當年也。公外孫節推君，屺瞻家兄，績學善文，必能著公心跡，慎無引嫌自恕。予雖譾陋，汙不至阿其所好。況秦豫人人能言之乎。公兩子，皆醇謹好修，祭酒鄉國，嘗以公集見委。伏枕山中，觕爲第其篇章，述數語于首簡而歸之。

譚使君舟石守榆紀略序

吾讀春秋至晉卿爭鄭之事，爲盟爲戰，迄二百餘年，而知王室之所繇賴以存也。鄭於與國稱最弱，獨以其地比邇東周，居天下之樞。使楚遂越虎牢而北，則肆其不逞，禍必中於郟鄏之郊，而問鼎之謀決矣。下逮戰國，秦人更伯，攻城割地，必盡以爲期。夫秦之欲有韓魏，猶楚之於鄭也。當是時，齊楚尚彊，乃以其害爲遠己而莫之顧。韓魏莫支，因西折而入于秦。二周既亡，列國以次被患。故秦之大初，非有加于楚，而六王合縱之勢視晉且不啻過之。然鄭存而王室以存，韓魏亡而齊楚爲之繼者。此無他，地有必爭而諸侯或救或不救也。

關中形勝，據天下之上游。榆塞故五原地，自長安望之，又如建瓴，古所稱勁兵處也。往者寧羌之變，陝以西八郡相繼淪沒其六。區區恃爲守土者，僅西安與鳳翔爾。而南山流矢，數及韋兆，去會城裁五十里。上郡、北地遊徼之卒，來囁吾邊。臺司羽書，至不通附郭二邑，其勢岌岌殆矣。究之三輔安堵，邊郡次第廓清。論者咸推榆塞扼要之功，迄今爲烈。總戎觀察，竝荷殊恩，而司馬譚使君不與焉。方定邊搆亂，上郡不守，榆塞孤懸西北。肘腋之下，書爲寇讐。又地高苦寒，夙寡儲粟，仰食於內郡。輔輓久隔，樵蘇路絕，率先枵腹之兵，晝夜嬰城者使君也。抗章天子之庭，大聲疾呼，以請援師。書檄動合機宜，出奇應變，其屬草俱繇使君一手。登陴數月，語語至誠；父老聞之，感激垂涕。矢死不貳，卒全危疆，非使君之力乎？單辟薄賊壘，泣陳大義，釋甲者近萬人。人皆曰「微使君不及此」。然則使君於榆，可謂勞苦而功高矣。而敘庸之典，獨不之及，何也？先是渠魁抗顏，禁旅西指，一時固以高平爲急，視榆若甌脫然。然使關中無榆，長河一帶水，不難飛渡，則三晉必以多壘戒嚴，而京師不無右顧之憂。且上郡揭竿，實繁有徒，其不致橫戈南鄉者，畏榆塞之議其後也。方之春秋之鄭，國之韓魏，不但吾秦之安危繫焉，顧鄭以晉救而存韓魏，以齊楚不救而亡。而榆蕞爾一隅，獨能自庇於飄搖呼吸之秋，力捍西陲，以藩天室。孰難孰易，必有能辨之者。

吾既秦人，所居又西安北鄙。亂後親至上郡，數問其父老，爲述使君守榆之狀。畫箸折衝，若在目前。所刊紀畧，固有未盡，予葢知之不欲深言，而使君亦將自爲韜晦，故謙而存其畧。夫畧者，未盡之辭也。嗟乎！見危致命，御難以安，而不尸其功，不伐其勞，於使君則得矣。吾觀漢太史公，衛霍合傳，附見效事諸人，獨於李將軍自爲一傳，其詞亦三致意焉。而杜拾遺至德二載出金光門詩，亦有近侍移官之句。千載拊心，他尚何說哉！

秦人有言，榆林以守爲功，功莫偉于譚司馬。秦州以不屈爲節，節莫高於郝別駕。葢兩君居秦有惠政，既去而人思之。又目睹其憑孤城犯白刃之事，故不能無遺憾，而兩君泊如也。今郝稍遷至黃龍丞司馬，以詞名應詔闕下，亦報擢登州太守矣。然皆歷年勞得之，於恩敘無預。

秋日，使君與予邂逅都亭。班荊道故，示以斯編。已復，因吾友朱子錫鬯屬序首簡，爲追憶其梗概若此。其下冊，附所著榆城雜詩、神木軍中雜詩各若干首。慷慨悲壯，有張睢陽、元道州之遺風。已具益津太宰，及鄉社趙內翰玉譜序中，而在使君要其餘技耳。

觀察盧公家訓帖序

予聞古之君子，令德顯獻，畢肇修於家而後戲之王庭。其生平踐閱，深視慮廣，著爲動誡，非躬所自蹈，則必有觸於當世之前車，而遂以諄諄示其後之人，教肅於閨門而推行被于四海。故載之家乘，實靖獻之先資也。觀察范陽盧公素甫先生，先朝賢大夫，歷官廉恕，所至稱爲古之遺直。撰武庫千秋、鑑彜倫、法戒録諸書，皆當進呈。蒙溫綸，藏在史館。顧公之宦轍，五逮吾秦，輿誦棠歌，幾滿關輔。而棘人之生也晚，末繇炙其餘輝，溯流思之，竊以爲憾。去夏，於郡司馬甡菴費使君座上，晤公孫萬淳，愛其樹品粹然，問而知其家學。夫盧，天下之首望也。晉在唐初，詔敘氏族。當時廷論，以范陽之盧、清河之崔爲冠冕。雖皇族極貴，屈居第三，至於冒宸威。太宗高宗之朝，屢旨切責。君若後親加審定，而其下迄不之從。又曁滎陽太原，竝稱五姓。高其婚嫁，不濫他宗，傳及趙宋猶然。蓋根茂者必庇其陰，纘長者必盈其緒。二雅之什，半出周、召、尹、南之子孫，於今可考而知也。素甫先生生輦轂之傍，以世家擢詞科。立德立功，照耀遐邇，抒爲辰猷忠告，業奏御刊行矣。費使君更貽予書，緘先生遺篋中家訓，附四箴一策，曰「萬淳奉尊」，人濟如君命。將勒石，而屬予引其端。發而讀之，言簡而義宏，託體至平而語語適用。始對之如不越人意表，百思之而卒不可移。循之則安，違之則亂，履之則吉，悖之則凶。修之家而有餘，施於有政而無不足。比飲食之味，而嘆中庸之不可能。嗟乎！是先正之格言也。

夫訓者，上下通用之詞。家訓莫如顏氏。先生是作，較中丞更質而切。布諸天壤，所當戶誦家絃，人人奉爲座右之銘，與顏文並垂不朽。四箴僉樸僉典，天下之籍，與天下共之，豈范陽所得而私哉？棘人幼背趨庭，家貧失學。先子九經未了之業，聽其淪胥，誠不能讀父書，而且張目觀吾友之堂構，從之引繩拊准焉。閔濟如君所識後語，懇摯悱惻。弗禁汗流浹踵，涕泗横披矣。若費使君錫類之仁，闡幽之義，扶倫式靡，已具識後文中。憂哉！名冠諸侯，有以也夫。

聲氣燦元序

古之言樂者本於律，言律者本于黄鐘之管。夫律吕，不可易者也。而黄鐘之管爲九寸，爲八十一分，爲三寸九分，迄無定制。以無定之管，求不可易之律，無論其不能合也，且執管將以求律也。不審乎律之自然，而吾臆爲一管，若將命律而强之使合，則是以管爲的而律赴之也。何惑乎愈求而愈失之遠也！況夫十二律之管，各候其月之中氣，而以辨陰陽，宜律吕。二至之交，陽升陰降，吹葭飛灰，一出自然。藉有不合，當屢變其管，以求必應。氣應則律無不協，律協則聲無不合，而歷元可致，古樂復作於今日矣。

嗟乎，律吕之失傳久矣。乃今有新安程子子源者，幼嗜琴，殫力既深，一旦豁然，謂律吕非可强求，而黄鐘之管非可以臆爲也。陰陽之氣，升降不同，然皆由微而有其漸，由漸而至於極，此理之不可易者也。不可易而名之曰律，故候氣之管，必取準於上月，亦以漸爲加損，而視其飛灰爲度。聖人復起，其將以子源爲知音哉！曰：「子源工琴，遂足書律吕乎？」曰：「子源之悟，由琴入，而其學則無所不究也。且夫律無二義，誠悟於琴焉。條理始終，一以貫之耳。」曰：「子源謂，黄鐘之管，三寸六分强與夫九寸八十一分三寸九分者，皆創始之詞，安知其不爲臆也？」曰：「非臆也，彼固將求之於微也。求陽之微而尚不可見，而陽之微師生于陰之極。則修黄鐘者，舍應鐘之管何以焉？應鐘之管，三寸六分，子源非必爲三寸六分也。陰日降，則管日損，損之又損，以至三寸六分。約而言之耳，脱不合，則又損焉。」蓋人主於管，而子源主於氣。主于管，雖氣之升降，不免矯强；主于氣，師管之制度，悉歸自然。黄鐘之管既定，他律之長短，遞而爲之，沛若江河之决矣。至云「律吕者，陰陽之兼」，與「闢三分損益，隔八相生」，「合朔子午，聽鳳制律之謬」，語皆精當。久之厥著日積，勒爲一書，名之曰聲氣燦元。燦，言其至頤而不可亂也。元者，將以返其故也。孟子曰：「天下之言性者，故而已矣。」故者，以利爲本。子源之學，其庶幾乎！

去冬，子源與予定交青門，持是編問序。予受而卒業，喟然曰：「自黃鐘之管，不得其尺寸而律無中聲。鄭與衛日靡，而雅樂所由亡也。自大司城不知樂，遊成均者無以爲變化氣質陶淑中和之具。異端蜂起，而學校所由衰也。子源生於晚近，好學深思，正二千餘年之失，辨子長、孟堅、中郎之悮，如燭照而數計之。篤論若此，其賢過人遠矣。後之人主有志三代之禮樂，其必請求是書，而制氏之官，疇人之子弟，可次第復古云。」

許使君刊東雲雛孝廉億略序

往關中學者，盛推南泚，而東氏有二孝廉，雲駒雲雛，並騁詞場，著聲海內。雲駒早世，雲雛遭亂未仕，益肆力詩古文。上郡劉季子石生，當稱其七言近體，工整高亮，當直追崆峒。予所見雲雛詩不多，如五言送蘇刺史生紫北上、聞道邠州守、長安數米炊，一篇樸老絕倫，當時嘆爲壓卷，每欲索觀其全集。蓋詩必討論六藝，胸藏浩然，而後自命有基，用事敷辭，皆能穩協，無剽竊支離之患。所謂「多聞闕疑」、「擇其善者而從之」。漢詩所云：「辯佳哉詩審博。」杜工部亦曰：「讀書破萬卷，下筆如有神。」讀雲雛之詩，□□雲雛之學，直億之耳。

春日扶病青門，臥學使君四山許八□□，擁被謝賓客，使君乃出所鈔雲雛億略，慰其岑寂，披之則類書也。類書如杜氏通典，馬氏通考，真氏衍義，邱氏衍義補，咸與通鑑相表裏，擴九經之外庫，於治天下之事具矣。顧舉其大而細者或不逮，端木子有言：「識其大識其小，莫不有文武之道焉。」士方蓬纍而行，白首下帷，積朝夕所得，或書之槧，或粘之壁，久且彙粹成書。若王伯厚困學紀聞，楊用修丹鉛録，王元美藝苑卮言、宛委餘編，胡元瑞談藪。其最善者億略，採輯數書，仿而爲之，間亦溢於南窻天中唐說部四十家，而折衷以己意，語多精當。顧文人宿習，好譏彈書聞，自見所長。鄭漁仲痛斥孟堅，而宋史訖無釐正？即其十七略，得失相半。如以辭而已，未敢望漢儒也。鳳洲每攻升菴，而博覽終覺遜之。況舍其廣蒐遠引之功，就中覔一二疎節，指瘢摘纇，周孔而下，難乎免矣。要在觀者審所去取，撮其長，舍其瑕，不掩作者之苦心。開卷有益，篇帙雖小，「三人行，必得我師焉」。《億略》爲卷六，無全腋，有全裘，無一目之羅，有一目之鑒。夫士之於道，猶耕之在野，賈之在肆，億而多中，非殖學不能。東子之託指遠哉。使君來關內，尊經好古，愛養人才，凡表章先正遺書，孜孜惟恐不及。既閲《億略》，而喜其持論之乎。將授梓工，命予訂其缺論，綴數言於首簡。吴多君子，固知繼此將紙貴石城也。

貞孝録序

今上御宇之二十有五年，四征弗庭，荒服之外，古累譯未及者，咸歸職方。郡縣其人，乃罷兵戈，崇文治，海內和洽，禮教大興。先是秦撫大中丞，疏舉吾邑節婦溫處士妻唐氏。事下儀部，稽實以聞，起是年三月甲辰，至十月甲子，始獲俞旨，賜金如例，敕建坊於所居。子掾曹奉棨既成，學使者溉水許公，樹楔其門，贈《黄鵠吟》十韻。掾曹因彙邑文學耆舊，暨母黨池陽公籲之辭。臺司郡伯明府博士諸公檄評之顛末，幾月之先後，刊爲一書。介家姪秀君，請序於余。序曰：

魏文貞有言：「爲良臣，無爲忠臣。」推之閨中，則願稱賢媛，不願稱貞媛。而繇貞得名，聞之朝，播於四方，茹荼御恤之謂何？蹈危苦於生前，傳休烈於身後，將重傷其意。然必不可已者，彼節婦非有所慕而爲之。顧中材激於先難，美俗成於衆和，不盡無所慕而爲之也。《漢焦仲妻古詩》〔一〕末云：「行人跱足聽，寡婦起徬徨。」隴上之松，枝間之鳥，猶能動人感慨，撫跡流連，況華表煌煌，重承天語者乎！夫旌賢，國之大典，欲善人有同情，揆之孝子願揚其親，永錫爾類之本懷，誠弗忍泯泯以終也。我生之後，高岸爲谷，深谷爲陵。士大夫腆涊須臾，或遂喪其本末。而匹夫匹婦，立志較然與日月爭光，又莫得而稱焉。君子未當不致傷於叔季也。唐孺人年二十二而寡，襁抱遺孤，即自矢靡他。江關數千里外，爲公孫杵臼易，

〔一〕焦仲妻古詩，卽漢樂府詩古詩爲焦仲妻作，又稱古詩爲焦仲卿妻作孔雀東南飛。

爲程嬰難。而孺人力任其難，究之處士得返葬故鄉，弱子女賴以成立，下報所天於三十五年之久。紅顏永訣，皓首不渝，蓋凜乎有烈丈夫之風，稱貞母諒矣。雖然，微掾曹賢，亦奚繇上聞乎？君子善則歸親，立身揚名，猶冀以顯父母，而況母之高節，章章如是。鄉里推其隱德，簡編載其徽音，子職之克勤，而子心引慰，可不謂孝哉！予故題其録曰「貞孝」，既褒孺人之節，且多掾曹之能子焉。凡讀此録，知砥行可施彤管，而淺修以闡前輝，是勸是風，帥刊者與序者，屬望具此矣。

貞節録序

予觀劉中壘列女圖及范蔚宗所爲傳，慨然知其取義之博。顧婦德莫大乎貞，本之則無，他不足較也。國家有貞婦，猶其有忠臣。身處亂亡，不幸而值之耳。然履霜蹈刃，終始靡渝，究以保數尺之孤，延如絲之緒。顛而不墜，危而復安，無論宗祀實賴之。彼夫一死一生，中道殊途，匹夫匹婦，不可奪志。如金石之歷試於羣脆，如松筠之獨值於歲寒，皎然與日月爭光，嘉修孚乎朝野。過其坊表，洒涕而興歌；聞其遺風，頑廉而懦立。即天地之式靈於是人者，匪尠矣。

千長高君奠邦，母袁孺人，嫠居幾四十年，高節著聞。於其殁也，多士摭輿論以上，繇郡邑達乎臺司。大中丞鄂公，會大司馬制府希公，疏請旌厥宅里。奉俞旨，豎坊永豐之右，奠邦輯其事之始末，刊録成帙。因門人郭正始丐予一言。冬日適至長安，徘徊坊下，詢諸二三遺老，知録中之所述無溢辭也。

蓋奠邦系出九原，乃祖東周公，宦遊青門，遂占籍。文學君中，實娶孺人，其鄉亦榆關望族也。君中攻苦帖括，賷志弱冠。孺人年二十有三，奠邦裁襁褓耳。初則慷慨絶粒，誓以身殉，繼而舅姑泣諭，卒任其難，屏處空閨，雖至戚罕睹其面。餐水蘗，卻紈綺，四十載如一日也。其間睥睨叢集，荼毒萬端，泣爾呱呱，罹毁巢取食之懼矣。乃奠邦終藉覆翼，矯矯自遠於等倫，勝躍膠庠，擢補列校。按其齒，度其才名，其所就固未有涯也。是故孺人之事舅姑，爲孝婦，兼令子矣，養生送死無憾焉。於文學爲貞妻，兼忠臣矣。死者可作，生者不愧焉。於千長爲慈母，兼嚴父師矣。弱撫之成，稍長教之學，教之取友，施於有政焉。嗚呼！孺人所期，弱是而已。旌宅里，豎坊表，蓋孺人初念不及此。此則奠邦之陟屺增懷，亦聖朝所爲永錫不匱者也。雖然，微孺人之節，奠邦之名弗立；微奠邦之賢，孺人之德弗彰。予頃與奠邦遊，溫溫君子也，而遂稔其母孺人行誼。孺人徽音甚備，史不勝書。吾約舉大端，一詞以概之，曰「貞」。夫貞者，地道也，妻道也，臣道也，亦母道也，如孺人足以風矣。

大中丞焦公文集序

予讀大中丞焦公遺文，蓋潛然流涕而弗能自已也。他不具論，崇禎之初，海內多事，當皇皇求賢如不及。公之名既達於上前，於時有小焦之目，書屏志之矣，而徘徊軍都。河東寧武，僅領一路，參藩臬間，遲之又久，始自觀察授雲中節，旋扼於中官之監而歸。嗟夫！以烈皇帝之明，既稔知公，以公之名位，不可謂不遇。究之寺人讒忌，罔竟厥施，而明良一德，千載有遺憾焉。豈非天哉！

方公在河東，俘盜魁王家印，功甚偉，撫臣若不以奏，上未之聞也。其在寧武，葆吹無聲，戮判謀四十八人，有蜚魚銀牌之賜，上已聞之矣。遷長臬，擢大中丞，寄天下之上游，而居於京師之右臂，上將有以大用公矣。夫何權璫餘孽，巧蔽聖聰，頃之躪中原、窺神器者，乃印部曲暨兒。吾意此時，在上必思公，而羣閹能挫其垂成之緒，必更沮其大任之心。寇氛日熾，所向無堅城。全軀保妻子之徒，陳情乞命之不暇，不得已，乃出孫督師傳庭於請室。朝野相慶，而公獨憂之。然則公之自負何如哉？是後公迄不復起。賊據關中，獲公，遂支解以殉。

善哉！予兄伯河濱楷推言之也，曰：「逆渠自成，初破秦藩，志意益驕，然猶未敢僭也。」賊臣慫慂之，謂必盡取秦士大夫之忠義有物望者。抗者屠之，而後秦之軍民無敢譁。若然，賊固將首及公，先帝於是乎有死臣矣。楊雄曰：「雕蟲小技，壯夫不爲。」公慷慨談兵，臨難不屈，此宜薄辭賦爲枝葉，灑然去之。而仁者必有勇，有德者必有言。故公詩雄奇，得少陵之險。聞孫督師嘗訝之，曰：「是在高皇帝佐命諸勲，有不逮者。」而公則曰：「孫詩平淡，不任即戎。」斯言不幸中矣。文備衆體，自爲一家。蓋當是時，文光祿方主齊盟，鄉國之風，各從其類，未可概既以六藝之法求之也。

予曩過太原，友人傅徵君山，稱公爲司臬，摧折晉之三黨，有西京趙蓋之遺。嗣客鴈門，如寧武，至雲中，問公治兵之所，疆埸之間，壁壘尚存。雲人曰「魏中丞景瑗有殺身之烈」。然使焦公在，賊安得横行渡桑乾耶！嗟夫！人孰無死，公之死，重於太山。予獨悲夫先帝至聖，而輔佐非其人。有臣如公，又用之不盡其才，此郭徵君林宗之所繇向野而泣也。公仲子於先予爲亞，而不肖因篤自垂髫受知最厚。因以公集見屬，爲論次其大節，俾後之采風者有考云。

元林麓堂詩集序

關中望族，首推渭南南氏。蓋上溯太守、觀察，昆仲以來，科第蟬聯，勲名彪炳。光家乘，冠國書，震耀吾秦，爲近代所未有，而稱西京之大雅。踐北斗之崇階，以碩德雄視中原，則自大宗伯公子興先生始。先生父曰參藩公，參藩父即觀察，而太守其世大父也。參藩四子，先生居叔，感異夢而生。母裴太恭人親乳之。甫五齡，能自逃於地圾，受知外舅王祭酒槐埜。比長，酷嗜其文，研究之工，久而遂肖。既擢高第，選庶常，讀書禁中，益肆力古人之事。當是時，海内熙洽，先後七子，競伯詞場，先生雖不見獻吉德涵，而奇嶽洪河之所蘊蓄，既同其地矣。又在允寧甥館，數數與子鱗、元美諸公遊，互相切砥，聲華藉甚。

歷官南大宗伯，齒踰古稀，好學苦吟，嘗居元象山房，而因以名其集。簡袠重大，公孫少參君貧，弗能書刊也。先擇其詩若干卷，寓書因篤屬序。少參君於先子爲亞，往主禮曹。予省從母邸中，作南氏家傳七卷，至乃祖大宗伯。讀其著書，輒撫膺而有遐思也。前輩每云：「明文莫盛比部，此繇後七子以王李弁冕，而二君皆是官，豈定論哉？」夫論詩與古文詞異，關中、北地崛起，含宮吐角，其樂府騷騷漢人矣。近錢侍郎受之，顧摘其字句微疵，至詆之以秦聲，不曰關中豐鎬舊畿。

二雅之遺音具存，而詩十五風，如召，如王，如鄭，如魏，如國，皆在邦域之中，不獨秦也。即以秦「小戎俴收」，所言者武勇，而終之曰「其人如玉，蒹葭霜露」；所感者節序，而承之曰「所謂伊人」。其情悱惻而纏綿，其詞光明而峻潔，殆超然諸國之上矣。先生詩，慷慨激發，兼周秦之故，此繫乎其地也。生嘉靖之中葉，仕萬曆之初年，海宇承平，士皆崇氣節，飾聲譽，儀遊侍從，共抒太和之音，此繫乎其時也。鐘錫命之門，率過庭之訓，旆常繼美，著述有源，此繫乎其家傳也。祭酒儒宗，而遺草盡歸甥室，深知篤好，擬議而日新之，此繫乎其學也。是故先生詩，力厚思雄，不爲細響，當與後七子伯仲。而先是天下方逐公安竟陵之派，至詳說嘉隆間人，近難頗知其非，然學士家所稱，崆峒、大復、滄溟、瑯琊數子耳。先生詩，既未即刊布，世未有能明之者。予故推本先德，究其大端，若夫偶儷必精陶鑄已極。所謂取裁於選，效法於唐直登、高延禮正宗之堂，而集杜諸篇，則又天然渾融不步湊泊。正如羚羊掛角，無跡可求。則有目咸賞之，不俟予言也。其他門閥科名之盛，與先生三十年久歷清華，辰猷駿烈，已載家傳，茲不具論云。

楊太舅白石先生詩序

予邑前輩，所稱四先生，張冢宰鷃菴，楊侍御斛山，李中丞石疊，孫太保立山，皆以行義著名海內，而中丞兼有文辭之美。予向讀中丞寄鄉人東海驛驛宰詩，有「崇卑豈限丈夫志，人生何必皆公侯」之句，喟然善之，不徒取其聲調，亦以見前輩貴不掩故，賢不遺士，皆足風世而正交。

楊太舅白石先生，中丞乃其自出也。先生生而修偉，弱冠好吟，所交多四方知名之士，讌集無虛日，是時文光祿大青，劉孝廉雨化，雅負著作之望，狎主齊盟，先生遨遊其間，兩公率降心相接。間過先生，又未嘗不停軌輟驂，彌日信宿而後去也。辛酉舉於鄉，三仕爲令尹，皆有惠政。稍遷郡丞，先生輒慨然曰：「丈夫不得周旋侍從，陳史事於天子之庭。斯亦已矣，奈何從簿書老乎？」因拂衣歸，歸而高枕林皋，益肆力於聲歌。凡著三瓻齋詩若干首，寓書鴈門，屬因篤爲序。因篤非知詩者，然而生先王之鄉，聞幽雅之舊。先生固予之自出，使夫趙趄廢命，先君子往矣，如渭陽何。予觀思齊、皇矣、生民、公劉諸什，皆稱述祖宗之功德而作，故列于大雅。南陔、白華，言士庶人之孝，則在小雅，又有聲無辭，目以笙詩，至晉束皙乃補其篇，意亦近之。然其音不可考矣。愚謂華黍由庚崇邱所論歲豊民和之事，古今不相遠，可以譜爲新聲。若夫南陔之色養，白華之潔白，吾意其人必皆窮年行役，不遑將其父母，中心傷悲，又遭時不偶，降志辱身，而其詩多愁苦鬱抑。所爲殆有哀過於蓼莪，怨深於北山者，故詩人闕之，不得次於大雅。苟無其情，何以審其音；無以審其音，斯無以致其意。昔之情不可知，而其音則缺有間矣。

先生之事嗣母也，寢門之意甚備。母老而失明，先生晨起，必躬自餂濯之，凡數十年不衰。嗟乎！其情之纏綿而悱惻者，其音必鏗鏘而婀娜。先生永懷明發，無忝所生，光彩斐然，根於至性。故陟屺陟岵，不必是事；靡瞻靡依，不必是言。而積厚流光，因文求質，忠順可移於君，端亮可移於友，以至觴詠徘徊，感時道故，皆南陔白華之遺響。一氣迴翔而成，夫天下不少詩人而劌心削意，求工一體，或竭終身之智力而不能得。自先生視之，即無本之波耳，豈足尚哉？予頃登恒岳于塵土中，得中丞斷碑。僅有「古磬落長松」之句約畧可辨，其他皆將磨滅。已移書曹侍郎秋岳，檄主者更豎之，歸而序先生詩，喜其淵源所漸，先後同揆，且見邑之多君子也。

鈕明府玉樵詩集序

予方弱冠，結交皆老蒼。時諸公論詩，競斥鍾譚，左袒中原七子。七子主聲調，似近盛唐。然滄溟謂「唐無五言古詩」，而先正所云「效法於唐」，固指古體。至律絕，歷唐始備，奚假更端。天之賦才，非嗇於今而豊于古。江河日下，視古人不啻逕庭，豈獨其才殊哉？學之不逮久矣。「讀書破萬卷，下筆如有神。」往惟吳郡顧亭林徵君不愧斯語。徵君古文詞縱横左史，詩獨愛盛唐。嘗言：「詩有景有情，變景難，抒情易。」舍難而趨易，趨嚮一乘。辟王之學華，去之愈遠。徵君不可作，盱衡當代賢豪，好學深思。心知其故，不少概見。

近乃得粟邑鈕明府玉樵，起徵君同郡，而春秋鼎盛，剖符西土。敝廬託在比鄰，偶抱沉痾，猶稽上謁。去年冬杪，冰雪滿塗，明府惠然肯來，相與燒燈連榻，高談竟夜。竊謂學詩有三候，從事既久，已以爲佳，人亦以爲佳。顧置之唐人集中，未類則姑舍之，而益孜孜焉。久而已以爲唐，人亦以爲唐。顧置之盛唐集中，未類則仍舍之，而益孜孜焉。久而已以爲盛唐，人亦以爲盛唐。顧其聲調是矣，而矩矱不無參差，又進而加詳焉。所云「效法於唐，擬議日新之功，漸濡既深而後水乳融洽。」明府聞之，潛會所適，謂可與言詩也。盡傾宿著若干卷，屬以較讐。遂舉生平所學於漢魏六朝盛唐者，審其離合，蕩滌議論，崇雅黜浮。要於實沉，極於蘊藉，必書當而後入選。既卒業，因嘆明府高才晚達，績學得之過庭。悱惻纏綿，根本至性。公車落落，久旅京師。至假館三韓大家，僅從皆星散。初宰古項，拊厥荒殘，報最方新，而旋罹艱以去。苫塊屏跡，屺岵適違，其中歲月之卷流，人情之數易，或啼或笑，堪喜堪愕之故，一切發諸詠歌。衷緒紛來，若環遞引，感激而彌永，窮愁而後工。蓋明府寢處古人深造自得所云，取材於選，效法於唐，萃其骨而食其神，切劑殆無遺憾。頃坐次矜言三候，公厭飫且遇過矣。古文諸體森然，而儷語尤爲絕搆。風華逮兩晉，典贍包三唐。地負海涵，欽爲觀止。書疏真氣，直透紙背。悉升菴清裁雋品也。難記義，該懲動，足以單行。恨予病腕呻吟，未遑細加評註。僅丹鉛詩集，呼兒供紙筆，隱兒臨軒楹，附名簡端，而序其厓畧如此。夫明府勤宣豈弟，追蹤兩漢循廉，稔厥年勞，內簡咫尺，行且賡載於清廟明堂之上，詩登風雅，政比尹南，旦暮俟之矣。

康孟謀詩序

往雲中郭匡廬使君，負人倫之鑑，於當世慎所許可，獨數稱康子孟謀有異才，績學好吟，如中郎一見仲宣，輒自謂不及。蓋使君舊爲芷陽二尹，攝符於郃者再。孟謀，邑上士也。非公事不至其室，而郭乃折節定交。後宰敝邑七年，又數數延孟謀賓舍。遂與予通縞紵，酌酒賦詩，連牀公廨中。得時傾其著述，稔爲孝友君子，而因嘆使君知人。推之、公他、亭林、無異家二曲，諸徵君有同聲焉。久之疆事多艱，故交散去，或竟登鬼録，雖存者亦過從寥寥。疇昔平原河朔之遊，曠若隔世，吾二人且先後不弔，迭罹閔凶。顧孟謀衷衰遠來，過唁其友，私哀未已，並灑山陽之悲。因輯近詩，唏嘘命予曰：「郭使君不可作，非子孰與論吾文者。」自傷少孤失學，出處茫然，何足任孟謀較讐。而老馬知道，謬冀一得，孟謀必有取爾也。孟謀詩數百首，諸體略具，雄姿逸氣，不受羈銜。故皆直抒性靈，磊落壯涼，得秦風本色。視工飾皁粉，及依託藩籬者，不啻逕庭矣。生平至愚，率其直諒，所默閔寧嚴無濫，似有靳于孟謀。然愛孟謀俊才，竊以爲指瑜摘瑕，古人所尚。夫寸有所短，必尺有所長。近心折紫庭、子禎、子實、交燦數賢，亦未敢輕恕片字。作者惜墨如金玉，閱者臨文如敵家，此千秋之永圖也。爰序其首而歸之。

王督學文石詩序

傳曰：「詩以道性情。」其人而仁，必言之和易而樸茂；其人而廉且勇，必言之静深而簡直。三百篇具在，彼夫勞人怨女憂憤愉悦之端，未必粹然俱出於正，而聖人猶有取者，以爲不欺其衷，其性情固可考而知也。今之作者則異是，冥蒐博騁，日崇其辭。以其性情求之，茫無所據。然則聖門設風雅之科，將黜閔冉，而有德者必有言，何以稱焉！予頃爲督學，公文石狀，性情本末具見大端，因得書較其詩而論之曰：

南之思恭，從其教也。幽之慮遠，從其時也。秦之志壯，從其地也。公生周秦之故都，忠愛憂勤，猶被豐鎬之遺澤，而奮發激揚，亦具車鄰駟驖之風。故鄧下諸什，郡邑新造。爲民請命，或格於文法而未盡行。則其言多畏，是亦汝墳之類也。繼是含香宿衛，三出爲轉餉之司。關山雨雪，陟岵傷懷，則其言多悲，有四牡皇華之聲。至西曹以後，則憂患之餘，放逐之作居多。再起田間，衡士三楚，猶兢兢慎守其緒。然怨而不怒，君子觀之，可以知其時若地焉。公嘗以「望雲」顔其軒，因以命集。蓋南陔無詞，白華卒闕，「不違將父」，終其身如一日，豈必廢蓼莪可以教孝乎？太史公謂「虞卿以窮著書故益工」。卿布衣躡屩擔簦，致位上相。一朝赴友之急，委而去之，而太史公目之以窮。然則士大夫苟不行其志，無論顯晦，均謂之窮可矣。公與予同里，先孝貞固嘗同學於尊人大癡先生。有世講之雅，公昆季並與予善。比來荊南，適予亦訪舊踵至，嘗出全詩屬之評次。既卒於官，難弟石洲石貞進兩孤而申請之，不忘公治命也。嗟乎！予言何足爲公重，然知公之深探其性情而推本於有德，公九原可無憾矣！或曰：「公所居，故唐閬仙島別業，詩亦相似。」猶影響之語耳。

李筠菴墨林草序

鄭子産有言：「學古而後入官，不以政學也。」是論出而天下學人少，仕人多矣。然子夏謂「仕優則學」，而季路所云「何必讀書」，夫子又斥其妄。聖賢于仕學輕重緩急之間，不概可知哉。史傳之内，古之名卿士，自公退食，輒著書百篇。吾聞其語矣，乃今於使君筠菴弟見其人焉。使君年二十餘，筮仕芷陽，爲關中附郭首邑，四代都會之遺區也。風氣龐親，地衝而政繁。雖際承平，最爲難治。而受命之始，值滇池遠播逆波，關隴用兵，轉輪絶域。又王公將帥，半設行臺青門，四向誶呼，吏民疲於奔命。官是邦者，孜孜不爽，期會爲賢，詞翰風流，日不暇給矣。使君獨負材敏，既以明作倡先，而公餘坐嘯西園，顔之曰「墨林」。汎掃其中，擁對萬卷竹窗茶竈，麈尾爐煙，與南山翠微，互相照漾。而是時兩大人方宦居江右，屺岵與吟，觸物留連，有小雅之惋惻焉。若其車塵風色，雨雪關河，登高而增故國之思，送遠而動良辰之感，與夫歷周原而躑躅，瞻漢闕以徘徊。明月長留，白雲不去，則花木供其駘蕩，酒杯亦助酣歌，而鶯落扉柴，發爲小詠，燕歸簾幙，聊述短吟。蓋獨立工愁，結眉表色，閒宵懷怨，飛綺淩霞，所謂靜女之章，義昭彤管，閒情一賦，何損陶公？要非章句之儒，筐篋之吏，所可望其津涘，正未易一二與俗人言也。無何，百里同春，三年報最。命上庸之駕，褰刺史之帷。乃取近詩若干篇，請予論次而冠之以序，就正郡邑諸公，使知縞帶紵衣，依然君子之烈，臨觴授簡，不媿大夫之才。庶春秋之佳事猶存，而黍離之雅音未墜，彼世之因仍廢學，藉口簿書者，快讀斯文，可以知返矣。

高祿侯畫譜序

黃帝之時，其臣孔甲沮誦，常左右圖史。圖者，畫之所繇昉也。舜之命禹有曰「以五采章施于五色」，則直言畫矣。而使總師者躬自明之，踵事增華，歷周漢大備。然聖人不作，戰伐相尋，天下方尊首功，侈游談，百家各崇其私，而六藝遂離。是後禮樂淪缺，或且薄書畫爲小道，即佳手間生，而當世視之，不逮於古遠矣。何者？聖人創之於始，後人執而習之，古以爲學者之工，今以爲匠師之事，不獨一畫，而畫殆有甚焉。世傳顧陸張吳四家，繇晉迄唐，初時論畫首人物，所設金粉丹青，必非但如今之輕裝淡抹。其實分量遠遜古人。趨易舍難，而詭自解曰「吾取其雅秀」。是以郊寒島瘦，而擅疵杜陵周公之製作也，而可乎哉？宋三大家曰「營邱河陽華原」，各樹一宗。後之作者，遞相祖述，究不出其範圍。論者曰：「宋畫主理，元畫主韻。」或又曰：「今之學率不及古，惟畫與奕差進。」不知果然乎否？前代論畫，以雲林古澹石田蒼雄爲至。而太原傅公山徵君又云：「宣德朝，戴璡山水，呂紀禽鳥，吳偉人物，並臻絕頂。頡頏宋人，非後來諸家所及。」近崔道輔、陳章侯，吾雖未見其人，然見手筆頗多，精嚴奇麗，每對之心目俱爽，而吾尤愛陳白陽之寧疎寧拙，度越衆賢。蓋趨具能聖神而獨登逸品，三百年一人而已。盩厔高祿侯，本故家子，祖父皆績學能文，聲藉關中。祿侯遭時不偶，所撰詞賦，頗足名家，已而盡棄之。其豪俊奔放之氣，悉託於畫，盈帙成譜焉。夏日來唁予於草堂，一一出而相示。凡山水人物花樹草蟲之屬，無類弗備，亦無妙弗臻。時而高冠褒衣，時而千乘萬騎，譬遊山陰道上，應接爲難，而細則土管侯灰鵂鶹捕蚤，一羽必分向背，一花必辨蘂鬚，藏雷電於寸鱗，納山川於芥粒。其于古之大家，以神運不以形運，所謂嫖姚不盡，依孫吳成法，而亦時與之符異哉！技至此乎！惟是祿侯爲人，過於直諒，投其所好，雖樵漁可傾筐倒庋；稍咈之，即王侯卿相，索一顧而不能。故足跡所經，毀譽參半。

嗟乎！此予之所爲，獨取於祿侯也。大丈夫七尺之軀，受之父母而必欲使之工突梯脂爲之狀，學呷喔嚅唲之言，其將以天下盡婦人乎！祿侯寧貧餓終身，固有所不爲也。夫畫者，性情之事，祿侯豈能易其性情，日與諂者遊，而慣用其述哉？小儒之譏祿侯，一言以蔽之曰「怪」。天下有高士而弗怪者乎？范寬、倪迂、高怪，吾且欲俎豆三賢，昕夕拜之，當稠親中，冰壺一濯矣。因次其譜，而序其生平厓畧如此。

閻再彭先生六袠並追饗丁孺人序

人將壽於年乎，抑壽於德乎？年至期頤，不少概見，而立德之士，閱終古而傳無窮，此不俟智者知之。然人子之壽其親也則有異，欲其壽于德也，斯欲其壽于年也。吾所欲致之二人者，如是焉止。雖極天下顯榮負絕之遭，莫能有加也。幸而致之，又幸而兼致之，斯亦生人之僅事，而人子之至樂矣。然使父母俱存，自少壯以迄遲暮，或不能無幾微之間，其子將引咎不遑。所爲洗腆引年，義必缺而不備，況夫河清莫俟，白首難期，而究之養祀攸同，幽明不貳。

以吾所聞再彭閻先生，六袠之觴，視古爲創舉，乃先生命其子百詩，遽毅然行之。可以孚偕老之盟，教事亡之孝，厚倫紀而培風俗，君子固有取焉。先生世爲太原人，挾輕貲遊淮士，婚姻似續，皆託是邦。雖老於諸生，其行義至高，一時方之王彥方、郭有道，謂「晉先哲之遺緒，得先生爲未墜」云。先是歲在協洽，先生年五十有一，丁孺人年五十。季秋之月，百詩當慶二親于堂，徵同人有詞矣。歷今十年，丁孺人即世且三稔。先生伉儷之感，迄不少衰。攬揆届辰，百詩奉爵而前。凡宴豆之設，祝嘏之修，皆追逮孺人如故。曰：「是不悖於禮乎？」曰：「禮『父在，子爲母服期，而父之更取，必以三年』。解者謂：『子之哀未除也。』」子哀未除，而父婚於室，將使其子欣戚兩失，而進退不能爲情也。蓋家統於父，父在則母之服不得不斷，而子哀未除則父之婚不得不緩。縮其數於期月，以示一尊；而伸其哀於三年，以明兩大。先王制禮，仁之至，義之盡也。自武后當國，易母服以三年，至今踵而行之。先生六袠之歲，百詩猶未脫衰絰，故遲一年始舉其觴，而猶必追逮孺人，一循前此協洽故事。先生若曰：「吾子之服雖除，而罔極之痛無已。吾不以孺人之逝，使之異饗，吾子必以父在不敢獨悲。凡吾之行，匪徒自愜，亦聊以慰吾子也。」雖仁勝掩義，於禮無聞，君子諒其志焉。抑吾聞之，婦人，以色事人者也。以色事人，則矜其始，莫保其終，而況生死殊塗。先生是舉，雖其至性獨絶，亦繇孺人之德，往而勿替，歷久而愈新。故易世三年，而先生思之不忘，然則孺人可謂「壽于德」矣。壽于德，將閲終古如一日。夫豈幽明之所能間，而先生暨百詩又何憾焉？是役也，東南諸君子，仍有詞于先生，百詩居恒念先生在淮，其心未嘗斯須忘晉。而予之先，具出晉系，因屬一言以佐介眉。庶幾先生聞鄉音而色喜也。其生平大節，已具諸子篇中，及孺人門族之光，壼範之美，詳蔡李二君所爲傳，姑不具論，而特敘是舉之有關風本，于以扶薄俗，永孝思，不無小補云爾。

隱士莊擬山堂記

吾聞世之盛也，天子以九經治天下。修身而外，莫重乎尊賢。曰尊，則養在其中，然而不言養者，其説有二。古者分井授邑，時和歲豊，下至編戶之民，無一夫不得其所，而況俊拔高亮，輿論所歸，不庸以謀食憂之，一也。許繇伯成務光之賢，唐、虞、夏、商之君皆當就而師事焉。抑萬乘之貴，身先匹夫，必其隆以篚筐，腆以饗燕，而獨不言者，義有超乎養之外也，二也。且夫養者，敬之薄也。春秋之時，邦君競以養士爲名。士之去留，國之興替因之。下逮戰國，諸公子皆爭竭私家之財，致士數千，而信陵君尤不恥下交，所與多巖穴隱者，名冠諸侯。然上以養賢得名，則士之失養於下可知也。卻四公子之養賢，不可謂不尊也，而視古之尊賢而不言養者，其義則有間矣，故曰：「養者，敬之薄也。」自茲以還，世風寖降，然舉其最盛者，如漢光武不能屈嚴光，唐太宗之於孫思邈，宋太宗之于陳摶，並待以客禮而不臣，此三君豈昧養賢之文哉？而究得以尊賢著美，彷彿古之帝王焉。宋之南渡，海內多故，程朱大儒，先後迭興，講學明道，及其門人士大夫稱慕其賢，私相延致，築館聚廬，以來四方盍簪之彥，此山堂所繇昉也。

盩厔李徵君中孚先生，起自孤寒，獨立不倚，孝友忠愛，有志聖賢之學。顧其家甚貧，當三旬九食，簞瓢屢空，晏如也。而篤實之徵，光輝莫掩，上而臺司，以越郡邑之長，或單車造訪，或奉書幣通起居，先生一切謝之，卒無所受。雖鄰翁交謫，里巷敦諭，迄不少易。當是時，先生名震關中，而結心知之契，往來尤密者，莫若常州太守前盩厔令□□駱公，吾富平邑君三雲郭公。無何，駱遷京秩以去。凡先生所與討衡性命，外樹宮牆之防，而內庀其賓從之須者，緊獨吾邑君是賴。夫先生之爲人，不事王侯，饑不可得而食，寒不可得而衣者也，而吾邑君何以使之厚自託焉，豈非忠敬所感？處先生以古道，而義有超於養之外哉！蓋吾邑侯勤勤懇懇，所以爲先生計隱居者甚周且至，不啻先生之自營，然先生不知也。先生不知，故受之可安，指而美之無辭也。既又言之制府三韓鄂公，特疏薦之，先生以疾堅臥不應。舊歲，江漢播氛，南山烽羽之嚴，比邇二曲，故開府鴈門張公曰：「徵君可以行矣。」舍郭富平，不足辱先生之從者，而吾邑君乃肅輿馬，修效勞，擁篲下風，而先生亦既覯止，爰擇邑東軍寨居停。文學孟仲子者，矜氣誼，尚然諾，新從徵君遊，即其別墅，搆室以留先生。門與寢客三楹，高牖閎闥，陽暉竟日，牀几鮮潔，圖史充厥中，右序翼然，以資燕息。下至廚傅隸御之屬，牆屋咸備。邑君時時具公服儀仗，晨往上謁，而廩人繼粟，庖人繼肉，相望於路，先生弗聞也。夫軍寨其地，蓋張魏公富平之戰屯兵故處，問原野壁壘之基，有存者乎。南則荊山，崒嵂嶽立而逶迤，神禹采九牧之金鑄鼎其上，遺宮在焉。溫泉之水，橫流若帶，先生雖匡居不出，而暮春童冠，以浴以風，得詠歸之所矣。顏其莊曰「隱士」，堂曰「擬山」。蓋推先生爲山長，固未足盡其道，然吾邑君猶以事起倉卒，不敢方宋之山堂，故謙而謂之擬也。遠近就業者有人，問字者有人，瞻軌範者有人，繩繩乂乂，步趨於隱士之莊，使千百年干戈之址，一變而爲俎豆之鄉。先生與吾邑君之功，詎不偉歟！莊成，弟因篤受簡而記其大畧如此。或曰：「記莊及堂，而不蒙以邑，何也？」曰：「先生，天下士也。隱士莊得而有之，富平不得而私之，庶幾吾邑君尊賢之本志也夫。」

許使君捐俸置盩厔養賢田記

古之君子，窮而在下，君大夫必有以養之，如孟子所稱魯繆公之於子思，亟問亟餽鼎肉，而猶弗悅其卒也。夫庖廩鄙瑣，絡繹道途，即不以君命將，其事固難繼。且賢者非力耕不食，而嘗苦無耕之田。不養以田，而區區問諸臺人。假令甘俎日來，是口腹畜之也，王公之尊養疎矣。至餽之粟，直氓周之耳，焉有君子而可以氓待乎？古者天子有所不臣，諸侯有所不友，若其養之畝畝，雖堯之於舜無以異也。周衰，諸侯養士，始謂之客，而子夏、子方、段干木之居魏，猶誼兼師友焉。嗟呼！士苟才望軼羣，非致之位，則無失其養，其責在君大夫。而況吾道雖孤，斯文未喪，丁絕續之會，繫開來之身，如伯兄二曲先生。其人貞隱山莊，屢卻徵聘，縻之爵祿不屈，望之賓客不前，餽之兼金，奉之臺廩，復固辭，而家素貧，饘粥恒虞弗給，忍饑而不出戶。質之先生，先生永日歗歌，淵淵聲出金石，觀之當代，聖主嘗虛前席以聽，諸公數式廬而勸之駕矣，而因瘁至此將奈何？於是督學浿水許使君慨然起曰：「先生處蓬蓽之中，躬耕而食，顧所少者田耳。」然貽先生以田，弗受也。遂割俸百二十千檄學傅，易負郭田如顏子之數，延吾從子里選慎言暨弟慎行授之耕，申使君之命曰：「勿以告先生。」其二子不敢不告也，先生愀然寓書因篤曰：「任之爽予心，拒之則拂使君之義。」因篤對曰：「拒之非人情也。又使君下學博爲之，而納其券邑中，匪私也，公也，亦安得辭。」蓋自是薄採菽麻，免於凍餒，使君聞之而喜可知也。夫使君有養之之實，而先生不必居其名，於義也安，於跡也泯。視魯穆之僕僕走使，形人缾罍之耻，不啻倍蓰過之。三代以還，使君殆真能養賢者，矧天子寤寐旁求，恒惄焉若不及，尤以先生爲人倫弁冕。嘗特詔起之田間，屢頒溫綸趣之，而終不奪其高尚之志。先生雖恬於義命，三旬九食，固計日而餐也。所以庇其屢空，而謀其饔飧者，是誠在大夫，否則豆簞時虛，不憂貽君父乎，而未揆諸道，強之食，猶強之仕也。賢者豈顧從之哉！今使君授田，在我並有不居之名，於人自無可卻之理。體君恩而全士節，豈曰小補？聞之天下後世，足以風矣。舊歲先生門人甯子維垣過予，竊謂宜有文以傳後，非敢自謂也。故久而闕如，既而思使君非以求名，先生謙於自誦，予目擊其事，復引嫌而莫之言，斯舉將湮沒弗宣也。不揣愚賤，聊紀大畧，俾世之讀吾文者，知養賢以田，庶幾可久者，其業必如使君之慮周處當，乃盡善焉。蓋斯舉在使君爲盛德，在當世爲空谷之音，所宜樂道而廣播之。且先生天下士也，爲兄弟言，私也，而爲天下言，則公也。君子不以私廢公，予亦安得辭哉？比聞盩厔程明府方纂邑志，或有徵於吾言。倘無足徵，存吾集中而已。許使君名孫荃，字生洲，江南合淝人。康熙九年進士，繇庶常歷部曹，擢今任。其事在康熙二十三年某日也。

重修宋張誠公橫渠夫子祠記

漁陽曹太史來守雍郡之明年，疆事既寧，時和歲稔，乃召佐史，凡冬官之有裨民隱者，振舉維序，而首割俸若干緡，葺有宋張誠公橫渠夫子祠。蓋先是公涖部之初，齋宿謁聖廟，遂拜祠下，訝其日圮也。又肖象某某守宰於旁楹。守宰雖賢，不祀官祀地，新鬼入，故鬼去，非類而附，不以居歆矣。爰撤爰熙，作承用妥，卜牲練日，將大會邦人落之。適因篤至自荊原，授簡使紀厥略，敬述公意告多士曰：

關學之興，肇端張子。文、武、周公而後，吾西土言聖人之道者，莫之能先也。夫子歿而微言絕，七十子喪而大義乖。歷七百餘年，而始得周元公倡不傳之遺緒。河南純公正公皆親受業，拓而大之，而誠公爲二程中表尊行，首撤臯比，力相推挽，徽國繼起，遂集大成。蓋自是內聖外王，統合爲一，天下之言學者，論地則四，論人則五。四海之廣，千百世而遥，較然於此心此理之同，循循知所依歸。即孔孟復生，不得有異議。何者出乎仁，則入乎不仁，故君子慎之也。往嘉靖末，姚江實本鵝湖，樹幟良知。彼天資既高，危言駭俗，又負大勳於當代，據建瓴之勢，號召其徒，聞者如飲酒中狂，趨之惟恐不及。而吾秦高陵三原爲經生領袖，獨恪守傳註不變。於斯時也，關學甲海內。嗣則孫恭介溫恭毅皆比老畯服田，弗敢畔於先疇。而櫌耨之功，長安馮恭定尤著。溯其源委，以誠公爲百世不祧之祖，諸賢各自繩其小宗，而彙几筵，列俎豆，亦一而已矣。

夫誠公之祠學宮，通之天下，西安祀之國，而鳳翔又鄉祀也。地愈近則愈親，祀之宜專禮，鄉大夫之賢，歿而祭於社。況大儒崛起，功在作述者乎？且今之言陸王者吾懼焉，百家之說，明背聖人，其邪正易知也。周末，揚墨充路，孟子辯之不遺餘力而僅勝之。今援儒入墨，陰剿内典，希微恍惚，莫可究詰，而間摘語孟中有爲而發者，借作門面。揣其意，固自竄於象教；而聽其言，仍不離聖賢。程子所謂「彌近理而大亂真」。學術人心，幾於渙矣。渙之象曰「格廟」，撫周原之故地，崇關學之大防，以翼以嚴，俾蕩亡返者，聞風而自止，使君知所先務。繇此納之軌物，即漸復西都之人文非難也。

公名鼎望，字冠五，順天豐潤人。順治十六年進士，以高第擢庶常，踐刑曹，出爲西安廣信太守，康熙二十四年補扶風郡。是用勒石，肅告来哲，併綴迎送神辞三章属所建义学，童子岁时肄之，侑亨庙中，其辞曰：

羲始畫，文爲彖。闢鴻蒙，何燦燦！
天水左，河之畔。闢之疆，並可按。
燼彼秦，微於漢。誰揚之，獲壯觀。
清河公，啟西幹。太白陰，橫水岸。
濂與雒，滙清澗。起同時，相導贊。
粤紫陽，遺言半。搴其輝，旦復旦。
誕有鄉，神不散。閔來者，增煩惋。
爲公歌，歌且歎。攸垂靈，無我難。

右迎神

公出自南，浩流洋洋。白雲被野，蘭芷爲梁。
文鯉徠驷，赤虯上襄。騰吴挾華，乃矚其疆。
我車脂牽，旌旆孔揚。瞻彼嘉夜，倏粉於堂。

公儼在上，慨乎如旁。心之震憺，駿奔靡康。牲皆□栗，粢盛用香。惟桂之酒，若椒以漿。庶公安留，舒坐肆芳。高言東序，聿著西庠。士曰公廟，公曰我鄉。溫何穆穆，逮茲八荒。公嘉虞此，激申集觴。沛施神祐，昭我周行。

右降神

公驂兩螭何蜿蜒，雨裔裔兮雲娟娟。轚鼓東軒雷以淵，盈階珮服相鮮妍。蓀芳藻灑爭持前，墜露滋華如榮泉。取飲公馬聲喧闐，蛟鼉盤迴臥正堅。滌觴同起重攀牽，公愛我人爲留連。展詩童完鄉少年，樂樂其所生之天。徘徊桑梓胞與然，公知我知覺我先。抗聲清歌差比肩，充列灑掃皆能賢。澄暈睆睆方高懸，偃蹇靈輿都且駢。列陳以豆或喜籩，膏聞薌沸吹紫煙。南山有晢翠微巔，風捲怒虹垂大川。霧豹長馳離哉翩，黃昏昂首叫四筵。如澠之酒殽如岸，願復進公公舍旃。公未醉飽馳何遄，水波其興鳴潺湲。公無困我遽言旋，留公不得泣涕漣。我饈我耕絃我絃，珠琴石鼓爲昭宣。

右送神

重修康太尉中書令李西平王謚忠武贈太師塋廟碑

古大臣之建殊庸，推亮節者，既茂其封爵，配食朝廷，所居之里閭，葬之塋域，並樹坊表，昭示來茲。顧陵谷靡常，其功澤在人，或深或淺，而報之豐嗇，年之久近繫之。夫君子軒車所經，必問其地之先哲，爲飾廟貌，葺坊碑，設祭田，嚴樵採。若有迫於中而不獲已，豈必一本之親，與接塵而遊哉？天下之善一也。曠世相感，固不自知其所以然，然非其人同德攸孚，則用心不及此。吾遠祖唐太尉中書令西平忠武王，葬渭橋北高阜上，地隸陽陵，其前故廟存焉。廟碑，裴晉公度奉敕撰文，柳公公權書，稱爲三絕，歷千餘禩，丕構不移。古老相傳，每六十年，必有貴顯子孫拜於祠下。王十五子，其後宗支繁衍，散處四方，迭興有人，而江右最盛。先朝萬曆中，有「一科九進士，六部三尚書」之語。時監察御史諱日宣者巡按陝西，親省王墳。尋擢大中丞，開府是邦，輦千緡爲王葺塋及廟，勒碑識其歲月，墳旁子姓耆舊，猶及見之。頃者，皇上二十有三年，歲屆鄉舉，會吉水。今閣學公以翰林侍講來主秦試，更展祀王之祠墓，追溯開府前休。適當六十載之期，所見所聞，若合符節，閣學公睹王廟垂圮，亟議補修，而其歸未可淹，於是學使者合淝許公力任之。

許公與公同興禮部，又同館，稱夙好，督學關中，三年之間，車馬之跡，周迴萬里。涉其境，先禮其高隱，而於前代名賢，一一闡遠揚幽，形諸篇章。所謂瞻廟宮，庀俎豆，卹後嗣者，懿德之嗜，直寤寐以之。臨部池陽、陽陵預焉，遂捐俸付學博，俾同王宗受事。寸木撮土之細，罔及縣人，計日竣工。寓書因篤，屬列其端繇而鑱之石。王中興元臣，匹美汾陽。德宗圖象凌煙，亦惟引郭爲比。而所遭時勢，視安史之亂倍難，詳具唐書，及已見晉公碑辭者，茲不復述。史又稱王爲相，雅慕魏鄭公直諫，欲致其主堯舜，而拒行軍叔度曲說。務有犯無隱，知無不爲。平涼之盟，至爭之以并退。夫子論大臣曰：「以道事君，不可則止。」偉哉！王其選乎。因篤自命氏以來，世居始祖元明皇帝西偏，元末西遷於秦。王生臨洮，元和初，詔編屬籍，而我李以趙郡爲本系，兆與隴皆其同源也。忝叨舊譜，雲樹相鄰，入廟之悲，慨然莫釋伏者。學士公聿懷祖德，喜不墜猗蘭奕葉之光而且多。督學公植義聲，敦然諾，摭其梗概，恭紀厥成。亦以見王之勳勞，施於國者甚大，澤之及人甚厚，流祚於裔孫甚遠且長，故久而莫能忘也。人之欲善，誰不如我。自今以往，傳緒無窮。或賢士大夫驅車斯土，聞風而起，則合淝肇芳軌於前，而凡託仙李柯條撫我，宗盟將思齋於吉水，景行行止。後之視二公者，又好德之倡，予言其足徵也。夫王諱晟，字良器。子之知名者八，愬聽尤著，並以靖亂封涼公，傳附王後。督學公名孫荃，字生洲，一字四山。學士公名振裕，字醒齋，於因篤爲昆季行，而齒則少云。

南冢宰弦蒲公傳

南冢宰弦蒲公企仲者，字伯稺。父曰贈翁軨，母曰武夫人。贈翁父曰太守翁，太守翁有三子，伯季俱早世，贈君其仲也。贈翁卒時年二十有四爾，公爲武夫人遺腹子。生有異質，六歲解句讀，十七補邑博士弟子員。念贈翁少不禄，力學甚勤，嘗稱足疾以省酬接焉。會京山李太史維禎督學關中，拔高等。萬曆七年以戴記冠鄉試，明年成進士。疏祖母范春秋高，請終養，報可。都人賢之曰：「此南戶曹之孫也。」媲美令伯矣。既歸，日侍范湯藥。踰年而卒，哀毁骨立，喪葬如禮。除服，授兵部武選司主事，轉職方司，職方部重司，以才任也。

公洞矚時宜，多所籌畫。大司馬依之如左右手。尋奉母歸，久之復部，調吏部稽勳司主事，遷驗封司員外郎，又遷考功司郎中。值二十六年大計天下吏，黜陟惟允，分較禮闈，得二十二人，咸時之知名者，其後多至台鼎矣。移文選司，拔用俊良，多破成格，而事皆親攬，胥吏不得干其柄，又戒門者卻私謁，於時稱爲「清銓部」云。二十七年，升翰林院，提督四譯館，太常寺少卿。明年，遷太僕封卿。以建儲，得推恩三代如己官。會戶部缺餉，入司徒。疏借冏寺馬價，公廷爭之弗行。比去而寺帑數十萬金如掃，廄不蓄自，緩急無所用，人始歎公之不可及也。神宗偶不豫，詔停礦税，釋諫臣，所司不即行。公抗章言之，遂削籍。野服乘蹇而歸，隱大峪山中，棲闢讀書。有顯者造之，嘗引避不與通，徜徉林壑之間，以詩酒自娱，二十年如一日。

天啟改元，臺省交薦之。會趙冢宰儕鶴舊知公，起爲太常封卿。當新君始立，禮樂焕然。未幾武夫人卒，得請賜祭葬，遣官主其行事。除服，升南京戶部左侍郎，兼僉都御史，督理糧儲。時權閹擅政，即請告歸。其後門戶説起，同朝諸君子多被禍，而公優游物外，有幾先之哲焉。當是時，長子儀部奉差來里中，仲子祭酒以庶常假歸，稱觴於公。賓戚填委，里人榮之。崇禎元年，起南京戶部尚書，兼副都御史，仍督糧儲。往南京糧至多後期，而先時以支兵，兵或譁道上。前黄司農幾不免，公預爲調劑之，時賴以安。會兼攝大司馬事，閱嵯徒振旅，都人改觀焉。移吏部尚書，覃恩授資政大夫，贈封三代亦如之。未幾，以南京潮濕，既不習，然又率作兼人，勞而致疾，得予告還里。雖高臥茵席間，其侃侃誾誾，與少壯不異也。比仲子起家中允，念叟老欲不行，輒以大義遣之，戒其廉隅自持，毋隳祖德。後仲子歷宮詹，有簡注之命，率庭教也。尋以大慶恩，晉資德大夫，正治上卿。亡何，當公年八十，詔李參政虞夔齋羊酒存問於家，寵眷之施，先世未有焉。

公長八尺餘，美鬚髯，舉足不苟，聲聞數十步，見者肅然。孝友出於天性，武夫人疾，湯藥必親調。衣不解帶者累旬月，率以爲常。少孤，事從伯叟參藩君，有子之道。迎盧氏姊京師，終其身敬不少衰。諒直敢言，或面折人過，人無迕者。立朝有氣節，不黨同立異，亦不羅於難。邑貢士裴貞，當以三百緡屬公。貞死無後，輒呼其嗣子處士恩與之，處士初不知也。處士有女，適富平田贈君，君諱見龍，歲貢，爲予外曾大父。爲孫太宰立亭門人，故嘗頌其義問。故公之由職方擢吏部，太宰主之焉。嘗過中州，倉曹某負官廩，貧無以償，號泣道路，公取百金助之。某感甚，請以女侍，不受，亦不問其姓名。李司徒修吾遺女，許張氏矣。張卒，公具資裝，擇諸生郭鍠嫁之。秦觀察楊京兆死，有不利其嗣子者，公曲庇之，卒以成立。或火楊墓饗堂，冀害其族，公置不問。所居田市里，衆爲建祠。縣西關以亂謀築城，即輸己田倡之，關人又肖像尸祝焉。置義田百餘畝，充戶軍徭，族人德之。十三年，關中大饑，公出粟數千賑之，所活萬人。十六年冬，逆闖破潼關，公不食卒。金侍御毓峒上其事於朝，詔贈太子太保。

著疾醒子集三十卷，藏於家，或稱爲弦蒲集。弦蒲者，公號也。二子，曰居業，由進士官居禮部祠祭司主事，十六年殉難，詔贈太僕寺卿；曰居仁，由進士歷官詹事府詹事，兼翰林院侍讀學士，仍管國子監祭酒事，贈禮部右侍郎。俱自有傳。

外史氏曰：天啟奄人之禍烈矣，彼附近者不足論。以予所聞於一二遺老，蓋當時三案。諸君子其言亦不無過激，故匡救之德或闕焉。如冢宰先事而去，皭然蟬蛻於污泥之中，可謂表表矣。史稱蘇文定轍爲不黨，而明允固早計，其免於禍輒。冢宰之立朝，殆爲近之也。

南大宗伯元象公傳

南大宗伯公師仲者，字子興，學者稱元象先生。父曰參藩公，母曰裴太恭人。參籓公四子，公居叔。初參籓感異夢生公，故伯仲皆有保母，至公則太恭人自乳之。嘉靖三十四年，關中地大震。公時五歲，臥太恭人襁中，中夜屋轟塌，太恭人狼狽捫隙出，遂失公。詰旦，公自匍匐來母所。當是時，死者數十萬人，公以孱穉自完，邑人神之。華州王祭酒維禎，嘗見公襁抱間，頭角峯起，曰「此必亢南宗」。繼而謂參藩：「吾有弱息女，與叔子歲相當，願以爲託。」比祭酒亦歿地圾，家且散亡，參藩公乃迎女，令太恭人母之，後始備禮委禽焉。公稍長，骨益清，博學有文，以間取祭酒逸稿，日夜討論之，所撰述遂與允寧並驅。年十六，補博士弟子。萬曆四年，舉鄉試第九。妻王氏卒，公心傷祭酒大儒，斬然中絕，鬱鬱出門，遂落第。時國家承平久，都人士方矜氣誼，好文章。海內有先後七才子之徒，雄長詞場，公見而悅之，諸賢亦皆樂與遊者。麻城梅司馬客生，豫章胡西曹孟弢，尤稱執友焉。自是公一意爲古文，稍稍厭帖括矣。歸侍參藩，爲室聚圖史其中。攜猶子司空君效竹林之飲，四方來從者日益多。偃蹇春官久之。二十三年，成湯賓尹榜進士，選庶常，讀中秘書，爲後進冠冕，尋遷簡討。奔參藩喪歸，竭力大襄。其銘表碑傳之屬，皆當世耆德。如四明沈相國名一貫，瀛海劉少宰名元震，京山李太史名維禎相推典撰；而荊原孫恭介名丕揚，焦穫溫正學名純少，梁張濾濱名士珮始得與鉛槧之事，時論榮之。除服，將太恭人京邸，遷修撰。會奉命冊慶藩，復以太恭人歸。已太恭人卒，喪葬如禮。除服，拜少司成，遷洗馬。三十七年，典南京試。明年，分較禮部，俱稱得人，無何持節。有事於中州，謁告不許。時門戶蠭起，邪正混淆，里人某多汙行，公對客斥言之。某因嗾其黨漫詆公，公慨然曰：「吾乃思休矣。」其後嗾者與詆者俱以黨敗，公屏居幾十年。當泰昌初，羣賢在朝，起公山中，歷太常，還爲祭酒，升禮部右侍郎，兼翰林侍讀學士，遷南京禮部尚書。方治行，有亂君之變。公一子，聞訃痛甚，遂卒。上震悼，遣大宗伯林堯俞諭祭，又遣藩大夫周汝弼會其葬。勒制誄墓首，四方來送者數千人。公質素癯隔膜見腑，雙眸炯炯，神采四射，見者或不敢逼視。好讀書，既貴以老，猶夜分不倦。所撰制辭，人以爲有訓誥之遺。文追逐龍門扶風，絕似其舅。性坦平，不問家人產。履其庭，無嘂呵聲，其內外亦自嗃嗃矣。輯王祭酒文三十八卷，劉東陵集十卷，棗強君集三十六卷，增定參藩公關中文獻志八十卷，皆刊録行世。著元麓堂文集五十卷，集杜五卷，渭南縣志二十五卷，藏於家。子居恒，以公廕爲太學生，自有傳。太學子曰廷鉉，繇舉人今爲主客大夫矣。

外史氏曰：大雅生民篇云：「誕寘之隘巷，牛羊腓字之。誕寘之平林，會伐平林。誕寘之寒冰，鳥覆翼之。」毛公傳其事，皆歷歷有據。余竊以爲怪。若宗伯以五歲兒自逃於地圾，終爲世名公卿。此其在耳目之間，又何可誣乎？太學早世，幾於中衰。書云：「世篤忠貞，勤勞王家。」惟敬明乃訓，追配於前人。詩云：「無念爾祖，聿修厥德。」是在主客矣，是在主客矣。

受祺堂文集卷四

誌銘

朱大參山輝先生墓誌銘

關中之學，經術則高陵、三原，辭賦則北地、武功。起衰正始，震動當世，而所爲古文，不無少遜焉。豈才有難兼，抑川嶽之氣不盡暴，故積而俟其後。以予後交太史朱公，其文體高而義潔，質而閎，雅而不腴，有典有則，如其爲人。視吾鄉先進諸賢，所謂相須殷而相得乃無缺者耶！朱氏之先，山西之洪洞人。元末，避亂徙居富平故縣治之西郭，遂爲富平人，數傳至公之七世祖景春。景春生全，全生志清，志清生文章，文章生武客。武客生公王父淳菴公，諱崇德，以子貴，封都察院右僉都御史，崇禎十六年殉難，疏聞，贈右副都御史。淳菴生公考西崑公，諱國棟，繇進士歷官兵部右侍郎。出鎮昌平，加從二品服俸，贈右都御史。其勳庸譜系，具載新鄉許太僕孟縣薛少宗伯志表中。配邢夫人生公。順治三年舉於鄉。六年，登劉子壯榜進士，選庶吉士。八年，授國史院檢討，貤恩父母如其官。十年，改工部都水司主事，擢吏部驗封司主事，調文選司主事。十二年，新令擇才外任，加一級，授山西布政使司右參議，分守口北兵備道。覃恩階朝議大夫，賜誥兩世，山東按察使司副使，分巡登萊海防道。十六年，陞河南布政使司左參政，分守河北道。十七年，罹太淑人邢夫人憂，歸終喪。康熙四年，補廣西分守左江道，餘如故。七年春，代藩伯述職京師，會撤天下諸道使者。竣事，復于楚而歸。待次里居几十年，竟不起云。

初，司馬公艱於嗣，令蕪湖日親禱江神。其夕，邢夫人感異夢誕公。公生而嶷然，弱不好弄。性至敏，四歲能育文，周折如成人。明年，受毛詩，輒解大義。值司馬公爲給諫，所與遊皆海內豪俊。每讌集，必立公於側，有所叩，矢口而對，會稽倪文正公，孟津王文安公皆深器之。公愈益折節向學，與寶雞党太保子恂如，華陰王司馬子宏撰，有「關中三童子」之稱。後侍司馬公榆關，延侍御涉江陳公爲師。陳高自標尚，不輕許人。一見公文，矍然曰：「曠代才也！」司馬公移軍都，兩月病卒。公侍湯藥，治含襚，訖無少憾。扶柩而西，徒步數千里，道旁觀者至爲流涕，抵家，公年十有七耳。當是時，國家末造，綱紀久弛，公又驟失厥考，終鮮兄弟。人懷覬覦，而里中賫胄，方盛餙裘馬，治具相矜，過公之門，睨笑萬端。公掩關讀禮，衰服茹淡，若罔聞也。俟逆渠自成破秦藩僭號，械致士大夫，廹予之官，否則徧如搒掠，攫其金無已時。公適客山右，聞變，以母夫人故，痛哭南邁。至臨晉，城已空，山行失路，有老人止之。月餘，從間道還省母。一夕，邑令捧僞汝侯劉宗敏檄，趣公往見。宗敏於賊中最虐，度不免，嚴戒僮僕，勿驚太夫人。昧爽託他事隨賊騎去，俄賊戰河上大敗，倉皇奔散，公獲脫焉。

先是富平多名公卿，彪炳史籍，然無繇庶常起家者。公以高第，讀書中秘，開數百年之風氣，具詞林僕仗，迎養母夫人京邸，一邑榮之。屬疆宇初平，銳精古文，館課之篇，彬彬復古，而公嘗弁冕同舍，同舍生皆推讓之矣。爲水部，典陶外署，坊甓堅好。有聲於大司空，爲司封。遷首曹，時安邱憲石劉公，以相國筦銓，而劉故館中師雅知公，相得歡甚。公悉展其長，釐掌故，祛弊端，請託不行，輿論稱允。適劉復入相，代巖鐵山王公。王頗自負，曹屬必引置弟子列，公獨以太宰事王，王銜之。客有爲王說公者，公曰：「吾以禮自處，所以重王公，非簡也。」王聞，益銜之。及擇廷臣才望，歷試外藩，遂密奏公姓名。王方得君，而公竟以少參飭兵上谷，無慍色。王因大悔，求見。公急，例省郎爲外大夫，出都，持刺謁太宰。太宰受刺不受謁，王豫囑閽者。何公至，即延入，握手道肺腑，盡釋前郤，又先之於所往，卒爲至交。

比奉母之宣鎮，宣罷監司久，法制蕩然。公甫下車，黜墨吏，摘奸民，振舉大綱，數月而治。督府仲若張公薦之，署云

「律己正，馭下嚴」，摭實語也，既而兼懷隆。自懷來奉太淑人詣，登道署。太淑人春秋高，雞鳴，公衣冠趨寢所，請盥櫛。繼進以粥，食畢，掖登涼輿，則騎而從其後里許，數問飢渴安否，太淑人顧左右覆以蓋，稍覆仍麾去。烈日霖雨，四旬弗倦。抵登，兵缺數月餉，聚譟海祠，守偵其狀。夜，白公拘之，公不可，曰：「事未彰而拘之，是速亂也。」翌日，閱守庫所蓄，與缺相當，乃召諸弁唱給之，皆大悅。餉至，仍如數納守庫。無何，海艘陷瓜儀，侵江寧，傳言分突山左，而營將遠在西川，一日夜候騎數十至。公出理疆事，入侍太淑人，舉止雍客，既解嚴，太淑人弗聞也。嘗有羽檄中夜來，事甚急。將吏相顧失色，公飲酒賦詩自若，而密增沿海守戍，人藉以安。逋寇子七，羽翼徧登，陽受撫而內實叵測，前行部者至其地，稱病不見。聞公來，即蒲伏聽約束，公戒而遣之。瀕行，語代者曰：「此兒瞻顧非常，他日必爲海上憂，宜漸除之，莫卒圖也。」後御者失策，果如公言。

移覃懷，將太淑人以去。凡七閱月，四至衛源，再供軍食，徵金責秸，盡日不休。夜歸則吏抱牘，甲乙陳於前，篝燈次第署之。事訖，太淑人熟寐矣，密詢侍者起居，乃就寢。質明，復馳去，信郡王休兵河內，供億龐辨，而太淑人疾且作，公憂形於色。謁王，王遣人問參政何憂，公以情告。王顧撫軍，命大守代公董餉。公歸，侍太淑人。太淑人疾革以卒，公屏勺飲者數日。西旋，臨河送者數萬人。其年，營司馬公新阡成，奉母邢夫人合葬。哀毀骨立，遂患齡痛，終身苦之。然其邱隴一如禮法，蓋司馬公薨未幾，卹典甫下，而天下亂，故坊表之外，不敢有所私樹也。畢服入都，異時同位寥寥，而後進多據津要。公寓遠寺，絕賓客，益肆力於古。

久之，補左江。先友人自都移書，虛[一]河東促公，公恥與奔競者同，故遲其行。例猶當得南陽，公恬然曰：「仁不擇地，粵西山水佳，吾自樂之。」賦左江四詩，人傳誦焉。至潯，猺獞錯處，漢法不能繩。公清淨鎮之，迄以安堵。旁屬萬山幽遂，往往藏大憝，察其尤著者遣吏召之，各如期至，按輕重置以罪，餘悉散去不問，盜遂息。其入覲也，去桂林百里。聞裁

[一]「虛」，通「居」字。

缺，再辭不獲，終事而還。

十年以來，絕口不談世務。所居自壺若寢若偏若，別墅皆徧布圖書。手一卷翫習如素士，日鈔盈几，寒暑不輟。間遊西園，招同人燕歌其中，逮夕忘返。今茲歲在疆圉大荒落春三月，臥疾七月，辛卯大漸以卒。距生天啟五年七月丙子，年五十有三。

公至孝，事司馬公及母夫人，委曲得其歡心，喪葬盡禮。歷官二十年，不以中外易志。公事未畢，不敢嘗食。爲政持大體，不矜苛察而吏自不欺，不市惠而所在戴之如父母。御軍暇整，賞罰以信，往文武多相齟齬，公所至宣府河北，佟鮑二帥咸有飲醇之嘆。性沈毅，言不妄發，行不旁顧，臨大事從容有斷。銷患未萌，人卒賴之。事上官，方介不阿。故東撫某恣睢齊魯間，奴視藩臬大吏，見公則敬接之。粵督某暴甚，獨稱公正士。繇筮仕至宦成，清慎自矢。遇屬員儀稍豐，卻而不視，曰：「此必貪吏，否即有他故干我。」或蔬粟則受其最寡者，曰：「不如是，人疑我矣。」嘗過梧，梧使者董公奎武餉以酒，中途啟視皆白鏹。覲旋漢上，董已物故，卒返其子。粵荒徼達官多患貧，恒貿易自贍，公不屑也，金撫軍語之曰：「朱君誠廉，從者得毋病乎？」公以拙於謀生對，一座大笑。還渡洞庭，中流風起，檝者患舟輕，借鄰鐵二千觔載之始濟。粵故產胡椒蘇木沈檀諸珍貨，歸之日，未嘗蓄把握。有所須，取之肆中。重然諾，好施予。戚友有急，必竭力佐之。在外遇鄉人，尤軫厥困。上郡劉子漢客，名宿也。其兩兄官粵，客死，貧不能歸。公故不識劉，爲捐貲返二喪，暨其帑焉。厚視故舊。溫縣張公斗，司馬故吏，公至懷，首卹其家。同年修武龍圖範公崑山震坤諸公早世，其子竝幼，見必撫背勉之。給諫季公天中東謫，公以他事，不預祖道，語及輒泫然曰：「吾負斯人。」雅擅人倫之鑒，遵化〔二〕汪公之洙，秦州陸公舜，上元鄧公廷羅，長汀黎公士宏，淳安商公顯仁，同安洪公承甸，河內賈公光德，臨潼呂公振之，皆所特拔士，後多至卿尹，功伐足紀云。家食，則夏葛冬褐，乘羸馬，從二小奚，遇者不知其貴人。非公事不至邑令。邑宰雲中郭公夙重公，數造其廬，詢以興革大故。公

〔二〕「化」，底本無，據清史列傳補。

閶閶而言，無一語涉私。元日必糾宗人祀祖於廟，祀畢，以次拜尊屬。或難公費，固辭。公執子弟禮惟謹，諸弟姪有小過，不假以色。既改，待之如初。鄉人以忿就質者，每望廬返。與人交，落落穆穆，雖褻莫之敢慢，而中懷坦白，久處未有不竭其情者，且人人自以爲得公矣。論學之外，無所不及。惟朝政得失，官司短長禁勿道，尤恥談貧富。策計然客，或笑語移辰，無敢以賈鬻之說進者。生平喜藏書，卷帙連屋，無一不屢更繙閱，而曾無污損之跡。至非先正格言，則不一寓目。見鼎彝字書諸名蹟，摩拭不置。顧子弟在側，則又推遠之曰：「嗜此固善於權子母，然貪之均癖也。」善飲，竟夜不醉。作字端楷，雖一削草不苟，曰：「即此爲正心之助。」

恭人于歸四十年，相敬若賓，終始無違言。待其子身爲義方，情極憐之，而訖無所寬假。庭訓有云：「立身務圖達大，爲學切忌淺率。」又曰：「乘此春日，須努力學問。吾第後數十年，始知斯道。惟勵怠惰，戒滿假，乃臻實詣耳。」所爲詩，俊整自成一家，無片言襲人。文爾雅深厚，庶幾漢京。方之廬陵南豐，得唱嘆之神，無擬議之陋。晚年諸作，尤爲入室焉。於書無所不貫，卓有依歸，而不輕厎呵人。所著循寄堂集十六卷，古文函始四十卷，古文函餘十五卷，仕學箴語一卷，閒默堂文約一卷，鏡波園花木譜一卷，其餘評選若干，俱未梓，藏於家。配楊氏，累封淑人，康彊善飯。男子子二，長樹滋，次樹善，女子子二。

將以十月辛未，就窀穸於村之東北阡，葬有日矣。表弟長君樹滋，齎所述行實來問銘。憶公弱冠，與予先後受知邑大夫觀察翔山崔先生，竝有國士之遇，而楊若田皆予所自出。公領鄉薦，予得以淑人末戚，數相過從。又二十年，序公之詩於燕臺。比倦遊，還山中。當公休沐，而遊日益密，兩人有所製，非走書相正，好躬自往來。賞奇析疑，不媿古人。公已矣，予誠譾陋，顧知公之久，而兼善長君莫予若者，乃不敢辭。據所見聞，合之長君之狀，撰次如左，其詳則有狀存焉。公諱廷璟，字山輝，里中舉初官，稱太史公，銘曰：

朱氏之先，聿灒厥德。司馬肇興，盡瘁王國。爰及太史，令聞允塞。校書石渠，萬夫之特。
翱翔天曹，好是正直。秉鑒攸乎，衡材不惑。參數大藩，載驅南北。以旬以宣，靡有遺力。

孔翠華躬，羔裘素緎。政在四方，文爲世則。歲厄龍蛇，陽逢薄蝕。百身莫贖，七月永息。雖顯於位，而施未極。胡豐於才，而年是嗇。相彼東原，新封動色。樹表前坊，千秋同式。莫高匪荊，惟浮配食。漆沮匪遙，二澗來即。嶽峙如屏，川流汨淢。啟佑後人，繩繩翼翼。

喬峙伯先生暨配馬氏合葬墓誌銘

嗚呼！有明崇禎十有七年春三月丁未之變，天下士大夫以名義自砥，潔身高蹈者，比之前史尤侈。而吾邑得全節之士三人，則喬峙伯先生父子，與孝廉張君文谷也。先生之學，得程朱之正傳，不言而躬行。歿而論定，與漢梁伯鸞，晉陶元亮，先後同揆。而吾邑僻在北陲，無能疏其風烈，以聞朝廷。又先生質直寡合，非一二夙好，鮮能知其隱德，故易名之舉，公私闕焉。先生不祿幾五稔，器君抱一，既卜新阡營葬事，乃恭奉幣，走謁敝廬，求誌其考妣幽宮之石。承命，且慚且懼，而躊躇竟日，終不敢辭者，蓋先生季子婚於楊。楊，吾甥也。

方自以附一言於賢者爲幸，而不遑計其出處之不類也。據狀，喬之先，山西洪洞人。元末，始祖浩忠公避亂，遷富平石川里之牛村，遂占籍爲邑著姓。浩忠生友林，友林生子英，子英生文，文生南陽府大使世沖，世沖生邦靖，以歲貢爲蘇州府長洲縣縣丞。幼與楊忠介公善，筮仕未久，即解組去，優遊詩酒以終。邦靖生訂，昆弟七人，三入膠庠，而訂詞名噪甚，惟嗜誦讀，於榮利泊如也。訂生若櫝，是爲先生父。年十九，以儒士入鄉闈，受知學使者，補弟子員，屢試有聲，與其從兄鳳翔學正王佐，從弟河間郡丞王翰，有三喬之目。且善授經，自搆書屋臥龍寺，從遊者甚衆。凡掇科四人，貢而貴二人，章縫十六人。然翁喜楷模唐宋大家，不詭時趨，故不售。膺崇禎十六年歲薦，廷試甫歸，而逆賊李自成破關中僭號，脅之仕，堅拒以免。著春秋提要、四書解義。

翁生先生，諱惟華。年十三，始從父受句讀。十六，隸博士，恪守傳註大全蒙引諸書。其文粹然一軌於正，有先輩震川昆湖之遺風，督學大司馬汪公喬年亟賞之。十二年，十五年，兩試皆已售而復擯。比亂，遂棄諸生，放情山水。日以誘進後學爲己任，絕口不及世務。居父母之喪，哀毁盡禮。自朝夕臨哭，至於三年，無替容。閉門索居，雖執友罕接其面。先是翁既屏仕進，先生將父偕隱，或匡坐嘯歌，或互設皐比，以餬其口。雖半菽不飽，處之晏然。大清初，澄敘官方，郡縣徵檄敦促。三黨之內，怵以危禍冀幸其出。翁高臥不起，賦詩謝之。有「祇因國破嘗遺恨，不爲家貧空自憐」之句。蓋先生善成親志，以孝作忠，其功多焉。先生爲人，貌古行方，端樸直諒，動尊禮法。嘗集鄉大夫別墅，奏伎歡飲，先生穆如靜對，終讌不語。有引其袂者，輒厲聲叱之。座中咸嗤其迂，屹不少易。同學諸子，或自託薦紳長者，婚喪之故，小小遷就。先生在前，則悛而止。嗚呼！畏彦方之知，甚於刑戮，彼所犯誡鉅宜矣。小德出入，君子不免，而浩然之氣，能纖微格其邪心。若夫大節著於家庭，視王孺仲伏處治朝，躬耕且老，而顧其子色沮於功曹之車服，沈吟自失。然則先生父子，相得益彰，與日月爭光可也。所著有易經卦解。配馬氏，山西太原縣主簿應龍公女。幼嫻女儀，于歸之後，以善事舅姑聞。椎布操作，勸紡績以庀時絀。佐夫子之潛德，其少君德耀之儔歟！將以某月日，抱一奉其體魄合葬，敬系之以銘。銘曰：

荊之山，表禹貢於雍州之首，漆沮之川，襟帶清渭而東走。光岳之靈大而厚，萃爲人文生吾友。樂堯舜於畎畝，配同德之賢婦。彷佛清風追谷口，培七松以植五柳。吾載筆而誌其藏，庶幾中郎之銘，有道而垂諸久久。

趙鄉舉公伯韶先生元配待贈太孺人劉氏祔葬墓誌銘

涇陽趙鄉舉公伯韶先生，諱九成。妻劉孺人者，三原人。祖大參公諱士璉，父中丞公諱日俊，孺人其長女也。年十五歸于公，公尊人印義先生。先舉有明萬曆四十六年鄉試，公即以是年獲雋，寔天啟七年也。先生闢塾講學，受經門下者，逮於遠方，而公幼以警敏著聞，偏交關輔厨俊。既早達，所與遊多貧士。每過從，則下榻留連，朏魄屢移，甫辭而出，繼至者趾相錯矣。當是時，中丞公方在諫垣，孺人貴家女，鳴珮操作，事事如其夙爲。自堂上饍饈，賓筵盤豆，推而至於內外臧獲，飲食縫紉，諮承君姑張太孺人指，精辦得其歡心。太孺人亟稱之，而三黨咸賀趙得新婦，擬之孟德耀、鮑少君焉。公至孝，父病親調湯藥，衣更十日不解。孺人危坐私室，數躡足牖間，潛偵起居。聞公泣，孺人亦泣。病間，公得少休，孺人始敢安。粱糜膾細，當飢而進，應聲而羅列盈前，皆孺人手自治之。病良起，太孺人勞之曰：「汝夫婦良苦。」孺人遜謝而已。

及公赴崇禎十年計偕，歸而疾作，遂不祿。孺人僅二十有五耳，剪髮納櫬，誓以身殉。太孺人慰止之：「獨不念我二人，且從苑易，存孤難，汝當圖其大者。」孺人泣受命。其孤，則吾友元升。生九年矣，公既父所鍾愛，萬慟其早亡，不忍輒歸諸阡，而權厝之故所肄業之舍。有暇，輒往哭，不忍聞之孺人，又太孺人謂翁且衰，數戒孺人勿哭，哭則益而翁悲。然太孺人或潛泣，孺人知之，未嘗不強顏婉諫：「姑遽忘誡新婦語耶？」而淚已涔涔沾衣，退則泣於中閨，竟夕弗輟也。太孺人察知其故，乃更自寬，久而翁知之，亦爲罷哭。

嗟乎！孝者，百行之所自出，得之房闥之賢，可不謂難哉？自是孺人盡屏冠飾，椎布茹淡，若將終身，而奉養舅姑，則滫瀡必備，無一弱子。雖甚憐之，然督其攻苦下帷，迄不稍假。閱七年，印羲先生應十六年公車，易簀京邸。未幾，值十七年三月壬子之變。踰年喪歸，孺人率其子築東塋，葬君舅及公，豐儉得宜，族黨稱焉。已乃日侍太孺人，晝課耕桑，篝燈夜績。凡徵輸門户，無巨細，孺人悉躬攝之。俾其子得專力肆吟，不與外事。顧元升漸長，慕祖父遺風，良友時來，孺人既悲且喜，乃更責之曰：「若孤嫠之子，非有聞焉，未可廁於諸賢也。」元升由是益自刮磨，名噪遠邇。又十四年，太孺人卒，孺人孑立，艱難視昔有加，而元升尚若岵括。孺人勉之曰：「逢年有利鈍，夫君子所可知者學也，所不可知者時也，而毋懈隳家聲。我含荼四十年，若獲見而繼而祖父之緒，即而孝也。」而元升志亦益堅。今上康熙十七年，果掇賢書，歸拜孺人堂下，孺人曰「未也」。明年成進士，綵衣春酒，以所給宴金鑄大爵，再拜爲孺人壽。孺人喜曰：「爾祖爾父，績學未食其報，遺蔭垂後嗣，吾何有焉？」已而泣曰：「未亡人可下報吾君于九原矣！」

先是有燕巢其室，失偶孤棲，累年不易，人咸謂孺人高節之祥。亡友上郡劉石生額其堂曰「瑞燕」。值當事纂陝西通志，遂採其事，同人競歌詠焉。會選部奉新例促人甚急，郡邑日嚴迫之，而元升亦私念孺人高年，捧檄跪辭，謂「祿養可逮也」。中途心數動，遄馳西還，抵家，孺人不起矣。嗚呼！孺人爲趙氏婦，事其夫者十年，事尊章者十有八年，事孀姑者又十有四年。上下所延，五世撫摩。其子孫若曾孫四世矣，幼則提攜哺弄之，稍長則自鞠之教之，定其婚媾，成其似續。其事舅姑也，爲令婦，爲教子。其事夫也，有宜家之美，保孤之忠。其育子孫也，有母道，有父道師道。蓋孺人之大有造於趙氏也！辛勤顧復之恩長，而優游宴喜之日少。見其子之貴，而不及受其鼎鍾之餐，此吾友元升所爲椎心飲泣不能自已也。雖然，元升窮而不墮，久而不衰，終奮巍科以慰厥母，在孺人可無憾矣。

孺人卒於某年月日，距生某年月日，壽七十有二。元升卜以某年某月某日，奉孺人祔葬父塋，匍匐山中，屬誌墓門片石。昔者伯韶先生之葬，其里大令張公銘之矣。鄉謚孝敏，詳見石生謚議通志、涇陽志，並載人物。元升外男韓樞部有傳。子一，元升其甫也。吏部候選進士，娶韓氏。孫凱初、凱繼，孫女一，曾孫男四。引縛有期，爰據其狀，並所聞於孝靖石生者，撮而志之，以其從君姑之後也。故不稱太孺人，稱孺人，敬系之銘。銘曰：

中丞之女，鄉舉之婦，孝廉之配，進士之母。吾昔以署其堂，今以旌其墓。千秋萬禩，其藏同固。貞德顯名，沛何詵詵兮，永延厥祚。

寧夏後衛教授鄉進士袁五白公墓誌銘

曩白上袁五白公爲華池學博。予嘗過詣，並晤難弟頌五孝廉。因盡出諸子甥姪數十人，詰晨仍就見旅次，皆恂恂謙謹，善氣迎人。數十年來，清潤諸白，詞科之盛，幾甲關中。而袁五頌五，恪遵傳註。所著經解，一以紫陽爲宗。論文必規模先輩大家。予喜白氏之守程朱，雄帖括也。每舉似嶽輔諸子，以翊正學。前秋，又接器君平陵廣文于長安，詢知公在朔方，起居俱健，方擬坐席期頤，備他時之三老五更。夏日伏枕村居，驚聞公訃，廣文君乃寓書奉幣，命賢季鄉舉君來請銘。雖久困藜床，叨世講深，義不可辭。

按狀，公諱補宸，字袞五，一字慈菴。其先延安米脂人，九世祖斌，始遷清澗，遂占籍，數傳至公王父明廷公宗舜。萬曆二十五年舉於鄉，初任山西蒲州知州，有惠政，祀名宦。補湖廣彝陵，彝陵人至今稱慕之。配韓宜人，子五，次次如公慧元，崇禎七年劉公理順榜進士，直隸任邱知縣。殉難，贈河南按察司僉事，賜祭葬，蔭一子。是爲公考，配劉宜人，子五。長皓五公羽宸，蔭生；次即公；又極五公鼇宸，拔貢，浙江溫州郡丞；又頌五公壽宸，鄉試經元；又祺五公延宸，廩膳生。白自次如公來，數世同爨，食指數百。皓五公及公，先後筦家政。戶庭之内，嚴若朝典。公素端亮，以身範下。歲時伏臘，群從子咸雞鳴盥櫛，著衣冠序立拜堂下，無敢參差，鄉黨稱之。方諸江州陳氏、浦江鄭氏云。

公生而穎異，讀書屬目輒不忘，泚筆語多驚人。未弱冠，補弟子員，時諸弟俱幼，公仝伯兄撫而教之。學問事功，褎然上郡名家。先是順治十一年秋，闈中得公卷皆嗟賞。將弁本房，偶緣他嫌擯遺，而頌五遂高發，人競惜之。公獨以四弟獲雋，喜而不寐，不復知己之淪落焉。遲十五載，始與頌五子玠並舉于鄉。明年，玠捷南宮。公卷房閱甚盛，竟不果呈，再預計偕未第。康熙十七年，就銓署西安府三原縣教諭。既至，課諸生如子弟，月必兩會明倫堂，試經書二藝，諸郎亦與焉。試畢親較其高下甲乙之。譙犒悉己出，由是諸生奮興。數科三物蟬聯，皆月會士也。二十年冬，關涼弗靖，羽書旁午，督騾運甚亟，人多欲竄匿。當是時，邑令佐俱赴軍，公挺身艱難中，設法飛輓。不誤運，不病民，邑賴以安。督學葉公，見而壯之。將據實申臺司保題，公慨然曰：「博士雖卑官，令長在公而偶代之勞，分内事也，敢自爲功乎！」卒堅謝之。二十五年，陞寧夏後衛教授。格極邊，士多樸率，公漸摩誘掖，數載悉彬彬矣。舊有秦漢二渠，河東利賴甚宏。時已堙廢，公督濬三載，均夫役，革陋規，執畚挶者吹聲如雷，開水田數百頃，靈人德之。二十八年秋，第四子珂奉於鄉，報至公，因嘆曰：「齒逼桑榆，兒孫頗自立。夏遊里閈，可以卒歲，何久滯絕塞，戀戀一氈哉。」決意投紱歸，聞者咸惜其沉抑散僚，未竟其才，然未當不推公之清節照西關。難進易退，爲有道君子也。

父天性孝友，父僉事公，靖難時以不克往從，負慟幾絕。事母劉宜人，色養備至。既殁，哀毁骨立，水漿不入口者半旬。歷今數十年，每逢春秋及忌日，几筵饋食，淚猶涔涔沾襟。視諸猶子，無異所生，咸玉于成焉。幾墳賽清明中元諸節，宗人咸會，而牲醪咸資。公祭畢餕餘，必含享以敦族睦，邑巨族皆效之。生平退讓自居，不欲多上人，務以忍勝。與人處，不擇便利，不較是非，坦坦休休，親故始終無間言。間有憑盛氣以非禮相加者，亦笑受之，喜怒不形，仿佛婁宗信唾面自（甘）〔干〕之風。馭下猶寬，不事鞭箠。見人肆楚辱，輒解之曰：「彼亦人子也。誠有才，肯爲吾僕乎？」喜施予，貧乏周之，不能婚嫁助之，不能延師，給薪水教訓之。嘗謂諸子曰：「自奉宜薄，待人不可不厚，吾生平得力在此，汝輩須善體之。」崇禎間，歲大祲，流羽四集，餓塗盈殍。公設粥食饑者，日募人掩遺骼，城增塚跡，今尚纍纍也。邑界無定河，春初秋末，流水崒屼，民多病涉。公設舟濟渡者，人忘其勞。邑東，峻嶺盤互，鳥道無際，行旅惻然。公威倩人闢除，安歌載路。他如綏輯境上流寓，招攜里中逃亡，排難解紛，上郡依爲保障，鄉隣耆孺皆望廬傳頌不衰。

二十九年十月本亥卒于寢，距生明萬曆四十六年四月戊午，壽七十有二。前遇恩詔，授階登仕佐郎。配惠孺人，淑慎威儀，與公稱同德，今在堂安善。男子子五，長璿，貢生，咸陽教諭；次珏，廩生；次斑，拔貢；次珂，舉人；次玖，增廣生，女子子二，孫男八，孫女八。將以某年月日，奉公體魄葬阡。平陵君因南北陰修，預屬誌其麗牲之石。竊念吾秦當嘉靖末，姚江倡良知之說，海內騖趨，而高陵三原爲經生領袖，獨特守考亭不變，于是天下稱關學最醇，近亦稍稍去離。袞五公玉昆，顧引繩據墨，爲大全蒙引之正嫡。其議力洵有大過人者，不但孝謹溫茂，行義卓然足書也。且公自乃祖彝陵公以來，皆起于仲，而名德亦相類，果風氣致然耶？爰系之銘，銘曰：

望溯馮翊，居雄北秦。鍾光川岳，代有俊民。倬昭惟仲，王國之賓。經術小試，穫風攸新。比遷西夏，囂靡弗馴。羽檄載義，河梁彰仁。孝友端亮，醇乎其醇。位不配德，才絀道伸。於嘉山水，相我後人。鳳兮翼翼，麟也振振。

太守陳公臨谷墓誌銘

太守陳公，與予年事相亞。徃在樞部，予以布衣遊京師，數得過從。其人溫溫君子也，官輦下垂二十戰，一麾出守，改補粤西，痌旋里門。時予處草土中，杖藜問之，而公竟不起。更三年，所賢子太令君晁仲將奉公體魄，啓元配楊恭人新阡合窆焉。既得日，執幣山居，請誌其幽宫之石。雖病臥孱困，忝公橋梓宿交，誼不獲辭。

據狀，公諱常夏，字爾極，一字臨谷。望出潁川，世爲吾富平賓村人。曾祖諱登科，簡正稱于一鄉。大父諱以道，贈中憲大夫，任俠好施，有柳仲塗、范忠宣之遺風。考諱有虞，順治九年鄒忠倚榜進士，福建僊遊縣知縣，潔己行仁，一時推爲古之循廉。民吏懷惠畏威，佇當内擢。適海氛蠢動，漳泉二郡十四邑咸望風奔潰，獨僊遊且戰且守，親抗兇鋒。卒之孤城受圍，躬被重創，猶奮矛矢巷鬬，力竭竟殉社稷。事聞，贈朝議大夫、按察簽憲，賜祭葬，蔭敘從優，詳具余孝廉之堯褒忠編。迄今東南士大夫，尚嘖嘖嘆其忠烈云。子四，長即公；次太學君于夏，先故；次候補郡丞君時夏；次寧化縣丞君肆夏。

公生挺異，質弱不好弄，父大夫特器愛之。手援春秋，輒能領會，行文洋洋灑灑數千言，指晷而就。甫成童，補博士弟子員。曾一蹪鄉闈，方扃戶政苦不輟。聞海疆播逆，即竭蹶首途。比至白巖，大夫已先騎箕尾矣。策險深入賊穴，竟獲扶櫬以歸。詹事沈文敏公荃，稱公至性絕人。忠臣之後，復得孝子，序其徃返甚悉，蓋實録也。公念諸弟俱幼，弗遑畢志場闈，遂就選曹。今上康熙元年，授國子監學録。作人課藝，都不有安定復出之聲，名士翕然宗之。遷兵部司務，預校武闈所得皆卓犖異才。陞禮部祠祭司主事，照勘交卷，寬嚴合宜。條陳漢諸葛忠武侯三大要，陟奮宗二丁之祀，血食至今。奉差督榷滸關，清謹據拮，几加補諸陋規，汰除殆盡。竣役，脂膏無所染。恤商通販，口碑滿江湖。當是時，詔撤三藩，軸艫正乏，稅額多缺。諸關俱上控豁免，公獨稱貸千金以足之。調戶部湖廣司主事，陞貴州司員外郎，即陞本司郎中。關榷夙苦蒙混，公經紀其間，徹底清釐，度支賴之。曩公之爲主政也，值特旨考選部曹，擢臺諫官。當事以公名進，業得報可，引見臨期。會有大力者沮之，乃中變。同刻皆憤，欲疏爭于朝，公恬然而已。陞江南蘇州府知府，賦額繁重，兼累宿逋，而中有荒田懸征。公慷慨曰：「予聞諸故老，張士誠據蘇日，膏腴盡籍爲莊田。既取其租，而有司仍按折色稅金，是一田二征也。」厥後相踵，因條晰原委，臺司弗便，卒莫以聞。今年春，皇上六飛渡江，因旨捐豁江南諸郡，歡聲騰數千里，惜公不及見矣。改補廣西大平府知府，抵家疾作，于二十五年月日卒，距生前元黓涒灘之歲八日己卯，壽五十有五。

公容儀修偉，坦懷至誠，久處皆服其德量之宏，而外則落落穆穆。事親孝，居官貞，厚於待人，信于交友，生平耻言阿堵中物。宦遊數十年，內外敭釐著勞，而易簀之日，蕭然一無所有，是可悲也已？配楊氏，誥封宜人，待贈恭人，光祿寺珍羞署署丞公諱可棟女，先公卒。淑慎勤敏，三當無間言。自爲家婦之年，即秉家政，經畫摻作，既貴不驕，見重舅姑，以勸夫子。訖于妯娌子女臧獲，愔愔咸致雍熙，兼東海京陵鍾郝兩夫人之徽音。先是夫人之喪，公栖遲官邸，大令昆弟，以左氏義例，公在夫人書卒不書葬，曰：「夫人，從公者也。」故表誌之屬，有待焉，禮也。男子子六，協濬，拔貢，知縣；協哲，儒學教諭。協文，大學生，重溫廩膳生；協揆協敘尚幼。女子子四，孫男五。今二十八年冬十月庚午，公將歸村之東南隅，而就其窀穸焉。媛系之銘，銘曰：

浮之陽，荊之陰，山高而土深，送我友歸歷嶔崟。良二千石方，璆琳配之，質淑稱同心。長發其祥盈華簪，繩繩勿斁延德音。

墓表〔一〕

王公雲隱先生墓表

王公諱宏嘉，字玉質，一字雲隱。望出太原，陝西西安華陰人。前南京兵部左侍郎鄰華翁諱之良第三子也。母恭人，翁六子，自一至五，並恭人出，咸端亮能承家學。公與第五無巽徵君尤秀，而有文關輔俊廚，交相推讓。其家庭私議，亦謂二難。公幼英敏，奉止若成人。弱冠，補縣諸生，食餼二十人中，行誼甚修，益肆力於學問，通經史，有不可一世之概。翁爲御史，當侍京邸。翁草疏，公有進言，翁喜曰：「成吾志者汝也。」自是愛益加等。比翁擢南贛巡撫，猺蠻妖賊，相繼蠢動，勢張甚。翁督師平之，公在行間預軍事。翁遷樞貳官，留都，謁告歸。中途疾劇，公奉湯藥，不離側，不解衣臥。翁薨，哀號聞路人。值巨盜橫鄖襄間，行旅斷絕。乃奉轝伺間取道武關，巖谷荒深，晝見虎跡，雖攀牽林莽，猶朝夕哭上食，目盡腫，手足皴裂，卒抵里，無他虞，時崇禎十六年冬也。明年，詣闕請卹。十月丙寅，逆闖陷潼關，西安不守，公倉皇奔歸，省母華山之上，方泣拜牀下，自是戀戀省定。日營甘毳，作嬰兒嬉笑，以娛恭人，恭人安焉。更十年，恭人卒。伯子疾，仲又先殁，喪葬皆公治之。處兵燹之餘，盡志盡物，有稱於遠邇。明年，成祠堂，凡歲時伏臘生忌之辰，率子弟庀祀惟虔。

生平至性過人，孝父母，友于兄弟，終始一致。尤憐無異，出爲再從父後，與共飲食，出入必偕。推諸宗族鄉黨之間，稱之無間言。重義樂族，能周人之急。當翁在虔南日，歲大祲，氣數踴貴。亟馳書，請出家粟，減其直糶之。市價爲落，又賚糜飼餒，收育棄孩，賴以存活者甚多。少有高韻，遭亂益放情山水。築園碧雲谿畔，蒔花竹，搆手蓉閣，藏書甚富。要賓客

〔一〕「墓表」二字爲整理者所加，底本無。

飲嘯其中。素工爲詩，尤善書，精舉子業，而數奇不遇。晚以貢授訓導，非其志也。乃立文社，獎率後進，同諸子弟督課之。順治十年，從子刺史君伯貞，子進士君仲漢，聯舉於鄉。社内先後成名者，閲十餘科不盡。又好遊，徧歷四方，所至與名公詞人互相唱荅。比伯貞繇進士宰直隸新城。康熙八年秋，遣仲漢就其署讀書，應明年會試。十月乙酉晨餐已，將適所築園，忽疾作，亟名無異至，翛然而逝。公偉豐儀，美鬚髯，襟期曠達，翩翩濁世之佳公子也。溫恭汎愛，卒之日，里中議與不議，皆爲隕涕云。著有信古齋詩、文，太華存稿。

配郝氏，先公卒，前翰林編修韓城解拙存先生爲誌銘。稱其事舅姑，相夫子，教子持家，俱得其宜。有丈夫之器，且撮六異焉。繼趙氏，子四，宜濬，早卒；宜章，進士，考授知縣，仲漢其甫也；宜宣，廩生；宜觀，諸生。女二，孫□。先是，康熙九年九月庚午，仲漢等奉公柩啓郝孺人兆合葬。無異徵君爲誌銘，諸孫婚娶，並載誌中。徵君又謂予欲以公墓表見屬，媿不敢當，而仲漢更走弊山中以請。予兄事徵君，垂三十稔，又於公感知己之契。近詠存殁口號百首，中有云：「韋丈魯憐拙句新，更吹哀徵與何人？」謂公也。今公已矣，不見中郎，猶以虎賁當典刑。況公之弟若子辱命之，而仲漢與族子蔚同舉禮部，世講最渥，即予文未能加於誌狀，廣庾瀉山陽之哀可乎？遂返其弊而列其大端若此。

湖廣督學前方伯茂衍王公墓表

嗚呼！此吾友驪下前方伯三楚視學使者王公茂衍先生之墓也。公諱孫蔚，其先世繇晉洪洞遷陝西之臨潼，遂爲臨潼人。祖學博鳴石公，父增生經寰公，皆以公前任湖廣按察使贈如其官。公就新阡，予既爲交志其窀穸，已而表妹同淑人，仍以書來曰：「先方伯締交盈海内，未亡人煢煢在疚，兩孤穉懦，非有聞焉。寡母之兒，何可屬遠？麗牲之辭猶缺，惟更圖之。」予幸託公葭莩之私，然過從獨後。初見都亭外舍，旋復别去。比公以閩轄左遷楚儲，予適客遊鄂江。數數哀韓進食，詩歌贈荅，而公顧謬賞鄙作，謂不倍於先民。

嗟夫！鐘期已矣，即乏高山流水，何惜一再奏於松柏之前？庶知己其不亡耶？公負儁才，掇巍科，三十而正藩方，不可謂不遇，而名位相扼，每抱餘憾。如鄉試定元巳旬日，究遭大力者排而亞之。廷對闕中第一人，例選庶常，忤時宰，改西曹。一麾出守，踐歷行省，業孚主眷，超陟左藩，兩召有期，而歘以前楚臬報可之版。意外株累，調補粂知，徘徊蜀荊。會卿寺自外臺入擢者歲一人，當路重公，屢以名上。又徵羣儒史局，大臣多推轂，公乃既得而復失之。豈惟公之數奇？公抱軼倫之姿，足大有爲於天下，而不登三事，卒靳大年。予所由述徃沾衣，深爲國家致惜也。當公在刑部，近代稱白雲司，每英流處之。滄溟瑯琊以來，得公爲再盛，而典郡右輔，追跡趙張。畿南雖八旗戚要褋居，咸敬而畏之矣。遷青州海防副使，平原督運參政，鎮靜不擾，漕輓如期。握楚憲則平反之仁聞，洋溢江漢；開閫藩則度支之偉績，股肱制軍。予躡屩所經，人無異詞。及公督糧儲鹽驛於湖北，而予親在座上，接並徙三藩之檄，公獨憂之。未幾，趣漕糈倒載聚荊，曰儻後不須此，吾自任徃還費，舟子與士民皆疑。予竊知公之用意深也。載甫畢而滇黔果叛，其芻豆運荊者，水腳不啻數十倍，人始服公炳幾先之哲云。時予將北歸，公觴諸江渚，策吳必敗，固留予。予曰：「老母在關中，將恐有誘脅於賊者，當歸保桑梓。夫吳逆，故戰將耳，非諳於攻取之在計也。盜國威寵，徒竭虛聲，今垂亡之年，益老而悖，且稱兵橫逆，而所任不出其甥姨。紈褲惡少，一朝狂任謀，庸冀其有成乎？亂非可以數作，倖非可以恒邀，即三叛連衡，皆海内之罪人。遠來内犯，食必不繼，但堅壁挫其銳，數載悉授首矣。」公稱善曰：「固所料也。」公素不言兵，而在東川練鄉勇剪凶渠，貝子歎其爲真將軍。夙工文章，而視學三楚，化行俗美，一變至道，乃竟以積勞致殞。賢者固不可測，然食少事煩。司馬宣王嘗預料諸葛公之弗久，譬好雖殊，於公有同悲矣。

嗚呼！公孝友端亮，家修廷獻，迴立罕儔，著述等身。世方待其宏濟，而年不配德，位不副才，故其卒，朝野痛之。公三子，長孝廉天寵，先公不祿；次諸生旟；季灝，太學生，尚幼。公生平行誼及爵里生卒，婚嫁似績之詳，已載記中者，姑不具論，而特爲表其大即如此。

別駕明陽魏公墓表

予讀漢史，至汲長儒面折其上，老而彌剛，慨然想見其爲人，而所交別駕明陽魏公，仿佛近之。跡其生平，可謂古之遺直矣。夫直道事人，自展士師以爲難。何惑？公負軼倫之才，歷畿縣，守左輔，卓有勞績，而究之未竟，厥施以歸也。然予嘗適京師過邢，邢人爲言公去郡時定壯未艾，而堅引年致政。邢人留之弗得，則環泣而祖諸境。冠蓋填咽，百里相望。嗚呼！知止止之，又有二疏之風焉。公已矣，新阡既兆，窀穸有日。器君文學子固，持狀來丐表墓之文。公少與先子同受業奉先成先生之門，里廬咫尺，姻婭附屬，又及文學君皆善予，誼無所辭。

按狀，公諱象胤，字亢宗，一字明陽。考贈公諱增解，母王孺人。公生甫晬失恃，祖母李鞠之成立。既就外傅，性穎慧，於儕偶中最爲秀出。爲文敏贍有奇氣。每獨居，深念祖母暨贈公顧復之勤。非痛自砥琢，則無以崛起而慰其心，益大肆力于學。輟寢沐，忘寒暑，其業日就。受知邑大夫瀛誨賈公太初，試於督學西淛汪公喬年，遂取冠弟子員，名噪膠序矣。皇清定鼎，首科以春秋舉。順治二年賢書，明年罹祖母李憂，喪葬盡禮，族黨翕然稱之。再詣公車，不第。

十一年謁選，授順天府良鄉縣知縣。良鄉北接禁城，田稍沃者，□爲旗丁屯牧。占籍其中，輪蹄絡繹，天下之衝也。戎旅南出□□□牛酒，日無虛晷，懷銅虎符，建牙秉鐵以至者，趾相□□□□數，聽大司農調傍郡邑資之，率虛名而已。又諸大姓比比請事，述其奧援，皆王公貴戚之佃。睥睨誶語，令受署惟謹，拂之則禍且不測，應之亦左支而右詘。坐是官厥土者，相繼罷斥，歲月輒屢易其人。甚則迫而畢命，銓曹指爲畏塗，僚采弔其去車久矣。公既得除目，既往見當路，痛哭具白之。侃侃而言，咸中理要，聞者心動，爲之區畫更張，而公至則黽勉業勞。程秣課芻，身先輿隸，故馬皆肥澤，而又分數駟，俾以次受符，如貫魚然。養之有道，而驅策不竭其力，困稍稍蘇矣。不避囂，不遠垢，不憚彊御，而過者斂跡矣。律己廉，接物以恕，而豪右並兼之家，歸仁屏息矣。其城墉久圮，學宮淪壞，民亡士散，前令日不暇給。公修廢舉墜，有孚惠德，歌哀鴻而逃者如歸，授廛郊野而田有新疆，徐睹菑畬矣。會京兆檄下試士，值公涖官之初，徧呼邑中無應者，公喟然曰：「令之咎也。」家諭戶曉，得童子十二人，僅能誦章句，公乃上書京兆，略曰：「良鄉殘邑，而士則新造也。」蠱之大象以振民育德，非厚勸其來不可，遂得半隸博士，爰割俸創聖殿，置學官，又博設鄉塾，敦延名宿，擇子弟聚居受業，而公自督厲之。比十四年秋試，良鄉獲書者二人，公寔開之也。凡六載，拮据備至，鬚髮中白。其平徭役，寬獄訟，懲奸猾，諸善政史不勝書。臺若郡亟稱其才，屢奉上考，例得內擢，究以直己而行，多所齟齬。

十七年，陞順德府通判，聞者駭之，公自若也。然良鄉之有遷官，乃自茲始。既抵郡，則卹敝驛，剖滯獄，能市榷，邢人于今能言之。而尤難者，所屬唐山屯田，恊濟內邱，隸卒徵解，前此蓋倍蓰取之。官胥中飽，而屢年厥負山積，公盡蠲其羨，立法尊輸，聽民如額自封，又明檄之曰：「苟不得金，若粟，若布，若器用，得自相權，官責籍而已。」或貧窶逃絕者，爲出俸緡代之。里巷歡呼，爭赴恐後，而宿逋以登，謳頌大作焉。公亦浩然有歸志矣。初，公白太守欲去，太守方倚公如左右手，意難之，乃自請於臺。臺察其誠，報可，守丞驚歎。瀕行，邢士大夫扶老挈幼，爭持豆觴，奔走呼號，如失所天。雖婦孺莫不屬目曰：「魏使君仁人也，曷爲舍我？」一時都下傳爲盛事云。

公歸，里居十八年，治農訓子，絕口不及戶外事。歲時伏臘，多張具，召賓戚讌飲。車服素朴，邂逅逢之，不知其既貴也。建白衣大士祠，葺興禪蘭若，其樂善足紀云。遘疾於康熙十六年夏，至六月丁卯考終於家。配王氏，繼張氏、孫氏，俱贈孺人。楊氏，封孺人。前三孺人並恪恭內職，三黨賢之。而楊孺人再從宦邸，專內政，克勤克倫，處婣屬有恩，公獲其助爲多。男子子二，長子固，諸生；次子毅，早卒，並楊出。其婚嫁生卒之詳，載記狀中。

公美豐儀，剛方寡合，嫉惡若讐，而至性過人，衷懷坦諒。貧賤之友，老而弗替，厚施於人而不計其報。蓋有道君子也，然知之者絕少。夫人情喜佞而畏直，自古若斯，又何憾於公哉？公嘗謂予曰：「吾居良鄉六年，號爲令，其實一廐長耳。」良鄉人每稱公在官，馬之蕃息，前後莫逮。予聞五羖大夫以食牛牛肥，秦繆舉以爲相，而非子用牧馬肇封，何公所遇之不同也！柏梁詩云：「外家公主不可治」，而良鄉大佃，迄今思慕公不衰。聞其長逝，多泣下沾襟，豈非三代之直道猶在斯民耶？予特爲表其大節而系以銘，銘曰：

頻之麓，原隰攸分；澗之曲，絃誦相聞，巍然有封揭白雲。百世之下，過而式之者曰：「此信都別駕前良鄉茂宰魏先生之古墳。」

郃陽文學康約齋先生墓表

郃陽康先生，諱姬冕，字服周，一字約齋。祖臨邑公惠民，父鴻臚公國祚，並行誼著聞。臨邑公以春秋中萬曆十六年鄉試，宰嚴邑，既歿，邑人祀之。又俎豆其鄉，私謚「清懿」。迄今左輔之士，論定非濫也。鴻臚公初取于魏，年三十，猶艱似繼，副室白氏，禱華山而舉先生。先生生即失乳，體弱善病，母魏躬自鞠之，醫藥巫祝之勤，歷十二載靡弗至焉。及就外傅，習制義，見稱先達。弱冠，隸博士爲弟子員。漸壯而腴，方奮志有爲。未歲，罹鴻臚公變。喪事總總，咸如禮法。明年，歲在昭陽恊洽十月，逆闖寇關中，馮翊諸邑俱陷，先生將母竄深山以免。既而兩都板蕩，遂罷帖括，率其諸子，躬耕養母自怡。母齒踰古稀，於康熙六年冬患病，歷春漸劇，先生徧求名醫，多方療之，又迎朝邑徐漢青別駕診視，並罔效。凡數月，先生衣不解帶，晝夜悲啼。漢青告人曰：「此病按脈弗治。吾欲歸，目擊孝子之顛連未忍也。」逮夏而卒，先生哀毀骨立，屏水漿者三日。踰年猶蔬食，故舊或勸之，則大哭累日，繇是無敢復言者。苫塊居廬，底于禫除，暑雨沍寒，未敢斯須離帷次。每當朔望，及練詳散忌，必長號竟日。或中夜有感，即起哭，達旦不休，里鄰聞之，咸咨嗟流涕云。嘗語其冢君乃心曰：「吾側室子，賴汝祖母高厚顧復之恩延喘息。至今四十年來，母子相依爲命，不啻忘其非己出之也。」他日志墓，欲明書之，恐傷慈母之心。而變文易詞，則聖善之德或掩，相與低徊惋慟者久之。

先生爲人，廣額垂耳，夙有威重，動止不苟。性至孝，事親自少迄老無間。而尚氣誼，矜然諾，雖以諸生終，卹危解紛，親黨倚爲緩急。與人交，寡所短長。晉文王稱阮嗣宗至慎，與之處三十年，未嘗聞其臧否之言。先生有焉。尤喜賓客，嘗曰：「吾三日無客，則忽忽不樂。」躭佳山水，西河龍門之奇，登陟徧之。多讀書，諳悉有明掌故。所著有居易堂喪禮鈔、臥遊記異、武功志考録、五代史鈔。

康熙二十三年八月癸亥以疾卒，距生前天啟七年十二月乙未，得春秋五十有八。配王氏，繼孫氏，皆名家女。相先生有偕隱之德，並先卒。子四人，曰廩生君乃心，工詩文，有聞於時，即吾黨所推康子孟謀者也；曰諸生君繹；曰來；曰河清。孟謀將以今年十月癸卯，成先生窀穸。先期蒲伏山中，請揭其大端於墓碑。

太史氏曰：禮之失也久矣。漢魏去古未遠，故陳承祚喪次，用二婢子丸藥，而殁齒不振；謝太傅朞功之戚，不廢絲竹。前史譏之，蓋當時喪制爲猶存也。至元魏高祖孝文，鋭意行三年之服，而文明天后殂於永明八年九月癸丑，九年四月甲子卒哭。胡注云：「蓋亦不能及期矣。」豈非廷臣狃於故常，不能將順其君，一變而至道哉？先生生經曲淪晦之後，亂離接踵，而至性過人，屹然不爽其儀，吾故表而出之。河華之間，先生桑梓舊俗也。儻有聞其風而興起者乎，惟送死足以當大事。先生純孝若是，是可傳矣。其詳則誌若狀豐焉。

嗚呼！魏武有曰：「泣涕于悲夫，乞活要能睹。」因篤抱恨罔極，蓋先孟謀一月事耳，而孟謀且以不朽其親者謀之棘人，豈在悲言悲，或反得其情乎？爰系之銘，銘曰：

樂樂其所自，生大河之厈，土厚而泉清。臨夏陽之野，望蒲阪之城，先生蓋顧而樂之。搆別墅而棲幽貞，曰「吾百年後，魂魄之所嘗寧。」維封之宏，維封之榮，表而識之，此隱君子之新塋。

先府君李公孝貞先生行實

嗚呼！不肖因篤之拓落無成也宜哉！昊天不憫遺不肖，俾先府君棄之緥綵，不肖甫三歲，弟因材歲飲爾，啼饑號寒，昏昏無所事。嗚呼！不肖孩提失怙，尚不知自悲，寧知悲先府君，而況敢擴拾先府君之嘉言懿行。使有述於後，則因篤之罪滋大。雖然，因篤孤陋，誠無以爲先府君子。而因篤年稍長，側聞於一二長老，蓋先府君當世之有道君子也。即其子極愚無似，不得使府君之盛德，遂終湮沒，而不賢識小，則因篤猶得從長老稱述之餘，畧舉細微，以聞執事。執事因曰：「吾自銘孝貞先生，既其子之言，矜小失大，奉一而遺百，諒非執事所深求也。」

府君李氏，諱映林，字暉天。先世山西洪洞人，金元之間，諱義甫者，避乱關中之美原縣韓家村，居焉，是爲韓家村李氏始祖。明初縣廢入富平，數傳至長一公諱兊夫者，家始大。長一公生再一公，諱溢；再一公生三一公，諱磐；三一公生四一公，諱廷弼；四一公配徐氏，生月峯公，諱朝覲，商官，月峰公配趙氏，生星麓公，諱希賢，諸生，是爲府君祖。星麓公配任氏，生盛五公，諱效忠，武舉，是爲府君考。盛五公配楊氏，驃騎將軍世襲西安後衛百戶諱衛國長女，爲府君母。李氏自長一公以來，行義修舉，以財雄里中。而月峰公起爲邊旁商，輸粟延安之柳樹澗上主兵常穀，客兵常穀，數千萬石，食安邊、定邊、安塞軍數萬人。通引淮揚，給冠帶，自按部御史而下，率禮待之。月峯公任俠好施，善騎射。凡往來荒徼中，挽彊弓，乘駿馬，不逞之徒，望風避匿，他商旅或假其名號以自免。末年，大猾某姓侵李氏渠田，月峰公爭弗能得，即自引決。星麓公訟之官，而有司多受大猾金，曲庇之。於是星麓公徒跣走京師，擊登聞鼓，狀其冤於朝。天子哀憐其意，有旨李希賢重跰訟父冤，教子也。下撫按嚴審以聞，大猾數人，次第伏辜，而星麓公以匹夫之節，見稱殿陛。孫太宰立亭先生因與定交，蓋異數云：「李氏既世有隱德。」又星麓公以純孝著聞，自是韓家村之李，與亭口王氏，磐石村之石氏，薛家村之路氏，鼎立爲富平北鄉四大姓，世相婚姻，他族不得與。然星麓公既值父冤，家亦稍落。至盛五公乃復振，益治邊商之事，而是時輸粟之令漸頹。以輸粟者爲外商，輸金者爲內商。內商重，外商輕，而倉庾蕩然，盜賊竊發不時矣。徃先大母年十七，歸盛五公，至二十不育，嘗從容謂先大父曰：「予之不宜子可知也，君盍早爲似續計。」先大父以大母齒固幼，何遽及此。比先大父于役江淮，先大母因心己意聘曾大母之族女任氏，權迎以歸，待先大父，雍雍如娣姒。任復生男子子三人，府君其長也。

府君生有異姿，六七歲即端謹，嚬笑不苟。弱冠則頎然獨立，見者色肅。既受經，益自刻厲，孜孜終夜，寒暑不少輟。當是時，里中無正學，百家之說，襍進錯出，而府君獨潛心傳註，好大全、蒙引、性理、通鑑諸書。年十八，遊馮恭定公之門，恭定公大器之。辭歸，學益進。雖處暗室，必正襟危坐無惰容。年二十，補邑博士弟子員。於是族父老以府君世居冢嫡相率推爲宗子，俾主冠婚喪死之事。其有他故，亦竟來質成，而府君所可否厭衆心。久之，鄉里皆翕然取法，幾壇坫之屬，必府君執牛耳焉。嘗過某大夫飲，留宿中庭。夜半，其寵姬排闥直前，求薦府君。府君峻卻之，秘弗言，而某大夫紀綱，乃竊聽之。後稍稍稱於同人，或以問府君。府君蹙然曰：「奚有是哉！」府君外剛中坦，與人交，務引以規矩準繩，循循誨之，唯恐不及，故一時賓戚之間，鮮失足蕩佚者。比府君早世，三黨有敗類之人，其父兄必追思府君：「使李伯子在，當不致此。」因嗚咽相向，或亦時時爲不肖言之也。府君事父母至孝，雞鳴洗漱而出，敬問兩大人起居，和氣，愉色，婉容，二十年如一日。先大父母倚之如左右手，無一事不委曲得其意者。先大父受星麓公產，僅宅一區，田二百畝。其後大父經營生殖，至八九百畝。乃推其半與先仲祖，仍創新宅以居之。星麓公之歿也，仲祖甫二歲，兩祖姑一八歲，一遺腹爾。先大父皆撫之成人，婚嫁如禮，蓋府君陰相之也。

府君素壯無疾病，崇禎七年夏，先大父夢嶽神降書於家，大父喜謂大母，爲府君貴徵，而府君欻嬰寒疾，遂至不起。嗚呼痛哉！是年四月壬午也，一族長幼，奔走悲號，聲振山谷。美原薛鎮幾爲之罷市。後訃至邑，邑人亦如之。嗚呼痛哉！府君距生萬歷三十六年五月戊申，得春秋纔二十有七，有至德而無中年。固斯道之厄，李族之將衰，而不肖兄弟孱微淪落，又何足云？後數年，恭定公瀕卒，屬其家以小像貽先府君，不知府君之先逝也。嗚呼！不肖三歲兒，尚不能記憶府君訣別之語，安望其纘乃舊服，庇宗聚族，以無失府君之志也乎？先大父即鍾愛府君，遂操心疾，晝夜哭不休，又時時獨徃曠野，呼府君名至數千百聲，踰月亦卒。先大母之愛府君倍於大父，晝夜哭，幾至失明。踰三月，賊亂關中，族人皆相糾保一樓。賊奉火其下，樓既焚，有一賊舊爲丐者，德先大母，疾呼之使下，先大母義弗肯下，倚窗呼不肖乳名者三，遂死。適有大風反火，故樓上死者，庶姓凡數百人。李氏之門，良賤八十有一人，而先大母獨得完屍。嗚呼痛哉！百餘日中，既喪我府君，又失我大父母。昊天降割，生人之慘極矣。未幾，神一元寇安旁，延安二十城失守者半，賊蔓不可復治，而國家之禍隨之。天實爲之，謂之何哉？

府君配家母田氏，爲增廣生員田公諱時需長女，貢生贈文林郎山西道監察御史鄉賢田公諱見龍孫女也。不肖孱孺之年，呱呱而背其父，先外祖提攜教誨，使不至淪亡。於府君易簀後十三年十月癸酉，因篤始奉先柩，葬村東南隅新塋，里同人取慈惠愛親五宗，安之清白守即之義，私謚之曰「孝貞」，而誌墓之石闕焉。婚姻似續之事，未敢遽書。伏念先孝貞，自成童迄捐館，粹然至善，爲世坊表。一言一行，皆可告諸天地，質諸鬼神。自鄉鄰達乎邦國，人無間然。至今秦之故老，猶能稱之。而不肖因篤幼孤失學，先孝貞又早棄絕之，故其生平大節，靡得而詳。惟執事當代人倫，敢請誌銘，勒之貞石。俾先生孝貞附文不朽，以爲他年不肖因篤見先孝貞於九原之地。儻執事哀而許之，因篤兄弟父子，皆德音之所存也。以執事行速，不及求狀，僅上行寔大略，惟執事其圓之。

書[一]

答李隱君書

篤白全樹大兄執事，劉君至，知伯母康悅，嫂姪無恙，加祝加慰者再。執事雖去國，而家人完聚，羈心可脫。若篤牽生徒之累，偃蹇異鄉，上失老母之養，下隔愛弟之歡，人事廢缺，姻戚乖離。讀大教，摇摇如有所失也。至謂篤既以學古爲事，臯臺翟大夫有修復書院之舉，而惑於羣議未決，聞米侍御至省，當乘間一言。此天地盛典，吾徒分內事也。第義有未可者，不敢不敬爲執事陳之。

篤聞古之君子，其自待必嚴，與人必慎，寧終身落落寡合，必無依違遷就。苟一日之名，以爲天下笑。近代少墟先生倡明絕學，身爲物表，故有書院之設。不幸逆璫肆虐，宵人中沮，淩遲破壞以至於廢。篤每過其門，未嘗不發憤流涕，然勢已無可如何。今執事舉少墟先生之任，委之於篤，是以烏獲百鈞，異不勝匹雛者。既非其人，而又因人白當道，則適枉己自媒也。無論羣言沸騰，議必不就。即使侍御愛篤忘醜，而言之臯臺。臯臺亟不擇人，以隗爲始。篤既昧進退之義，枉己苟合如此矣。尚能施其面目，大言執經。尚書「在天應且憎」，書院將移文拒我矣。況京兆人文之藪，軒冕之彥，相望於塗，何至帷席無人，使譾陋如篤者，儼辱布衣祭酒之座乎？又執事所云：「修名立事，君子不以爲非。」斯言誤矣。

夫名者，德之符也。事者，時之會也。君子懼德之難立，不患名之不著。憂時之易失，不虞事之不成。果其德之無歉，因時進修，斯亦已矣。事之集不集，名之幸不幸，又奚問焉！篤不自揣寡陋，竊痛四子之書，爲時講汩滅已久。故十年閉

[一] 此篇書，底本統計類目未標注，見本集正文第四頁。

廬，妄欲表章朱子及大全、蒙引、淺説、存疑諸先達之成書。取其合於章句者，辨其背戾者，反覆推尋，微有所窺，遇同人輒樂告之。彼總不聽，甚或轉相譏笑。然從此吾即亦稍知讀章句，又大全諸書，漸見坊間。篤之心可以自慰，責可少釋。彼譏笑豈暇顧耶？吾志在自勒一書，藏太華石室。今未就，故不盡告。夫古昔賢達多聞者，首或盩於一時。百世之後，是非卒莫可掩。若程朱之學，賈楊韓歐之文，今天下傾心慕效。其在當日，亦正不可知也。凡篤若此，爲道非爲名。

執事乃於是有稍毋卑之乎視篤耶。且執事謂篤在長安，交遊日盛，頗爲權要聽推，故憂志願不果，不憂有成其志者。執事何從得此語？此非群小譖謗，即道路傳聞之失耳。及門皆故家子弟，外或節序往來者，不回詩文一日之知，及舊社諸君耳。惟呂樞部于菴，然已抗疏歸。于菴，人傑也，慷慨誠朴，今世士大夫有一于此，則君子樂得其爲人，況兩者俱備如于菴。于菴不自有獻子之家，篤因得與之定交。使篤交于菴，即屑屑諭志請托，于菴幾何不厭絶如逐熱之蠅耶？夫君子與人，勗之以道，不輕炫之以名，審乎其時而後責以事焉。故能砥志有成，無疵於人已。願執事更慎思之。

啟〔一〕

復許學使生洲

春初拜别臺門，修復階莢三易。傷我生之遲暮，歎歲月之不居。苫塊餘人，靦顔苟活。撫壯修名之感，未嘗不反覆追恨於當年也。報謁岐陽，因茹明府自其少小，夙同硯席，此君既饒邁等之資，而好學深思，尤時賢所希覯。僕見獵色喜，暴

〔一〕「啟」字爲整理者所加，底本無。

虎爲徒，攘臂從之，逐移旬朔。家貧賦急，久旅思歸，逐迂尋僻徑而行。非盡引嫌以遠台旆，需得太守君劄，諄及老公祖古道深情，載詠維駒。此宗伯嘉禾之後，所溯洄而不得見者。忍餙詞終，外於帡幪乎？然窮餒擊懷，勢難久住，歎息謂妻子，「我何隨汝曹，知己如公？必不以斯言爲河漢耳。」荷承慈注，重接大篇，老健絶倫，情文並極。嗟乎！杜陵往矣，誰當和此詩者？乃伯樂在前，頓忘其駑，而欲效伏櫪之鳴！以要一顧，兼有與岐山君唱酬諸什，嗣且傅郵寄正，公其稍須之。尊集彌盛彌新，精進之勇，淩跨諸子，有配古賢。受命較讐，燒燈卒業。不揆愚賤，頗至點金。雖然，曹子桓紈綺公子耳，猶知年壽有時而盡，榮樂止乎其身，謂「維文章乃經國大業，不朽盛事。」而吳質有云：「後世誰相知定吾文者，摘瑕指瑜？」昔者襲曹二公，不以爲忤。僕即寡陋，于斯道慘澹經管，四十餘年。愛公之深，故精益求精，美益求備，不使純縑寸類，貽微憾於千秋。是中頗費苦心，亦區區之所以報明德而塞萬一也。統祈垂鑒，溯風念切不宣。

三報許學使生洲

頃上拙詩數首，就正大方。旅蹤猶滯岐山，而門人杜生松蔚者適至。此子文饒奇氣，僕每引以先輩之規繩。前兩科省試之文，當爲秦風生色。蹉跎未售，僕何敢問主司，責其術未工也。拈鄉會題，偶放禿筆，亦昌黎作解之類。無人騰寫，即呈原本，發使君一噱。僕每嘆選政始夏官明先生，而還初録所刊，止程文耳。至錢豐寰先生，程墨並刊矣。其後汎瀾，乃至房書行卷社稿，無不行世，而制義遂亡。僕推本論之，則以官明爲功首罪魁，何者？嘉靖末年，知有先輩，官明之力也。然初制頒學宮者，四書五經、性理大全及唐宋八大家耳，禁刻時文。夫先輩讀唐宋大家之文，故所爲文，醇正典則，而其理則一宗傳註，取法乎上，僅得乎中。今即日抄先輩之文讀之，已忘所自，而所取注者非上矣。況不言傳註，不知有先輩乎！錢吉士有云：「講章盛而宋儒解經之義亡，時文盛而先輩明理之文發。」僕每及此，未嘗不流涕也。往者，楚人蕭叔子是熊次侯先生室弟，嘗舉次侯文問僕：「何如守溪？」僕嘆曰：「是何言也？守溪會墨，鹿門稱其聲色俱完。」朱大復評之曰：「僅三百餘字，有光景，有趣味。」夫文之有光景趣味，三百年文恪一人耳。故曰「一傳而荊川有其簡失其雄，再傳而昆湖並其簡失之矣。」夫守溪之文，唐瞿所不敢知也。是何言也？僕幼閱時文，自官明、豐寰、三王兄弟，至求仲、羽皇、千子、次尾、維斗、吉士諸選，十萬餘首，所作文亦近萬，散佚略盡。貴池劉與鳳者，伯宗先生子，次尾之婿也。嘗問僕曰：「吉士之選，何如千子？」僕曰：「不及也。千子、文定、文待，猶是時文中古文；吉士同文潔，則時文之佳者耳。」熟處難忘，如湯休聞戒，仍多綺語，正是病根。望公有以教之，勿以示人也。臨穎悚惶不備。

答許學憲

承示樂律易知一冊。僕固非知樂者，何敢妄測淺深，但其大意專論人聲，以晏子「一氣二體三類四物五聲六律七音八風九歌」之說爲主。此左傳昭二十年晏子對齊景公，因辯和同而偶譬及樂，非正論樂也。黄帝以來，作樂者非一代；九經之書，言樂者非一人。焉得止據晏子偶及之語，指爲樂之樞要？況渠既主晏子，而又創師心臆解，一歸之於人聲乎？夫晏子所謂「二體」乃交武二舞，「三類」則風雅頌，「四物」四方之物，言雜用四方之物以成器也。彼竟似未見左傳，謬爲臆說，至「七音」則茫然而強爲之辭曰：「音有八而名七者何也？作傳者不欲七失數而八重文，自一至九，皆有所備也。故曰七音」云云。視聖賢如今之妄庸人，而恐七之不備數，至損八爲七，虛揑足之，有是理哉？不知「七音」者，緣周武王伐紂，自戊午至甲子凡七日，王因以數合之，以聲昭之，故以七同其數。律和其聲，謂之「七音」耳。且古時琴皆五絃，武王增爲七絃，將亦曰備七之數乎？又漢樂亦名「七始」，師古引孟康注云：「七始，謂天地四時人也。」古之制數，必有其義，而誣七音爲強立之虛名，「曾謂泰山，不如林放乎？」至渠「九歌」條云：「合八體而拱一聲，故謂之九歌。」侮聖背經，穿鑿可恨極矣！「九歌」見虞書，乃合六府三事而言之。六府，金木水火土穀；三事，正德利用厚生也。奈何一鄙生，敢於背尚書而自創一解乎！其「八風」條牽合四韻，更支離可笑！八風，八方之風，謂東方谷風，東南清明風，南方凱風，西南涼風，西方閶闔風，西北不周風，北方廣莫風，東北融風也。今乃廢天地自然之風，而牽於四韻。即四韻之平聲，又欲舍陰而專陽。彼固不知平聲分陰陽，有有陰無陽者，有有陽無陰者。如一東韻，東公等字，無所謂陽；戎蓬等字，無所謂陰，皆自然之不可強者也。今自以己意，謬創點書，離渠口誦，則人不能通矣。凡九經之解，起漢之馬鄭，至宋諸大儒皆祖用之。謂理有未盡，遞相發明則可；若別立異解，如二體不主二舞，三類不主風雅頌，七音八風不從左氏，九歌不從虞書，雖孔孟復生不敢爲也！而一鄙生奮然爲之，不亦怪乎！況彼之說，當始於製器。其所製之器，僕未見也。又未覽其全書，要之彼安能製器耶？樂始黃鍾之管，管成，必納三重緹室中，布灰驗之，俟其自動，然後爲審。若室非三重，門非背向，有微息入焉。即非自然之動，吹律不協矣。此三重之室，非用數畝之宮，費百餘金而後成，渠能之乎否耶？徃苑雒韓先生殫精此道，又及門椒山諸公，皆天授之資，嘗自製瑟，合雅樂奏之，而鳳凰鳴雒水。然終未敢進御者，以未得漢尺太黍，恐黃鍾之管未審其真也。不知渠今何據而遂敢創立此解，一言以蔽之曰「妄而已」！妄繇於無知，無知繇不讀書。子曰：「蓋有不知而作之者。」渠真其人矣。尤怪者，册中凡「宮」字，皆書作「官」，不啻數十見無一異，豈渠亦有別見，改「宮」爲「官」耶？更可恨者，乾坤父母也。乾坤既交，得乾初爻爲震，得乾中爻爲坎，得乾上爻爲艮，得坤初爻爲巽，得坤中爻爲離，得坤上爻爲兌，故稱「六子」。各以其序爲長幼，始於夫子繫辭諸傳，萬世莫之能易也。渠「七音」條內乃云「艮交坤之上而爲少男」云云，「兌交乾之上而爲少女」云云，又云「乾精洩於女，坤精洩於男」。亂父母之大倫，悖理駭聽，一至於斯。況渠言「音有八而各七」云云，是不知八音之爲金、石、絲、竹、匏、土、革、木也。果如所言，八音將於何缺其一乎？書首作序者，不著其姓名，觀其修詞頗勝於楊生。然謂「亂器始東漢，而成於宋之季」，通大指可知，要是駁蔡以毀朱。而下果舉貞山陽明白沙云云，蓋爲陸王之學者耳。嗟乎！士非詳讀古人之書，好學深思，心知其故，而一旦輕肆訾黃，多見其不知量也。

襄城縣義林述

壯士盩厔李君可從，從督師汪公喬年討賊河南。抵襄城縣，賊圍襄城。城陷，賊磔汪公，壯士死之。後其子隱君二曲親至死所，招轡而葬焉。於是城守遊擊將軍王君天錫，知縣事張君允中，曁邑之士大夫暨碑塚旁，立祠祀之，而名之「義林」。隱君歸關中，屬其友李因篤爲文述之。李因篤曰：

予嘗聞盩厔有齒塚，蓋壯士君既應募東征，將行，抉一齒與隱君之母彭。及隱君成母窀穸，奉齒合葬，而曰「齒塚」。婦人之義，從夫者也。然則隱君宜賦大招，置旆車前，歸而告諸齒塚可矣，而又纍纍襄之新邱，則襄之將軍若令若士大夫之意也，曰「斯壯士之意也！」夫當壯士之行，留一齒訣其家人，毅然誓不返矣。已而死襄，使其體魄冠劍猶存，猶當就而封樹之。況其在天之靈，昭然可知者乎！是故生不願返，死而遷焉，懦也。出門從帥，殺身以之。歸其神而舍之，貳也。身不能爲國家保有襄，則死之日當爲襄之人御災而捍患，而使鬼雄戀故鄉，悖也。懦與貳與悖，非孝子所以事其親也，隱君思之矣。雖然，非隱君之所得爲也，襄之將軍若令若士大夫之意也。夫壯士非能保有襄也，曰保有襄，則襄人之祀，功也。今襄人之祀，義也。以旌壯士君之烈，而成隱君之孝，則義在襄，以表督師之能得士，而教懦夫使有立志。斯真天下之義林矣！蓋襄於是多君子也。詩曰：「糾糾武夫，公侯好仇。」壯士君有焉。傳曰：「死，葬之以禮。」隱君有焉。孟子曰：「君子莫大乎與人爲善。」襄之將軍令若士大夫有焉。

〔一〕「雜著」二字爲整理者所加，底本無。

康熙十年孟冬既望，關中李因篤撰。〔一〕

孤文〔二〕

帷定交杵臼，長倚杜廈千餘間，亶其然乎？自識荊州士萬戶，何足道也。即乏火珠香玉，遵夏令而修筐篚之將。聊吟團艾鮮粽，備秦詩而效榛苓之悃。蓋戔戔溪毛澗芷，可假敬信以進王公，而殷殷洞酌涓波，當循編氓而通節序。願賁菲葑之採，彌增山斗之瞻。

題忠臣孝子詩畫

忠臣孝子詩畫，爲故大中丞焦公涵一，予舅田仲子上則先生遺筆也。癸未之冬，逆渠入關僭號，雅聞焦公名，廹之出見。公少負奇氣，好言兵事，欲假榆西節，兼羌戎之衆，徐起復讐。因僞往，既見，賊憚公風采，語多齟齬，公度不可爲，遂大罵，被磔死。攫諸薦紳金，曰楡餉，檄於獄，而先外祖侍御官故廉，貧不能應，仲舅上則毅然請行。備嘗荼毒，遇害於平陽，侍御得免焉。中丞弱冠爲詩，楷模杜陵，既而曰「聖不可爲」。姑狂之，書法亦然。孫大司馬白谷嘗譏之曰：「公詩欲學高皇帝邪？高皇帝天授，豈可學？」然每多佳篇，如黃河有云：「千年魚火文明盛，萬古龍圖混沌開。」可稱雄絕，此首非其至也。仲子丹青，在蘇門時甚爲米友石崔子忠所許。江右陳士業云：「翰墨一道，惟上則與友夏能之，而友夏終當右上

〔一〕「康熙十年孟冬既望，關中李因篤撰」，據清李顒二曲集卷二十四義林，清康熙三十三年刻後印本補。

〔二〕「孤文」，疑爲錯簡，與下題忠臣孝子詩畫均屬頁五一，今存舊。

則。」當世以爲知言。嗟乎！兩先生之偉烈，皆與日月爭光，不區區較一藝之能，而吾意欲使河岳英靈，嘗目在之。其對斯圖者，仁智各隨所見，亦無不可。圖本表弟子經所藏，舉而歸予，其量有過人者，並識於此。

疏[一]

重葺縣北門石橋募緣疏

縣四境相距約百里，而縣治偏在南陲。蓋自明洪武中，廢舊縣移今治於南十里許，又所併美原在其北。故飲射讀法賦訟之人，多迤北而來。縣具四門，北門尤以劇稱重焉。西有溫泉之水橫經其下，如衣之有帶，而秋雨川漲，暨冬嚴冰霜載塗。往來邑城者，率病涉，歷二百餘年。萬曆間，鴻臚少卿子充李公諱盡心始捐貲輦石創爲巨橋，涉者便之，稱北橋亦曰「李公橋」云。鴻臚公以農商起家，嘗詣布政司請輸金助邊。司大夫詢其數，公曰惟命。初期以五十金，公少之，遞長至千，司大夫疑其有狂疾，而公竟出二萬金納諸司庫。事聞，授顯官。公猶堅讓，朝議不許，謂「非如是，無以爲急國之勸也」。論者以方漢之卜式。公生平力善，姑不具述，而斯二事最著，歿祀於鄉，則尤以利濟之功，邑人賴之，所謂法施於民，御災捍患，於祭典有合也。車馬坦行，迄今將復百年，又數罹大水，或軼出橋上。久之，石損而橋垂圮。於是邑人謀丐緣而更葺之，謁諸明府東海獻素郭公。公曰：「橋接邑門，宜邑中董之。顧作事而亡其始，何可常也？」蓋詢之鴻臚公之裔乎？吾妹丈郡丞君文苑李子，爲鴻臚公堂曾孫，聞之曰：「昔也未有橋也，鴻臚公獨創之而有餘。今也橋固在也，子若孫

[一]「疏」字爲整理者所加，底本無，疑此下兩疏當存卷三，參本集正文第四頁類目。

羣繼之而不足，庶贊於衆，以庀其成，敢不黽勉趨勞。」上副明府君指，爰命吾甥茂才聖知，造予山居，請一言以先之。夫子產鄭之賢大夫，假乘輿濟人溱洧，孟子稱其惠而譏其未知政，謂王政「十二月輿梁成」。周十二月，當夏十月，夏令十月成梁，信矣。然梁從木，又歲歲按月成之，則有作有撤，未若石之一成而永逸也。且夫邑人士率繇斯橋，誰實弗然？初既享其締搆之勤，終必推其鳩僝之美。「利有攸往，用涉大川。」藉明府君之德音，以似續鴻臚公之前休於勿替。屯之始作，值草昧而不寧。蠱之「元亨」，振「先甲」而有事，其於義各當也。他日者，彩虹漾水，白鶴言歸。予雖老，非題柱之才，更珥筆而揚扢其盛矣。

興善寺啟建冥陽水陸道場並濟天下孤魂募緣疏

吾聞先王之治天下，惠澤所濡，期於萬物咸被，而鰥寡孤獨，民之窮而無告者，則施仁尤必先之。夫國之大事，莫重於祀。祀先而各私其祖，庶人之分也。王者合天下爲一家，予之田宅樹畜，道其妻子使養其老。而於窮而無所歸者，君大夫任其養而不辭。顧生則養之，死則置之。有後而肅蒸，嘗勤祠礿，而無後者，聽其泯泯焉。推之民胞物與之本懷，竟以人鬼自異，斯亦窮於勢之無可如何。然則釋氏賑孤之説，固不悖於先王之教，而與哀此窮獨義定相發者也。比年滇池弗靖，馴致西陲用兵，膏鋒刃而轉溝壑者所至相望。蓋戰伐多新鬼，天陰則泣，其中有十五國之聲矣。而無定河邊之骨，猶深閨夢裏之人，其家不得而祀之也。久行空巷，日瘦風淒，其鄉不得而祀之也；秦月漢關，存亡契闊，其國不得而祀之也。

嗚呼！遊魂有知，野鬼無主，謂之曰孤，於此極矣。師旅之後，必有凶年。彼強者鬼雄，弱者國殤。丐腐肉於城南之鳥，招良臣於室北之築，結爲怨氣，肆爲殄行，故生民有疫癘之災，飢饉之漸，其勢然也。林上人重憂之，即所居興善古刹，建水陸功德，依法施食，糾天下之孤而合鄉一堂，甚盛事也。諸佛以下，天神帝釋，皆具齋供，所費極鉅，必有須十方檀施之力。盥指繕冊，徧謁宰官，而屬予題其首簡。予固非知浮屠者，再辭而不獲命。上人無以予身履行間，攻殺斵擊之慘，嘗所寓目，其必聞是舉而有觸乎！上人禪行甚至，高義動人，聞風景從，無間遐爾。而更以釋氏之說推之，則金雞一粒，餤口無量；恒河沙數，沾沃有餘。拔怨鬼於幽塗，證天人之善果。而尤有合於王政恤孤、救患、掩骼、澤枯之意。儻許是言，請即書官閥於左方。

續刻受祺堂文集

續刻受祺堂文集序

我鄉李天生先生所著受祺堂詩集不脛而走，海内咸有其書。文集放失已久，詢之里中，故老皆未之見。歲在丁亥，浚與業師馮先生借傳抄之本，裒集若干篇付梓，而海内始得讀先生之文矣。既又於友人處訪得文集數卷，皆前刻所未有，其文係歸田後作居多。先生自疏請終養後，益肆其力于古文詞、碑銘、誌傳，駸駸乎入班馬之室，而嚌其胾，洗鍊精純，所造彌邃，卓然成一家之言。要之先生之文，則猶未盡于此。兹集中所刻下馬陵碑一篇，写之貞石，前後所得抄本俱無之。益思先生之文，其闕遺而不及見者尚多也。當先生在時，必有手定之稿，藏之楹篋。百餘年來灰飛燼滅，不可復覩。一二後進之士，僅從流傳之本，㲋蟫朽斷之餘，録得數十篇。而又半出于烏焉亥豕。更閲數世，並其所謂烏焉亥豕者，將亦遷引散失，不可得而尋求矣。此浚之所以汲汲以謀續刻，而不敢少遼緩也。刻既成，爲校閲數過，而序其緣起如此。他日更得先生手定之本，補遺訂闕，以成全書。此浚之日夜以俟，而海内士林之所共慶者矣。

道光十年，歲次庚寅夏四月朔，後學楊浚謹識。

續刻受祺堂文集卷一

傳

南大司空二太公傳

南大司空二太公居益者，字思受，自稱損齋學者。以公家太白、太乙間，因稱二太先生。父曰棗強翁，母曰左夫人。棗強翁未第時，侍其父參藩蜀邸中生公，手有異文。幼失母，繼母牛夫人善撫之。七歲就外傅，即異羣兒。無何，牛夫人卒，銜恤如巨人。棗強翁之官，以公幼留家塾，依祖母裴太恭人以居。年十一，受易，恂恂若素士焉已。從大夫參藩翁北上省棗強，未至而棗強卒，哀毀幾絕。護喪歸，從參藩如長沙。歷觀沅湘大澤之勝，知誦騷爲聲律矣。歸，補博士弟子員，食廩。縣官學使者李本寧、藩鴻渚、許敬菴皆亟稱之，至與先進馮名從吾，官大宗伯、史字義伯，官光祿等搆濯翼館授徒，學日益進，舉萬曆十九年鄉試。當是時，諸父多歷仕籍。公事王父母，備滫瀡。晨夕起居，王父母倚如左右手。比沒，含襚無遺憾，諸父賴之已。居太華山，力學苦思，爲文或數易稿，至忘寢食。

二十九年，成張以誠榜進士。父執邢子原先生走使於公，並寓書。執政推以館閣，公念初進，不敢有私謁，遜謝而已。歷事戶部，檄轉中州餉。抵榆溪，兌支惟謹，有不足者，趣補而後去。除刑部江西司主事，疏救曹御史心雒於獄。覃恩階承德郎，推恩父母。如制典，本科事，引經附律，多所平反。大司寇沈雷門倚重之。往，西曹盛人才，而後稍寥寥。公以其間登白雲樓，尋王李故事，復彬彬多聞矣。假戶部差，如南京，謁孝陵，覽東南江山之雄勝，民力之艱難，慨然有根本之計。歸，遷廣東司員外郎，未幾，擢貴州司郎中。貴州司與吏曹表裏，凡連薦紳對簿重大者，必屬讞焉。楊夢相、徐良翰、張應時倚權要，横都市中，睚眥殺人，公悉捕治之，關說不行。任唐狎伎，殺其妻，囊二首投部。部壯之，公曰：「此必有故，不然，何爲越巡城徑訟於部耶？」訊之，果唐殺其妻。計無所出，夜呼所善王二，與計因並殺二，唐具服。即日，決市曹，著爲令。升直隸廣平府知府，既至，務持大體，因革以時，所屬九邑皆便之。故事解，兩稅皆上於府。公檄長吏，自緘若干封。太守第取其一，驗視之，仍頒令。自解無纖毫與焉。郡牘既無贖，鍰其在諸邑者，僅滿例報之數，不得納一金一粒入府藏。減城沼蓮稅，歲六百金，返材官之。守沼者於伍，躬自簡練以足。武備郡城逼滏洺，諸水泛濫，沒民田，公築堤障之。時時策欵段，行阡陌間，一卒負壺飱隨所詣，與田畯相勞苦，望者不知爲太守也。月試屬邑士於漳川書院，具餼廩，身自督率之。於是人文蒸蒸興起，冠三輔矣。奏最晉中憲大夫，贈父母如其官。以卓異，擢山西按察副使，提督學政。廣平人扳留境外，淹旬不得發，立祠祀之。高邑趙太宰儕鶴爲碑紀其事。至晉，頒大全蒙引於諸學宮。釐正文體，屏私謁者不與通。嘗曰：「寧獲罪要人，不使諸生有後言也。」此鄉闈多雋公前列士。晉人稱「關中二夫子」，謂公與文三水光祿也。絳童子辛全以孝行名於鄉，好濂洛之學，不赴有司試。公敦致拔異等首廪，以風多士。全卒爲大儒，行部安邑。安邑故有鹺使者臺，故事至此，必先造謁。公曰：「較士無關鹺法，何以謁鹺差使者？」其深銜之。緣他事逮一諸生，語侵公，公不爲意。檄公，黜所逮生，公竟亦不黜所逮生。未歲，某以年例轉公，末僚先後兩直指。按晉皆公鄉人，惡某反覆。公卒爲之地，兩直指稱公長者矣。遷布政司參政，整飭鴈門兵備。時北邊承平久，將士逍遥送日。公簡車徒，明號令，一軍肅然。先是，歲葺塞墉，將領多乾沒。公洞悉其弊，追捕所嘗爲奸者，更委廉吏經紀之。盡上其羨於朝，間攝司。計三月，又覈缺伍扣馬之貲。凡在事四年，省金錢至五萬餘。奉部檄，入援京師。抵關，汰冗騎，厲兵秣馬。時晉他道多脫巾譟行間，而鴈門奉約束惟謹，無敢譁者。會考績晉中議大夫，贈祖父母父母如制。升按察使，重治墨吏，以風憲重於諸臺。其臨獄牘，至夜分不敢息，所出入皆明允焉。

泰昌初，加右布政使，晉通奉大夫推恩如制。值晉大饑，逋民聚衆亂稷山時，議用兵。公力争曰：「此饑者計無復之茀，令有司寬徭發粟，可立輯也。」已而果定。天啟改元，遷左布政使。比郡邑歲賦解司，列有羨鍰。公不啟封識，即以原槖達部。部臣奏晉賦，凡羨者若干，請充來年正數，報可。部加邊餉三十餘萬，公固爭之，得減半焉。會晉監司多缺，公兼攝八篆，無一事叢脞。崔冢宰振峰時督晉軍，與李司徒桂延交推轂公謂：「宜亟授鉞，以濟時艱。」擢太僕寺卿，公故守廣平，稔知民間俵解之苦。既專同政，一切盡罷之。及行，郡邑刻牧圉之無狀者，百僚用憚，迄無害馬矣。值閩有紅夷之難，推公以副都御史，巡撫福建紅夷。故和蘭國去中華絕遠，其人深目高鼻，髮皆赤，乘巨艦，攜礮長丈餘，一發可二十里，當者糜碎。萬曆末，以求市來，與澳夷鬨，不勝，遂入閩城、彭湖據焉。閩人或言戰，言市，持未決。公至抗疏，論海上情形，法在必勦。於是約束諸將，擇日出師。檄境上嚴譏奸民之爲夷耳目者，會夷遣黠渠紅粲仔池貴以番書至，並獻明珠、珊瑚、寶鏡、異鳥、檀木諸衆賄，公集衆講武場，焚其貨，誅粲仔等。夷皆震懼，即馳走海上。趣戰焚夷舟二，生擒其帥高文律，俘斬六十餘。精鋭且盡，然猶遁據島中。公部署諸將，指授機宜，駕小艇出沒海波間。衆皆危懼，公迄不動，因前逼夷巢。時新夷牛文來律，自其國乘三巨艦來，倭人助之，勢復張。公益發舟師，分道並進，據其要害，發火焚舟，夷皆披靡，乃墜城請降，閩地悉平。公上其狀於朝，並獻所俘高文律等。上告廟，御午門受俘，宣捷四方。公因條上善後十策。當是時，權璫擅政，天下爭頌功德，其敘邊伐者，必推本廟。謨及廠臣，雙提並輓而行。公露布無一語及之。璫嫌其異己，遂格不報。升公工部右侍郎，總督河道。尋矯旨罷公，追奪誥身，退居山中，深自晦匿者久之。崇禎反正，起謫籍，改戶部侍郎，總督倉場。公感時多故，具陳倉儲匱竭之狀，凡數千言，大約謂「出者日增而入者不繼，此之神祖末年，猶爲懸絕」。疏入，上嘉納之。陪祀南郊，覃恩授資政大夫，贈封如制。會上視學，賜九卿坐聽講，公與焉。召對文華殿，及平臺起居。乾清宮賜茶者三，尚方珍品者一。皇太子生，賜花幣。疏請巡漕，陛，辭行潞河。至於津門，運無稽者，尋以疆事命公鎮通州。時烽火倉卒，僅得禁旅三千人，偃旗息鼓，以疑示之，果引去，通州圍解。升工部尚書。公聞，命從數百騎馳壁壘中，入部陛見，即趨具蒭茭，以應勤王之師。上每夜遣中涓就司空署視公，非列炬治事，即走城內外，鳩工築濬爾。既解嚴，朝廷咸嘉歎之。司官王守履以某司馬譖攖上怒，且不測。公疏救坐免，怡然西歸，無纖介之意。

未幾，部敘城守功，復公官。德陵成，敘山陵功，賜銀幣於家。公置酒，聚族黨分佈之。著百慎録，日進子姓及諸從遊者。課從先堂，孜孜不衰。時公已七十矣。關輔多盜，數薄城下。公倡衆固守，間出遊騎撓賊。賊輒引卻，渭人以寧。十三年，大饑，出粟數千石賑之，活者無算。十六年，逆賊李自成陷西安，以僞平章署公。强使迫致之，公聞而歎曰：「南氏世荷國恩，垂死之翁，安能以汙節累先人。」引繩將自裁，賊奪門執之。知不可屈，因索餉，極炮烙之慘，閉目絕食七日而卒。

公美丰儀，周折中禮，出處粹然。所至有善政，比去，人皆思慕之。晚築瀑□泉石之勝，冠絕一時。時關中多俊逸，如伯明、叔融、士簡、長生、季鳳、伯聞、子斗，以宗尉雄長青門，稱「七子」。而華下郭胤伯、王季安、焦穫梁君旭、君土兄弟，上郡劉客生之徒，皆長辭賦，高自標舉。公悉與之遊。篤愛猶子主客，君有嗣宗之風。性嗜學，老而彌厲，詩似高達。夫草隸俱工，著致爽堂集、三署摘稿十餘卷。葉少师向高論其平紅夷略曰：「方夷之據彭也，人皆疑其憑墉習艦，火具迅烈，甚謂彭湖固非我地。予之無傷。」公毅然聲討，身先士卒，運籌如神，動中欵會，而戮奸民，焚貢物，使邪謀破散，亡不旋踵。尤其至善者，比平淮、蔡，功不啻過之矣。公祀於廣平者一，太原、鴈門者各一，福建者四。三子，曰廷鑄，官生，任戶部郎中；曰廷鈇，官生；曰廷珍，縣學生。鈇子曰毓涓，諸生。公沒十五年，主客次其軼事，請傳司農，淑訓作志銘。其大概如此。

外史氏曰：南氏閥閱之雄，近世以來未有也。十六年，賊破關中，先後效義死者數十餘人。而南氏得三人焉，皆從客引決，不愧世臣矣。譜故云：「霽雲之後，豈其積累。」然耶！太原傅隱君名山爲予言：「司空督晉學時，恂恂與諸生讲貫，有思皇之美，迄今稱述之不絕矣。」

南少參陽谷公傳

南少參陽谷公軒者，字叔後。陽谷，其自稱也。父曰逢吉，字元貞，歷官觀察。母曰李宜人。南氏世有隱德，自觀察父渭陽先生始開儒術，而觀察與其兄太守又同出王文成之門，名跡卓然，關以西稱「二南」矣。公少警敏，受書輒通大義。七歲，從觀察省其世父紹興。文成一見奇之，賦四詩令歌詠焉。稍長，益習其言，間爲聲律，洋洋有正始之遺已。太守罷紹興歸，公從之，學日益進。年十四，補邑博士弟子員。督學敖清江甚器之，食廩縣官。先同舍生，同舍生咸推讓之矣。嘉靖十六年，舉鄉試，從觀察計偕京師。觀察比登第，授禮曹郎。公留侍署中，所與遊皆海內知名者。無何，觀察出守保寧，公從入蜀，贊其山川奇絶。歎曰：「相如、子雲率以詞賦自雄，文武爲憲，獨尹吉甫可耳！」其尚友若此。三十二年，成陳謹榜進士，授庶吉士，與馮翊、馬文莊名自强，字體乾讀書中秘。時觀察自鴈門免官歸，尋李宜人卒，公徒跣赴之。内盡其哀而外不敢傷厥考心，遠近以禮稱焉。除服，改刑部主事。值分宜當國，政以賄成，故公坐詘，輿論譁然。久之，改吏部，三載考最，階承德郎。故事六品者爵止其身。公上書，請得推恩復父官，而母從夫爵贈恭人。上哀憐其意，特許之。遂著爲令，遷考功員外郎。會大計，行郎中事。郡守夏子開者，分宜姻婭也，以貪聞。公除其籍，分宜銜之，數年不調。後徐文貞執政，始移文選郎，稍稍行其志矣。而某太宰故爲宗伯，數以關說，有郤嗾言者中之，調南考功。徐文貞曰：「南郎中袪弊無遺力，方賴其材，何遽有此疏人？」上怒甚，廷杖其人，爲編民。往留銓，惟考功稱重，無銓郎被覈改者。太宰用是以塞時論焉。是年觀察七十矣。

公既南，取道里中。及其初度稱觴，因得留侍。觀察曰：「若安得以左遷違君命？」趣之行。公不獲已，馳單騎去。比至陪京，風裁一如文選時。公既以伉直取忌，又日夜念觀察年且高，屢疏請終養，不報。四十三年，有詔簡諸郎較京闈士，公與焉，得人稱盛。明年，擢四川按察副使，領驛傳清軍。公持大體，舉利弊畧盡，土司黄中負固於支羅，爲楚蜀患。楚蜀相視，莫摘發。公以臺檄往勘之，中遂奉彊索。尋攝學政，所低昂厭衆心，無不乞南副使爲真督學者。隆慶初，大計天下吏，而前太宰之黨尚不醳，復以使左公官。公故念觀察老，乞終養矣。報至，喜曰：「此天假我也！」遂棄而歸，日侍觀察，子舍所以承其歡者萬端。建渭上精舍，居四方來學諸弟子，誦詩說書，詠先王之風，愉愉如也，如是者六年。萬曆改元，起知壽州。會久雨，淮水溢城，岌岌且潰。公爲文禱於神，雨忽霽。復條興革十數事上之，臺司並施行焉。未幾，遷廣平府同知，壽人伐石頌其功。尋升四川按察僉事，分巡川南。公故大有造於蜀，蜀人聞之皆歡呼，走境上。川南土司俗好仇殺，時議將大創之。公不可，諭以尺檄，即蛾伏，奉約束。居有頃，罹觀察喪，歸服闋，待除於都。故事諸由銓起家者例有醵飲，以先後入曹爲序。時江陵方熾，王少宰篆，其私人也，嘗傲睨公卿間。當宴，公以五品外寮岸然據上坐，不讓王，靳之調。公先輩，固當爾。公曰：「不佞誠忝先輩，孰爲後輩者？」一座歛容，王深銜之矣。補湖廣僉事，分部長沙。晉山東布政司左參議，護東兗。兗故盜藪，公飭保甲，嚴斥堠，四境以寧。尤重治，墨吏多望風解綬去。而少宰嗾其党媒孽公前在長沙事，無所得，第言老不任，予致仕。然是時，公年六十爾。既再躓，弗究其用，而夙聞東越之風，迄無愠色。

性孝謹，終觀察之世，浣滌厠牏，皆身親之。早喪母，繼母王，嚴善事之三十年，委曲務得其心。歲所餘禄及私交餽遺，必先獻父母，稍贏則以父母意施之族里焉。始太守與觀察不析產，太守沒，三子俱幼，公方在京師，亟馳歸，庀其喪事。世母范如母，而教三子皆爲名諸生。會三子皆早亡，獨仲有遺腹兒，公字之如己子。其後成立，即家宰君企仲也。既食，指衆將析，公佐觀察盡以遺產推家宰於卯年。比析觀察產，又擇取其瘠而盡讓膏腴者歸兩弟，且爲營新居，曰：「吾幸從大夫之後，諸子亦不家食，故戒多取也。」自是，繼母諸弟終身悅之矣。李氏妹死，有女襁褓，命妻裴安人鞠爲己女，擇名家子楊光訓妻之，後爲御史。廣觀察所建義倉，以賑貧乏。歲凶又輸粟於官，一邑賴之。馮舉人者，貧不能治葬，助之粟百斛。劉武選鳳池有才名，早世，其妻張安人苦節垂四十年，人無知者。公白當路，旌其門，又時時厚卹之。王祭酒允寧先生死，所著存笥稿爲人所匿，公力蒐以行，申之昏姻焉。嘉靖中，關中地大震，渭南令殞，羣不逞之徒乘爲亂。公亟前，白觀察「是不可長」。糾壯士衛城，御他寇，而誅其首禍者，邑中始安。年八十餘，神明不衰，聞其叔子太史君解館，喜而賦遠期篇。已，命酒酣歌，歌竟就榻，若委蜕然，遂卒。

公爲人貌如山澤之癯，而見義必爲，雖白刃可蹈也。學有獨詣，至老不厭。嘗以昧爽起其所處，圖史連屋，聲琅琅徹戶外，家人無敢以田舍請者。既登耋年，步履甚健，挑燈作細字，與客談輒竟夕云。公坦直，或面折人過，人咸樂就之。於書無所不窺，而其教士也，必衷於經，孜孜以致用相期，其後進多彬彬焉。工詩古文辭，有漢京之槩。所著渭上稿、續稿，關中文獻志訂正，通鑑前編，續渭南志，南氏族譜，各數十卷，藏於家。尤善章顔書法，即一削草必楷且敬，人爭秘之。四子曰學仲，由舉人官懷慶倅；曰憲仲，由進士官棗强令；曰師仲，由進士歷官南宗伯；曰仰仲，諸生。棗强子曰居益，由進士歷官大司空；宗伯子曰居恒，太學生；皆自有傳。後公以司空貴，累贈如其官。自司空上溯觀察，四世貴盛，公身親見之。後祀於鄉，而所治燕、吳、齊、楚、蜀，咸奉俎豆不絶矣。

外史氏曰：南參藩，其夫子所稱剛者邪。方庭斥少宰篆時，孤立萬仞之上，夫安有所倚哉？舉世混濁，清士乃見，自非浩然氣至足，鮮不靡矣。予聞李太史名維楨，字本寧，故嘗督學關中，而江陵門人某以按部繼，至陰賊敢往，欲修郤於公。會其族子有大獄，勢將滋蔓，人人危懼，公迄不改色，故太史服其雅量云。

南贈公傳

夫南陔之闕以久矣，補亡三篇，乃盛述其采蘭潔羞之事。故曰：「孝子相戒，以養斯義。廢則孝友，乖蓋傷之也。」季路南遊，從車百乘，思負米而不可得。曾子仕楚爲尊官，北面而泣涕。此言逮其親、不逮其親也。然孔子有云：「中於事君，立身行道，揚名於後世，以顯父母，孝之終也。」夫二子豈不聞之乎？周公追王三王，又以天子之禮樂祀其先公。記以爲達之士大夫，而葬用死者之爵，祭以其禄。顧與追王不同，何哉？今制子既貴，聽以其貴，貴及先世。然則不得，不可以爲悦得之。又從而次其軼事，使有聞於後，不至湮没不彰。顯親之孝，夫何有加焉？

李因篤曰：予敘渭南南氏家傳，至主客父贈公，輒廢書而嘆也。南之先有隱德，自渭陽先生及大宗伯以來，皆奮起功庸，往往至六卿矣。太守爲別子，棗陽爲小宗之長。今其後裔，或少衰焉。繇禮觀之，主客其繼祖者爾。又身罹喪亂，顧能力存故牒。上延六世，以庇其族若此哉。主客曰：「予不類，不敢忘先贈公之教也。」昔者文光祿諱鳳翔，三水人。謂門人劉生名湘客，上郡人「當代之禮，吾取諸南氏宗伯大司空文矣」。又言「司空之時，諸南皆彬彬有稱，而贈公於兄弟中最爲醇謹。惜也，其不永年」。嗚呼！若贈公者，其何可以無傳？傳曰：

公諱居恒，父大宗伯，母左孺人，以蔭爲國子生。性至孝，沉靜不與外事。當是時，宗伯與其從父冢宰同在留都，拜上秩諸兄弟，或直明光建節矣。公處其間，淵淵如也。其於族黨、姻亞、僕妾，誾誾如也。比世祿家多崇飲，好交遊，競爲驕奢，結納徧四方。公心鄙之，曰：「騁弓鍭矢，不出竟埸；束脩之肉，不行竟中，古之制也。此紛紛者何爲哉？」未幾，嬰危疾，公知不起，泣謂所親曰：「吾無以謝宗伯，其在孺子乎？」公幼端重，嚬笑不苟。迄成人，無間言。大宗伯甚憐愛之，乃卒，哭之慟，相繼以亡。或曰：「南氏之先，皆工經術，自致通顯，其恩爵嘗虛焉。使天假公年，殆不以監胄終？」以予所聞，周亞夫、李德裕、張栻三君子者，非皆任子邪？積功力學，至與日月爭光，此何階之升哉？晉宋以還，好獎門閥而論者，譏其私。考之春秋，鄂侯既出亡，賴翼之九宗以復，而韓氏、羊舌氏之疆，楚人畏之，弗敢加師焉。自唐季之亂，譜牒無存，氏族大家降爲皂隸。垂及五代，傾覆相仍。其時之君，與民緩急無所恃。故曰：「國無彊宗，則無與立也。」是又何説乎？若近世，宗法蕩然。入其境，鮮聚族而居者。慶弔不相聞，急難不相保。人紀廢弛，風俗日敝。朞功之親，棄若道路矣。程子曰：「有宗子，然後有世臣；有世臣然後有故國。」予甚感焉。南贈公賢而早世，其修身潔行，必待主客以傳。主客且恢張舊聞，旁徵遠引，以無墜先人之緒。蓋大參、別駕之屬，皆有述焉。孟子曰：「君子彊爲善而已矣。」創業垂統爲可繼，以俟後之子孫於贈公，夫何憾之有？

少傅兼太子太師靖逆侯靖逆將軍謚襄壯張公傳

少傅靖逆侯張公勇者，字飛熊，陝西漢中洋縣人。幼孤，落拓有大度。遭亂從軍，騎射冠時。初謁英王於楚，俾懷江左，得鎮將以下七百餘人，王大奇之。當是時，關中纔定，伏莽負嵎者所在充物。王與公語，諳其山川、物俗甚悉，乃趣公西歸。見重督府孟公喬芳，破巨盜賀珍，解城圍。轉戰南北山間，股被數創，名大著。以散官守耀州。自朝那、北地而東，萑苻入寇之衝也。迺西爲馬蘭，騎都尉某戍之。而濳與之狎數，刻期往討。比至，則懸空壁，迄不獲一戰。公偵知其故，會以他事延某飲，夜半即席收斬之。銜枚疾馳，竟擒賊渠，然後奏記以聞。孟大驚，既而歎曰「此古之名將才也」。超長右轄。順治五年，回紇叛，從孟西征，復臨洮府及蘭州、涼、甘肅諸衛。率先登，又預白傅將軍，止屠掠，傳檄遠邇。河西平，公功獨最，特授甘肅總兵。

公既建牙，勞來其民，爲生聚教養之政。朞月，威信大行。羌戎憚之，移幕出塞。公益繕亭障，明斥堠，通商賈，廣百工，蒐狩以時。暇則親課諸部角射，椎牛饗士。凡六載，疆吏無言事者。十二年，疏請南征，世祖章皇帝嘉其忠，陛見，賜冑、馬、弓矢。十三年冬，取滇黔。命爲右翼提督，予三等世職，録一子。十五年春，以前部破十萬，谿賊懼，焚鐵橋，逸去。公斂馬勒更作之，飛渡全師，遂拔谿。公背據其險要，而天下一矣。以功録一子。康熙元年，進雲南通省提督。二年秋，玉門弗靖，上念行闓地重，推轂難其人。公前在西陲，讋服遠人，得士心。詔公以見，銜移甘。甘有提帥，自公始。公設五營扼要爲巨防，三鎮並聽節制矣。有氊裘數百帳，未即去，殲之。定羌廟捷聞，録一子。羌戎既夙憚公，懲新敗，愈自悚慴，不復入牧，然猶戀大草灘水草之饒。古所稱祁連山，彼中賴以蕃息。既失，每過必哭，即其地，數請於朝。上遣近臣，同大司馬就議之，公曰：「吾奉敕守邊，不知其他，且羌戎貪，漸不可啟。」既而大司馬往會境上，來使對之，甚倨，自晨至日中，議弗決。公初匿旁室，欻乘八掆車唱殿而出，大司馬以下皆起。來使詢譯者，知爲公，大驚，蒲伏趨前曰：「惟公命。」公厲聲曰：「大草灘內地，非取之爾，爾安得請？國家遇爾厚，顧無所惜。吾邊臣，雖尺寸之土可棄乎？」皆色沮，謝過而退，事遂已。大司馬還，壯公之武，天下莫及也。公因設永固協營，築八寨，守望益嚴。自是屬國杜其邪謀，西疆按堵。歷八載，耕獲不擾，商旅流通。公苦前創，久弗差。嘗賜沐驪下湯泉，去張掖几三千里，往還數月，而諸部畏威，款塞如故。十二年冬，吳三桂以雲南叛，梁楚騷動，蔓延關涼。間諜潛來，誘我邊將。十三年正月，公首發其逆書，優詔美之。公知必用兵，顧己創深，未任戎馬，又時時痰作，疏辭，弗許。四月逆黨吳之茂遣間齎書至，公即縛致闕下，詔進世職一等，外加授四等世職者一。十四年二月，河東亂，公出師。值賊焚河橋，以革囊渡，敗之蘭州城下，遂逼圍之。三月，吳逆更遣間齎大將軍僞符劄至，公斬使以聞。詔加靖逆將軍，重其權任，酌補將佐，調遣總兵以下官。五月，詔晉爵靖逆侯，仍録前屢發逆書之功也。

時河洮諸帳，乘亂侵軼，公曰：「賊坐困孤城，急之，將致死於我。即猝克，糜爛必多，彼懸軍深入，利速戰，宜堅壁挫之。賊求戰不獲，食不繼，必自潰。顧番羌數怙恩，乞地伺釁而發，以撓我師，非先靖之，將生戎心。」乃分兵圍蘭州，躬赴臨洮，逐諸帳出口，復河州，並檄土官楊朝樑。結以恩信，使糾土兵萬餘，追剿潘瑀。取洮州衛諸營堡，遏階、岷之寇不得前。擬專攻鞏昌，曰：「賊巢窩高乎？以天水爲咽喉，皆宿重兵其內，而隴西劇郡偪近河蘭，吾中斷之，則賊聲勢不相接，此成禽耳。」閏月，遣兵越渭源，赴鞏昌，賊逆戰熟羊城，大破之。公親率後軍抵城下，圍遂合。分兵取漳、寧諸縣，以絕其援。益兵同楊朝樑困岷州衛。六月，詔下，兵部稱公忠誠，舉久鎮之。壯猷行間之勞，積得專门閫外。凡進兵籌餉，聽一切便宜從事。部覆不許中制，所隸總兵官違令，甲則名糾之，副將以下聽自按治。文吏餽運不時，參省以下，會外臺疏覈之。國家肇位以來，四征弗庭，親藩暨使相被是命者不少概見。公以外將領之，蓋異數也。

公仍分兵取圍秦州，鞏昌益急。公料賊必突門倖走，預布兵待之。詰日，賊果出，伏發，斬俘幾盡，餘遁入城。公遣說之，遂就撫，所活十三萬餘人。是月，秦州亦降。先是，公命子雲翼以機宜入奏，兼請移家京師，詔褒之。留雲翼爲大理少卿，給徙帑資裝。八月，晤圖大將軍。秦州分兵，從攻平涼。時蘭岷已復，公以渡河之役，屬國多乘虛草竊，乃旋蘭，申畫疆圻，益增烽戍，大治器仗芻粟以庇後圖。十二月，惠安兵變，戕寧夏陳提督，人心洶洶，賊欲襲鎮城，公亟請移天津鎮趙公良棟於寧。十五年正月，公率師赴之，至中衛之龍灘河，聞川賊大舉出秦州，乃留兵爲聲援，傳檄寧夏反側。略定，公力疾趨鞏昌。二月，賜第於京，給祿如例。三月，公軍伏羌。時西河、通渭諸縣盡没於賊，公發兵四應，獨以麾下數百騎御巨賊王屏藩于樂門，相持數月。六月，三敗賊，奪其營。詔即軍前加少保，録復河洮之功也。是月，平涼降，餘賊俱遁，公以孤軍抗大敵，屢建奇功，收復全秦，有再造乾坤之烈。而久勞疆埸，創痛浸深。七月，旋鞏昌，引疾求罷。上歷敘勳閥，謂軍事尚殷，黽勉慰留。九月，特詔加授一等侯，總録復河西州郡之功也。十六年二月，追録公在軍中出私財易馬，造甲胄、弓、矢、矛、刃及購青苗，進少傅兼太子太傅。四月，再疏辭疾，優詔如前，尋賜券以一等侯，承襲十世，進太子太師，紀注者四，録樂門之功也。十七年正月，紀功者一，録發逆書，謂前酬庸之典未盡也。五月，祝囊犯塞，公旋甘驅出之。十月，仍抵蘭，議取梁蜀。聞吳三桂通幣蒙古，要以數道出犯，牽制我師，訛言蝟興，遂駐甘彈壓。十八年十一月，内閣學士希公奉詔同公子大理齎密敕公所議南征，以公處滇蜀上游，羣羌外連，方藉宿威，絕其窺伺，遂留公居守。二十一年正月，以衰疾辭，十月再辭，俱優詔未許。二十二年夏，首請入朝。上亦欲見公，許之。八月將抵京，侍衛親臣奉詔出迎，相望於道。上憫公足疾，命肩輿，内殿設几仗。上動容，咨起居，褒爲功宗。公歸本廟，謨謝收復之晚，上親解所服龍衮被公體，譙勞周渥。天語至温，又時時撤御前食品賜公，公獨坐，即王公鮮有儷者。既罷，盡頒其邸，數賜御衣、玉帶、雜綵、鞍馬。公间乞骸骨，上念西疆重大，公宿德鉅望，雖老且病，可卧護諸將也，詔弗許。會合首吉部内侵，殺守備紀法。上遣四校，將安車送公西還。公还鎮，合首吉尋解仌。二十三年四月，病亟，疏謝上恩，懇懇拳拳，不忘邊計。薨之日，大風晝晦，文武官吏皆失色吸泣，軍民痛哭，罷市者數旬。上聞震悼，賜祭葬有加，贈少師，謚「襄壯」，禮也。

公雄姿卓識，天性忠純，受知兩朝，開幕絕塞。鎮靜之略，方面之勳，議者比之趙營平之屯金城，班定遠之爲都護。再定禍亂大小數百戰，先後取郡城五、州縣之城數十，禽僞王一人，斬僞將軍以下並生獲數百人。當陣安閒，如不欲鬭，臨機應變，則智計横出。起忽如神，桴鼓急鳴，短兵接，意氣彌厲。破回紇，取雲南，皆爲前部，善以寡擊衆。每戰身先士卒，矢石雨集，注目不移，意穆如也。少以胆力絶人，既爲大師，輕裘緩帶，飲酒賦詩，恂恂有古儒將之風，而將吏畏之，莫敢仰視。鈴閣之下，寂然無聲。自子弟至紀綱，雖違之數千里，守其約束，不異面承。師出，紀律嚴明，秋毫無犯。將士所須器馬帷帟，公自傾筐予之。足食足兵，迄不一問。軍吏有知人之鑒，多拔卒伍爲大將。著功名，其趨走於公，跽曲唯謹，公亦善待之。曰：「公叔之臣，不有同升之大夫僎乎？」由是士論益多公。公爵元侯，階上相紓。西顧之慮，以身繫安危者三十年。自滇移甘，凡十二疏辭疾，俱奉詔勉留。迄薨於官，主臣同心，文武爲憲，冊府之誓，施及後昆。觀□詩、書所稱，可謂盛矣。西安、漢中、甘州並崇祀名臣、名宦、鄉賢。公五子，曰大理正卿雲翼，曰戶部郎中雲翮，曰官生雲翱，曰雲翬，曰雲翰。大理工文章，喜賓客，端亮有父風。

史氏曰：滇南之變，海内驛騷，視晉之維城、唐之藩鎮爲侈也。顧典午迄於割據，而河朔盜襲封守，亦與唐相始終。今九圍宴然，荒島受厯。洵由天子神武，有征無戰，省方登岱，媲美黄虞；而溯端合黎，屹如嶽峙。追蹤方召，爲世虎臣，宜矣。公不恥下交，從遊多巖穴隱者。部士某主公質肆，私費公帑千餘金，初怒斥之，已而聞其與賢人處，遂棄責。吳郡顧徵君炎武在廷尉座，歎美其事。公當代駿偉，名著信史。退而觀之，又何其大雅君子也。

蘇邠州傳

蘇邠州東柱者，字生紫，燕上谷之雄人。父曰廣文公，母曰何氏。生而修偉俊發，有大志，不治家人產。年十七，補諸生，則厭爲帖括之文。時時取左氏、國策、賈誼之書私讀之，輒大喜。如有所得，又復棄去。廣文公戒之曰：「吾家授尚書有聲，郡中且十餘世，爲學博三世矣。無顯者，故屬望於若。今若爲諸生，乃厭聞舉子業耶？」蘇不得已，退而學舉子業。顧獨好歸震川、金正希、楊維節諸先輩。當是時，三輔之學炫靡逐卑，矜夸浮名，而雄故多宦達，其風猶甚，蘇拂然不屑也。又高自推許，或與時賢遊，箕踞嫚罵，諸浮薄少年嫉之若讎，惟李丹九昆仲雅相善。時雄有郡丞劉公者，負才名，不可一世，與趙儕鶴、陸大常、孫鐘元爲友，捫虱而言天下事。比方人物，獨心奇蘇之爲人，以其子妻之。未幾，廣文君死，家日落，而蘇故好交門外，多遠方長者車轍。劉孺人時時解簪珥佐酒，甚至不給，日惟賁脱粟飯飯客，蘇處之翕如也。天性孤潔，凡坐卧之所，必躬自灑掃，反覆十餘。雖逆旅倉卒，不少衰。嘗如京師，值溝澮之辰，心惡其汙，歸而病數月，幾不差。衣冠飲啖不與人同，諸少年率相與竊笑之。

丙戌，舉於鄉。明年，成進士，授邠州刺史。甫之官，而内史方有萑苻之難，蔓延邠州間。刺史畫緋衣視郡事，夜衷甲、跨匕首，親執枹鼓，週廻城上，迄不得休。或從輕騎，潛行村落，摘發巨奸。如是者凡二年，民皆賣刀買犢，郡中無事。又邠故多逋賦，人保於山。緩治之，則一二老翁按期赴召而已；急治之，則出語狂悖，屢呼不前。刺史乃詳權利病，哀請於上。得槩省舊逋而專力見徵，邠自是始有息肩之日。更開誠諭諸父老，罷耗金，塞兼併，清冒濫，誅豪彊，行之朞月，邠人便之。時金拾遺紫芳尹涇陽、趙比部錦帆尹淳化，相結爲縞帶交，詩酒過從，恩若手足。而淳化故屬邠，錦帆以中原老宿弟畜刺史，刺史謙讓，躬爲之下焉。其臨事廉而善斷，凡京兆所屬郡邑，多請質於邠。會陽陵有疑獄，臺使者檄邠治之，兩造未備，而陽陵貴人某餽三千緡爲之居間，刺史偵知其故，遂不發椷，謝絶使者。治其獄甚急，貴人懼，更益爲五千緡，徑走於臺。臺既得緡，唯唯遙授意刺史。刺史怫然曰：「獄在臺則臺主之，今獄下刺史，臺安得問也？」臺聞之怒，然迫於公議，不得已，取其獄去，冤未伸而郡邑皆嚴憚之。當是時，上郡劉石生避家難，潛居於邠之公劉厓，去郡百里。刺史行部至厓，於壁上得石生公劉墓四詩，大驚，詢之土人。土人曰：「此有一丈夫流寓此中，身長八尺，羽扇綸巾，口嘗有聲，渢渢不絶。」刺史輒舍部事，援土人往，候其門，而石生故自負，業已屏跡山居，不可復接卿大夫，遣子弟謝刺史。刺史傴僂而前，再拜，要其子弟曰：「若翁即不歸，吾不敢還郡。」石生不得已，乃出見之。班荊而坐，取山中濁醪酌刺史，剝棗烹葵，飲極歡。厓之人皆驚喜相告，觀者如市。刺史曰：「吾何敢以行部之役進長者。」趨返郡，齋宿三日，因率車騎，親往迎石生。石生善言九經，所爲詩歌宏放絶倫，有西京之遺，京兆諸高才生多樂從之遊。自是，如温與亨、東雲雛、王無異、田石臣、李聖年、宋子禎、温桐伯、趙元深、郭金湯之徒，皆因石生得交於刺史。刺史在邠凡九年，臺使者久薦之，七上不報。會以置郵細故，關中中吏者百有餘人，而刺史與焉。既解組，貧不能歸。寓邠之紫微山，至不能再食。邠父老相與謀曰：「刺史以邠之故，貧且絕粒。」乃趨山中，環而泣，供其饔飧。刺史私念：「吾治邠九年，惟旦夕邠一杯水耳？今罷官則去邠矣，獨奈何以八口累邠人！」遂力謝之。往來涇渭間，臺使者與諸郡邑心傷其事，爭致公養。刺史度不可御，則受而三分之，一貽所交，一貽邠之寒士。嘗待以舉火者，餘始給妻子。又三年，銓察其無罪，召復原官。將行，京兆諸君子皆出餞函谷外，賦詩爲別，彙成卷帙。邠父老數十百人遮道而哭，相牽阻，不得前。凡十日，始東發。

既抵里，無家，寓內弟劉篤敬之前楹。居朞，改授保德州。保德在晉之西北隅，土減於邠十之六，而寥落過之。當是時，樊輿陳觀察祺公備兵鴈門。蘇以外屬來謁，觀察睹其狀，惻然久之，嘆曰：「蘇刺史賢者，困至此極耶？」遺之米薪之值，歲無虛月。又時時遞馬傳書，遙爲贈答。觀察性好吟，刮磨自厲，不爲黃初以後之學。蘇亦傾心就裁，而詩益進。繇是石生諸人得東渡，遨遊兩公間。時劉六茹、陳正子在鴈門皆有詩名，次第與刺史通，爲河洲聯吟集，凡若干卷。會有省編之役，蘇誓不以飾名貽民患，核口稽戶，皆從其實，遂褎然爲三晉。陳觀察有文紀之，語載陳集中。乙巳八月，病下痢不起，貧至不能具棺。陳觀察聞之出涕曰：「傷哉！蘇君竟以窮死。」乃遣人經紀其喪，殯於淺土。

蘇爲人美丰儀，喜自整飭，善於歌嘯。外直而中坦，望之百尺無枝，亭亭獨上。然性不耐煩劇，嘗讀汲長孺，至「出入禁闥，補過拾遺」，則廢書而悲。處之以州郡之任，非其意也。又不飲而好酒，所交多布衣。每客至流連，徹夜競爲清談。自死之後，知與不知皆痛惜之。子雲燦，偉而多力，善騎射，好孫吳兵法，其事刺史以孝聞。

外史氏曰：吾觀漢以後諸大夫，能下士者時時有之。然卒未能盡其道，輒自以爲過。夫公卿之待士，恐其不及而已，安有所謂過哉？近世劉中丞憲評，一老生嘗面訶之，劉謝罪不遑。嚴子餐在黃門，陳白蒨往從之遊。遇出，則陳車而嚴騎，陳狐腋裘，嚴羊裘也。陳大亨，狷者也。其守金陵，子元從。不期年，累贈千金。此皆有足取者，然吾未知其後如何？若刺史之不恥下交，久而敬之，則可云表表者矣。

咸寧黄明府傳

行取題留陝西西安府咸寧縣知縣黄公家鼎者，字升耳，一字一菴，江南鳳陽潁之潁上人。家貧，性至孝，竭力色養。居喪哀毁如禮，庶母崔無出，事之不異所生。善撫嗣弟，而躬自教之，析箸無所私。宗黨稱焉。擇友必端，非其類者，毅然不可犯。而久與之處，則休休坦坦，汪洋千頃之陂，人多庇其度中矣。補諸生，益自淑慎。非祭祀飲射，足跡不涉公庭。或有訟，持金浼居間，峻拒之，曰：「如鬼神何！」蔬食鹿裘，日以啟誘後學爲己任。故及門多彦士。嘗避亂潁川北谷，稅草屋數椽，潛居三年。雖屢空，絃歌弗輟。將歸，送者皆泣，謂「温温君子，盍遽舍我去耶？」

順治十一年，拔貢大學。今上康熙改元，授咸寧令。咸寧，關中附郭上邑，地衝政劇。既莅事，恢乎游刃，時號得人。蓋公重農桑，禮髦士，恤賓客，敦高年。凡保民事神，敬寡屬婦，一本於至誠。愷惻行之，期月而芷陽大治，比跡古之循良焉。兵燹之餘，泮宫及明倫堂、敬一亭，久皆傾圮。首捐俸葺之，焕然式新。又闢城垣奎壁閣，以培文教。築董江都塋宇，飾杜少陵草堂，以表先賢。百里之内，俎豆並舉。他如纂縣志、建社學，聚保甲，延鄉耆，增河堤，瘞枯骨，清犴狴，樹孔廟之柏，拓文昌之祠，其有關國計民瘼者，次第爲之。功成而不勞役，會而不擾，程日於隙，仰財於官，芷陽稱之曰「神君」，曰「慈母」。推諸郡國，莫之敢先也。臺使者以廉卓屢薦之朝，已奉旨行取，而秦人號呼。借寇合疏題留。無何，嬰疾，卒邸中。囊篋蕭條，至不能具棺殮。上官僚采暨芷陽士民賻歸其喪，臨哭者數萬人，如喪考妣。撫軍白公、督學呂公博收輿論，祀名宦祠，哀詞有曰：「圖書在御，湛然渭水之清；琴鶴不歸，皎比終南之月。」殆实録云：「公爲人，美丰姿，寡言笑，中宏而外毅，樸厚莊凝，其天性然也。」禔躬臨政，動以聖賢自期，而局促令長以終，未竟厥施，名不究才，位不副德，天下惜之。子垣朴，諒能文，有父風。

太史氏曰：郭達州九芝爲予言：「咸寧東郭有畊隴畔得黄金數事者，懼不自安，私致於公。公述楊太尉四知之語，命賫上帝廟而象設殿庭，藉以庇工焉。」然伯起身至卿相，歷世臺司，而公斤斤一筮仕之官，夙夜惟勤。甫受知於朝，又籲留不獲去，竟以客死，何報德之殊也？夫賢哲之興有遲速，公子擊掖能承其家學，不在其身，將在其子孫矣。

杜仲子蒼舒傳

杜仲子恒燦者，字杜若，一字蒼舒，陝西三原人，系出城南杜氏。父曰孝宏公，母曰王氏。仲在襁褓，偉晳異常兒，祖儀賓公甚器之。稍長，以善對聞里中。老儒某嘗寘之膝，徐屬一對曰「雞啅雞冠花」，仲應聲曰「鳳棲鳳尾竹」，座客皆大奇之。八歲能文，稍受筆，即破數紙。舅氏王樞部公見而訝之，曰：「是兒所爲耶？將來非予所及。」召置門下，授尚書，後又從李參議公遊。年十七，補弟子員。無何，罹母王氏之喪，衰絰居庐俛焉。獻酢罷客，號泣每抵中夜。先雞而起，至孝宏公之側，宛轉陳說，公賴以安，族黨稱之焉。會大盜據關中，家以王外戚，故遭難中落。仲始生，王父母、父母爭鞠之逸，未嘗用其力。至是走四方，負粟養孝宏公，公宴然不知滫瀡之所由來也。

二十餘，中陝西鄉試副榜，考官張公召而慰之曰：「子，公輔器也。」適李參議公督楚學，仲從之。自楚之都，遊太學，禮於大司成，每課必冠六館，知交半天下矣。仲私念居京師久，所入不直孝宏公酒責。因輕舟渡淮，歷廣陵，踰建康，時時得巨文及珍玩綺麗之屬，歸壽其親。已，考授府通判，須次乃益周歷齊魯間，登泰山，拜闕里，東至於海，返而涉河，徘徊鄠鄭之郊。及孝宏公初度以歸，仲服六品服，拜堂下，賓親麕至，劇飲歡呼，鄰翁扶杖來觀，嘖嘖稱道之，公驩然而喜。仲退，歔欷私室，悲母氏之不預也。未幾，孝宏公卒，仲內盡其哀而外極情文之美。然一以家禮爲率，視厥妣有加焉。後中丞郎公撫江右，慕仲名，走幣聘之，一見歡甚。仲以孝宏公邱隴未竟，日夜拊心。比中丞遷兩江督，遂力辭歸，攜其季恒焴讀書華山青柯坪，徧陟三峯，大書落鴈上，曰「尋帝問源」，慨然有終焉之志。其冬，新阡成，遷儀賓公爲祖，孝宏公袝。先是，孝宏公拜掃祖壟，瞻仰踟躕，輒依依不能去。當儀賓公之殂，公權厝西郊，意若有待。仲仰揆先志，卜兆，距祖塋五里許，封樹芊芊，華表相望，而兵燹以來，喪祭簡畧，仲酌古備物，鄉邑翕然宗之。往，仲寓都門，與中翰吳公遊，相得並以振興古學爲任，訂觀文大社於金魚池。吳使關中，過焦穫。仲留飲數旬，復廣其社於邑學古書院。吳去，仲獨主盟焉。義詳例明嚴而且篤，同人日蒸蒸也。再罹繼母之喪，仲躃踴悲號，慎終之儀，一如其母，弔者大悦。嗣以浙藩聘，復至餘杭，因疾辭去。憩西湖中，呼筍輿，具舫舟，至鹽官會稽矣。時梁大將軍鎮崇明，遣使將巨艦迎仲。仲至，適大將軍以堤成出獵，遂載副乘陪畋，即事作平洋沙十首。將軍起爲仲壽，觴酒尚温而時已竣，軍中譜之爲鐃歌。仲客吳淞久，與吳越諸賢往來三江大湖，興至命酒，酒酣作賦，長歌嘗先，難以起和者。又溯大江，過湖口，沿蘄黄出襄漢，避暑嵩少之上。時中丞賈公來撫關中，聞仲行誼，敦至之。藩臬而下，皆爲布衣之交。後謁選如都，值改例。更游滇南，至辰溪，其弟恒焯以時疫數瀕危，仲日夜保抱之，獲愈。將歸，抵漢口，聞恒熗病雲間，急命反櫂。適風，便相去千里，信宿而達，人皆以爲異云。尋又之姑蘇，久之始歸。春，入郡城，疾作，抵家而卒。

仲爲人潔白皙，長六尺餘，修眉美髯，望之如神仙。性孝友，生平手不持一錢，有所入，盡委諸弟，不問。愛其弟熗、焯，始終無閒言。撫叔父所遺孤恒煓，迄於成立，不忍析箸。三從兄炌，流落十餘年，訪得攜歸，爲完娶。弟烇之昏亦經紀焉。以至宗族、中表、姻婭間館餼、喪葬、急難，其始分誼不甚深，往往竭才力爲之。才至敏，工詩、古文辭，善書法。然好推獎人，人有片長，輒自引退，以使其伸。凡所歷諸邦，建牙之使，下至守令，與其地之賢豪長者，皆望風結歡，惟恐不及。又其家自曾王父古槐公以酒德雄里中，周急好客，世有聞人。至仲而益大其施，車騎冠蓋環所居白渠、南渭，擊鮮飲醇無虛日。其求詩文、書法者，戶外履不絕。一夕，自取所作諸草焚之。恒熗收得其春樹草堂近文若干卷。子坦，尚幼。仲既歿，熗、焯泣相謀曰：「吾家自有仲，前有彰，後有述，所望于仲者，何謂而竟止是也！且仲二十年足跡半天下，所至必盛裝以返，而昏喪多故，捐舍無長物，吾兄弟安能使仲之喪汶汶於今日也？」門戶之事，熗任之。四方之事，焯任之。於是焯走江右，告哀督學吳公，即前中翰與仲善者。乃厚貽焯，俾得襄仲事，並爲文志仲墓。吳名煒，字彦弢，北直順天人。

外史氏曰：予與杜仲子蒼舒遊，訝其形表。後讀家傳，始知其王母縣君爲秦愍祖八世孫，隆準虬髯之美，固有所自來耶。仲性直諒，好爲人排紛難。其學無所不窺，一泚筆輒至數千言。嘗不加點，而時時推讓同舍生，不盡己長。予所交自劉漢客後，莫之能及也。往，仲信養生家言，雖至煩拏，多閉門卻掃。其人固有道者，何以至是？仲昆季並與予善，因其子坦爲婚姻之約，而予女不幸短命死矣。嗚呼！予負仲子也哉！

驃騎陳公傳

驃騎將軍、陝西寧夏鎮標中軍參將、西安前衛指揮使世襲陳公善政者，字蓋我。其初，直隸薊州醴泉鄉人。始祖忠，洪武六年爲州衛軍，調遵化衛後所。忠死，子榮補伍。後，圍濟寧，先登，授小旗。從戰藁城，克泗水寨，遷總旗。永樂初，論功授河南懷慶衛後所百戶。榮死，子勝襲官。正統三年二月，賜世襲誥，拜昭信校尉，調西安前衛前千戶所，實授百戶世襲。是時關中數有萑苻之亂，而蒲城、白水爲劇。勝從戰破之，賜蒲城北山馬場置廨，增臨潼官田。勝生能，能生銘，銘生昇，昇生佐，佐生敏，敏生之英，皆世其官。之英生公，公生二歲而孤，母潘淑人鞠之，官給其祿之半。

萬曆三十八年襲官。天啟元年，以原官署奇兵把總。五年，署本衛右千戶所掾。六年，入賀，得試於部，推關內道中軍守備。時三輔多盜，公所部十餘城，輕騎往來，指授方畧，民賴以全。既而以病還，衛臺使者知其能，因強起之，以守備守西城城守千總，遷都使司中軍，署衛掾，數有功。崇禎十年，寧夏巡撫樊公一衡薦之朝，報可。仍以守備，署寧夏鎮標中軍。隨以功遷遊擊，餘如故。十五年，勤王京師，所部萬人長驅五千里，無敢譁者。廛野安堵，卿大夫爭聞于朝。遷參將，餘如故。隨以功授指揮使，世襲職方。監軍張公若麒薦之，其畧云「盪寇，備殚，冰霜登壇，應在眉睫」。賜飛魚服、銀爵各一部，給副將劄一，還鎮。十六年十月，西安城破，賊雅聞公名，而僞帥某，湖廣降將也，亦故善公，强予之官。以疾力辭，得免，遂堅臥不復起。幅巾野服，手蒔花竹，意泊如也。後卒於家。

公美丰姿，多讀書，矜然諾，好交納，任智解，慷慨慕義，有烈丈夫之風。性最孝，事母潘淑人，自弱至長，無間言。巡按御史旌其門，歲賜米緡有差。淑人既歿，禮其重姪，宏烈有加。公既喜賓客，四方之士爭主之。遭亂里居，負郭所入不足以克盤豆，則時時破產佐之。家以中落，而食必滿座。輪蹄交於戶外，嘗無虛日。歗飲相雄，不罄歡不罷。即昏夜往扣其門，俄頃酒炙羅前，不聞呼誶之聲。蓋其家人先蓄待客，率以爲常。至死喪急難，或依之者，雖利害較然，迫於肌膚，屹不爲動。然峭挺，往往面折人過，後進皆憚之矣。

公有大度，雖貧窶，無戚容，而語及宗邦板蕩則流涕沾襟，死而後已。趙大將軍光瑞嘗以兄事公於西夏。後鎮漢南，遣數十騎迎公。將至五十里，大將軍具公服拜道左，蒲伏甚久，屬材官掖公，使不得下，觀者皆大驚。後復具牛酒饗公於庭，大會吏士，又拜蒲伏如前日。偏將軍以下，皆趨前爲壽。大〔二〕將軍心欲公仕，將微風之。飲既酣，逡巡熟視，迄不敢言。公所遊多賢鄉士，而前中尉誼泋、顧徵君炎武、韓觀察文鏡、李實應楷、劉選士漢客、米侍御褢、呂樞部大猷、杜別駕恒燦、王大令仁其最著云。子堯典，諸生；堯道，從戎。華下王徵士宏撰采遺事入山志。

外史氏曰：驃騎父子皆善予。觀其世系，蓋從靖難之師渡江有功，爲世官垂三禩。其先，死事者三人，至驃騎光而大之。任俠喜客，出於天性，而晚節愈益粹。然聞易簀之前數日，日具酒，呼親舊共飲，若爲訣者。非有道而能若是乎？衛胄多負國家，生死不足録，若驃騎可云「蟬蜕者」矣。

〔二〕「大」，底本作「太」，依文義改。

玉之田翁舉鄉飲耆賓序

古者憲老之典，天子親行之，而其禮達乎邑大夫。在朝，則有三老五更；在邑，則有大賓介賓。皆主人袒而就割，執爵、執酳惟謹。夫賓之有介，猶老之有更。而五更曰更，田更亦曰更，命義實通上下矣。漢制，鄉有三老祭酒，與令丞助宣德化，而中正進退，其人才啻夫司爭，蓋政事之權輿，故曰：「觀於鄉而知王道之易易也。」傳之後世，惟鄉飲僅存，而相沿爲具文。所舉介賓，採之掾屬，又未能盡符輿望，令長奉行。故事欲崇齒序、賢敦薄俗而進之禮讓，吾未敢知其勝任也。康熙二十有六年冬，禮飲既届，明府南昌胡公虚懷博諮，乃得表兄玉之田翁以應時選，遠近悦服，稱明府知人而美玉之端亮。夙聞有光鉅典，自六媚推之，邑里悉無間言。朋酒充閭，因孫先輩儀垣來請清防之辭。

夫田氏，邑之甲族也。考漢書，高帝九年，詔天下五大姓：齊之田，楚之屈景昭懷，内徙關中，而吾邑惟田獨顯。歷代科名鵲起，擢廷對、偕公車者，同時衮衮於途。膠庠之间，帶舄紛出。穰之熠之，並堪經術。屢試著聲，而玉之任家督之尊，居諸昆之長，二君有所切磋，倚毗以底，於成兼令。子弱冠騰驤，振衣髦士，即鴈門舊譜，宗號多才，莫之能先也。

先是，雲中郭九芝使君宰吾邑，鄉立三長，首擢玉之。鎮人樂從訟牘，半息質平者，多式廬而返。久則刑罰是甘。但無令田翁知，時論擬於太邱、彦方。是舉雖不出其邑鄉，直清我邦族矣。或謂玉之齒僅五十有八，於尊年例未合。予曰不然，名優度年，年優度德。洛陽耆英之社，諸老率耄耋，而司馬温公年未六十與焉。當時不以爲嫌，禮飲審求其人，今誰當越玉之者？胡明府，吳之君子。其治吾邑，廉靜醇深，有西漢循良之風，而所遊必有道。況飲射讀法，國之舊章。用能推擇高賢，超於習俗，威儀甫睹，遂洽羣情，萃彼謳談，形諸讌設。舉之不以爲故事，當之而有德音，道待其人而後行，觀於玉之不益信哉？吾聞禮：「六十杖於鄉，七十於國，八十於朝。」度玉之，致此裕如，而几仗是頒，虞庠、上庠是奉。鄉爲介，朝爲更，登安車而酌天漿。吾言於是舉爲尚德之詞，在玉之，兼躋觥之祝矣。

鴈塔題名碑序

近代鄉舉諸賢，踵唐人例，題名鴈塔，勒石紀之。而易春爲秋，亦其勢然也。康熙二十有六年，歲届大比，撤棘獲雋者孫君鐔等四十人。於是督學淝水許四山使君載酒慈恩，延總裁翰林侍講高公、内閣中書舍人許公，聚諸孝廉，探韻賦詩，遊讌竟日，修故事，勵人文，數十年來觀者稱獨盛焉。既而購佳瑉，將率諸君援毫，識郡邑姓字，寓書澗道，屬序其前。

予聞掇詞科于一時，稽才名於生平，二者交相資而業壽諸貞石矣。他日旂常之所表建，鐘鼎之所鐫留，立德與功與言，歷百世不朽者，固託基於此。有過而拭其碑曰：「斯人，斯科之賢書也。」或僅侈爵名，或兼稱德業，推而傳諸奕禩，想像其風流文采，而恨不及與之同遊。當發軔之初，識者早覘其後，不可不慎也。且諸君所題者鄉舉之碑，名滿於鄉矣。舉南宮，則名在天下；勳庸煊赫，著聲國史，則名在後世；而以經術顯，乃書之儒林；以治功顯，乃書之循吏；以方正顯，乃書之節行。其尤者，超出品目，自爲列傳。名有巨細，往往動尚論之流連。陶元亮云「最哉征人，在始思終」，而予竊因是有感焉。夫題名，多例襲耳。例襲，則或謂一日之事。雖主司之式臨寥寥，況欲學使者就而恢張之乎？然問之諸孝廉，關河散處之人，旅進方新，其勢有所不能。問之主司，又戒車將去矣。是固，宜藉成學使者，而前此無其例。有之，自四山使君始，雖然，使君不以爲例也。使君曰：「事之不可爲也。」半繇於例，以爲無例而迭相委卸，以爲有例而因仍苟簡，未足挽頹俗而奮士心也。故珍重張大之，規模既宏，庶將艶慕而趍趨焉。人謂一日之事，使君謂千秋之事也。大雅之笙琴在望，諸孝廉其丕漸于王楨乎？自今傳諸無窮，循例猶告朔之餼牽，吾愛其禮。倘賢者繼作，踵美增華，以漸復唐人曲江讌集之風，斯役其權輿也，而予所心儀使君者，則義進乎此。蓋使君以帖括進退多士，士工爲制舉之業已。出有辭於膠序，入無愧於父兄。雖其父兄禱祠而求，當不踰是。惟使君星軺所歷，必兼命以詩古文示學博有章，勵諸生有章，以至揚扢睿思，揄前徽，紀名勝，連篇累牘，不啻聲爲律，而身爲度，遇能黽勉和什，又循循善誘，樂與而亟稱之，刊之應求。

集中所至，立爲流布，故是科登筵受簡，遂皆善賦之同袍。金谷蘭亭，遠有遜色。易曰：「變而通之以盡利，鼓之舞之以盡神。」人文郁然，一變至道。蔡中郎所謂「先進博學，同類率從」，非其明徵耶？諸孝廉敬之哉。譬試録，莫善於宋。三百餘載，傳世者二冊。其一因紫陽而存，一則文文山信公也，予舊見其書。二公而外，首敘知貢舉與各甲傳臚之名。是師弟子，亦交相資也。即使君亮節豐功，自有垂竹帛而永金石者。摩挲綵筆，不假諸賢。然是碑長留天壤間，使君之振育西京，亦可瞻其梗概，而引商刻羽，竝鍥新詩。夫子論學詩之益，六條是舉，於興、觀、群，其義萃矣！

東湖唱和吟序

雍郡東門之外，迤南有水瀦爲湖，曰東湖，蘇端明喜雨亭遺趾在焉。公僉判此郡，似不爲太守所知，觀其他詩可以概見。然七百餘祀，尺濤雨瀾，湛然不與滄海俱移，公之力也。岐山茹明府每以期會來郡，必至是湖，載酒流連，多所憑弔。夫其朱顏青鬢，綽約如文忠當年。嗜學苦吟，自有神契。吾頭且皓白，饑寒趨路傍，何足與於斯文？而磨蝎在命，則昌黎、眉山而下，奄有一夫成三人。今海內忘形，故人莫如河內。頃者自雍還廨，明府出詩一帙，東湖新聲也。撫跡懸來，波瀾莫二，于諸體亦略備。長吟數四，壯心勃然。釋印有言：「如不事口腹，人見江瑤柱，豈免一朶頤哉？」[一]老馬顧影悲嘶，頓忘其醜，不知興之所至，泚筆和之。黽勉下風，如其篇什。岐山付梨棗，名之曰東湖唱和集。命予序其端如此。

[一] 此語見宋蘇軾東坡詩話，爲北宋僧人道潛語，此謂「釋印有」或「釋印」，不知何人。

王使君書年五吟草序

初，予交書年涇上，以論古文辭。披草往還，數淹旬朔而未及見。其詩也，嘗賦長歌一篇，近體十首。就正有道，而使君不鄙遺之，謂可與言詩。探宫羽之源，窮古今之變，則又時時進予所不及。將懇請使君諸什，而適饑驅楚，遊未果，聞亂西歸。使君已擢水曹，旋爲臺使者疏留，遷上郡司馬以去，違離契闊更十餘稔。今秋始復與使君藉草青門，獲布夙誠。乃出五吟集，屬予評次而序之。

五吟者，蓋使君待次里居則有鎮吟，謁選京邸則有燕吟，謫官天水則有秦吟，與夫令涇而有涇吟，遷靖邊而有邊吟。星霜幾三十年，歷萬里，其間關河之多故，歲月之易移，存亡聚散之殊遭，有感於中，盡發爲聲歌，而征行贈答之什，各以地附。受讀卒業，慨然而興曰：「論詩自唐大歷以還，至明之李、何稱再盛。所謂取材于選，效法於唐，雖聖人復起不易也。」吾嘗準此以衡近代大家，合者獨近體耳。而于鱗則云「唐無五言古詩」，徒矜擬議之能而略神明之故，固七子所繇自域也。少陵有曰：「永懷江左逸，多病鄴中奇。」世之詩家，或高舉漢魏，而杜所軒輊如彼，寸心得失，非好學深思，其孰知之？而況瀑音横流，布鼓競啞，取寒林野壑，卑清廟明堂，是周文公抱慟于河梁，而尹吉甫對逐臣怨女，有工拙淺深之異矣，其可耶？

使君弱冠舉制科，授宰嚴邑。蹶而再振，即置俊才偉烈。積其年勞，當優遊題柱之班，而仍棲棲此荒，爲别部司馬，此疑有騷愁憤鬱。徵諸詠言而五吟具存，抑何其婉而多風，直而善蓄，雄而摰也！自其江關家食以及絶塞褰帷，地凡五遷，而詩亦屢變而迭進。是故觀於鎮，則駘蕩花竹，怡情山寺，鹿裘木屐，若將終身乎！觀于燕，則蓼蕭可繼，天保增懷，寸草有暉，至性莫奪，不自隔於疎逖也。觀於秦，則矢自靖之忠，無憂患之累，庶幾可以怨者。觀於涇，而鞅掌舊畿，功敘並美，如晤西漢之循吏，親聆其謦欬焉。觀于邊，而平沙萬幕，獵馬怒號，材官騎士之倫萃其毫端，呼之欲出矣。夫使君固所稱，豈弟君子也？「有德者必有言」，而氣静則物景自呈，道醇則聲色俱化。温厚樸茂，似其爲人。所最難者，愛君憂國，比杜甫之「一飯不忘」；山遠水深，兼張衡之「四愁迭奏」。以此當唐人應制巨作，扶敝起衰，舍使君其誰哉？

今海内乂安，皇上好古崇文，親裁風雅，金聲而玉振之矣。使君冠嘉績於友邦，佇且入爲台輔賡歌、明良喜起之事。史臣蒙恩在野，將鼓腹而志其盛云爾。

許伯子茁齋詩序

天下之無詩久矣！非無詩也，無學詩者也。學詩必本之三百，而三百之後有蘇、李，蘇、李之後有曹、阮，有鮑、謝，有開元、天寶諸公，皆其嫡傳也。蘇、李不必三百，而繼三百者必蘇李。曹、阮、鮑、謝之於蘇、李，開元、天寶諸公之於曹、阮、鮑、謝，亦莫不然。夫不必者，時固迭爲升降矣，而其學則何可誣乎？否則以四言爲風雅，以五古爲魏漢，句櫛而字比之，書柱求聲，如安樂公之學啼，弗悲也！如王司徒之學蜡飲，弗歡也！如優孟之學故相，悲矣！歡矣！弗涉也！此蘇、李、曹、阮、鮑、謝及開元、天寶諸公所不爲也。學三百而得蘇、李，學蘇、李而得曹、阮、鮑、謝，學曹、阮、鮑、謝而得開元、天寶諸公，是真能學者矣。是故湛於三百而後爲蘇、李，學蘇、李未能爲蘇、李也。湛於蘇、李而後爲曹、阮、鮑、謝，學曹、阮、鮑、謝未能爲曹、阮、鮑、謝也。湛於曹、阮、鮑、謝而後爲開元、天寶諸公，學開元、天寶諸公未能爲開元、天寶諸公也。溯洄從之，必自三百，所謂登山而詣其極，道水而窮其源也。溯流從之，必自盛唐，否則欲入而閉之門，升高而去其梯，惡虖可？且夫繇蘇李，迄盛唐，體屢變而法乃日嚴。苟憚其嚴，矯語深造則未及整而已散，舍正而求奇，惡在其爲散、爲奇也。故曰效法於唐也，至盛唐止矣。然盛唐諸公所用掌故，率於漢魏、六朝下。此其文不雅馴，並其衣冠笑貌非矣。遑同其人，故曰取材於選也。知斯二者，擬之，議之，久之變化生焉。神而明之，與古爲徒矣。

予嘗持此論以告當世，深信而摯好之，莫如吾學使者肥水許公。吾論公之詩，合離悉準乎此。公不以爲嫌間，復示器君仁長茁齋集一帙，屬予評次。顧予知仁長之詩久，蓋其舅氏家少宰數數稱之矣。夫許自大中丞來，世擅詩名。仁長於詩，家學也，人人能言之。仁長之詩，沖和秀令，諸美備焉，亦人人能言之。公則曰「吾初未使之爲詩也。」公豈禁仁長使不爲詩哉？夫子教其子曰學詩，「不學詩無以言。」公之意若是而已。且學詩而後爲詩，自三百後，漢魏、六朝、盛唐皆然，公於仁長無以異也。仁長固學詩者也，其於蘇、李、曹、阮、鮑、謝，開元、天寶諸公，揣摩既精。予又爲之審其合離，非句櫛而字比也。得其肉好矣，必察其情焉；得其情矣，必察其所安焉。擬議乎法之中，而神明乎法之外。即作者與觀者不克名言其故，而大都黜議論，絶湊泊，以本色爲宗。使情餘於聲，則實沈矣；使景餘於情，則蘊藉矣。要其極，則歸之妙悟。夫子之門，通六藝者七十餘人。其稱「可與言詩」者，端木氏、卜氏耳。一則因論學而悟詩，一則因論詩而悟學，吾願與仁長終身學詩可矣。

張仲子淮南詩序

予初學詩，嘗居青門，與上郡劉石生同舍，以齒固所兄事也。每有分賦，石生必細指其瑕瑜，或通篇直塗之。及與諸同人論詩，而推可惟予。然予往往樂觀其塗，即未厭於心，輒改之，不敢恡。後應潁州使君之聘，設帳固原。當是時，澄一尊人威遠公方爲是州學博，使君夙知其左輔名宿，折節定交。公少出西極先生之門。蓋石生與予所嚴，乃獨亟稱予，謂「可與言詩」。命澄一來從遊，賦新句云：「想到笙歌開，講曰鄧攸端。不負顛連問，業於良朋面。」至有託孤之重，當不斤斤以帖括相屬也。澄一俊穎，制義斐然成章，而獨酷嗜聲詩。公顧禁之不使作。比使君東遷代，予挾澄一贗門。公起令罷官，一再垂訪，而澄一亦仗策太學，旋罹公憂以歸。及相見鄂江，新詩滿帙矣。昔公任俠，多豪舉，屢躓仕途。其貽之子孫，清白而已。澄一曠達類乃父，而貧能工詩，則生平放歌之資也。既彙次成集，春日過西澗請序。

夫予自十五學詩，鬢毛皤然，材質雖駑，是中之甘苦蓋稍有得焉。曩石生詩主拈景，務實沈，而去湊泊，固度越諸子矣。

或節族未合，對仗未工，則逕略之。又性好奇，故深造創吟，時出寡和，而按之古人之法，生熟賓主猶有辨。曹秀水司農晚年諸體獨步，亭林先生問且病其用奇。亭林詩俱存，非能勝曹、劉也，而其持論必不可易。今諸公相繼殂謝，賞奇析疑，久自嘆其寂寥。澄一，吾黨後起之彥，承其家學，足振動當世，而吾更何以益之？願保其所能，勗其所未及，求疎於整，求澹於工，求蘊藉于清新。多讀漢魏、六朝、盛唐而潛心靜氣，以自審其離合。久之，如羚羊掛角，無跡可尋矣。荀子有言：「非我而党者，吾師；是我而党者，吾友。」杜陵謂「熟精文選理」，又曰「新詩改罷自長吟」。其寄高岑則曰：「更得清新否，遙知對屬忙。」合是數者觀之，信乎詩不厭改，而樂交直諒。温故知新，俾胸次時時有生機，能自得師，安往而不遇哉？威遠公嘗自號羅南，澄一是以有懷南之字。予易懷爲憲，而人多舉其舊甫。澄一曰「張之躔及淮」，遂更之曰淮南云。

曹季子蘇亭集序

燕山曹太史公守扶風之明年，予適以報竭至。而沖谷實侍子舍，數枉嘉什相和賡。既飲東湖之喜雨亭，各有古體紀之。沖谷詩推雄搆焉，自是尺一往還不絕。今夏，汛掃郡齋，要予連榻其中，出近集若干首，屬之評次。歷旬朔而卒業，沖谷請序其端。序曰：

司馬子長有言：「詩三百篇，大抵皆發憤之所爲作也。」夫古之君子，非必皆終身蓬纍，而後謂之不遇。李少卿謂：「人生一世間，貴與願同俱。」苟其願之時，遠含而莫伸，則憂來無方，不可斷絕。如十九首既言「斗酒相娛樂」，而終之曰「戚戚何所迫」。又「今日良宴會」，箏酒方繁，而下云「轗軻長苦辛」。至善哉！行六解□歡導飲，甚不能遲之來日，乃忽而求仙，忽而報恩，忽而感親，交傷晚暮，意緒紛出，尋之莫窮。俯仰蕭騷之情，惟豪傑多有之，豈易一二爲世俗道哉？沖谷生燕趙之地，悲歌慷慨，具見本懷。而三河少年，風流自賞，亦其家學然也。

乃予論沖谷詩，一軌於雅，如滄浪所謂「取材于選，效法于唐」者。審其離合，寧嚴不汎，蓋近賢棄選不講久矣。於唐，僅以門面留杜，而所心折之，太白獨契之，襄陽並驅之，高、岑尚友之，王、楊、盧、駱猶吐棄而不屑矣。予按少陵全集，託興莫如開府，遺懷專擬陶公。其生平自言：「親而師之者，都尉、屬國、宋大夫、曹東阿數人而已。」篇中「熟精文選理」、「呼兒績文選」，蓋嘗三致意焉。乃若「永懷江左逸，多病鄴中奇」，又「何劉沈謝力未工，才兼鮑照愁絕倒」，偏袒晉宋，獨冠參軍。信乎千古寸心。大曆以後之詩人，未有津逮者也。

沖谷遨遊吳越間，好新聲，壯入關中，忽一再變。每聞予說西北氣誼相類，褰裳從之。而予又進以藴籍，期於秀令。夫秀令，則清新之謂也。少陵云「更得清新否」，又「清新庾開府」，「清詞麗句必爲鄰」，是清尤稱要，然未有不古而清者。欲詩之古，舍漢魏、盛唐何遵焉？古則清，清則雅矣。是故爲詩者，欲其質，先戒其俚；欲其麗，先戒其纖；欲其雄，先戒其麤豪。近似最足亂真，毫釐遂成千里，而要惟雅之一義，概括無餘。詩之盛者，有大小雅。予所雅言，莫先於詩。司馬氏贊五帝云：「百家稱黄帝，其文不雅馴。」又曰：「擇其言尤雅者著之。」沖谷持是說以問當代，未必能同也。君子亦雅而已矣，何必同。

宋子貞先生制義序

文之變，至制科而極矣；制科，至八股而極矣。夫以五經、四子之言，裁而爲題，其源最古。士居恒誦說先王，表裏經術，悉屏百家而不道，此宜出之粹。然而其勢日就於卑下，體非其體，有未盡善歟？何以言之？百家之書，其大旨雖未當於聖人，然猶存其辭焉。若制義，則並其辭而失之者也。夫不觀聖人精微所在，而區區求之聲音笑貌之間，此即顔、閔、游、夏諸賢尚不敢代夫子之唇吻，而況帖括之士乎？故有若之言似聖人，猶存其辭者也；文中子之言似聖人，並其辭而失之者也。然則制義本末得失之辨，概可知矣。

予甫丱輒好古文，而於制義亦竊喜震川、正希、大士、千子數君之作，以其猶存古文之遺意焉。遭亂，既棄諸生，乃始潛心傳注，日治或問、大全、蒙引，句櫛字比，則數君之文離合相半，而成、弘以上，蓋彬彬矣。亦嘗出其緒餘，徵之於辭，然無所用之。去年春，偶過池陽，宿趙子實齋中，適子貞先生下榻於此。燒燭分韻，飲既酣，取所爲制義數十首，求予論次。予拒之曰：「吾子之文，鑱峭横放，自成一家可耳。」子貞曰：「若所言，吾疇昔之文也。不有別而刮目者乎？」强使觀之。未數義，愕眙四顧。異哉！陳、艾、章、夏以來，不復聞此矣。其理本之傳注，而取才歐、曾，效法瞿、鄧，盡一時之能事，非予所及。夫文至戊亥極矣，然猶有戊亥之辭焉。數科以來，日趨於熟腐庸俗，則並戊亥之辭而失之。觀者瞶瞶，稱爲清真。猶入十室之邑，平蕪蕭然。采藜茹藿而相詫，以爲大羹玄酒之味，不越乎是。是便於天下之空疎不學者也。制義之道，幾乎息矣。子貞文醇深弘麗，尤今日救時之藉。且子貞負曠世之才，所爲詩、古文辭精悍奥博，宜超羣絕足而行。而家甚貧，又爲人孤潔寡交，知之者少。制義，其一則耳。秋日子貞來楚，更出新篇。予悉爲評次之，而冠之以序如此。

曹使君澹齋秦遊紀遇序

曹太史澹齋使君來守岐陽，自其輕軺曉發關河之陟涉，屢移旬朔，感時懷古，憑軾所得，一一有詩紀之。自署之曰秦遊詩，不專秦而統于秦。猶之登岱華者，必以岱華名集，征行贈答之什附之矣。使君起草承明，歷比部，三爲二千石，久而未調，是疑有小雅怨悱之辭，託興於騷人。今讀其詩，和平深厚。視皇華以下，義有進焉。夫岐陽，周之舊都，而曹文之昭也。然則詩固使君家學，況卷阿之遺音不遠，採榛苓而憩甘棠，所獲當數倍於前。而或者執子長「三百篇，皆發憤所爲」，謂詩必窮愁乃工，則何以處周召方尹？且古之窮者，不盡終老委巷，雖卿相不得志，如十九首「極宴娱心意，戚戚何所迫」，固未易一二與俗人言也。

然使君内外浮沈，曾無介意，而忠愛出於至性。徵諸詩歌，婉而多風，温其如玉。正蘇文忠「絢爛之極，乃歸平淡」。觀其詩，可以知其政，而彷彿其生平厓略。秦遊雖吉光片羽，心知其故，亦思過半矣。予受讀卒業，竊比二南之民，吹籥歌幽，敬識其簡端若此。

方伯穆公廉仁頌並序

嘗觀一代肇興，必有鄉閭隨起之彦，同心一德，共濟艱難。繇親臣爲世臣，相與黻黼，盛治如周之方、召、尹、仲，漢之豐、沛、南陽，勳業奕然，著於史冊，雲龍風虎，各以類從。蓋天地之所鐘靈，光岳之所呵護，故大賢先後應運而彰，作覩之功，猗歟休哉！獲沐其澤者，競致歌詠，庶幾雅頌之遺焉。

今上御極之二十有八年，聲教被於萬國。自古重譯所不至，咸受書朔而通梯航，偃武修文，告成岱宗，而猶宵旰孜孜，殫精吏術，謂關中、三晉爲天下上游，西眷獨深，督撫藩臬皆用從龍大臣主之。惟方伯穆公遂膺分陝，因篤史官，謁告伏枕，山居數載，未入會城，遙庇公之慈輝，而猶違親炙也。舊歲蒙恩旨，盡蠲陝西田租，秦民擊壤康衢，不啻遊堯天而戴舜日。春來開徵伊始，我方伯公與制府中丞觀察道合志同，勤恤民，隱前此州縣勒取火耗諸陋弊，痛革惟清。又三令五申，諄諄告誡。未幾，里正青門上餉，歸而告予曰：「得見方伯公，納其正賦。足額之外，無絲毫羨餘。愷悌温文，對吾民語，藹若家人父子。」聞古西伯有至德，吾民何幸遇之耶？吾族人言之，推之吾里而彌著，自吾里推之吾鄉吾邑，自吾邑推之四鄰，數千里而遙，其聲益宏。猗歟休哉！凡叨公之宇下，雖蚩蚩氓隸，鼓腹而歌，猶思黽勉其間。矧敝邑明府屬諸父老麕集，而請與人之頌。予即藜牀偃蹇，誼無所辭。

夫古之賦曰租庸，孟子所稱「粟米」「布縷」是也。古今異制，二徵皆以餉代之，而襲其名，猶曰錢糧。先儒有云：「錢者錢也，糧者糧也，惡有所謂銀乎？」然必欲廢銀而征錢、征粮，勢固有所未可。且今之厲民者不在餉而在羨。其蔽，上下交相蒙焉。大吏不盡返其贏，何以責州縣之潔己？而藩伯專司出納，民之託命，猶殷「以身教者從」，傳曰：「其身正，不令而行。」百餘年來，未有表端景隨，風清弊絶如今日者也。國家以六計課群吏，而總冠之曰廉，天地之大德曰生，而推仁爲含育之府。如大方伯，正身率屬，既廉且仁。推關雎、麟趾之心，舉周官、周禮之法度，方至德於古之西伯，豈獨秦民之私言哉？

今上聖德神明，雖居萬里之外，如在階闥。崇文好古，躋斯世於唐虞三代之隆；立政用人，兼規摹漢唐而過之。奬進仁賢，靡有遺照。方伯公行且擢任開府，特簡中臺，霖雨蒼生，天下並受其賜，而頌聲之作秦風，其權輿也。其頌曰：

受田于公，均畝爲賦。勿須我羸，惟正之具。
晨入國門，委蛇王路。上謁藩方，安行徐步。
其温如春，訓我若父。凡此下民，盡舒情愫。

東藩袞衣，大方伯公。太常濟美，惟沛與豐。
含香左掖，歷著勳庸。乃承西顧，分陜是崇。
正身率僚，廉惠雍容。郡邑凜凜，淵水悉同。

安我耕鑿，貢其筐箱。萬衆悅歸，瞻公于堂。
爰有餘資，以謀酒漿。藩伯之賜，惠深西方。
祝公嘉祉，既壽且康。識勸我聖治，萬年麻無疆。

受田，三章，章十二句。

朱明府人瞻輿頌並序

輿頌之作，始著於春秋，謂「必久道而化成」。而夫子之治魯，則攝也。攝者勢未久，或一切出於權宜，匪以猛濟寬，斯威約不行。況邀覎鄰封，猶寄哺之家，欲使有二天無二乳，曠世不少概見。乃今得朱明府人瞻敷政吾邑，嗷嗷喘絲，納諸其懷而拊摩有加。謳歌以興，安辨其爲鄰爲攝也？明府繇徽國文公世裔占籍京師，飛鳧舃於關中之陽陵，去吾邑僅一舍。神明之績，愷悌之稱，業習知而稔聞之。夫鄰母之慈，顧復雖不及我，未嘗不樂庇其宇也。或以地近偶及，則愈益樂庇其宇也。然受氣而爲息，受廛而爲氓。吾視鄰母之育，所生恩勤備極，而有分地，遽有分民，吾依鄰母之慈，是望哺者也，待乳者也。何繇就其宇而託帡覆於二天哉？

秋來明府適奉台符，兼攝吾邑，吾儕幸矣。昔之望哺者今且寄哺矣，待乳者欣欣有二乳矣。雖然，有二乳者，吾儕之幸。不能使無二乳者，吾儕亦安於莫可誰。何所謂陽陵之人生而受哺，而頻陽其寄哺也？久暫之勢異，而真與攝其情殊也。孰知有二天無二乳？吾儕初願不及此，而竟曠世一遇，事乃大浮所斯乎？于是，頻陽之士大夫，舊嘗裹足邑庭者，今束帛盈於邱園，而車音賁好矣。野外盡孔邇之諺，城中皆絃歌之聲，吏畏其威，民懷其惠矣。因篤方里居，在告未獲躋堂而輿頌之。聞於士大夫者朝以告，聞於編戶者夕以告，盈耳悅志，斐肰成章。時某某將謀製錦觴，公欲肰於輿人之辭，未軌大雅。因族子秀君茂才請撰次，而載筆焉。

予欲頌明府之廉，廉者至飲水止耳。今明府所飲之水，沽之於民，考古未有其倫也。廉者，仁之基。予欲頌明府之仁。熙熙皥皥，非驩虞之可喜，淺近之能名也。廉仁裕于躬，感惠行於下，明府自忘其爲五日，而民之有孚惠德，不俟期月。三年，肰則鄰母之懷，哺之無二乳，而吾儕實有二天也。且明府之治頻陽，非有加於陽陵也。陽陵，其受哺者也，哺之久而若以爲常。頻陽，寄哺者也，哺之均而若以爲異。不寧惟是，頻陽視陽陵尤劇。待乳尤殷，而事乃大浮所期，蓋實曠世一遇矣。夫子之治魯，子產之治鄭，輿人之誦，皆一變其辭。而頻陽之濡澤深，歌風速，猶之饑渴之易爲飲食，況人皆盡獲宜乎？夫明府之治陽陵，其慈至矣。非有加于頻陽，而頻陽顧以爲異。又頻陽之頌，視魯鄭獨速成。明府洵廉且仁，亦真攝之情殊也。海內安和，今上殫精，吏術修明，兩漢掌故，旦夕璽書，洊至慰勞。明府如君家仲卿，自北海人爲大司農，陽陵、頻陽皆明府之桐鄉也。乃撮輿人大端，而裁之以義。其頌曰：

匪生何依，匪親何怙。於惟南鄰，乃遘慈母。
來哺我飢，遂援我苦。相攜歸仁，實獲其所。
惠我無私，恩勤既溥。公無舍我，徘徊云阻。
匪親何怙，匪生何依。乃遘慈母，南鄰是歸。
亟援我苦，時哺我飢。長遊公宇，襁負相攜。
恩勤備至，惠我無私。公就乳我，永言怙之。
公來自南，其從如雲。惟南子弟，睦睦我昆。
疇則爲疏，罔殊所親。朝夕同哺，比鳩之均。
公無舍我，遽就我鄰。樂郊匪遠，攜負歸仁。

藍謝青過秦草序

藍子謝青，自其尊大父田叔先生以有道聞東南，而出其緒餘，遊藝翰墨，即拈禿筆，戲掃殘楮，海內競寶持之。謝青甫髫年能承家學，尤工括帖，名噪四方。往者同舍朱十錫鬯數爲予言：「且策其必儔，期抵都之日，當見之二三子，而謝青尚戢羽索居。」嗟乎！古人窮愁著書，其感時撫事之篇，半繇行役。謝青蓋有不獲已者。躡屩出門，渡大河迤邐，如金臺，藉甚公卿間。而予已乞養西歸而不及晤。而錫鬯與二三子酌酒，謝青慷慨悲歌，杯酣耳熱。故人既去之，感知不以日遠日疏也。未幾，范陽曹使君來守扶風。予適罹先太孺人喪，遠致生芻，趨岐報謁，接謝青。座右恂恂端亮，過於所聞，亦亟稱錫鬯屬訪夙歡，因示過秦草詩文若干首，授予弁其簡端。

夫賈傅之過秦，追其失而數之，謝青非若是。瞻二華之峻極，式豐鎬之遺宫，黍離興哀，鳴鳥不至。系其地，殆有遐思焉。然謝青僑居邑里，並彊周之舊也。譜南肄雅，宫徵未亡。地不專秦，而氏之使，獨無以「蒹葭霜露，所謂伊人」者，宛在意中，將溯流從之耶？雖十五國之風，邶鄘後皆徒詩不入樂，而夏聲高潔，小戎諸什，識者謂軼齊晉上，擊缶嗚嗚，比之變風矣。若夫論文，則首先秦。自西漢以還，叹爲觀止。謝青雄才逸氣，睥睨千秋。久躓公車，貧而作客。關山雨雪之槩，歲月飄搖之悲，觸序懷鄉，登高弔古，與采榛、采苓相激發。充其所學，庶幾繇伯而進於王乎？他時載集京師，請更質之錫鬯澹人，其以予爲知言否？

筠菴使君集序

先是筠菴使君宰芷陽，所著有墨林草。既較讐，而引其首簡。兹復彙前後篇謀付梓人，走信山中，屬予訂而序之。閲四旬始卒業，因嘆子長以「詩三百，大抵不得志於時之作」。夫雅有正變，風兼悲愉。著書必窮愁而後工，何以處周、召、尹、南諸君子而非是之謂也？士不以綰綬爲達，蔬食爲貧，樂莫樂其所自生，而通籍則四方於役。適遠發賢勞之嘆，登高興屺岵之吟，懷彼美以云遙，悼我心兮不獲。歲忽已晚，憂從中來，於焉託物流連，褰裳躑躅，故東家之子不必有其人，壚側之眠不必有其事，推歡兄弟，借喻君臣，即指顧靡他，中情如結。十九首所云「極宴娛心意，戚戚何所迫」，未易一二爲世俗言也。

筠菴使君負不羈之才，於書無不讀，而尤酷嗜歌詠，援毫善賦。蓋自其舞勺之日，子舍承顏，受帖括，以競龍媒，舒斑斕而欣鯉對，趨庭偶得，撰次成辭，與夫吉日飛觴，良朋藉草，縞帶紵衣之感，雞鳴風雨之晨，無好不酬，有倡必和，久纍纍盈帙矣。迨分符嚴邑，夾轂舊都，堂上之色笑頻違，在原之塤篪遂冷。四郊多壘，千里餽糧，而所志乖於簿書，所行束於功令。仕優則學，他人戛戛難之，乃獨當郵傳餐，讀書弗輟。自公退食，燒燭而歌，提槧不須十年，聲應尤捷七步，信才敏天之所授，而工力亦曷容誣乎？嗣則報績移官，褰帷領郡，居萬山之内，介三省之衝，任重而權輕，功高而賞薄，更怡然曰：「安見如五六十，方六七十而非邦也者？」其度沖遠，其音和平，而要眇之旨，多纏綿之思，苦誠以男女人之大欲，合離事所難齊。以此語情，則情無汎涉；以此拈景，則景有確詮。芟僞黜浮，而詩文之真氣候乃出。真氣候出，推之父子、君臣、朋友之間，一以貫之。「沛然若決江河，莫之能御矣」。往觀漢詩，至「蕩子行不歸，空牀難獨守」，喟然嘆曰：「惟守而後知其難，惟難則益見其貞。」此意黄初以下，經無津逮者。謂漢人之深得其情，故其語真，語真則至也。夫人情本不相遠，豈貞婦別具一肺肝？一一出於自然哉！「國風好色而不淫，小雅怨誹而不亂」，知是解者，可與讀使君之詩，並讀使君諸文矣。

張源森詩序

吴郡張源森，羈棲隴道垂二十稔，隴人士多稱其才。源森少工詩，老於四方，而學亦日進。所歷通都大邑，山川之峻蕩，歲月之推遷，中間薄海用師，生民多故，怵心駭目，一切發諸詠歌。而源森且倦遊矣，遂築别業鹿原，傭耕以給饘粥。雖數椽之屋，半畝之宮，種竹蒔花，纖塵不入。奇文獨賞，有古高隱之風。近則佳人解頤，弱子戲門。又性嗜飲，得酒輒盡醉，必賦新篇紀之。藏篋笥簡，纍纍成帙矣。比因汪子開美寓書，屬以弁言。

予聞近代學士家著述之雄，莫如虞山錢宗伯。源森其宅相也。顧虞山論詩與予異。昔者滄浪專主妙悟，獻吉不取大歷以下，宗伯皆深非之。然江右艾千子嘗云「潦盡潭清乃文之氣候」，又謂「文之至者，如海外奇香落巨浸中，風水蕩嚙欲盡，獨留真液」，而評太史公史記止一「潔」字。夫泛及則雜，雜則不清。杜陵每言「清新」，太白亦曰「詩傳謝朓清」，是又何說哉？源森詩汪洋浩瀚，能罄發其情，垂響雷門，直壓元白。視予之規規格律，皓首苦吟，直「飯顆山前太瘦生」耳。詎堪鼓吹宮商，奉源森之鞭弭，乃若虛聲自誤，出處茫然。陶靖節云：「俯媿游魚，仰慚高鳥。」每一念及，不知涕泗何從咄咄。君平行欲自焚筆硯，而仍褰衣攘袂。序源森之詩，要重輕自在三都，無關皇甫也。源森學最奧博，所著古文辭，諸體具焉，而尤長駢儷之文，有英華應制之遺風，姑不論，論其詩若此。

贈汪文石序

丙午之夏，予歸青門，四方之士車馬紛如，而青溪汪子文石最與予善。久之，稍出其所爲丹青。吾友王無異亟稱之，云有前輩仇十洲遺法。無異賢者，不苟爲譽。然予之取文石，則有進也。踰年，文石將游京師，迂道過代，得再握手。因出此卷，求一言以行。

予聞昔者祖遠征而傷別離，莫不即事賦詩，以自敘其悽惻之情，而相最以久要之故。況文石之勤勤有請者乎？夫士之克自樹立者，當必有岸然不可移之節，而非欲挾此以見長。則一材一藝，皆足表著於天下，垂名於後時。今之君子，若或反之。彼其儕輩，周旋絜德度義，居之則氣驕，求之則色愮。如此，雖周公之才美，且不足觀，然使有爲爲之，乃或豢韝鞠𦢊，僕僕而忘其勢，斯亦異矣。文石年甫弱冠，志高而操潔，將效向平五嶽之遊。遇當世之賢人長者，委曲之前，竭其所能，以求得當。苟非其道，王公不可以有干。特以食貧之故，時時泚筆臨池，佐其逆旅。予謂此固無害。古人守身之道，莫重乎仕，而有時乎爲貧，能不失其本心，斯可矣。嘗有羽客，學其師黄白之術，退而試之不效，怨其師。師曰：「吾術以救餓，而子有侈心，奚效焉？」司馬長卿歸臨邛，日着犢鼻褌，賣賦自給，吾不爲病。及佩綬漢庭，不知匡正君德，而出尚書筆札，作靡曼荒僻之辭，以相炫耀，則君子譏其破道。吾觀文石之才足用於世，而胸次灑然，甘老邱壑。不得已而以畫隱，其踈放自得，而仍合大家之法度。蓋至性有過人者，願文石更勉之。俾史氏以高士傳，而無流爲方技之目。即予所取於文石，亦在此不在彼也。

續刻受祺堂文集卷二

序

觀察陳公初度序

丁未春，王正月既望，予從祺公老先生遊。凡九年而入見其初度矣。是日，予友南海屈翁山暨予舅氏田石臣雨我將以巵酒壽先生，而謀諸予曰：「三子者因吾子而受知於先生，使三子人自爲文，亦各言其志也已矣。苟吾子有言，則三子共之也。」予拜命唯唯。夫三子知友道之所自乎？記曰：「不信乎友，不獲乎上。」繼之曰：「不順乎親，不信乎朋友。」而詩書所載兄弟、夫妻尤喜纏綿之故，往往借交黨以發之。故朋友居五倫之末，而連類致好，勢必相須而成。如土之寄王於四德，雖無專位，不害其爲尊也。

予西國之豎儒，先生不棄而爲之友。又因友以親其所親，友其所友。先生曰：「李生有母，越在行役而不遑，是將吾爲之速。」諸舅如慰其明發焉，吾爲之握手道：「故南海、北海之間有同心焉。」雖然，此其細者也。夫君臣之義，草莽所未聞也。先生事太夫人垂三十年，敬愛備至。向予不覿家傳，幾不知爲先生之繼母矣。事伯兄垂三十年，敬愛備至。教其兄之子，弱冠成名，而伯氏若遜謝不與。凡爲先生友者，既以身示之儀，又復切磋倫典，矻矻不少衰。故人或有媟薄殘忍之心，相觀以化，而一切務爲忠順。即退處一方，音塵阻絕，苟萌非類之心，謂父母妻子皆可欺，而終恧焉自廢，曰：「吾他日何以對祺公先生？」然則先生化民正俗，有三代大臣之遺風。彼春秋諸賢，綢繆贈答，爲其一國、一家之謀者，尚不足擬。如曰「不恥下交」，「接巖穴隱者」，名聞諸侯，有以也，則平原、信陵之豪舉耳。豈堪爲先生述哉？三子曰：「然，請以子言。」當豳雅之八章，稱彼兕觥，爲先生壽。

趙瀛宇六袠序

孟子有言：「觀遠者，以其所主。」李克之論擇相也亦云：「居視其所親，富視其所與。」蓋因其可親而得可宗，匪徒士君子爲然。彼商旅挾輕貲，去父母之邦，棲棲厚自託于人國，其道亦猶是矣。

予過池陽温氏，逮事孝靖先生，與伯子桐伯爲友，至彦宏、彦貞兄弟三世矣。昔者先生座中多龐眉台背，杖履雍容。問之，皆與先生同少長。而上郡劉石生又爲予言：「即紀綱灑掃爨汲之屬，先生皆自兒童撫之，以及於老。」至彦宏兄弟，猶恂恂守其家法。然先生固博愛，無所不容，而與人至慎，稀有許可。其所善瀛宇趙翁，則以商而托先生之貨肆者，亦數數向交遊稱之。瀛宇汾產有弟二人，有子若孫矣。其年六十，猶勤於所業不衰。

季春十有二日，居翁初度，凡池陽大家以釜甑資翁者僉曰：「外肉好而中堅，望而知之，浣之，灼之，歷數年而不渝。取之星碁稠雜之中而迄無瑕，以童穉往而不二其直，此趙翁物也。」翁六袠，將鄰絳縣。亥音之齒，何可以汶汶也？於是固彦宏、彦貞請有辭於清防以寵之。

予窮觀世之操術者，少之所爲不逮其壯，貧之所爲不逮其富。或一人之身，而數徙其業；或擁千金于中年，則托諸兄弟；或度優遊于暮齒，則付之子若孫。以視趙翁何如？翁自晉如秦，周涉千里，其中關河之峻蕩，雨雪之飄搖，歲時伏臘之感，歡戚之情，暌離之思，少壯遲暮之興懷，當非獨異于人，而屹然不肯少變，可不謂賢哉？予雖不識翁，以翁之業如彼，而所主又如此，以孝靖先生之師表人倫，桐伯之冠冕吾黨，翁事之皆得其歡心，終其世焉。今又於彦宏昆季孜孜講好不絕。

予雖不識翁，愈益賢之。且予嘗數至翁之鄉，與朱太史滄起、胡隱君洞庭于野相友善。其地多服賈者，而雅好徙業如翁，尤不易得。滄起往矣，翁他日歸以吾言，質諸胡氏兄弟，將更有進也。

爲美原鎮居民壽邑大夫郭公九芝序

凡致辭於人者，欲其誠，不欲其數。蓋事之始舉，未有不誠而數行之。則視爲故常，飾爲文具，而誠或不至焉。是以君子惡其瀆也，獨致之父母之年則不然。夫生人之齒，自彊艾至於期頤，其子之願得之父母，未有不誠者也。于是歲致其辭，至於再三，至於什百，子不自以爲數，父母不以爲瀆。言之足樂，而聞之足以動人。何者？相感以誠，誠則久而博厚。悠遠之道，舉不出此。

今上十有八年，郭明府匡廬宰吾邑之六年也。秋九月己亥，會公初度，予賦長歌。適傅徵君來自太原，請書之縑，以介公飲。公蓋知之而不吾拒，公知余之事公以誠，又謬謂篤也可與言詩。而太原徵君草隸絶世，有索靖、王羲之之風，尤公所重。顧獨喜書予詩，故以兩先生之高簡而不卻其請，不罪其頻。或於事父母之義，公有取焉。

先是予蒙聖恩，許以歸養。既抵里，詰且謁公。言及公辰，公蹙然曰：「南征未已，輓運艱難，吾不忍以吾辰費吾民。即屏幃之屬，數見不鮮，君其以吾意止之。」予唯唯。比歸，秋雨浹旬，閉門偃臥。忽剝啄聲急，與欄溜相答，徐延之入，則美原某某等持所製清防，丐予爲文壽公。予述公意，不許三人爲言。美原聚族而居者千餘家，耆幼約萬人。萬人舉之，而三人已之，君其何辭焉？夫父母之止其子，非惡其數也。誠以吾辰而使吾民有絲髮之費，固所未忍，而況其僕僕於車牛飛輓之餘乎？雖然，父母之齒，子所願得之天席，期頤以爲常，什百致其辭而後愉快。公涖吾邑，於今六年，即歲致其祝頌之詞亦僅六舉。子之於父母，不以爲數，而父母以爲瀆。揆之豈弟君子之心，吾未知其可也。且父母之憐其子，無分於賢愚貴賤。鳲鳩之愛，均也。公不鄙吾言，而忽美原人之是拒。予有辭於公，而於美原則否，則予自崇其私，而公有歉於七子均愛之仁矣。夫美原，從六朝迄元自爲縣。洪武初，併入富平，至今稱巨鎮。聚族而居者千餘家，耆幼萬人祝公，人同其心而無異詞。蓋公之深仁厚澤，有以均措於安全，而淪浹於肌膚肝膈之久，故其應不疾而速，久而彌堅。觀於美原而知其俗，觀於其俗而知其政，何者？地遠則效遲，民衆則所趨不一，遠而衆者如是，即一邑可槩已。予故於公之敦倫殖穀，息事寧人，諸善政悉置勿道，而第推本於上下相感之誠，以躋觥而介眉，庶幾公之樂聽而畢吾說焉。

爲邑學博暨諸生壽獻素郭公初度序

今國家設守令爲郡邑之長，其事無所不統，又各有博士以率其境内之弟子員，而田賦、訟獄、簿書、期會之屬，則仍聽命于令。蓋以博士爲師，而令爲之君也。吾考會典諸生，自歲科兩試，至三年大比，皆先類於有司而達之郡。郡上之督學而後貢之禮部，以新對天子之庭。今雖稍格不行，而鄉闈賓興不於學宮，而於令長之堂，猶存遺意焉。惟令與博士異官，令或自遠其跡，而諸生亦視令尊而弗親。禮壞樂衰而絃歌之聲不聞，厥所繇來漸矣。當是時，有能兼致其道，厚其禮遇而寬其文網，積誠以動之，聚以別之，笙簧飲食以衎之，束帛加賜以旌之，如明府東海郭公獻素者。德盛而禮恭，固多士之所歸，而章教宜民，移風善俗之原也。士習變而絃誦興，民隱卹而謳歌作，朞月已可，尊親之意兼隆。予之所知，亦博士君暨諸友之所共知也。則予之言，非一人之私言，而博士君暨諸友人之所欲言也。

秋九月辛未，值公皇覽之辰，博士李君某將率膠序諸友製清防，躋堂爲壽，命表弟唐文學伯重造敝廬而請曰：「吾子知公，願吾子有言。」然予之知公不自令吾邑始。往吾里朱大參之分藩衛源也，相見京師，問所部之賢，首舉武陟以對。蓋公前此，嘗長武陟矣。大參之言曰〔一〕：「武陟，温文愷悌君子也。」比予應詔在都，清江黎大史瀟雲、臨川家侍講石臺歷敘

〔一〕「曰」，訛「口」，依下文改。

其地令長之賢，莫如東鄉。蓋公於時方贊政東鄉。侍講若太史之言曰：「東鄉，慈惠彊毅君子也。」而諸城家太史渭清則又曰：「吾師博聞敏事，士被其澤者，胥如時雨之化，淑慎愛人君子也。」蓋公嘗司訓諸城，而渭清從遊久，故言之尤詳。所聞如是，所見如是。然則予之稔知公而躬濡其深仁至德，又非博士君與諸友所能盡，吾是以樂爲公言而不辭也。

雖吾言未必有加於博士君及吾諸友之所共見，而庶幾稱之不蔽其質。述之有徵，聞之者人如其心，而當之者不媿，亦公之所許也。是故觀於公之長吾邑也，其接鄉大夫也，謙以自牧，內竭其惻怛之實，而外庀其所不及，所謂「温文愷悌者」，信矣。其治賦也，轉粟萬里之外，肆應而不困，民忘其勞，所謂「慈惠彊毅者」，信矣。其待多士也，嘉善而矜不能，進狂狷於中行，又親較其甲乙，割廉者之祿以寵之，鼓而進之，左之右之。蓋爲令之親諸生，無異於爲博士之日，所謂「淑慎愛人者」，愈益信矣。博士君曰：「吾長也乎哉？吾師也。」諸弟子曰：「吾君也乎哉？吾師也。」李子之言師儒，人人之所欲言也。願書之縑，介觥於公而歌豳風之八章，「肅霜」，「滌場」，從其時也。申之以旱麓之三章，「豈弟君子，遐不作人」，從其分也。公其囅然色喜，抑既醉止，而酬之以棫樸之三章，曰「濟濟峨峨，髦士攸宜」，宜從其類也。

爲闔邑居民壽獻素郭公初度序

明府東海郭公來尹富平。予考漢書地理志，富平初治靈州界迴樂，即水經所謂「大河北過北地、富平之西，又北逕富平故城西者」是也。後移寧州界彭原。至晉始內徙懷德，如僑置者。然而元魏更徙其東北，皆去今治不遠。晉城在南，邑人稱之曰古城。魏城在北，曰舊縣，本秦頻陽地也。按史，秦厲共公二十一年初，縣頻陽，距唐美原西南三十里許，自晉廢頻陽，立懷德，後改富平。明初，又併美原之半入之，於是富平爲關中上縣，厥土沃而衍，厥社四十，厥賦六萬有餘，衣裳文物，蔚然可觀，而長是邑者束手矣。何則？租調既繁，距會城僅百里，一切常供，總鋌布帛，楨幹之須，上官皆惓惓屬目焉，而其數恒浮於他邑。或引旁之上者以例求緩，則曰若安得與頑邑等。或引中下者，則又曰若安得與瘠邑等。應乎上則民咎，長吏之莫靠。聽乎下則諸大夫環而責之，震怒疾呼而促其弗前，而所部多業，曹掾徧國中。自臺司至郡，軒舉而叢處者，皆其人也。善之則旅進而市恩，拒之則橫議而賈怨，各讒其上，譴呵日聞，此其所以難也。然則，公有尤難者。公之官之始，洒蜀新附，王師方萃劍南，而士馬皆仰給關中。其十爲關中之槖，其五爲富平之槖也。回憶康熙十三載，滇水告變，禍延秦涼，荏苒迄今。吾父老子弟，負糗糧而輦芻粟，車牛數十萬棄諸道路，而老羸有不歸者，少壯且散而之他矣。不寧惟是，猝起者易爲力，歷久者難爲功。前人黽勉，以集其初。公竭蹶而承其敝，左支而右絀，指往而懲今，此其所以尤難也。公曰：「不然，事非得已，敢趦趄而言。勞責在有司，當委曲以求濟。」開誠立法，家至而戶說之，又親以其身先之。其調劑有道，故不窮；出納有章，故不侵。未嘗以威驅之，以勢刦之，故不違不矜。能以炫鄰，不悉索以媚上官，故民以不瘁。又糾旁邑諸公哀籲臺司，繪圖上聞。迄今年春，輸輓之役息，舍廛之征寬矣。民氣少蘇，而公之苦心殫矣。公潔己惠物，敬寡屬婦，爭訟解而謳歌興矣。

九月辛未，爲公弧矢之辰，義林諸里里正四十人製錦祝公，匍匐予前而請曰：「吾儕小人也。沐浴膏澤，思所以頌公而未能自口出也。萬壽無疆，思所以祝公而未能文之也。謁太史而敷之詞。其質言之，吾儕小人如取諸其懷而予之也。」予既受命博士君，文甫脫稿，又將自抒其情也。再三謝之，而斯四十人者讙囂莫之已，乃進其耆老，執簡而詢其意其語如右。予曰：「然，吾與若之所共習也，所爲怙冒而浹洽之者無以異也。」爰述大端，俾四十人者推此進公，而布之國中，以待採風之使焉。

邑明府郭公獻素初度序

今上二十載，吾明府獻素郭公涖政之明年，秋九月辛未，爰屆初度。因篤方奉恩綸侍老母於此堂，母命之曰：「小子，明府君自抵而邑，以督運勞於外，嘗過其辰，而小子里居未之知也。小子何辭焉？今茲之日，明府君在公，小子在野，而盍思所以爲明府君言者。」因篤逡巡而對曰：「邑之多士，若里父老皆來屬文，明府君謝之不得，而勉應之，一且再矣。頻言之，懼其褻而瀆也，將丐之鄰。」母曰：「小子備官史氏而未之聞也。夫史臣，以言事其上者也，而爲邑君言而欲丐諸鄰，而無以事邑君也。無以事邑君，將何以事天子？小子無辭焉。」因篤再拜，唯唯。退而謀於弟，出而謀於中表數子，皆曰：「微太孺人言。固將以屬若，若無辭焉。」且因篤嘗有聞於顧徵君亭林矣。徵君生於吳，長於山左，諳明府之閥閲。明府爲大司馬公之曾孫，贈大夫其王父，而運使孝廉公之季子也。大司馬正色立朝，與吾里楊侍御斛山公同年，相善好，直諫，謫籍烏蘭十九年。及起南樞，到官一日，拂衣去之，天下所稱「君弼先生」者也。贈大夫公運使公能嗣其學，而明府伯兄漢陽公、仲兄太史公與明府比肩怡怡，自相師友，淵源所漸，名顯慶流。故其飭躬端亮醇，深澤於大雅；德音以潤金石，嘉績冠乎太常。蓋間氣方鐘公門，而後來不難居上。其本茂者，其末必榮；其源澄者，其流必遠。水不積不厚，則無以負大舟；善不積不崇，則無以勝大任。此孟子所爲有「世臣」之嘆，而伊川因論宗子，亦三致意於故家也。是故明府之治吾邑也，廉以自律，惠無不周，坦懷示人，皎如白日，萊蕪之釜至無魚可生，而四知之庭不煩伯起之自矢也。稅畝未已，緩急相權，先之勞之，而輸將恐後也。然犀所燭，妍媸畢形。既得其情，則哀矜引過，而有恥且格。白樂不遊於市，髡鉗絕於塗也。其視鄉大夫猶昆玉也，視士如其子弟也，吾於諸生之文言之矣。視庶民如子也，吾於里正之文言之矣。更言之，無以異也。然有進者，天之生才不偶，將使是人長吾邑也。其始誕之辰，固一邑之人受命之日也。蕃息之所仰，樂利之所託，而群黎徧爲尔德之所繇基也。然則是日也，所爲律中無射，百穀用登，而日躔大火之次者，爲公之辰。蓋維嶽之靈萃於之罘、海滄之間，而慈父神君錫祜於荊山、漆沮之野矣。作頌必推其始，而相樂則欲其多有年。漢詩不云乎「四座悅且康，延年壽千觴」。敢請於太孺人，從中表之後，酌酒堂上而申之以長歌。

王徵君史六袠序

士君子立身之大閑，仕隱二者而已。而隱之義亦有二：嘉遯林巖，遺世以爲高；甚則離其天屬，躬膺困瘁而罔顧，所謂固隱也。無意圭組，而不爲詭激戾俗之行，亦不必岸然自絕於當世之君大夫，究之史冊，書爲處士而無遺議，所謂通隱也。夫固隱者，不可及矣。夫子之論逸民，既非一致，而孟子於段干木、泄柳申詳，於陵仲子皆譏其過。況未能度其身與其時之可否，而硜硜慕空名，履危機，至於潔己自全，陷於凶德，非吾道所貴矣。且夫君子不得志，則蓬累而行，此無關於世之治亂也。以四皓爲避暴，何以處採薇之仁人？以務光爲不事易姓之君，彼巢、許可據焉？然則，善藏而不詭於正，其通隱乎？當吾世而有孫蘇門、顧亭林二公，其道大而行方，其學至博且深，實而有用。擬之古，庶幾貞白、康節之儔，而二公皆往矣。求之關中華下王徵君無異先生者，夙交於二公，而樹品嗜古，秀令淵茂，亦其流匹也。

先生爲司馬公少子，出後從父母大人憐之，亟請於公。「奈何奪吾季？」公曰：「余豈以嗣仲貳季析產？使均可也。」及司馬公與夫人相繼薨，而未嘗有申命，故先生視昆弟獨處約然，先生迄不言也。比長，益貧而益窮於學，爲名諸生，食餼二十人中，顧小試，多冠其儕，而闈試輒蹶。蓋先生於制義獨好成、宏大家之文，範我馳驅，其不過，無足怪。而先生亦厭帖括，肆力爲詩、古文詞。未幾，尚書賈公來撫秦。會纂通志，念秦士無出先生右者，敦聘以董其成。旋都，延教其子若壻。猶恐先生之去也，爲援入國子監。當康熙八年秋，適試於鄉，而先生竟歸。初未受業，期滿未取咨。自茲以還，荏苒十五載，竝未有请急一刺，亦不復預試。蓋先生入太學，即棄諸生之日。譬之泰伯讓國，有託而逃，故無得而稱也。已而詔集天下儒者京師，修石渠、虎觀故事。廷尉張公若給諫諸公，僉以先生重薦牘，或摭其跡，猶曰：「國子生索鴻鵠於澤中而不知，其翔天表久矣。」先生辭疾不獲，遲遲抵燕，寓遠寺僧寮，王公大人非就訪，罕覯其面。甫竣試，膏車馳還。時奉恩綸年六十許，許官中舍先生。計齒當在所授九人之列，而先生不待也。

蓋先生自是賦遂初，爲布衣焉。圭組不及其身，而究未嘗有戾俗之行，顯絕乎君大夫，庶乎通隱者耶？雖然，微賢子海州君伯佐暨文學仲和左之右之，不至此。夫王儒仲，高士也，顧其子色沮令狐子伯〔一〕之車服而長臥不起。郗方回盡力王室，而嘉賓乃爲桓氏謀主，寸裂父書。李元忠以嗜飲辭中書，而其子欲父爲僕射，至今斷酒。少陵譏陶元亮，歷敘子之賢愚爲未必達道，而於宗文、宗武，亦數數念其懶而失學。然則即負曠懷而自失於父子之恩深，雖前哲不免。先生固貞信，得海州伯、仲而益彰矣。曩先生赴徵，海州實侍，以往諸公之詣先生者，海州必報謁其門，卑語婉容謝。其父衰病不能出，又數籲內部，力贊以歸。既歸，因捧檄爲上佐，升斗之祿，上逮二人以爲榮，而仲和亦委曲承顏。先生優遊暮齡，俯仰無憾，如海州伯、仲，可不謂養親之志哉？

先是二十年八月乙未，值先生六袠，皇覽海州，謀製錦屏，介先生壽，詘於貧，未能也，今將補爲之。春日，走書三百里而丐予文。予兄事先生，稔悉其生平，又海州幼從予遊，誼無所卻。故推本其世，纚述厓端，而詳其苴冠退耕之始終。蓋先生之苦心，海州知之不能言之，他人能言之，不若予言之較切而得實也。至先生之孝友，學術之淵醇，吾所未言。或言之而未備，觀此以例彼，思過半矣。曰何以壽先生？先生靜者也。靜，壽之基也。先生居山而樂山，簡默溫文，全乎其爲仁，斯全乎其爲壽，期頤可坐而致也。海州褰帷劇郡，屢攝鄰符，廉卓之聲，格於遠邇，旦夕貤紫誥，晉大封於先生。仲和暨先生諸孫咸隸博士，工藝業，似續司馬公，鵲起巍科，所以慰先生者，方興未艾。而先生不爽其素也。先生諸猶子、從孫，再光延對，彙征都邑，彬彬鬱鬱，紹太原、瑯琊之風流。中秋之辰，樹屏草堂，諸君從仲和後，繞膝洗腆，而持予言以道之。先生將曰：「李子以隱槩我知我者也。」先生囅然舉爵，子孫疊起，上壽先生。有無窮之爵，亦有無窮之年。六袠之酒，其權輿也。夫有述於人，貴得其心。以隱槩先生，即使海州伯、仲奮筆自書，不易吾言矣。

〔一〕「伯」，底本無，依范曄後漢書列傳卷八十四列女傳第七十四王霸妻條補。

茹明府紫庭初度序

初，予旅食青門，所與遊凡數子。詩酒爲嘉會，而昕夕過逢，好學深思，心知其故者，紫庭明府一人而已。是時，尊使君方爲幕僚，明府之年二十尚不足，褒衣錦帶，望之如玉樹臨風，而趨陟階主賓客。凡海内朱輪華轂之彦，爲使君客，則爲明府友。即未爲使君客，無不因明府以徐通于使君。尤不恥下交，喜從巖穴隱者。若亭林、二曲、太原、鄠邑諸賢，或天子所不得臣，台司所不得見，明府悉卑躬禮致。比使君擢別駕，座客日繁，而信陵名冠諸侯矣。然明府事使君至孝，謂晉好士而非，諂承庭訓，俾士之從吾遊者，或吾親不及知，或望而見之，未可也。顧吾好士，而觴豆雜佩之細，瑣瑣以問父母，吾有所弗敢，即士有所弗安。士有所弗安，斯吾親有所弗慊也。未幾，綰百里之綬至於岐下。士之自青門而來岐下若而人，自岐往青門亦若而人。或以聞使君，或不以聞使君，皆翼翼有道焉。

先是明府初度，門人杜子松蔚銜岐人之意來乞予言。杜子蓋自青門而遊於岐。然明府之治岐，予聞其語，未見其政也。而予既見其政矣，所傳聞無異辭。所聞無異辭而有進焉，所見無異辭而尤有進焉。微廣文劉君淑止之請，予且惜前言之未備。故欣然受簡，不以再三爲瀆也。

蓋明府之治岐，美不勝書。而舉其大者，則豁荒田，葺廟社，營學宫，庇民事神而民不勞不費，此之謂所聞無異辭而有進也。豁荒田，葺廟社，營學宫，庇民事神而民不勞不費，明府勞矣，費矣。自知其不可爲而爲之，人以爲不可成而成之，此之謂所見無異辭而尤有進也。所傳聞無異辭，關中之士大夫而知之矣。所聞無異辭，非岐之士大夫不知也，故曰有進也。所見無異辭，明府爲之，未必自知之，而況於岐之士大夫。擬之則重，且難言之，則可歌而可涕，故曰尤有進也。

昔者予與明府共學青門，以天下之士許之矣。及予至岐下，觀其所爲，以友天下之士爲未足，又尚論古之人，非但誦其詩，讀其書已也，爲之歆俎豆，飾桓楹焉。孔堂以官，元公廟以地，諸葛忠武公廟以往蹟，推而衍之，咸秩無文，而岐人處處爲明府肖象生祠。或以蠲租，或以靖亂，或以宣導風氣，開久湮之科賦，鹿鳴、兔罝者比肩矣。而接塵感舊，豈惟惜前言之未備，亦自幸今之知明府者殆有進焉。夫仕優則學，世不乏人，然退食之餘，間掇詩賦，輒相侈曰服古。而明府墳作朝陽書院，厚幣具輿馬，迎予山中，召集多士數百人，講求經術。郊勞授館，備物熙如，明府晨興肅牲牢，祀宋張誠公堂上，躬先諸子，更端析疑。豐醴既陳，廩臺相繼，日率三至，風雨不違。學憲合淝許公、郡伯范陽曹公並騶旆式臨讌飲。逮其傔從，一薪一粒，盡傾薄祿給之，履舄雍容。數月，予始別去。予不佞，何足爲斯舉重輕？顧儒者動斥二氏，今釋老聚徒請業，至今紛然，而吾黨坫壇，岐以外無述焉。況明府居鈍秏之區，罹兵戎之後，悉索敝賦之不暇，而獨銳意於三代之禮樂，非其才之兼人，而度量之大有爲也，豈易遘此哉？

明府之辰在陽月丙戌，廣文君以期迫，遣令子文學追儉親詣而命之。予聞論仁政者莫善於岐明府，治岐寬猛竝用，而予得以仁括之，非予之私言也。蓋夫子嘗以是評子產矣。子產之治鄭，嚴至謂如火烈不可犯，而夫子稱之曰「惠人也」。故煦煦者，非惠嫗鞠而孺摩非仁也。相其時，度其地，庀其所急，而牖其所不能，斯真足以大有爲而信其仁矣。人之有年，與稱人之年，莫大乎仁。然則舉明府之仁，而信其臻期頤也。如觀江河，溯其源，而決其放於海耳。且明府之政，岐之士大夫知之，關中之士大夫知之矣。自邑而推之國，又推之朝，所見無異辭，所聞無異辭，則所傳聞無異辭，而明府得大有爲於天下。登臺鼎而樹閥閱，海內之士群託其德音，吾以其才信之。詩之頌君子也曰萬壽，其頌作人也曰壽考。吾以其度量信之矣。吾故言明府之壽而本之政，言政而本之學，語有會于心則聞之不厭。劉君暨岐之諸大夫士，持是以介明府度攸當也。

孔觀察霽菴壽序

自秦廢封建，上古神明之系，皆散在編氓，而猶爲庶爲清門。繇漢迄唐，稱人者往往推本其氏族，譜牒可考。浸假至五季，兵戈相尋，故家率蕩析離居，而天下之述先德者，乃論定而歸孔氏，三后之姓莫能並焉。國家修舉舊章，好古崇儒，爵孔子。宗子爲上，公而次，得自治其縣，又兩博士皆以世及廟祀徧宇中，長吏春秋躬親釋菜。上幸大學，御經筵，則自主之生民以來，盛莫于京史。如孔子世家，國書也。子如孔叢，家傳也，故夫孔氏之族多生而貴且賢者，聖人之德音遠矣。雖然，國家取士，莫重於制科。制科之文，一以夫子爲准，而悉屏百家不用，天下未之敢違也。而孔氏之子孫則必生而貴且賢焉？是聖人之教，概施乎天下後世。而顧自斬於本支，抑亦有異聞乎？即產其宗，被服其教澤，以科名致通顯，而非豐功亮節，震動當世，則可登孔氏之家乘，而不可書史冊而冠國華。或幸而書，從一路一事略取而彙收之，而未能超出循吏、儒林而自爲傳，將何以亢聖宗、昭永圖也。

審求其人，觀察公太史霽菴誠崛起者哉。公負軼倫之姿，習禮器於其家庭。長而砥行飭躬，肆力績學，爲山左諸儒冠冕。繇康熙九年進士拔庶常，讀書禁中，改侍御史。典著作於天祿、石渠之署，倡諫爭於豸冠、繡斧之班。寵光在朝，而引重同列。曰「若聖人之裔，吾黨之榮也」。蓋正色先百工，而英辭潤金石矣。未幾，秦隴用兵，天眷西顧，而公遂參藩嶽輔，駐節關門，控中原之上游，操全秦之鎮鑰，所謂濟世不分內外，而酬恩則親而益勵，疏而彌貞，公殆一身兼之焉。受事之初，即馳趨羌汧，治舟檝，督輓運，雲棧石梯，旆旌相逐，櫛風沐雪，時序遞遷也。方四牡以遐征，而嘽駱失載駸之利。詠六月其是急，而戎車無維則之閑。工竣還臺，勞苦而功高，而嗣是又以捧觀北邁，載賦皇華，是星軺夙駕之途長，而棨莊臨之日少也。然秉道端憲，不令而行，綱紀畢張，物情丕應。是故問諸部，而刺史邑侯愷悌宜聞，皆漢京之後也。問諸野，而佩圭安紱，風尚近淳，皆井甸之遺也。問諸胥掾，而閉閣抱牘，期會不擾，皆政府功曹之選也。夫惟公仁廉温茂，左右咸宜。其受群僚如愛其子弟，而接卿大夫士，下及庶民，藹焉景從，各欣欣自抒厥胸臆焉。獨不畏彊御，不縱詭隨，而豪右並兼之徒望威斂跡，舞文巧猾之吏束手奉公，則始而寬猛互糾究，且競綠胥化，期月已可，三年有成。

公家學淵源，直匹休於乃祖。私史、國史大書特書，有無窮之聞。斯有無疆之歷，豈顧計哉？嘉平望日戊子，爰除揆辰，宏農牧趙君玉書、華陰明府遲君屏萬聯束守令製錦屏，爲公三輌介眉之觴，而遲君與予交最深，走書屬敘曰：「公涖關門凡數載，而南面懸弧，茲辰其權輿焉。吾子盍思所以壽公者？」夫遊聖人之門則難爲言，而公固聖裔也。無已，請得折衷於夫子。不曰仁者壽，不曰大德，必得其壽乎？公之科名勳業，以德爲之基，而德則胥本於仁。蓋萬善之源，而四德之長，抑期頤之左券，蕃祉之先資也。予嘗親炙而故知之矣。將以亢聖宗，延臣祚，起外臺，爲輔相，躋昭代於唐虞，俾太史氏仍記孔宗之世家，其道不出此。

曹使君淡齋初度序

當代監古定制，士大夫奮跡之初，必自廷對而簡禁林，則相與艷爲清要，而往往授之以政。踐更郎署，出牧大邦，效成數遷，徐觀其所建立。夫君子乘時而駕，將以有爲也。信竭其才，何限乎内外？何殊乎治亂？何患乎任大投艱？而或道別絀伸，易地偶躓，優遊於坐鎮而御侮，非其所兼，則論者難之。未有出入咸宜，肆應而弗匱，履順靖變，沛乎有餘，如吾岐陽使君曹太史澹齋公之獨最者也。

公嫡系上溯濟陽王，忠勳炳然，具載宋紀。厥後，諱伯亮者，永樂中，從豫章北渡，占籍漁陽之金縣，世擅儒宗。及和石公以經術起家，累官齊、閩，並著聲烈，封大夫。弱歲，爲名諸生，積伐行間業，得別駕。值前朝板蕩，偕王太恭人退而隱居。席素封，登耄耋，占雄凡七而肇撲實首公。順治十一年，舉於鄉。又五年，成進士，刊傳制義，皆冠其房。選庶常，改歷白雲之司。平反大獄，賴以生全者甚衆。暇則殫精詞賦，自濟南、瑯琊後，西曹爲崛起云。今上五年，典楚試，撤棘，天下傳誦得人，而所拔孤寒尤多。擢新安守。其政務崇寬大。會婺源宿盜潛踞群山，公弭以德音，直傾巢窟，於是境内始知樂生之適。因念封大夫、太恭人春秋高，解組乞歸，晨夕弗違寢門，怡志承顏，三載如一日。比滇黔連叛，封大夫趣之曰：「吾先人服勞王家，世□忠貞，四郊多壘，天子日勤宵旰。夫義不避難，危不恤親，爾柰何以二老人恬於家食？」公不獲已，飲泣辭行，既補信州。當是時，閩粵新附，餘寇數十萬猶橫於疆。乃介馳就軍，密圖方略。團鄉勇，輯流亡，且戰且耕，剿撫互設，逆渠畢殲，歸命者絡繹征途矣。方制府董公率師出境，梯峰、航水、轉運一倚公。訖役，民忘其勞，而挾纊之吟徧率伍。又籲宸聽蠲，逋賦億萬條，休養數十事，以拯困窮，舉所措施，次第報可。江、閩漸有底績，而封大夫之訃欻至，公哀毁骨立，號泣奔還。信人環轍遮留，郡無居者。抵里，則太恭人又已疾作，而賢助常夫人以名家女，克謹内儀，奉舅姑，罄瀡隨之歡，暨醫藥飯含，無毫髮遺憾。視公之徒跣瞻岵，祈代母身，蓋交善而益彰也。畢服，追録前功，進階貤恩王父，再補今郡。公慨然曰：「吾三仕爲二千石，而徘徊此都。夫岐陽，周之舊京，於漢稱西輔。漢制，多察郡國，治行高等者，遷領京兆、扶風、馮翊。今重輕雖異，其地具存。況控帶秦、梁，猶四衝之樞也。時隴坻甫脱干戈，蒿艾盈野。公力請各憲盡除荒田之租，残黎少蘇，吏用不困，良發潔己，惠物周爰，允孚故庇，其下者爭愛戴之，惟恐其濡澤之不深且久也。

春二月，己亥，屬公皇覽，屬邑鳳翔任明府某某，糾同州縣諸刺史大令，恭制清防，因表弟涯子開美寓書因篤，請詞以導之，躋公之濡。因篤稽周雅臣之答君貺也，則歌天保。其自山阜及松柏，悉主引年，而蓼蕭之慈，諸侯亦曰令德壽。豈若南山有臺通用之什曰：「樂只君子，邦家之基。」即承之曰：「萬壽無期。」漢曲有云「遠如期，益如壽」，言其不爲量也。而詩言「無期」，且尚之矣。蓋壽者，人之至貴而競欲致其所親，然不必待其辰也。

兹進而待其辰者何，曰申、吕。嶽降之初，固吏民福錫之始。溯其始，則終無不貫，猶天保次章。先溯其受祿於天，而後歷歷昭其申命安在，詩言之未審博也。曰：「先岐陽而述其世，並舉南州之績者何？」曰：「猶之溯其始也。」循本則裕援，其勞則益勸，亦猶有臺先言「邦家」而後言「無期」，與蓼蕭先「德」而後「壽考」。庶幾，公默契斯語，衎笙瑟以醉嘉賓乎？邇者眷西方殷，百度復古，旦夕踵潁川、渤海，徵拜九卿，亮采敘疇，公其選焉。

若夫孝友根於至性，營三幼弟之婚娶，推產不居。三公子玉立，克家能傳其學，次君且摩翔健翮，起草明光，諸孫並識岐嶷於成童。夫天祚仁賢，保艾爾後，昌其奕葉，以遠紹濟陽之勳名。有無疆之休，斯有無疆之歷。而因篤忝蒙鄰覆，又嘗遊青門，親接周旋。所謂温温恭人，詒爾多福，繼此將泚筆而揚盛美矣。

秦太學緒昌六袠序

稷之著族凡四，秦其一焉。皆城居，各據邑之一方，而秦處西鄽，與吾李對峙。粵稽秦，繇世封繼伯，於列國稱西诸侯。當天下之上游，望出天水，是秦之以西相雄長。其所繇來者，遠而在稷。諸秦科名之蟬聯，閥閲之煊赫，亦甲於鄉邑。往吾過瓠中，遊白渠、南湄，小憩秦園，值牡丹盛開，丹萼紫英高尺餘，大如承露之盤，與曉暉激射。徘徊晝榭，問其主人，知爲太學緒昌君。獲兩城薦紳皆敬述其行義，固有道君子也。

夫草木得氣最早，牡丹領萬卉，名王花。方人之豐亨昌熾時，徵應於物，昭昭不爽，而灌溉培蒔，若有以酬其積勞，主人寄興獨幽，心遠地自偏，雅量高致，敻哉不可尚已。予曾賦四詩欣賞，有云「人生致勳業，盛壯莫教違」，藉草竟日忘還。會姻家杜子方叔稱君以名諸生扃戶，讀書其中，種竹浚池，悠然自得。遇佳晨良夜，輒集群從兄弟暨同社酣飲爲常。生平簡靜沉深，不妄言笑。及酒後耳熱，指揮古今得失之林，慷慨縱橫，睥睨一世。然則君即鴻冥蠖屈，未獲表見。勳猷顧有所不爲，而後可以大有爲。

昔賢伏處蓬茅，天下皆以公輔許之。舍緒昌君，吾誰屬哉！君王父近菴翁，邑中推長者，仁心爲質，恭而有禮，三党咸宗之。世父大參公，叔父令尹公，並著循聲，清我邦族。尊人完真先生，乃出就貨殖，躬親拮据而家日光。蓋范少伯之產富名都，馬文淵之貲雄塞下。悉厥心計，數數致千金矣。且關輔載罹滄桑，大參公故業蕩然，賴完真先生殫力經營，恢宏丕搆而究之，均財讓產，昆季子姪盡庇其德音。先生以布衣祭酒里社，爲鄉飲、上庠之老，有繇也。君彊敏多聞，力崇正學，屢試冠冕，膠序而數奇，終躓公車。遂偕賢仲緒顯君〔一〕同遊北雍，砥行在躬，進退有命，君愔愔寘茲愠喜。至其矜然諾，重氣誼，

〔一〕「顯」，依文意，疑當作「昌」。

任俠好施，拯人于危而權其緩急，真以範物，厚以和群，遐邇倚之，如陳太邱、王彥方。至德冠宗閭，不忝大賓，公已治矣。冬陽月乙亥，届君六袠，皇覽之辰，令子茂才楚良敬制清防，糾朋酒躋堂祝君。因方叔而請，一言以導康爵，懇懇欵欵，雖伏枕不獲辭。吾聞書云「孝乎惟孝，友于兄弟」，而力田「服賈」，「孝養」「父母」，統之「厥父母慶」，「洗腆」，「用酒」。〔二〕曰慶，曰洗腆，此人子壽其父母，庀具肆筵之權輿也。推諸士大夫，屏障光輝，詠歌其盛，義固有進而君子許之。

蓋子之事親，圖所以宣著其懿修，侈大其盛事者，何所不用其極。然实至而文不彰，無以爲行遠傳人之資，故修辭不可缺也。君甫週花甲，視履康彊，五色之封，須之子舍，七旬之杖，遲以他年。凡安期、羨門引年頤壽之事，不煩廣稽彙列。惟仁者靜，靜者壽，理固不可誣也。楚良穎秀軼倫，且晚掇詞科，嗣大參、令尹、雨祖翁，「紹聞衣德言」，躡跡雲霄，承庥濟美，而謹率其仲季，春酒綵衣，歲歲奉觴君之膝前，至於無窮，斯文其發軔云爾。

趙母田碩人八袠序

同里趙文學澤寰，予執盤盂兄事之垂四十年，時時相過從。因得識其從子師芳、師鳳昆季。間至其家，則奉寡母以居。雖所業不辭農賈，而門以内雍雍肅肅。自中寢達於外舍，掃除瑩然，階序有端，戶牖徐啟，朴而不陋，成章而不繁，以至几案罇罍，醯醢葅果之屬，皆緣客至立設。雞黍既具，采蔬中園，無呼誶之聲，沽市之勞，而豐儉得宜，碧鮮足喜。其子弟，或罷耕歸自隴間，或抱詩、書次第升堂拜客，趨侍惟謹。師芳齒踰知命，即長者屬以事，必請於母而爲之。子姪八人，鴈行鵠立，人秉大母之訓，出而受成於庭，亦必有先後焉。予心識碩人賢，亟稱於太孺人。太孺人莞爾而笑曰：「小子，而謂趙碩人賢，而詎知碩人？吾族兄平川翁之子，而數飲趙氏忝中外兄弟之親，而不能就省。碩人聆其德音，察其顔色，問其起居飲

〔二〕書酒誥：「肇牽車牛，遠服賈，用孝養厥父母。厥父母慶，自洗腆，致用酒。」

食，則與行路何異，而於禮固闕如也。」予謝不敏。

未幾，應詔京師，備官太史。恒思人子事親以道，不必皆貴也。昔者嘗稱趙碩人之賢，而多其子之能養。碩人之子爲農若賈，戀戀母側，碩人顧有所不足耶？予獨何人能忘定省？冒禁陳情，皇上憐烏鳥之私，沛恩許還。先是，太孺人以倚門病目，浹歲幾失明。比予歸，僥倖無患。然則碩人之教，澤及孫子，施於六黨，即予因得窮其緒餘。黽勉南陔之議，固不可以無述也。

會予歸之明年，值碩人八衮，族黨感謀製錦，介其初度之觴。澤寰率從孫毓璽有謁於予，丐爲文以序其事。予謂碩人生自名家，比巘任、姒而言其爲子，不若言其爲母也。椎布鹿車，躬勤操作而言其爲婦，不若言其爲姑也。子姪衍茂，富有日新而言其爲闔端，不若言其爲女宗也。碩人爲母，攝保傅之嚴；爲姑，兼鳴鳩之愛；爲女宗，洽州里之化。無間於士大夫之詞，茹蘗飲冰歷四十稔，懿德高節，照耀一鄉。而吾即疇昔邂逅，欵曲盤飧，壺浆之微，舉其大凡，以爲有述於碩人，類不出此。蓋聞母之教其子，使之履仁蹈義，力行爲君子，則至榮踰於圭組。而菽水蔬食，承顔不違，粲粲白華以事其母，雖鼎烹何加焉？故曰「士之子恒爲士，農之子恒爲農。無遺力則不偷，無侈心則不競」。風俗敦朴，比屋可封矣。書云「純其藝黍稷」，「肇牽車牛，遠服賈用，孝養厥父母」，「洗腆」，「用酒」，以慶高年，亦猶是行古之道歟？請以是爲碩人壽。

温母楊孺人六衮序

今之稱母德者，率觀其子而知之。習其子賢，而推本以言母壽。吾以爲，母之聖善猶未彰也。夫母之有聞，必自其爲人子始。言其爲母，必溯其爲婦，必逮其爲子婦，而後其德備焉。傳曰：「女之嫁也，父戒之從爾舅，母戒之從爾姑，諸母兄弟肇申之從爾父母。」[二]從父母，猶言從舅姑，而不及夫子。蓋夫子，稱之不若其舅姑之公也，故必逮其爲子婦也。國語曰：「卿之内子爲大帶，（大夫之）命婦成祭服」，「至庶士以下，皆衣其夫。」[三]能以職服其夫，則能以績教其子。蓋敬薑雖老，而不敢即安以無忘先人，語其子曰：「懼而父穆伯之不祝也。」故必溯其爲婦也。然則人子之壽其母，祝嘏之詞屬諸遠不若屬諸近，屬諸己之友又不若屬諸父之友也。吾友知吾母矣，而吾母之爲子婦，爲婦以至爲母，則非父之友不知。温子宏佺、右貞見及此矣。將壽其母楊孺人而懇懇有謁於不佞，其言曰：「太君以今年秋七月辛丑，設六袠之帨，諸戚友謀制錦屏，介慶北堂，願以詞屬之執事。」以吾知孺人之悉，庶幾言其德之備也。

夫温，自御史大夫恭毅公以來，至宏佺兄弟四世，及其子五世矣。吾初如焦獲主王氏，旋主温氏，拜恭毅公祠下。父事孝靖先生，兄事伯子桐伯，而授餐授衣，敝又改焉，實孺人之仰給。是時，孝靖以大有道隱居卻聘，爲西國人倫冠冕，納交滿海内。吾黨往來文酒，伯子多狎主齊盟。每造其廬，輪蹄錯於户外，堂上多修髯偉貌。杖履繽紛，追香山雒下之游，與先生相行齒。堂下執經請益，問奇字商韻業者，又若而人。而設具前楹，罇罍之潔清，殽核之罇好，應呼猝集。中壺寂然，舅姑安坐，從客賓客咨嗟動色，肆應不匱，亦皆孺人之仰給焉。故孺人之事舅姑也，舅人頌姑之慈；其事繼姑也，人頌繼姑之慈，則孺人之爲子婦可知也。及伯子之身而賓客無改於舊，罇罍殽核之設無改於舊。故孺人之事伯子也，人頌伯子之義，則孺人之爲婦可知也。而孺人爲母十五年於兹矣，及宏佺兄弟之身而賓客無改於舊，罇罍殽核之設無改於舊。故孺人之教宏佺兄弟也，人頌宏佺、右貞之孝，則孺人之爲母可知也。吾逮事孝靖先生，友伯子及宏佺、右貞三世矣。親見孺人之爲子婦、爲婦以至爲母，六媚宗其令德，垂老無間言，迄臧獲無間言，迄鄰里無間言。逆而言之，少君之鹿車操作，德耀之齊眉舉案，孺人殆兼之。進而觀之，王氏之剪鬌髮以成夫業，湛氏之剉薦草以延子譽，孺人殆兼之。

[二] 此爲意引，參見穀梁傳桓公三年九月，又見儀禮士昏禮。
[三] 語見國語魯語下，「大夫之」，依國語删。

且孺人固名家子也。父銓部公，繇中州循良擢戶曹，調文選，輒拂衣以去。吾猶及沐其餘輝，而與孺人之弟六吉過從甚歡。蓋孺人之有闈閫婉靜嘉之儀，誠自其爲人子始。而吾溯其爲子婦、爲婦以至爲母，著孺人之光大其德者若是，而所以壽孺人者道具此。漢詩有云：「遠如期，益如壽。」蓋稱人之壽侈，於耄耋有盡也，而所期則無盡。期之以千里萬里，益之以千秋百歲，其德無盡。斯其壽無涯，而孺人之德音自足致之。吾自孺人之爲子，述其爲子婦、爲婦以至爲母，備言其德，以徵其壽。而宏佺、右貞兄弟所以壽太君者，道亦具此。宏佺振綏太學，右貞爲名諸生，恂恂守恭毅、孝靖以來相傳之家法維謹。夫能承其學，必能似續其科第勳庸，無忝所生，以光大孺人之德者未艾，而孺人之壽與之未艾。叔孫昭子曰：「爲人子不可不慎也。」況爲寡母賢母之子乎？宏佺、右貞最之哉！

曩論關中邦族，吾每舉温氏，謂其能紹先澤也，而人以爲多內范焉。如楊孺人之鞠諸孤，其尤章章者矣。

沈太君龔孺人壽序

予聞古之言壽者，率燕樂之事，天保之萬壽。臣所以祝其君而蓼蕭，君之祝臣亦曰「令德壽」，愷然置之四牡之後。蓋教其臣以養父母爲亟，即嘽駱迫於遑將而君猶不敢自安，至其卒章曰：「將母來諗。」初並稱父母，而末則專言諗母，何先王之體人情若是其詳也。周之初，毖酒甚嚴而酒誥自「藝黍稷」，服「肇牽」，「厥父母慶」，則許以「洗腆」「用酒」進此，「庶伯君子」「羞耇」，有「飲食醉飽」之詞。是故人子能孝養其親而賓燕作焉，而魚麗、嘉魚、有臺爲通用之什。終之曰「嘉賓式燕」，繼以「遐不眉壽」。予固知言，壽者燕樂之事，但未及其辰也。

唐開元十七年八月癸亥，明皇以誕日宴群臣花萼樓下。而大臣因表請每年八月五日爲千秋節，其後歷代相仍。自是而有君之辰，夫臣之愛君，與子之愛父母無以異也。君有君之辰，父母有父母之辰，雖貴賤懸殊，而祝其康彊壽考致乎無涯，臣子之心一也。子用是張筵設樂，賓客從而歌詠之，甚盛舉也。有人焉，載筆而紀其寔，將略述其生平而博吾親之歡顔，亦以廣孝也。

合淝沈君蘇菴謀壽母龔孺人，因君娣丈、吾關中督學許使君生洲屬文於予。予陋且賤，且繇漢迄唐宋，其文之見於世者，無所爲壽言也。非無其言，無其事也；非無其事，不舉其辰也。今既舉其辰矣，其事方隆，言亦曷可已乎？況予聞孺人之教，而稔習其端和聖善之徽音三十年於茲，回憶壯游輦下，寬容存性拙，剪拂念途窮，惟大宗伯端毅公芝麓先生不媿斯語，孺人其女弟也。方端毅公令蘄水日，孺人自宮舍于歸，而沈固素封，百兩與三星競耀。未幾，君舅大令翁、厭世翁直道而行，未嘗以生產問家人。又輕財喜施，所作佛像、神宇、橋樑、道路、賑糜、掩骼之屬，費或不貲。季禾公弱齡補弟子員，行誼孚於庭訓，甚精帖括而迄不得志有司。易簀之年，甫及強仕，遭亂而家遂中落，於是爲孺人計者，多不堪其憂。乃孺人椎布鹿車，晚節著少君德耀之美，而神情散朗，有林下之風，得之天賦居多。往在端毅公座中同諸賢刻燭爲詩，公嘗先難以起和者，衆皆歎其敏妙。而語及孺人，則公欲焉。封胡遏末間，顧內言不出閫，莫繇徐扣也。今幸托使君縞紵之契，而賢子仁長娶於吾少宰。吾每過使君，聽猶子來起居，輒稱沈恭人之德不置口。用能相其夫子，貧姻接踵，不靳傾筐，改衣授餐，久而敬之，亦何非太孺人之教哉？孺人子女各三，蘇菴暨其兩弟，咸肄業國學，名譽甚都。恭人女弟二人，並雄門閥，其婚嫁一太孺人是主。清我邦族，母儀六媚，其所繇來遠矣。蘇菴兼工詩，搦管佳思立應。故溯洄而懷端毅，溯流而接仁長，似舅即賢甥，而要皆本之太孺人保抱攜持之恩，不獨淵源相漸也。

予久與二君處，傾其議論丰裁，審其有道賢人，而定其可以有爲。松柏之後凋，卜之孺人，萱華之晚榮；卜之蘇菴、仁長、景福，洵未艾也。夫禮可以義起，壽孺人而及其辰之謂也；文可以例推，壽孺人以言之謂也。予即陋且賤，托宗伯司衡之末光，庶幾紀實而無溢詞，孺人其龥然盡斯觴也。蘇菴更寓書貽參藩龔長君伯通，度亦有會於予言也夫。

曹太君呂恭人八袠序

素菴曹使君分藩關西，奉母呂太恭人于岐陽内廨。岐陽，周之都邑，而古公實疆理之，即大雅緜之二章所稱，「爰及姜女，聿來胥宇」者也。春秋，男舉氏族，女舉姓。呂，姜姓，蓋太嶽[一]之裔，齊紀之所肇封也。溯其徽音，固任、姒之淵源。而邑姜繼起，嬪于之貴，天下率莫與京。歷三千餘祺，而得太恭人焉。太恭人爲曹母。曹，文之昭也。叔振鐸之遺澤猶存，而子臧高讓之風追蹤泰伯、孟僖、子雲，名德不顯於世，其後必有達人。今其將在吾使君乎？使君方幼而背先公，世襲廣威將軍，太恭人年三十有八耳。先雞而興盥，櫛风沐雨[二]必屬，雍雍若若，淑慎威儀。其爲母也，不異其爲子也。綜内及外，至於六婣，階闥無聲，肅如朝典。其爲母也，不異其爲婦也。紡績之勤，遂聞閣教，空鬟剉薦，延譽公卿。其爲母也，不異其爲父也。於是使君以孤子而不墜學。海内之賢士大夫皆樂與之遊，語曰：「友其孤，必其聞焉。」蓋使君孝謹端亮，顰笑之發，跬步之微，自羈貫成童推之，浚明亮采。對長伯、臨民人、處賓僚，悉凜凜如侍太恭人之側，無敢損越。雖至性使然，其所受於太恭人者就將有方，何可誣也！

往，使君履仕籍，褰帷楚之夔子。太恭人謂之曰：「刺史居州而不設附郭之縣，親治其賦，其實令也。秭歸地鄙而民朴，因勢道之，利用忠質。」使君一遵其言，比奏最褒，然爲南郡冠。遷淮司馬，董河防。太恭人曰：「淮陽雖劇，汲長孺嘗臥護之。若佐郡而專河，勿與水競，民其有豸乎？」繼而廉卓屢舉，疊被璽書。使君傴僂而前，拜太恭人堂下，太恭人無喜色，念河憂之未艾也。而使君擢西河守以行，教詩書，勵孝弟，俗淳政簡，有古循良之風。太恭人之教用成。橫汾而來，父

[一]「太嶽」，指湖北武當山。「太」與「泰」通，依文義當作「泰嶽」解，即山東泰山，疑此代指姜尚。

[二]「雨」，依文意補。語出莊子天下篇：「沐甚雨，櫛急風。」

老人人能述焉。天眷西顧，仗節酒泉。當是時，漢沔用兵，轉輸孔亟，咸責辦於三輔，而鳳翔爲南北襟喉，擬之河内、櫟陽，參知重任，非其人不可。延推數四，罕會上心。外臺以公名入，持旨報可。繇居延絕塞，改右扶風，蓋異數云。使君甫到官，密贊訏謨，徵不擾民，而運能猝集。收梁、益，復滇、黔，宿飽騰歡，士不血刃。溯流探本，公之力爲多。公曰：「吾庶幾告無罪於太恭人。」蓋公之飲水茹蘗，淡泊自甘，爲觀察猶其爲子也。而夙興夜寐，巨細躬親，親見太恭人之儀型如是。施於有政，邦人化之，准諸丸熊畫荻之家法而裕如矣。

夏五丙子，際太恭人八袠設悦之辰，郡守于公率所屬製清防爲壽，因表弟汪子宏量请，因篤以辭先之。因篤幸庇使君東部，數數負米周郊，以養其母，而嗟藜藿之不充。年五十餘，因而失學，無善狀。慰太孺人老，而黽勉一言，以附使君之末光而不敢謝者。聞使君之事太恭人以禮，而太恭人之致大年以德。太恭人爲邦君母，慈和聖善，一如其爲孤子之母。則其優遊耄耋，坐臻期頤，聰明康彊，一如其少壯之年可知也。使君爲分陜之伯，據内史之上游，碩畫膚功，立建牙鉞，而愷悌廉廉，視南面如「循南陔」也。攬汧渭之故封，懷卷阿之餘烈。「樂只君子，邦家之基」，「萬壽無期」，敬以介母。母之教子，子之壽母，又皆近取諸身而裕如者，「高山仰止，景行行止」。願竊使君之餘輝，而歌「春酒」之什。雖不能至，心嚮往之矣。

頌

學憲許公四山德造頌並序

今制郡邑，諸生既分隸博士，直省各有學使者，奉專敕督之隆之，以憲司之權，歲試其勤惰，而增其秀，退其不肖，若斯之重且嚴也。比及三年，仍類其尤者，著之冊。所未盡者，臨期復大録厥遺，續著之冊。然後以朝列清要二人，爲正副考官。郡丞倅若刺史、縣令十餘人爲分考官，大中丞持節同藩臬，就監其地。進冊內士，鎖闈三試之。其雋者，乃上名禮部。蓋古鄉舉之法，而行之加詳焉。

先是康熙二十三年，淝水太史四山許公自戶曹擢按察僉事，來視陝西學政。部界廣袤萬里，凡再試，親歷遐陬，不避暄寒，而取才爲最盛。試牘具在，海內爭傳習之。兹二十六年，歲當大比，會撤棘，得孫君鐔等四十人，皆文彩甚都，彬彬極一時之選。四十人者，並兩試於公，而經其監裁，受其陶鑄，乃能夙夜淬厲，獲當主司。譬諸時雨所敷，裁培不無小異。然春和秋肅，以滋養而逢年則均也。故並有知己之恩，師弟子之誼，可爲知者言。而四十人固見及此，遂介榜中。吾通家子劉君追儉、舍弟彥珝寓書澗道，連刺以請，將有述於公。詩不云乎「成人有德，小子有造」。敬撮諸孝廉大指，勒爲頌辭。而因念直道在人，諸孝廉斯舉之近古也。夫人心之不同如其面，糊名求士獲之，俄頃之間，有數存焉。學使者與主司，非能必同也。士即工於揣摩，非能預知主司之好尚，而期之合也，乃其同者。學使者若操左券而合者，諸孝廉如射之中鵠。信夫！論文之不可誣，授之權衡而使之齊，故智巧無所違而灼知其非適然。然則，學使者雖不居德，鑒裁陶鑄之悉，及漢頌所云「匪惟偏之，我汜布濩之」。諸孝廉能一日忘乎？

公起巍科，游中秘，歷事郎署，詞名孚九閽。故文命數眷，乃躬分較北畿。出典晉試，所取士多湛於經術，冠冕冀、幽。

而公自處欿然，曰「吾獲之一日耳」。今公視學於此且三年矣。而一日之遇合，則聽之主司。雖然，歐陽公，斯文之宗匠也。知曾南豐生平至稔，闈中避嫌而亞之，而榜發顧得大蘇。蘇、曾齊名百代，謂永叔不識子，固不可。況事出兩人者哉。蓋公有教士之責，而取士一付主司，非曰同之，各盡其道而已。盡其道無他，矢慎矢公，論其文而已。公慎之言學使者，與主司同一道也。是即公之左券不謀而合，不介而孚懸之國門，而不疑質之古，而允固諸子所必趨之鵠矣。瞻西京之孝季，戴南國之人倫，吾乃得樂詠王楨。擬諸雅什，其頌曰：

盈盈朝霞，湛彼雲衢。峨峨彥士，束帶而趨。乃遵西陸，顏色孔愉。惟水有源，惟人有初。

公惠好汝，錫之升車。賓馬千駟，載馳載驅。增修其翼，六翬既舒。華始茂始，彙征連茹。

於維高陽，自古多才。八凱世遠，公名與諧。赫矣祖武，觀於烏台。迭封大夫，貞德不回。

挺生我公，惟學之恢。時勤邁往，以奮風雷。公夕過庭，恪循南陔。及朝乃出，揚休天階。

公當聿興，抗館金馬。起而執戟，閶闔之下。淑問有辭，豐年有社。王事方殷，不遑休假。

偉績載登，彤毫頻把。籲俊邦畿，光於冀野。天眷西顧，大河倒瀉。邦教是承，以南以雅。

緬公來思，秋氣初澄。駪駪四牡，鞗鞃鉤膺。今公覯止，膏露且凝。既霑既渥，髦士以蒸。

如川方至，如景始升。勿替引之，緣階庶登。維河洋洋，維嶽岐嶒。翔顧萬里，羽儀足征。

言河莫長，言漢莫廣。發其突奧，如指諸掌。鐘鼓淵淵，百嚴應響。風斯高矣，西土是穰。

如時雨化，穫者云昉。孰播孰孳，皆公所養。我攀棨條，周旋俯仰。爰戢德音，接塵懷曩。

念當學殖，惟殖惟菑。爾提爾命，惟日孜孜。濟濟方士，環叢於斯。愔愔我公，天作之師。

匪惟誨之，身實儀之。匪惟始之，又振斯之。名言茲思，莫釋茲思。將從公佈，黼黻清時。

先師孔子生日會簿序

三原學古書院，建自前元，埏采爲夫子象，被以袞冕，而列四聖十哲其旁配饗焉。於是春秋上丁之祀，自學宫而外，有事於院中者，邑南北二城，諸子凡七十人。近又取八月二十七日，夫子肇生之辰，具牲牢籩豆，而薦之月爲會。會有簿，屬因篤序其首簡。因篤愾然以興曰：

生日非古也，而象於前，則不敢議於後。舉其日，則其事有必不得已者，勢也。君子以爲猶古也。夫天子千秋之節，始自唐之玄宗，迄於今踵而行之。假令士大夫多聞好義，身在朝庭，值其君皇覽之觴，以爲非禮而矯俗，不顧可乎？君師，一也。「禮失而求諸野」，舉其日矣，其事烏得已焉？或曰：「上丁之祀，尊生日之祀，暱柰何？」曰：「是役也，舉于學宫則暱。舉於書院則臨几筵而知慕，瞻容貌而作肅，習威儀而悟學。諸子之暱於聖人，合志同方之中，有嚴憚切磋之益。祀之所爲，萃渙而假廟也。」或曰：「逝者從忌，舍忌而生，柰何？」曰：「往而舉其忌者，子孫之事也。會而溯其生者，後學之事也。其義固有辨矣，諸子敬之哉。慎其始以思其終，守其祭以推其本，登其堂以講明其禮樂，斯會以輔仁而適道，雖與上丁之祀並行不悖可也。」若夫夫子生於庚子，定爲是日，從聖蹟圖也。創立之初，助地者李子敬山長，爲蕭學士㮚，詳載元碑，不復具論云。

華陰王氏族譜序

古之爲大夫者，得賜於國而後有族，否則稱名而已。漢以後，無弗族焉。未有族而有族，或冒其姓。夫姓，自天子達于庶人者也。稱女以之，周之姬，宋、齊之子若姜是已。而漢雖女，亦從族。司馬氏史記最爲近古，稱文武之名，冒以姬姓，似未知諸侯以國爲族也。其述外戚、后妃，不能舉其姓，姓族之弗辨久矣。春秋之法，命卿具族，子孫雖去其國弗改，以尊祖也。唐杜氏之處者爲劉氏，伍氏之爲王孫氏，變也。而智果請于太史，别爲輔氏，猶有賜族之遺焉。

故夫族之義有二。其始未有族而易之族，子孫守之，所謂氏族也；其後有族，自其始祖推而下之，至九世而止，謂之九族。蓋有高祖，因以有族兄弟，有族子孫。外是，則族盡絶服，曰吾之宗而已。所謂宗族也，宗，百世不遷者也；族，自高祖以下遞祧而遞進之，各爲其高祖，各有其小宗。宗大而族密，宗尊而族親，故不可以無譜也。夫譜之義亦有二。古之族所以别于庶人，貴貴也。漢以後，無弗族矣。始譜而爲望，猶之貴貴也。唐宋之末，其譜亡，望亦缺有間。後之爲譜者，親親而已。蓋族降而有望，望湮而求之後之譜，猶得半焉。

吾聞之，尊卑不殊則國無世臣，而其上緩急無所倚，此氏族之失序也。親疏不辨則家無宗法，而婣睦之風不聞。一旦有死喪急難，相視如道路，此宗族之失序也。自漢歷唐，其譜氏族率繇上作，則責在上；族有賢者自爲之譜，以庇其宗，則責在下。吾責在下，而姑置之。密者日渙而難舉，親者日離而不可制，則宗族之譜之望也。故尤不可以無譜也。不可以無譜而無譜，其始有譜，及吾之世而失其傳。

華陰王子於是乎懼而作王氏譜，其取例兼歐、蘇，而書卒書薨本之涑水。又立後貴同姓家傳，從男於古，頗有損益。吾尤愛其宗子之篇，詳小宗以尊高祖，别父子以黜二嫡，義正而辭嚴，確乎其不可奪也。

或曰：「譜始高祖則曰族。今王氏之譜，斷自處士公以下，於高祖蓋衍矣。其稱族，何也？」夫族，始於高祖，而譜不始於高祖。譜衍於族而稱族，猶之親親而已。古之人皆然，王子弗能異也。今之族，或男冒姓，女冒氏，或望遠而莫稽，或大宗絶而莫爲之。後賢者處此勢，無如之何。夫王子亦爲其所得爲者而已矣。無事則聚族而居，有不得已，非舉其宗弗遷。修其忠信，澤於詩、書，吉凶相同，疾病相扶持，斯其所可爲者也。敬老屬寡，厚倫整俗。躬行以先之，獎善而救過。成之惟恐不及而誨之不倦，使吾之族恂恂無弗率之子弟，即非小宗之主，可無忝於高祖焉。吾之宗恂恂不異於其族，即非大宗子主，可無忝於始祖焉。蓋宗子族之督，而賢子其表也。故宗子有君道，賢子有師道也。賢子糾其族之人，惟宗子之是依。而後宗法以申，則賢子者又宗子之相也。王子勗之矣。

然竊嘗因是而有感焉。譜存則宗不亂，宗不亂則大宗重；譜亡則宗瀆，宗瀆則幾幸生横議。滋以漢世祖之神武中興，功配高帝，猶不敢私春陵而稱南頓。而近代張桂邪説乃得行於世，及之朝天下，莫能爭之。豈非宗法不立之流弊哉？夫譜作於上，其下奉之，譜作於下，而有時爲君相之所折衷，非其人莫之屬也。夫子論二代之禮，喟然於杞、宋之無徵，曰「文獻不足」。王子，固秦之獻也，舊嘗爲陝西通志。國有志，族有譜，可以觀其才焉。他日有聞王子於朝者，將在著作之林矣。

葉太史公督學陝西歲科兩試他山集序

關中有横渠先生，分皐比於濂洛，天下稱有關學。迨鵝湖之書起，至新建而益熾。於是士大夫靡然從之，而高陵、三原皆予鄉名宿，獨恪守傳注如故。蓋楊文襄公邃菴督秦學九年之餘烈也。人咸謂公首識北地，以詞賦一代自雄，而庸詎知其纘微言、斥異説，爲紫陽之嫡系，而經術人心，咸嘉賴之乎！是後滄溟、麟洲、敬菴、於侯諸公褰帷相繼，聲跡卓然。故海内推名督學，必首關中。乃今上下數百年，而得雲間叶太史蒼巖使君。

然自予論之，則使君所處尤難，而厥功茂焉。何者？明永樂初，頒大全於學宫，而蒙引、淺説、存疑諸書遞相祖述。雖不無純駁，要其羽翼，傳注則均也。又是時，士所誦習者，唐宋八大家古文耳。嘉靖中，夏官明始有還初録之刻。其文止於程式，未及墨也。錢豐寰、三王兄弟、韓求仲、宋羽皇輩，歷操評選，爲世所宗，則程墨並刊矣。於是又有房書、行卷、試牘、社稿之選，及艾東鄉無以加矣。識者曰：「講義雜而宋儒釋經之旨亡，時文行而先輩明理之文廢。」沿襲以迄今日，而流弊且不勝窮。夫恣睢背馳與莽滷而苟成者，吾無責焉耳矣？彼高步壇坫，夙矜名通，平居於注疏、大全無講貫之資。又説書與制藝不同，而取餘註、外註入語氣，此大謬也。其學先輩者，不察精微所在，而區區以聲音笑貌求之，幾何不爲笨伯哉？故正文之體而起其衰，昔則事半而功倍，今則辭費而力孤，爭之於岐出之塗，辨之於久湮之日，而竟使經傳大義彪列如日星。此蒼巖使君所爲，與昌黎同功，而視王、李、許、熊諸前輩不啻過之也。

憶十七年秋，因篤應詔北上。值使君易水之陽，方自戶曹擢陝西僉憲，主學政，徂旅不遑，獻剌而去。明年春，見使君所訂試卷，京師曰他山集。其合者尊經復古，彬彬質有其文。次亦各抒所得，力洗近來庸膚軟熟、拖遝牽纏之陋。讀之鬱勃有生氣，而秦風爲一變。比予抗章乞養，蒙恩西歸，初謁使君於奉先，再晤青門，手授二集。篝燈卒業，則雄峭雋宕，科試之文較歲牘又一變，而於道其庶矣。鄉人士爲予言：「使君車轍所經，每遇佳卷則躬自抑損，多方誘掖之，是以其教不疾而速。」予因肅然而作，喟然歎曰：「斯文盛衰之端，豈不以人哉？」夫詩之風十有五，而關中若召南、若豳、若秦，得其全者三，若王、若鄭、若魏，得其半者三。推斯以往，有待而興，即進之大雅之鐘鏞，思皇之棫樸，奚遠焉！或曰：「使君壬子之役，嘗主秦闈，而鄉墨視試卷稍別，何也？」予謂：「不然。鄉闈考官二人，同考十有餘人，人持異議，又昕夕聚處，惴惴不勝其畏，功令之心，寧使君得專之乎？」況夫學使，攻玉者也；闈使，相玉者也。權非獨任，時非歷久，而欲玉人審玉之等則可，欲盡玉之材則不能。然則使君以「他山」名是集，雖謙牧之詞，要有深意焉。

夫玉雖良，必琢以觀其器；質雖美，必礪以觀其德。使君任攻玉之責，竭攻玉之方，而多士賴之。切磋琢磨，厥德用成。殆將循雍州之封，修禹貢之舊，涉玉山、瑤水之外，採球琳、瑯玕而上之天子之庭。俾入則與珪瓚、琮璜登陳階序，出則作躬桓、蒲穀照耀寰區。而使君，巨工也，操是術以進退。當代之人才，追蹤楊文襄公，爲督學歷台輔。儻天眷西顧，吾關中更被其澤。如文襄以上，相總制秦，師駿烈辰猷，先後一揆他山之石，其國之柱石也夫。

制訓序

大學傳之九章，二章皆言治天下國家之道，顧九章先教化，而十章次及政事。孟子亦曰：「善政不如善教之得民也。」蓋教之未立，則無以興起其忠信親愛之心。苟遵以政而民不從，而一切束之於法，斯下無所措手足。賈長沙有言：「移風易俗，使民回心而嚮道，類非俗吏之所能爲也。」泰誓云：「作之君，作之師，君師之任。」元后而下，惟令長得兼而行之，以其親民也。或昧於政教先後之序，而師道闕焉。吾不知其自待何等矣！

國家監前代，刊臥碑以飭士，而於民頒聖諭六條。夫臥碑，多訓厲之辭，禁於未然，而六諭則遵之以所當然。其理至平，其辭質而易解，其義簡而廣大，無所不包。凡以云教也，故義禮之准載在臥碑，而六諭則五經之外篇。朱子所謂「循之則治，違之則亂，而不可離於須臾之頃者也。」今之士，或歲一涉學宮，謁博士而退，而臥碑凝塵湛滿，未有即而觀之者。朔望，守命出耆老誦六諭於前，民之聞之者寡矣。惡有能解其大指、體而行之者哉？令長以具文視之，非有關雎、麟趾之意貫浹其間也，責民之不吾從。夫以言教者訟，況並未嘗教之乎？漢諺曰：「州郡記，如霹靂，得詔書，但掛壁。」使州郡長吏設誠制行，牖民孔覺，則掛壁之語可轉爲霹靂。何者？以其親民也。故患不教耳，不患其教而弗行也。故夫天子，教吏者也。其教士民，則委諸長吏，而乃於華陰遲明府屏萬見其人焉。

明府，東萊世家，齊魯之士所稱爲遲、董、宋、孫者也。中徙遼左，以經術擢詞科者指不勝屈，率不出其朞功之親也。明府甫二十餘，剖符茲邑，地衝而田瘠。又是時，關、隴用兵，輓輸方殷。令朝受事，夕督其民，牽負而趨，匍匐數千里，歷歲無所息肩。而明府律己廉，愛士若民如其子弟。其爲政則務以簡靜之道馴致之，故士興於行，民勞而不擾。尤善王徵君無異先生仲舉之作。豫章先見徐孺子，而後入廨，東亭爲郡，與張祖希情好日隆，蓋兼之焉。而又推于四方，事賢友仁，切磋以成其德，雍容化理，沛乎有餘。吳郡顧亭林先生嘗舍其郊，留連而不忍去。爲言「朱子晚年，就提舉雲臺觀，以食其祿，而俎豆之祠不設，令之責也。」明府因自割數千緡，創新宫其傍，於以倡明正學，可謂知所先務矣。故能尊經而好禮，表章六藝。勒臥碑、六諭成帙，而猶恐民之愚而未盡悉也，親爲注釋。或莊言之，或罕譬言之，或叮嚀反覆以言之，使民讀之心目俱醒，詳說而不厭，且人人可挾筴而游，父子、兄弟、友朋轉相告誡。興教化以正人心，三代、兩京淳樸端茂、比屋可封之俗，庶幾復見於今也。夫審於政教之先後，有善教者必有善政，而簿書筐篋之事不足以擬之。明府報最久，入見天子，持是爲獻，替先資，即制訓，與朱子易、詩、語、孟子注並行可矣。

琴學正義序

事有傳之數千百年，而一旦或悟其非；亦有一人孤持其說，驚世絶俗，無所顧畏，天下即未能卒然信之。而君子折衷以求，至是終不以彼易此。蓋理固有不可奪者，非僅久暫、众寡、異同之見，區區相勝以其跡也。而況聲音之道，通乎神明。自漢以來，古樂不作，夫樂固難言之矣。習其器矣，或不得其數；知其數矣，或遺其神。今並三代之器而亡之，而漢唐諸儒，琴瑟干羽之間，舞蹈登歌之節，生熟安勉之候，既茫昧無所致力，彼之論樂虛崇其理耳。蓋理，寓於器者也。器之不習，麤者猶闕，而精微將何附焉？彼且曰「此工人之事也」。夫工所執者，三代以後之器。其言律吕，臆而度之耳。而謂考之醇古自然之節族，一一符合不爽，吾未之敢知也。樂之最大者莫如琴，今能琴者，不乏人。其聲湛然，以長涵彙衆義，而以爲商若羽也。其聲壯涼繁急，一往無餘，而又以爲宫大較競爲繁縟，淪胥雅音。究其所歸，僅言指法而已。遂致清濁互淆，宜忌弗辨。至以一曲臚列數聲，姑舉最小者，如圯橋角也。

吾意子房卒逢老父，呼使納履，怒將叱之，繼而憫其老，跽以進焉至於再三。外抑其亢厲之氣，而内亦馴底和平。故博浪椎秦，匹夫用壯之所爲。一變而爲帝者師，必宫也。而謂之角，何也？平沙羽也。夫秋高土曠，陽鳥得其攸居，其意舒，其神閑，寫於聲，必宫也。而謂之羽，何也？豈以鴈羽屬而羽之不近於鑿乎？

友人新安程子源，潛心是藝，久而有會，著琴學正義一編。音不競時趨，而務爲古淡，宫商必求其正，而不詭隨流俗之論。人多聞而訝之，而子源弗顧也。吾謂子源曰：「天下之理，必歸於是。而君子之學，非以求同也。得其是，不害其爲同，南海、北海之所不能異也。得其是，不必其爲同。引商刻羽，雜以流徵，和者寥寥，而知希則我貴焉。」子源爲人淵澄静退，不尚浮名，其所論琴，蓋器也，而幾於道矣。

董使君重建郡堂新成序並詩

吾觀古之史傳所書都邑門寢之事，皆曰：「作而新，故無異辭。」凡以重用其民，而致審於勢之弛張，歲之贏絀，政與役之輕重緩急，權其可爲而爲之已矣。夫使民不奪其時，則民不怨，歲豐政簡而役，又公家所不獲已，輿頌必推而美之。況割俸以召工，不賦民，不督長吏。一旦舉具瞻之燬廢者，錫之壯觀，上承其闕而任其費，下庇其宇而弗與其勞。如吾董使君之重建郡堂，士大夫皆安居，仰成而樂詠，何能自已也。

先是堂災於回祿，當其阨者，未及改作焉。繼此且更數守，風晨雨夕，處若故常，曰：「疆事未寧，吾懼以煩百姓。稍遲諸後，當自有人。」迨我使君之來，奄二紀於茲矣。縱恤民良深，相時後動，顧事有輕重，彼庶人半畝之家，百爲皆其自營，而居必有寢，所以妥賓戚，嚴僮僕也。太尹莊臨之地，丞倅之所往來，幕僚之所瞻依。三十七城吏，若民之所受命。吾聞設官無解，與無官同，有廨無堂，與無廨同。且邦君樹塞門以屏外，自公法服以肅衆。入戶升階而止堂下，以辨等威。方岳之尊二十年之久，頹垣露坐，因循自逸，是其爲謀曾不若庶人也，可乎？使君慨然曰：「政敗于需而成於敏。前人需後，後人又以前爲解，將締構無期矣。」堂，太守所居也，隳制不以爲嫌，即荒渾忘其陋，而謬悠于傳舍之說。昔郭林宗宿逆旅，猶躬自掃除。既過，人咸目之曰「昨暮必郭有道經此」，矧太守居之而自甘爲過客哉？

吾有藉於民，則必科民以授役，吾自治之耳。乃蠲私財，鳩工集徒，計口給直，經始丕作，殖殖其庭。民既不聞，有司皆莫敢助，而高飛燕雀，競賀簷端。夫君子攸寧，爰笑爰語，士大夫未能操畚挶以奉上。若鎬室之美，下管商邱之歌，新宮固其所結於心，而不可諠者。走信山中，屬因篤制詞，以導使君躋堂之酒。然使君之大有造吾土，不昉於建堂也。

使君爲大中丞公胄子。當鄧仲華拜衮之日，即黄次公領郡之年。關輔用兵，輓輸未息。初蒞政，值羽林大族銜詔西遷，幹止方殷，而處者更徙荊門。車牛與版築竝呼，厥聲喧豗。部送或斃諸道，受庸之吏惴惴莫保其朝暮。使君凡自出數千緡，民賴以濟。至其温文愷悌，正大高明，州邑之遠無所遺，戶庭之近無所寬假。民愛之如怙恃，曹椽畏之如神，而一本之潔己。率僚推誠，盡物禮俊。又敦農桑，故歲異豐，凶而不灾，人更轉搬而不擾。今里廬完善，童孺嬉遊，酌醴烹羔，丞我祖父，皆使君子余也。斯堂之建，虽令士大夫親負木石，運甓引繩，歷溯恩慈，猶未足酬於萬一。今乃群享其逸而合慶其成，使君忍揮之耶？使君嘉績冠於友邦，固應九德之選，優三事之隆。行將仗鉞端門，與大中丞公並起，士大夫是觴其兆也。「朱芾斯皇」於堂，有以徵吾言矣。於是諸大夫進使君酒，而因篤仍勸之以詩曰：

悠哉京兆立斯堂，嶽輔相承並在綱。有覺其楹奥復煌，憑高四顧得周防。
邦君拱默茲迴翔，昔值其炎迫弗穰。一炬中宵倏怒張，奔呼靡及徒褰裳。
維時流羽侵於疆，露次空垣習若常。二十餘年何所望，臨民奚以致吾莊。
夏多烈日冬嚴霜，曹掾喧囂勢莫當。無往不復否必康，待人而行降之祥。
於惟我公來帝鄉，比漢豐沛與南陽。弱冠剖符率西方，朱顔青鬢仁且剛。
車前觀者盈道旁，嘖嘖頌聲軼龔黃。家學庭趨閣府牀，聿清邦族廣川良。
端居敷惠日正長，茂草之嗟生茫茫。先我諸君所未遑，以今視後寧渠央。
吾居吾堂憚自彊，責助於下嗤且狂。朝倒吾庋傾吾筐，庶民子來並計償。
飛蚨滿抱粟滿囊，載路嬉嬉謳歌揚。黔首尚難矢贊襄，矧諸鄉士皆優藏。
斯須崇構欣軒彰，縱目舒才成棟樑。大火西流流蔭芳，蒙公之宇庇厥光。
我人舉體盡清涼，三十七城同芾棠。再拜祝公壽而昌，公歡爲我持百觴。

王山史先生次子仲和補博士弟子員序

予嘗論秦漢以來，朝有大議，則詢之博士。其隸博士者，皆有修明經術之責，即今之弟子員是也。繇此而薦於鄉，升於秩宗，受事於九卿，或納諸侍從，或任爲守令，而其初無不自弟子員始。距宦達猶遠，人以其介在潛見之間，往往不甚重。予謂此治道之所以日戾于古，而士趨因之日卑也。何者？視之重則得之必難，得之難，則守之必敬慎而不敢苟，故其才皆足用而爲天子之所養。當世之所須，庶幾三代里選之遺意。今也不然，是其始進也無可觀，何以責其後効哉？無已，則必拔一二賢者，爲鄉國素所知名，寓特進于常科之中。俾人知所慕而爲之，而乃可以反積輕之勢，而漸歸於正。吾友王山史先生次子仲和補弟子員，足以當之矣。

山史以布衣祭酒青門。今年冬，長子伯佐試冠軍，仲和復有是慶。於是，三原杜二蒼舒將率諸同人觴山史於關中書院，而命因篤以言導之。蒼舒之雄長右輔，猶山史之在東也。因篤嘗兄事二公矣，何敢辭？

夫山史，文獻之家也。其子弟皆彬彬俊髦，得於家教者深。伯佐、仲和能詩古文，兼長書法。所謂修明經術，隸於博士，則處也習其事，出也賴其才，吾直以里選予之矣。山史既賢，而其學自大中丞公以來，有源有本，積厚流光，能世其家。當以古之大學，勤勤自任於過庭。仲和他時之所樹立，皆基於此，吾黨昆弟將拭目焉。

西安府知事孫公文海陞涇陽丞序

百官至周大備，其書詳下以衛上，輕重咸宜，而後代遞變矣。吾嘗約而論之，國本在中書而保民惟郡邑。最親史傳所載，内外之政出於二者，則理其大較也。夫郡邑之長，各率其屬。屬有尊卑，地愈疏則愈近民，故須材尤急焉。兩漢名公卿多起曹掾。其時賢者，自郡諸曹，辟三公府，終踐其位，比比矣。六代迄唐，或繇丞尉擢臺諫官。蓋古之君子，莫重乎始。進而推擇，自下而不辭者，非但致身惡其欲速，誠以天下之務、利害之源，託始於郡邑。而守令其布教者耳。艱難瑣細，皆參佐躬自爲之。夫躬自爲之，則見聞習吏歷深，而智慮日生，措施不惑。一旦授之以政，沛然若決江河，故美錦無學制之傷，而函鼎有大受之美。國家之式賴於斯人者，不淺矣。

文海孫公，生燕趙慷慨之鄉，軼才雄出。歷吾郡幕十餘年，凡事數太守，咸得名譽。彼數守者，心之不同如其面。而公忠誠端亮，克瘁厥職。委以租賦，則部民稱便。司芻茭則裕，轉餉則往來不後。時出攝附郭丞，則邑中有蔽芾之歌。太守倚之如左右手。晏子所謂「一心可以事數君者」，此也。且公於郡散秩也，四方賢儁之士來客青門，不詣太守有之，交太守而不及丞倅有之，竟無不從公遊者，則公子維周左右之力爲多。

往予如郡，因諸子得友維周。聞以緩急之故，昏夜即維周謀，而事無弗濟。間過諸邑，聞其同學宰某城，負巨室數千緡，皆維周居間。後憫寡母之訴，而盡返其責，又經紀使歸。他日，翱翔中原，聞列校某垂槖東還，車馬絡繹，維周有傾筐倒皮之雅，而頌兼麥舟矣。顧稱人之善，无取數其事而書之，而吾特舉其大者，將以「風有位，拯薄俗」而比之維周諸，則欲然退託。雖纖微不敢專擅，必得請於公而後即安。

夫維周之義，可以觀公之仁；其不自矜伐，可以觀公之教。公之署，擬諸孟嘗，未或以三舍煩抱鋏，而平原之從容謝躄，又久敬補過之不倦。蓋休休卿士之選哉！

仲冬，公遷涇陽少府，視原官進二階。諸子屬予爲辭，寵公子行。予願公之事令如事守，輔以正，勗其不逮，而丞以賦爲名，政務寬大。公於部人猶汎愛之，況邑人皆其子乎？咸寧特五日耳。公審時度勢，未嘗出於權宜。而民歌詠之，則涇陽可知也。公之德音日茂，俾維周推滿其志，而民之芘其宇者亦日益多。今羽檄在郊，方破成格以待振拔之才。如有徵，縣僚內佐六卿或超拜諫員，修明漢唐故事，必自公始矣。

續刻受祺堂文集卷三

尺牘

復朱太史山輝

世有間聲而相感者，往往徵諸歌詠。況託於戚里交遊之間，大夫之賢而不能事？近之不達，何有於遠？此因篤之所大懼也。先生明光起草之才，好學深思，而又浮湛中書行省多歷年所。其於天下名實利病、高深幽建之故，皆默識而心通之。故其發爲文章，表裏洞徹，有兩京之風。有賢如此，雖萬里之外，吾猶褰裳恐後，況其在戚里交游之間哉？春明握手，兼讀新篇。嘆儀型之未墜，喜賡和之得人。首簡匆匆，自嫌多漏。方圖再一過從，而山野麋之性不耐城市之煩。移入天寧，遂成偃臥，僅三朝又束裝而去。不敢聞於先生，恐辱長者車馬，則禮必徃拜其門。業已出都，重違本念，且吾兩人相許者大，則一時酬酢之跡可畧也。

篤負性直戇，生平不敢以一語假人，而獨於先生有泰斗之仰，以爲冠冕西國者。此出於中心之誠，然不可得而強也。篤雖不類，然所交皆天下之有道君子。十年之内，海内文章家無不知有朱頻太史者。先生必有以徵吾言之不妄矣。閲邸抄，知粵西觀察之命，春風朔雪，頓增離羣之念，不知先生此時尚在長安，抑取道經里中耶？便函先附起居，再圖嗣音。

復劉頻川

向與寧人盱衡江左人物，並以先生稱首，而因篤之聞風慕義，則不自寧人始。憶庚子之春，吾友曹禹疏嘗邂逅先生於春明，蓋歸而有是言也。今天下學者多鶩聲失實，專己守殘之患，而先生獨慨然以六藝爲己責。吾雖未接紫芝，不得出其論著，互相印正，然竊念先生之用心爲不可及矣。因篤蓬纍而行，譬諸天上南箕，虚而不用。求其大放厥辭，以振八代之衰，則先生事也。傅徵君樂獎人善，恐有溢情之譽。何時假道臨臣，得一握手？酒酣，擊筑和歌，謂天下英雄，惟使君與孤耳！拭目俟之。

與曹秋岳先生

至後日，景漸長，寓人安居無事，輒頌先生大篇。坐臥其中，可謂無間然矣。因篤自束髮棄諸生而爲詩，邇來二十有一年矣。竊見當世操觚之士，專己守殘，堅不可破。高則占地步罾世，以爲能毁人而自譽。求以古法，其所爲温厚和平，皆無聞焉。卑則惑於聲聞，辟支於其身，徬徨歧路而莫知所從。二者譬如臧穀之牧，博遊挾夾，其亡羊均耳！語之以六朝逸調，文選正宗，彼且傲焉不屑。而房中之雅飭，鐃歌之崛奥，又苦其難於卒解，率多沉閣。孟子曰：「王者之迹息而詩亡。」詩之不亡，先生當直繼黄初，申其家法。雖不，吾以吾其與聞之，況藉草班荊之日哉？

前所寄詩，頃已卒業。大都格老於情深，而情深則力大。取材必兼所長，自命務造其極。分觀則一冊俱佳，合論覺五言更勝。古體專主氣候，未易一二爲淺見寡聞者道也。丹鉛粗畢，論著頗詳，未附傳魚。尚有所俟意者，七人八穀之旦。先生假道臨臣，冀得面竭鄙懷，兼請全豹，然後快於心耳。不腆野人之獻，恃分末契，敢假此以通起居，北叩戟門，遙當椒頌，臨箋可勝懸禱。

與孫少宰

客秋齋宿登堂，得竊先生之緒餘，以自淑艾，穆念關洛風流，低回而不能去也。因念王文成絕代偉人，功烈自堪不朽，而以講學之故，違背考亭，至使後世並其生平疑之。然則，先生當百家雜進之時，獨樹紫陽赤幟。韓昌黎所謂「孟子之功，不在禹下」，有味乎其言之矣。因篤窮觀當世儒者，亦有留心斯道，高談孔、朱，如某某其人。然皆摭拾語録，妄稱性命之旨，而絕不知從事經學。自因篤論之，斷未有不深於經學而能以理學名世者也。漢唐諸儒豈無天資卓邁、出處較然者，而終不得列理學一席，非經學不純之故乎哉？因篤不揣鄙陋，竊謂經學當折衷朱子，而朱子則以四書集註爲主。蓋朱子一生精力，十九盡於此書，盡善盡美，無可遺議。明三百年，深知而篤好之，惟蔡虛齋一人。不熟讀蒙引，又未有知集註之妙者。但蒙引乃虛齋未成之書，其中間有自相矛盾，並載數說之失。惟先生有一代經學之責，幸亟表章此書，而稍爲節其繁複，則考亭且嘉賴之。至通鑑綱目，朱子原以屬之門人趙氏，集中所載與趙諸書歷歷可據。綱目既成，朱子恐不及見。與趙諸書，皆未成時遙相往復，亦一證也。綱目所改通鑑書法，有大可議者，亦望先生爲考亭明辨之，何如？顧徵君天下奇士，此時與先生周旋，縱觀圖史之富，直兩賢相得愈章，恨因篤不及追隨耳。

復顧先生

十一月七日，拜先生中秋歷下之函，並悉起居，如越關河而親色笑也。弟曩屢緘尺，一讀尊札，皆似浮沉。惜今春敝門人韓城張子所奉書中，有就正詩十許篇，且詳言入楚不得已之情，亦竟悠悠未達也。曩者淹留塞上，舍弟久病支離，日費不貲，負貸頓盈千數。弟偶閱底簿而始駭之，然已無可如何。初欲薄詢故舊，藉手療饑，而疎嬾性成，所如寡合。因思丈夫具有血氣，遊客萬不可爲。入幕雖卑，猶自食其力。舍彼就此，亦云惡取其輕者耳？然本來狂異，終亦未敢少貶先生。他時遊履所在，如聞有纖毫之疵，則因篤不堪爲亭林手足矣。楚署事繁，他無涉歷，惟看得通鑑、前後漢書各一遍。又所著詩較前頗進，以比來斂華就實，處處用近，裹着己工夫，發言出於誠然，無疇昔湊泊之跡也。

復李武曾

月日，篤再拜復武曾足下。

薊門歡晤，爲別六年。足下既遠客黔中，弟亦播遷江外，欲走一音書不可得，悵悵至今。然居嘗溯念夙交，未敢斯須忘足下也。弟自違鴈門之後，負貸累千，不得已暫有此行。主人僅以刀札相寄，頃答亭林先生有云：「遊客萬不可爲，入幕雖卑，猶自食其力。舍彼取此，惡擇夫輕？」此肝膈之言，度足下不以爲河漢耳。主人素無汎愛，頃因大計戒嚴。賓客到門，概辭通謁，致生平故舊，咫尺不前。讀足下手椷，慨然終日。丈夫具有血氣，安能鬱鬱久居此乎！

令昆季詩集，粗觀厓畧，吾隴西風雅之藪，今在嘉禾矣。足下大篇，尤爲高朗，日新月異，諸體森森，而猶虛衷欲然，不靳下問。弟固非知詩者，然亦何敢逆知己之殷勤。嘗論李、何以來，詩體不振。太史公曰：「好學深思，心知其故。」未爲詩而必知其故。」此即歷下、瑯琊所不敢當，公安、竟陵矯枉過真，其失均也。近時作者，多以朴勝。試觀宋人詩，何嘗不朴老？究其終遜於盛唐者，失其秀令也。夫秀者清新，令者蘊藉之謂也。合此四字，古人之能事過半矣。杜之稱太白曰：「清新庾開府」，寄高、岑亦曰：「更得清新否」。三公，唐之巨擘，而老杜所以許之期之者，其道如此。若蘊藉，則上自三百，下延大歷，無詩不然。否則，其文不雅馴，薦紳先生難言之矣。又有要者，格必整齊。而世多好爲散調，氣以疎行，而承接繁密，反多間斷不屬。

弟頃妄評同人，每以下句解上句，此大病也。苦於足下阻濶，未繇罄吐所懷。然區區欲獻其蒭蕘者，亦惟整與疎之是務，而更使無一語湊泊，動本自然，則宏我漢京，度越諸子矣！幸足下恕其狂簡，而加採焉。弟詩從無副冊，又屢更塗註，幾難自辨，僅録十餘篇奉正，庶知近志之所存也。

秋岳先生、錫鬯十兄，音好久睽，思之如渴。足下便中叱致，明春欲遣家弟來杭，再圖專布。江魚有便，冀惠嗣音。

與周制臺

關中李因篤頓首，上制台使君執事。

古大臣勳猷之盛，無如周文公。而飯櫛不遑，親延白屋，猶恐失一士焉。至司馬子長之傳信陵，亦云：「公子雖貴，所接多巖穴隱者，不恥下交，名冠諸侯。」然愚嘗推其用心，不過謂從吾遊者，吾甘爲之下。非若文公之曠然函覆，使天下之士，皆樂庇其宇中也。伏惟執事之與文公，其世系同，門閥、功名亦無弗同，而開誠虛受，曠代一揆天下之士，無論識與不識，爭欲爲公執鞭久矣。

頃者纛牙西指。因篤時在青門，雖仰止高山，匪朝伊夕而逡巡退伏，不敢假羔鴈以自通。誠以古人所云「勞謙得其柄，和光甚獨難」。蓋此舉出於執事，海内頌爲下濟，而在草野韋布則義所未安。謬附前人，守其硜硜之素，庶幾以禮進退，亦即所以事執事也。

表弟開美來，恭銜寵光，遠照蓬蓽。闢門懸榻，誼本至誠。重以骨肉奔趨，頓忘蒸暑聯鑣。迅發尚懼，未副台慈。奈篤母適往外家，以寇警旋里，中途墜馬，正苦呻吟。而山中路梗無醫，因篤親調諸藥，瞻懷哀鉞，暫復徘徊。倘關隴遂清，執事必留屯天水，定呼表弟馳謁行轅。如猶駐節岐陽，徐圖方軌。俟篤母稍能動履，躡蹻擔簦，踵叩旗門，不敢爽期於河嶽也。

河南文公廟長律二首，附呈節裁。

山居無佳箑，統祈鑒宥不宣。

與項學士

陝西布衣李因篤頓首，上學士、宗伯項公執事閣下。

因篤潛處山中，春來接郡檄。知執事恭承上諭，旁採虚聲，以因篤不肖，聯塵薦牘，臺司使者，相繼督限詣京。自揆疎愚，惶悚無地。伏惟執事德業聞望，海内所宗。士苟蒙其一言，足以雄視當世，而況闡揚幽隱，聞之天子之庭？有不褰裳從之，感激恐後者，豈情也哉？顧因篤尺寸之長，執事之所取也。而因篤之堂有老親，身爲孤子，非執事之所知也。伏念篤母年踰古稀，比歲多病，呻吟牀席，轉側須人。篤以孤子養親，跬步不敢擅出。今若貪承明詔，背母而行，必致倚門倚閭，夙疾增劇。萬一有爲子所不忍言者，即篤永爲名教罪人。上負聖朝而累執事之明，温嶠絶裾，貽譏千古；季路食祿，抱恨終天。則執事乖其初心，而因篤之進退皆無據矣。且皇上方敬事两宫，以孝治天下。執事手提邦教，朝野同歸。自能宏錫類之仁，推於士庶。寧忍煢煢母子，飲泣向隅，奪其烏鳥私情，而廹之道路哉？

伏祈執事曲垂矜憫，終始保全。則因篤母殘病餘生，皆執事之所賜。因篤不敢自忘其母，必不敢忘執事之帡幪。而執國方長，策名有日，將竭其駑鈍，以從執事之下風矣！

與魏環溪先生

因篤頓首，伏惟先生至德膚功，屹然與伊、周媲美。

當代之士，莫不爭自濯磨，冀〔一〕邀一盼以爲榮。而因篤以桑梓暨儒，叨居戚末，受知最早，蒙愛獨深。至俯憐烏鳥私情，代爲抗疏，高風大義，求諸古人所希。此德此恩，因篤雖越居草莽，而採蘭奉母，從兹以往之年，忍一举匕而忘所自哉？拜别抵家，窮愁萬狀。兼之死喪頻遘，歲儉賦繁，困守蓬茅，殆無生理。然所可恃者，濟世惟公在，安貧亦士常，終不敢厭茹菜根，貽羞知己也。惟是僻居幽谷，輪跡罕經，久失奏箋，中懷悚息，適逢便羽，附叩鴻禧。願先生努力加餐，爲吾道重。家母叨庇頗健，菽水能甘。惟聞之知己之前，以爲慰藉而已。

與喬石琳

自攀驥尾，承執事知愛獨深，推食解衣，分踰骨肉。且賦大篇以褒其志，聯同好以寵其行，歧路高雲，有加無已。弟不敢自忘其母，忍斯須既遠，而諼此德音哉？老伯劄記二冊，抵家即受讀卒業。其持論毅然以紫陽爲宗，俾承學知所依歸，而於子靜、陽明尤是非不相掩。語語正大，最爲折衷，不惟使世之攻鵝湖者悟矯枉過正之失，即遵陽明者興補偏救弊之思。君子反經，斯無邪慝，此有功聖道，必傳之書也。弟雖至愚，而生平確守紫陽傳註，當盡抒所見，自附後塵，綴敘簡端，不辭僭妄之罪。但自拜違旋里，死喪急難，愁緒縈人，靡遑寧處，未敢以病軀唐突汙我所尊。過此稍休，當圖黽勉，並奉答年史佳什及諸公見贈之章。報命遲遲，出於慎重，非忍以久踈侍對，毫有遺忘也。鈍翁先生聞已南旋，愚山、阮亭兩先生舟次年兄暨同譜諸兄弟，匆次不及專候，懇年兄一一吒名代致。

〔一〕「兾」，同「冀」。

復戴楓仲

久不侍足下提指，僻處寡聞循陔，多所曠逸。

致先母於去秋七月見背，惛然無生之理，有死之心矣，而遺命儼然。拮据襄事，諸友間關來弔，萬有餘人。不孝第爲勉具衰麻至七百襲。

比仲冬歸邱隴，凡所當爲，不敢苟安，以貽知己之辱。家貧岁儉，竭力而汗枯矣。足下敦念夙懽，前於寄景陵家兄劄内，拳拳詢弟動履，兹又專使注存，貺以南金土縑，而痛吾母之不及見也。陳之時，設座上，伏地哀號，錫類之仁，長鐫肌骨矣。

公他先生橋梓，欻而相繼蒿京，「人之云亡」，「瞻烏爰止」，此郭林宗所爲。飲泣中野，固難一二與世俗言也。伏承足下古道深情，庇其棺斂。又駿奔御侮，以撫遺孤。豈惟老友在天，永懷名德！幾叨交黨，能不傾心？至勒石之篇，責諸後苑。弟雖謭陋，誼無所辭。俟足下撰狀西頒，即勉圖報塞並走，一介薄展絮雞。他時晤足下汾水之涯，當攜素車白馬，往哭其墓。臨風灑酒，竟月悲歌，終不使孺子生芻，獨行千古也。

吾晉學憲楊筠老舍，親清防之文，蒙足下遠委，何敢以羈栖自廢？草創厓端，尚冀足下點石匿瑕，大加潤色，庶稗官因東里增重，而湜籍受裁於昌黎矣。

屏陰十詩，值改歲，賓姻填雜，且眼底會萲張靖逆，片晷靡寧。倘須暇力成之，尚容夏秋嗣寄。

曩懷足下六作，其稿本失之中途，將别覓友人所鈔，得便馳上。不則，更吟新什寓書就正，萬不敢負我知己，徒託空言也。

有道之躬，純禧所集，尤祈順時，頤祉頻通，音好不宣。

復張廷尉

數月不瞻偉度，非徒夢寐爲勞，轅下卑栖，壯懷畧盡，而厩無可策之足，未繇一奉清光，即采菽頻吟，何解於中心之结乎？

頃接臺翰，馳示大篇，随事较讐，詰朝麤畢。奈山居僻遠，苦乏順鴻。又迫農忙，遲今報命。伏惟雄才邁等，直匹開元，而此詩俊逸風流，更爲心折。當另登剞劂，即弟樂附青雲矣。別論禫服，届期虛懷下問，是尊兄揆之仁孝有所未安。喪謹餘哀，請從八月禮三年之喪，二十五月而畢，故云「中月而禫而解者，曰中仲也。」如依終喪之月，則爲二十六月。說者又謂：「仲月，次月，遂定爲二十七月。」曩詢之亭林先生，以廿七爲是。子曰：「三年之喪，吾從其至者。」蓋此物此志也。夫禫，祭名。禫者，除也。祭畢而除其服，而今誤作禫服。甚則明書於刺，此臆說耳。又一期曰「練」，再期曰「祥」，過此至於終身，總謂之忌日。練、祥皆於忌日，則有定日，即親歿之日。禫論月不論日，則無定日也。如尊兄八月行禫祭，於朔日可也。別擇吉日，可也。遲及晦日，亦可也。不關親歿之日與聞訃之日矣。凡此，皆講求有舊，必不敢鹵莽妄言，貽誤他時，以負疚於知己。惟尊兄菲葑見采，敬獻其一得焉。

復許學憲

拜別遂更寒燠，惟念使君于役爲勞。而西北高凉，頗堪清暑。却憶長安緇霧，何殊一濯水壺哉！續上兩封，似猶稽於驛遞。茲承台論，即事讎，已見前械者，不敢更贅。

其摩詰一東長律內，兩押「宗」字，並是出韻，無別說也。或云：「上巳應制灞、滻，亦朝宗，宗字在尾，謂之出群體，盛唐亦無此議論。至和扈從温湯，詞賦屬文宗，雖巧者不能爲解矣。」拙作口號百首，半繇馬上成之。鮮民本側而用爲平，如嫖、姚本去聲字，老杜皆作平用。「比鄰」，「比」字本平聲，「膳」部，「天涯若比鄰」作側韻用。「帆」字，唐人皆平聲，襄陽「征帆亦相隨」，亦作側用。良以側龍中，並載此字。雖義固區別，可以借用也。宋丞相周必大論之詳矣。顧亭林先生曰：「四聲一貫如一字，而平側各見者，寧轉借讀之，勿雜他韻。」故「兄弟」之弟，本上聲，老杜狂歌行一首，初云「與兄行年較一歲，賢者是兄愚者弟」，去聲也。後云：「四時八節選拘禮，女拜弟妻男拜弟」，又作上聲。其他上去相通，不可枚舉。然必兩見者，乃可借。又「長虹」長字，字書有兩去聲：直亮切者，乃「長物」之長；知亮切者，乃「盛長」之長。引昌黎「得時方長往」爲據，拙作則用知亮切。然畢竟皆借音，不及本音之妥。暇日當改之耳。

與陳太史

敝邑贊府來官，拜承臺注。隨值汪廣文之便，面附小椷，未接嗣音，不知登掌記否？足下宣勞史事，度可慶成。珠桂之餐，每憂其苦。然吾儕貧士，不緣隱顯，或殊本色，菜根出之鼎食，當更有味也。弟比來困臥山中，幾斷炊煙。且喪妾殤孫，了無善趣。惟老而知學，時稍有益，差堪自慰耳。

復許學憲

周原府署屢拜瑤函，自西夏高平見貽者，皆隨時奉答。若拙詠匆匆酬唱，叨己之深契，畧述近懷。忘其醜而就正，反承寵借彌，益厚顔。抵家之次晨，朶雲嗣下。蒙谕敝鄉先哲別緜，附呈方先生精廬，勉強效顰一首。不慚珠玉，甘作續貂。幸使君叱致鄙衷，然亦竭其傾倒矣。

僕音註古詩紀，自漢訖六朝，惟漢詩觕完，評語亦細載其上。曩携京邸，江浙諸友欲授刊，以中間尚須校讎，堅辭未與。邇日茹明府曹公子亦屢請剞劂。僕意，此書曾費四十年苦心，一出必盛行。俟使君冬底旋車，當親齎更有商榷也。杜詩五律排體絶句選本，俱友人持去四方。擬另事丹鉛，先成一種。如工竣亦有肯梓者。但應接既繁，又苦家貧凵栖遑，爲彭澤饑驅之計，尚未卜能保暇期否。

拙集内篇，頗多散葉軍都詩。其在太原徵君家者，嘗許作楷書，又繪十三圖，前丐蘇門山名寓公大書天壽山名二臣四字，瘞大行之麓。不知後竟如何。今以藏呈，即留台覽。及擬漢一册，又秋興八首亦可留之，徐容相晤歲除，取稍稍彙謄者，屏人請教。

自念生平密友，顧、傅、陳、曹、龔、張鴈門公子，諱梦椒先後告殂。即非伯牙，將擗絃自絶。不意青門道上，得事明公，於班荊藉草之間，結誓論文，情均骨肉。所願盡披藴抱，同訂千秋。雖公不言，何敢私其敝篋。惟是星軺日出，苦乏寧居。而拙稿衮然，又非草草所能。馳寄大都，盤梅罇酒，要自有時。

嗟呼使君！僕觀昔賢相須殷而相遇最難，即如工部其推青莲至矣。顧青莲未爲識工部也，高、岑亦然。夫工部家世城南，生於杜曲。年譜具在。襄陽，乃坊望耳。今楚攘其坊望以爲楚人，而河南又因鞏縣田園復以爲河南人。按：杜「兩京三十口」下自注：「甫有田宅在河南」。當時流落荒江，遂餓而死，莫之能救也。虞仲翔云：「天下有一人知我，可以無憾。舍明公何歸哉！」

徃者行臺邂逅，無由洞悉積懷，觸緒茫茫，故感披及此大詩，並和贈詩二册，俱評閲畢，繳上。右詩通用韻，四聲。並附一緖其後。人所云「轉叶並繆妄」，萬不可從。又亭林韻學目録一册附覽，祈命書胥鈔之。別來困苦百端，僅生一小孫，差慰晚景。有數詩外附：子禎與舍弟數首，又贈答詩數首。統望郢裁。

西土高寒，萬惟珍玉，幕府諸君並叱致不宣。

與徐宗伯健菴

都亭拜別，倏焉歲紀已週中。雖間接音書，莫解離思之鬱鬱也。篤自蒙恩返里，侍蔬水者僅五年。風森銜哀，遂結終天之疚。惟幸故人當事，曲庇夙歡。俾衰病餘生，不致委骸道路。夫翩翩黄雀，尚鼓翼於效環。篤有襟有胸，敢擊壤而忘所自。惟是僻居山澗，不復與輦上相聞。藥裹廢人，諸公多以情恕。況夙叨末契，兼延陵縞紵之盟乎？

曩晤清溪潘浣濤徵君，藉草論文，而心折其才。究厥淵源，知爲執事中表也。浣濤貫穿百氏，卓有依歸。每及濡毫，如風馳雨驟，千言纚纚而矩矱森然，雲間自董、陳赤幟以來，可謂溯流特起者矣。伏惟執事人倫海内，爲吾黨總持，固當遠駕涇陽，近超端毅。士類奉其麈尾，環集以卜榮名。而浣濤瓜葛比鄰，才美若此。倒仲宣之履，題奇章之門，匪今斯今，詎異人任。

亭林先生著述，身後未詳。執事敦念，渭陽當不憂其遺失。龍門之業，完自楮公；蔡子之封，紹於羊傳。千秋曠舉，諸實交皆額手瞻成耳！兩介弟並祈叱候不備。

復鈕明府玉樵

夏日猶淹牀席，支離無一好。懷畢西臨，垂顧村居。承明府瑤華遠注，朱提縞帶，寵賁蓬茅。伏思卧病以來，當路寒暄久絕，忽瞻嘉貺，真空谷足音也。當阨之施，忘其靦顏而直拜矣。

春間有友人搜輯拙稿，散亡所餘，棼若亂絲。先成目録一卷，弟扶病料理，拮据兩旬。心目並勞，宿疴復發。西臨雖未能久侍坐次，而領畧德輝，歡爲大方，豈俟溯渭陽而欽宅相哉？

大集敬藏內廚，容右手屈伸稍便，當效較讐報命。昨者奉投五律，深慚伏枕未工。得明府酬和大篇，高萃沉着，次韻無一失所，如與唐名家泚筆周旋。

曉望彭衙，摳衣謝教。拙評杜詩領到，蒙下問寄韓諫議一篇。此篇與五古中幽人一首，錢宗伯並云爲李鄴侯作，荒唐無據。鄴侯當時偉人，雖遭輔國讒逐，寵顧不衰。少陵何所疑忌，作不可解，隱語相懷耶？且錢箋此篇下，即載憶昔二首，於張后、輔國事皆斥言之，而獨不敢明指鄴侯，有是理乎？無論果指鄴侯與否，大較未爲合作前。前拙批原本，自「星宮之君醉瓊漿」以下，皆直抹之。蓋少陵詩史，長於用實，不長於用虛。遊仙諸詩，總不當行。此篇以子房比諫議，因諫議韓姓，子房韓人，故牽强擬之，豈必爲鄴侯作乎？又幽人篇，錢摘「局促商山芝」一語，以爲指鄴侯。不知杜詩中，如「商山議得失」、「黃綺終辭漢」、「之推避賞從」等語皆自寓，錢何所據以爲定指鄴侯也？每怪宋人論唐詩，以爲某詩爲某人作，如親相授受者，膠執可笑，真不免固哉！高叟之譏矣。少陵此篇筆鈍，而語采不足，爲大家病，然亦不必諱也。總之，遊仙詩以陳伯玉、李太白爲當行，互觀自得之耳。又杜集玉華宮，曩誤入選。按玉華，貞觀中太宗創置，有茅茨土階遺風。今乃曰：「不知何王殿」，非體矣。舊註以爲迴護，此何所迴護耶？至「陰房」「鬼火」「黃土」「石馬」等語，全似在墳壠間，猶爲不倫。即云「從行宮嬪有苑而葬此」者，舍本朝聖主締造之規模，貽謀之勤儉不言，而區區及一宮嬪，何也？此篇或題有差訛，不則其詩大可疑，要當刪之。伏祈明府再加裁酌。口授奉復，並謝注存不盡。

與許學臺

拜別後，續奉兩函，度次第登掌記矣。可泉樂府二冊，乃倣元楊廉夫及近代李西涯而爲之，純是自製史題，其中全涉議論。視北地、歷下猶存其聲者，已不逮遠甚，去漢、魏有霄壤之殊矣。又用韻多差。

總之，樂府以漢爲權輿。六朝人雖事多戾古，其辭未遠也。至太白，則毅然獨有會心，遂成一家。獻吉，學六朝者也，事軼而辭近之。于鱗，學太白者也，用其事失其辭矣。其失卻在過於規摹，所謂「王之學華，盡是形骸之外，去之彌遠」耳。廉夫、西涯，思於此道，開山作祖，別顯神通，已墮聲聞辟支，無與於大乘也。

今併西涯與青田先生樂府録冊奉覽，仍望完日發還。近宗西涯者莫如牧齋。公請證之牧齋生平，作詩、論詩之離合便知。此等如狂藥誘人，萬萬不宜入口矣。

原發可泉二本附繳。世臺近詩精進，讀之有珠玉在前之嗟。頃攜一冊，已評完，並小劄祈即致。

與許仁長

經年遠闊，僅能一對紫芝。即忽忽觸炎景而歸，何解於中心之結乎！

足下新集，穩愜實沉，景多于情。遂踞盛唐之座，而篤意更有進者。君當盛壯之時，務使篇中精彩煥然，結語尤須振動。至絢爛極而歸平淡，則遲之强仁以還。此如春夏百卉競榮，義先取夫飈發。情叨至戚，輒敢屢獻其狂，采菲采葑，度不遺諸知己也。又篤凡改詩中一字，必歷久沉吟，長吗疾馳，面如土色。足下細加反覆，應得契茲苦衷耳。

家姪女想載誕明珠，望並以庚甲見示。

與渭兒

出門倏及三月，寢不安席，食不甘味。雖老且遭喪，未敢毫自逸豫。所爲詩、古文、時藝，凡數百首矣。每夜嘗至五鼓不寐，於枕上构思苦吟。非好勞也，自傷少年遊蕩失學，及今圖桑榆，冀稍稍有所樹立。不終泯滅，有不如是不可者。吾兒當憐爾父之苦痛以爲戒。愛日之誠，不獨事父母爲然，即學業之惜分寸陰，殆又過之矣。

此間爲諸公所留，尚當淹遲旬日，中有關係不得不爾。況茹明府美才夙契，多切磋之益。亦欲借此奮發，非盡有所圖也。

汪二伯骨肉之情，不及盡述。但亦種種窘迫，所遭多舛，爲之長歎耳。

三月二十五日，父字。

與曹太守

岐陽報謁，承使君適館授餐，藹然有春秋賢大夫之風，高雲淩太白矣。月半自漳川東發，恐久溷清嚴，不遑就辭。回首春輝，但增沿溯。過横渠鎮，拜西銘夫子祠。見其朽棟頽垣，垂將盡圮。即先生肖貌，求瓦片覆之。不禁流涕沾襟，徘徊竟日。念大賢在望，興墜舉殘，百度維新。而雲巖首倡關學，醇修峻節，爲敝鄉三代之後一人。俎豆空懸，塵霜莫蔽。使君聞此，當必有惻然心傷者矣。伏祈勿靳齒芬，速致郿令君，並尊屬州邑諸公，急爲料理。稍更延緩，則象設必亡。大較二百金，便觕可就緒。先儒之明晦，吾道倚爲盛衰，責在偉人，知其投箸而起也。

與茹紫庭

憶自薊門歸里山居，六見春星。傷老大之相催，悼行藏之失據，徘徊永夜，時時泣下沾衣也。雖其受性迂僻，弱而好吟，然悔内故交凋零欲盡。每當搦管，則悲從中來。流水高山，輒復自發，引商刻羽，屬和無人。其不致擗伯牙之絃，而焚君苗之筆硯者幾希矣。頃趨岐下，報謁花階。伏承明府敦念，夙歡恩好，有加於舊，古風穆若，真氣横生，賞奇析疑，頻睹朏魄。況公既逸才邁等，每先難起以予，又雅度沖襟，不恥取途老馬。故雲山竹樹，皆供坐嘯之資，而嘻怒呌呼，並有先民之致。遂使奔林窮狖，忽快安眠；抱葉寒蟬，重思鼓翼。大哉！潁川譙國而後，此番得空谷之足音矣。若乃解推貧交，飢溺由己，誼深骨肉，正不敢泛語。篆銜拜別，經横渠鎮，同家處士兄就展西銘夫子之祠，摧圮拉攞，實生平所未見。無論壁傾楹朽，旦夕莫支，即肖像已露處風日中。徘徊流涕。嗟呼！何雲巖先生之不幸，而岐若郿之相去逕庭哉！郵騎西歸，爲太守公寓一劄，求其急爲料理。尤望明府左右之。稍緩歲，時勢不能及矣。萬惟留意，切切。

與顧太學

尊伯父亭林先生，曠世大儒，尊經好古。自紫陽夫子而後，論世者罕見其儔。先生蓋老於遊，足跡幾徧天下。而察其生平，注意於關中諸承學尤拳拳焉。晚涉河東，將有菟裘之計。舊歲正月丁巳，頓罹斯災，豈惟泰山既頽，哲人不可復作。是天無意吾道，而後起者不得與於斯文也！

僕輩聞訃以來，各爲位東嚮哭而散居靡一。及定議往弔，而先生輀車已南。悲慟彷徨，永纏心骨。伏惟先生夙昔極推足下之賢，而尤心善君才。況中翰君遠宦京邸。然則邱隴之營，使松柏鬱然，華表相望，藏遺文而罔墜，保兩孤以有成。足下必以慰尊伯父於在天者。馳寄故人，僕輩引領望之。至叔寶之感名流，茂宏之敦薄祭，俟諸其後而已。江山阻濶，未由合展，新阡視古之齎鏡，具致絜雞者，誠自知慚負。而限於時勢，先生之神靈或有以鑒其苦衷也。敬賦哀辭，爲排體一百韻。三薰三沐，而專下走，並布生芻之忱。

伏冀足下叱僕輩名，告之先生墓前，忝恃世盟，知不遐棄耳。更囑者，嗣孫雖幼，有諸父共相挈提，當不貽故人之憂。茂引方違過庭，血氣未定，足下曲體先志，尤宜嚴督之。無俾遂謝詩書，沉淪失所也。統望於復劄一一詳示之。臨楲哀注，不識所裁。

復許學臺

頃歸自奉先，隨附學傳、郵傳小劄。崇朝而尊函至，悉前書之未達行臺也。大詩即事較讐，授來伻賫，上叩公深契，疊荷贈言，更彙卷軸，貽之什襲，爲法寶矣。比蒙枉駕，宋、朱並有佳篇，篤亦勉爲效顰。擬共成小冊，不能不俟之秋凉並啟者。詩中旁註一作，字面始於杜陵刊本。當趙宋時，刻杜者已數十家，推樊晃、魯訔、黄鶴、吴若、原叔、荊公輩爲善本，而傳聞不同，各有異詞。于是後刊者，既取其一，而意或未盡，遂注一作、又作於下聽覽者之更擇焉。由宋迄今，絕無自刊我詩，注兩説以滋人疑之例。惟曾庭聞有注「某人改作某句」云云，然亦寫本耳，而諸公每訝其不倫。陳思王有言：「後世誰相知定吾文者？」況篤雖至暗，借旁觀一得之明，恃知愛而獻其蒭蕘，甚願公舍己從之也。若謂兼備數説以相商，俟同人擇留其善。即刊本斷應刪去，直披肝膈。惟冀鑒原王將軍廟詩正有積薪之歎。山村頽落，假此寵光，東望东霞，叩首而謝。拙作即改奕葉矣，並拜德音。見贈詩定作：「名高東觀鴻歸急，賦擅西京鳳覽空。」杜陵云：「新詩改罷自長吟。」文不厭改，於明公益信耳。中伏炎蒸，統冀加餐珍玉。長源詩已附前劄。子禎並囑候不宣。

復許學臺

頃奉復一椷，附太守公。傳郵以上不識，悠悠環夏，於何處得達行臺？立秋之長，家奚賫臺劄。至承問遺書一項，如張、楊、雍、呂、王、薛、馬、趙、孫、馮諸家，當無間。然其他有關經史者，求之雞澤。亂後寥寥，而星軺偏歷敝鄉，廻翔萬里，篋中所得爲目幾何？元本進呈不煩，顧避。儻尚須鈔册。俟旋臺，當更細籌耳。夏鎮大詩，遵加較閲。日勤之業，彌懋之思，此固修士所難而明公宏爲己任。欣瞻泰岱，敢不樂附織塵乎？伏聞古之論詩者，主正宗固矣。然其中有三昧焉。如十九首本言貞女，而云：「蕩子行不歸，空牀難獨守。」以「難守」牀守，蓋惟守而後知其難，跌人一層。此意非唐以下所及，所謂「三昧」也。獻吉烈婦篇末：「春風兩蛺蝶，緑草搖衣帶。」淡淡寫來而妙有會心，遂爲絕唱。至元美「丹旐從東下，粉旐從西來。兩旐東西合，纏綿不得開。」極力發揮，轉落第二義。推之諸禮，無不如是。又詩家言情易，言景難，而景則驟對之，似可旁通。細按卻宜，恰合本題。如杜禹廟詩中二聯：「庭垂橘柚」、「屋画龍蛇」與「雲氣」「江聲」，似槩詠廟中所見，而妙於點綴禹貢。夫述禹事，於禹廟正宗也。然非事也，景也。故可通之廟中而證三昧。若易作「神功贍橘柚，野水奠龍蛇」，乃是詠事，猶墮議論，相視霄壤矣。雖然，使移置堯舜廟，詎不刺眼乎？凡僕所閲尊詩，以此審其離合，而率性抒直，甚不自安。惟使君知我至深，更冀曲蒙矜宥。

復許學臺

春朝拜别，倐及炎蒸。悲蓂莢之易移，歎車旌之希覯。君子日遠，我勞如何？即時奉德音，何解中心之結。臺劄至，知高雲垂露，沃渼渭陽。僕不敢以風木諼所生，何敢忘明公錫類乎？軼倫之擢，河潤之甘，舅賤甥貧，均銜不朽。承問郡庠碑刻集。自有唐，盩厔前孝廉趙君子函曾著石墨鐫華數卷。刻板尚在，索之彼處，廣文可傳致憲轅。顧亭林先生西安府學目録序甚妙，王徵君山史家有鈔本，當徐語之。前論東、冬、鍾、江，古爲一部，與陽韻天淵之隔，絕不相通。唐張燕公説五律廣州蕭都督過岳州飲餞詩：「孤城抱大江，節使往朝宗。果是臺中舊，依然水上逢。京華遙比日，疲老颯如冬。竊羨能言鳥，銜恩向九重。」全首冬韻，而起句用江字。雖爲出韻，然亦必讀「江」作「公」。其音相近，而後相入。如太白「犬吠水聲中」一律，全首冬韻，而起韻用一東，則可未有讀「江」若「姜」，可以入冬者也。江、陽之混，起於唐末，迄宋以土音致殽。而周德清作中原音韻，遂併江、陽爲一矣。詞曲北調相承用之。至明則接元，而去唐已遠。詩人亦往往自誤。又崆峒時，宋吳才老棫，音補雖頗明古韻厓畧，不過疑似之語。又此書彼時尚未盛行，而陳季立第所作毛詩楚詞古音在萬曆中，崆峒不及見也。況亭林之音學六書授梓裁數年，海内知之者寥寥。崆峒之雜用江、陽，直是誤謬耳。送蔡帥第二首，首用江、邦兩韻。如轉「陽」韻，則第三句「宫殿概高清」即應入韻。今未入韻，與贈劉氏之雜用「江」字一也。安能曲爲之説哉？屬賦方君别業授箋，不敢辭，容當請正。

與許學臺

奉先戴承良晤，渾忘觸暑之勞。歸而彩筆佳联，頓爲山堂生色矣。表弟長源朱子投贈詩四章並報。大詠一篇，書縑呈正。又銜名手本，暨元稿，附拙評，統上行臺。所攜大詩一册，子禎加評畢，祈使君驗存之。内惟「孺子將不利」一語，終覺未穩。蓋尚書本「文公將不利于孺子」，今倒其詞，則「將」字豈不刺眼乎？況尚書此語在流言下，詩在流言上，又似因孺子不利而致流言。萬萬不可也。望公定用改本仍删，一作「將不利」字样爲妥。誼均骨肉，故不自嫌嘵嘵耳。

可泉樂府無多，擬古更妙，不煩深論。梅禹金樂苑視郭茂倩爲備，始自邃古，終於六朝。而茂倩則繇古迄唐，至唐兼詳其調，此大較也。子曰：「吾自衛反魯，然後樂正，雅頌各得其所。」又曰：「汝爲周南、召南。」而傳云：「以雅以南。」故雅、頌與二南皆入樂，列國之詩不入樂，則謂之徒詩。其初因樂而有詩，其後詩有入樂、不入樂，而詩始與樂爲二。漢興，至孝武乃立樂府之官。禮樂志曰：「立樂府，採詩夜诵，有赵、代、秦、楚之謳，以李延年爲協律都尉，多舉司馬相如等數十人造爲詩賦，畧論律吕以合八音。」曰「採詩」，又曰「造詩」。賦則當代之詩，亦有入樂府、不入樂府者矣。樂府，官名。後人相沿以爲詩名，於是樂府與詩判然爲二。魏晉以下，視周漢異矣。漢統名之曰樂府古辭，又郊祀歌、鼓吹曲辭之類，辭曲者，樂府之分目也。至齊梁又創一體，如烏夜啼、菩薩蠻、憶秦蛾之類，統名爲詞。而詞又與古樂府異矣，然尚無套數。金、元之間，更連套數加賓白，多以四句爲限，統名曰「曲」。而曲又與詞異矣。此古今樂府之大較也。

禹金樂苑不出馮北海古詩紀，但就其中擇其入樂府者彙集之耳。至漢，樂府篇目之有相和、吟歎、平調、清調、瑟調、楚調、大曲、舞曲、鐸舞、中舞、散樂、雜曲之名。其調之爲宮爲商，聲之爲南爲北，彼固茫然也。魏晉以來，多秦漢曲，亦有上廟、上食之别，而所擬所創在其外。唐則增入近体耳。就唐論之，太白多擬古曲爲一體，少陵以時事創新題爲一體。此又其大較也。

今之言樂府者，千變萬化，總不出此，或者不知。至謂少陵全無樂府，豈非說夢哉？揮汗不及，長言統容晤布。

與渭兒

漢高帝賜惠帝詔有云：「吾在軍中，初未學書。今見汝書，乃更不如我。」又曰：「爾見朕故人蕭、曹諸公，皆先拜之。」高皇起布衣，未讀書，所作詔令俱有典有則，其體在西漢諸帝之上，豈非天資雄出哉？然其教惠帝如此。二詔言簡義括，最爲得體。高祖未學，至教其子，則雖一書之微，諄諄致意。不但以言教，且以身教矣。凡人易有自上之心，不欲人之先我。惟至其子，則雖凌跨於己，不以爲嫌而尤屬望之殷，惟恐子之不己若也。推父母是心，爲子者競惜分寸之陰，可但已哉？

與茹紫庭

曩承臺命，爲使君作誌銘。雖非譾陋，所敢當而。自今夙叨末契，兼明府交深骨肉，誼何能辭？病體緜緜，強圖驅策。燒燈脱稿，奄復三旬。奈諸君期約不齊，蹉跎冬朔。既而與子威酌議，恐無以慰明府。苫次懸懸，煩子威先遣一奚，賫呈印正。詰朝開美至，遂命小兒附驥東來。從諸君执紼之後，並奉唁排體四十韻，薄庀生芻。惟明府叱名而告之几筵，篤即頹焉衰廢。然躬攜鏡具，就展新封，徐孺子之遺教可遵。寧忘黽勉，而事勢迄難自遂，度必爲知己所曲矜也。

若誌，夫與狀不同。狀出孝子哀怛之餘，正以無倫次爲義。所云追憶生平懿德，記而書之。情溢於辭，不加雕琢，正也。昌黎祭十二郎文千古絕調，論者或病其辭之工。夫昌黎非必琢而後工，乃論者固不爲無見可以觀矣。惟誌則屬辭必從其類，又有當倒敍、總敍者。夫誌，乃史之一體。案而不斷而乏議論，則減丰神。議論仍貴以敍事行之，此所由難也。

篤西鄙腐儒，夙無一能。然讀史五十年，晚而微有寸得。老馬識道，豈容踰越于知己萬年之文乎？文成，披閱數番，稍自區其眉目，非敢相詡也。明府襄事方殷，冀開卷瞭然，不煩尋繹而已。比日應酬彌亢，中夜始危坐讀書，甚爲妻子所憐，僮僕所嗔笑，而迄不稍輟。誠自傷老而知学，謬思畧補於桑榆。君子疾白首無聞，異時何以對亭林泉壤乎？「濟世宜公等，安貧亦士常。」明府吾黨宗盟，當有以勵我暮氣也。偷空爲田家五言律二十首，用杜擬陶，頗極苦心。其學力半生讕載於此。因內有關於明府，敢寄郢裁。學之不荒，良友之喜也。

記

重葺韓真人行祠兼建昭格前樓並山門碑記

韓真人諱汀，字清夫，其姓名見唐登科録，與文公、子袞同舉進士。袞狀元及第，嘗直史館，見鹵簿內所載「金根車」以爲誤，改曰「金銀車」，貽譏士林。而真人宦達之跡，不復睹於史。蓋棄官而隱，卒證大羅天仙之果，畧具王弇州宛委編中。然俗以真人爲文公猶子，非也。文公祭姪十二郎文有曰：「在孫惟汝，在子惟吾。」是文公更無他從子。而末又曰：「教汝子與吾子。」其貶而之潮，有行至藍田示姪孫某作，真人之諱也。蓋真人即十二公子，而文公詩所謂：「知汝遠來應有意，好收吾骨瘴江邊。」則真人是時學仙已成，昌黎故心識之。又青瑣高議載真人落魄不羈，公勉之學，乃笑作詩，有「能開頃刻花」之句。公曰：「汝能奪造化耶？」真人遂聚土覆盆，良久曰：「花已發矣。」舉盆得二碧花，葉間有金字，乃詩一聯曰：「雲横秦嶺，雪擁藍關」云云。後文公往潮，道藍田，風雪阻行，而真人來省，因用其語入詩。酉陽襍俎亦載是事，大較真人之登仙乘也，諒矣。

太乙碧天洞，相傳爲真人煉修之地，内有泉，其水自巖下垂墮池如濺珠。遇旱則四方就而挹之，禱雨輒應。吾鄉麟遊北舊立行祠。據碑，萬曆十年，關中大旱，里人乞水於碧天，歸而雨。比秋，禾黍以蕃。三十七年，有氣燭天，而白度井、鬼之分，歲復大旱。里人繼往繼雨，四距不越十里。卜地建廟，邀真人之靈，而庇雨暘以時若也。迄今七十有三禩矣。去冬有氣生西南，一星其長半天，歷漢而止，或曰「旱徵」也。引麟遊故碑爲證，已而果然。麟遊諸聚族而居者，若某某凡數輩，偕羽客張復正，仍去碧天，其言曰：「初至，見巨骨洞中，駭而出。則瓶之涓滴盡空，而得懸冰於洞前石上，逡巡不敢更入而歸。遂無雨。齊宿祠下，舊自矢於神，重研再行，雨始澍焉。其尤異者，是舉雷趙較虔，澤亦較豐，餘數村秋稼半之，麟遊之外即赤土，迥如異歲矣。」夫雨之有降否，有豐歉，適然之事也。惟適然者足以感人。雷霆之所摧，霜露之所培，傾皆偶逢其適，而聞者怵惕不能自已。易曰：「聖人以神道設教，而天下服。」如是而已矣。且夫至誠感神，率德致福，固理之不可爽者也。無施不酬，詩詠木瓜，而況於鬼神乎？

祠歷年久，拉攞日甚，乃相率重葺之。先是某某首唱其議，齎志以歿。而麟遊紀大有於儉年，不敢曰：「非真人之惠也。」鳩工庀財，各隨其分。未幾，輪奐改觀，象設式新。而更創報鼓之樓於前，樹山門焉。妥神若人，既有功緒，爰置貞珉廟左。因老友文學徐君元輝屬序於予。麟遊近在鄰壤，田疇相接，又少與徐君同社，從事壇坫於祠内，誼無所辭。乃就真人家世稍正其謬，述作廟之始末。竝告里人曰：「且雨且溉，無忘神庥。敦本重農，比閭相睦。」斯舉其不悖於古之道。夫綴迎、送詞三章於後，俾其童子歲時肄之。其詞曰：

練佳晨，伐鼓鍾。神之出，驂游龍。雲飇馳，騰上鑲。騁容與，廻北行。

欻若泄，頻之下。沸靈泉，盈四野。神之徠，旄羽紛。雨裔裔，垂怙恩。

神之至，虬螭鳴。爛揚輝，臚霓旌。太白左，金宿西，神之宮，慶周延。

右迎神

雨鳩鳴矣，於彼前楹。有翩風馬，我疆斯成。嘉禾載蕃，宮之左右。百穀用登，田畯至喜。神之顧之，和樂歆歆。卬須有時，震澹式臨。牲牷肥碩，黍稷馨香。酒酌桂醑，申之椒漿。春日孔長，神其安坐。綏厥蛟貍，駟騑咸妥。列嫮競芳，新歌攸飭。虞神至旦，恭承靈億。

右降神

車馴兩服息翔鸞，蛟鼉偃蹇東楹前。願神安留臺以軒，輟軨眠軫靜且閑。甘雨祈祈盈中田，禾生兩歧嘉穀蕃。三月輕風流麥阡，籔濤吹浪碧於煙。倉箱萬石欣有年，荷鋤南畝比耦連。赤雲自西風怒旋，有殷其雷山之巔。於赫碧天一杯泉，霏揚悠忽同靈淵。精符滂沛澤不愆，穿澮決渠何徒然。神龍星馳離哉翻，輓裳不得塗其轅。挾茲嘉夜陳茝蘭，放佛逐兆爲盤桓。太乙諸峯俯武關，朝來夕往須臾還。春秋祀事昭厥虔，惠我蒸人慶緜緜。

右送神

碑[一]

岐山茹明府生祠碑

國家所重者財賦，而其爲民患者莫如荒田。先王之時，寬爲之制，教之懇而已。履畝而稽，其爲有無、多寡之數，欲速而見小利，後世之事也。是故王者之治田也，寧庇其贏以相贍，不張其虛以自欺。易曰：「損上益下，則益。」譬諸曆法，氣盈與朔虛，皆贏而有縮。日之晦無，衍日之朔，有待閏之餘日，無待餘之閏月。天與地無二道，故治田與治曆無二術也。關中爲郡者八。雍，中郡也。其在今，則艱難有獨甚者，地瘠而民貧，視吾郡且遜之。而自漢以來，稱三内史矣。非如朝那、上郡、北地、洮河，遠處關塞，可以動當事之恤，而守令悉索敝賦以從。子產所云「鄭伯男也，而使之同公侯之列」，[二]蓋千古一揆。而雍之有荒田之害，又莫如岐山。多荒田，因多逋賦；多逋賦，因多逋民。久之，至無完里，無完族，無完民，而岐遂敝，相傳爲畏途。

吾友茹君紫庭，剖符於此，於是同舍生憂之曰：「岐不可爲也，田苦瘠而其荒者幾與常田埒，無所資以開也。」或曰：「茹君俊才，其學務適用於田賦之事，講之熟矣。必有說以處此。」或又曰：「施於古而效踵，而行之未必效也。令勞而後復民，欲其不勞而復也。勞而復之，有得，有弗得，則有欲，有不欲也。況懸釜之炊，不可以責巧婦。而舍其材木，雖班倕將坐，絀也。」寓書於君，君曰：「岐之困於荒田久矣，而今亦繇是屢去。坐而待去，孰與爲之？且未嘗爲之，而預策其不可，坐視吾民之顛連，而莫之救，惡在其爲民父母也？」乃獨毅然爲之。請於郡，以至臺司。次第上聞，遣部使者來視，而得

[一] 「碑」字爲整理者所加，底本無。
[二] 「而使之同公侯之列」，左傳原作「而使从公侯之貢」。

報可。

其始請之也，大聲疾呼，竭其心力，父兄不得而止之，妻子朋友不得而知之也。當是時君非自決其必成也。有人焉，抱沈痾，而醫曰「不治」，旁人皆曰「不治」。其父母不忍聽之也，多方治之。不吝其家，不責效於旦夕，不易慮於生死。而是人竟起。豈必其術之工哉？或者憂勤忠愛之誠，通於神明，貫於金石，有非常情之所得料者。聖天子在上，將使昆蟲草木無一不得其所。而岐山，君之至誠，有以感之。夫何疑乎？其尤難者，有得，有弗得，而無弗均也。令極其瘁而民不勞也。五侯之鯖，生於虚釜；凌雲之構，凴空而興也。

噫嘻！亦異矣，岐之父老相率爲君築祠城内。君亟止之，而祠不日以成。自君之初度，若歲時伏臘，岐人爭走其中，設牲牢籩豆，歌舞報賽，如社稷之神，喜心翻倒，極歎息泣下。惟恐君之不留岐也。春日，予遊於岐，展禮聖廟。同學劉子淑止者，爲岐博士，進而請曰：「令君之祠，礱石俟子久矣。夫生而祠，非古也，以其私也。岐人之祠君，非私也。推諸祀典而合，將受簡。」劉子又進曰：「令君之治岐也，愛人而先於士，修廢舉墜。至聖廟宫、周公二廟之遺趾，皆垂圮而更新之。創朝陽書院以延學古之儒，岐數十年輟鹿鳴，令君涖政之二年，而舉賢書者有人矣。」語未卒止之曰：「不可。」恐其涉於頌也。君子立言，貴得其情，而無溢詞。故予之有述於茹君，非頌也。忝君夙好，稔是舉之艱難，而終韙其成。一言以蔽之，其知可及，其愚不可及也。勒石以告來哲，俾勿墜君之緒。推諸凡爲守令者，知天下無不可爲之事。患無憂民之誠，逡巡不果爲耳。誠爲之，當審可否，不當計利害。所可爲則爲之，未有爲而不成者也。苟濟其私，而憧憧於利害之途，則其心已不自堅。即爲之，必不成也。夫君子强爲善而已矣。保國承家之道，豈有異哉？

重修薦福寺碑〔一〕

長安多古名刹，而薦福寺去城三十里，視他寺爲近，聲跡尤盛。釋氏有高行者，自遠方來，往往聚徒授講其中。而士大夫避囂幽棲，亦多於此。

曩鴈門張鹿州都史以悼亡臥病，前廊主太元奥公邀予與二三子酌酒賦詩，刊石壁間。當是時，奥公方有重葺殿閣之役。畚插甫舉，值南荒弗靖，關隴用兵，國家百務暫稽，而奥公處燒烽沸涌、輸輓殷遙之日，且必持疏而出，跽募道旁。或懇請王公、將軍於師旅之間，白刃如林、決眥喑嗚弗避也。迄今歲十五稔，積勤不懈，工緒靡完。謁予爲紀事之文，礱石以俟。予既與上人有舊，而吾友韓溥其文學、王孝廉又數數言之，遂不克辭。

慨然念寺固隋煬帝潛邸也。歷唐自武德至景龍未滿百年，而一賜勳臣，旋充主第，又官市爲王宅，故碑載之詳矣。武后於文明元年初立爲大獻福寺。天授元年，始改今名，又御書飛白額。景龍中，宮人率錢築浮屠十五級，高三百尺，垂及千禩，棟宇巋然，果大雄氏之靈与？抑人服教而畏神耶？抑或私者數移公者永峙耶？姑不具論，惟是天下之崇墨久矣。雖昌黎、廬陵復起，勢不能驟與之爭。而會城五方錯居，風氣龐雜。擇近郊之地，創設梵林。鳩其徒，肄淨業於中。俾從其教者，就而請益。因植竹樹，廣廛楹，爲賓旅眺遊棲息之資。則規禁易行，俗醇而政壹，茲寺其最勝也。

數年前，延紫谷覺老人卓錫諭禪。大中丞杭公、藩臬諸臺競相禮致，各捐助工若干緡。而善緣旁推，稱厥愿力，寸絲粒米，皆可證金粟如來後身。日月層累之，至百千萬億恒河沙數，譬摩霄之墖。其初，固簣土所基也。然非奥公矢志沈堅，久而彌銳，無論頹傾，已亟大工，不易更新。而迴首疆事，紛如自救而恐不贍，奚暇問天人龍象，樹福田於冥漠之鄉。而紫谷

〔一〕此碑文現存小鴈塔大雄寶殿南院，碑刻完整，高四七二釐米，寬一二三釐米，厚二九釐米，文字有剝落。

老人出布席之黄金，贊作種種利益。所謂雙提並輓，待其人而後行，豈不信哉？予昔同都使君歡飲浹旬，睹物力之繁難，嗟居民之凋敝。蓋初願不及此。

是役也，經始於今上康熙九年二月己丑，於今春告竣。凡葺殿七，閣一，齋堂一，禪堂一，方丈一，十方院一，墻園一，鍾鼓樓二，山門、廊舍若干，楹，種柏千餘株。予書二上人之成勞，並紀棟宇厓畧。其檀施名氏及所捐財貨總目，則勒之碑陰云。

募繪地藏十王堂象設緣疏

自象教東行，而人始知有地獄之說。儒者羣起而斥其妄，愚以爲斯言也，當折衷其是非，不當直斷其有無。夫地獄使善人居之，則誠悖矣。而佛於諸經所說，皆奸逆讒賊之徒，然後驅而納其中，是固天下之罪人也。有地獄以受天下之罪人，使其雖死而無所逃。福善禍淫，弗背於上帝之心，而有裨於先王之法，惡在其不可乎！

或曰：「其事起於中古，奈何？」曰：「奸民之作，中古始甚，唐虞三代之時未有也。即間有之，而先王之法足蔽其辜，而不爽其威刑之等，無所須乎冥司矣。中古以後，巧僞日滋，法不足以勝之，而其甚者或倒施焉。於是爲善而不蒙其澤，爲不善而邀利無窮，則安得不有地府，主者默相而陰擊之，以濟其所不及耶？」有人於此，暴以淩上，而術足飾。其奸慾不畏死，視君大夫之三尺蔑如也。乃聞地獄之說而憬然。彼固以爲吾之智力足欺君大夫，而無所施於冥冥之中。吾之彊足抗刀俎鼎鑊，而不能歷科百千萬劫無間之久，亦鄉善之一機也。

先王立教，必因其明而導之。而或以鬼神爲誕，以陰陽報施爲不足信。是便於天下爲不善者，而肆其邪慝於無已也，惡在其可也。吾得一詞以折之曰：「地獄以居善人，其言雖出於堯舜，以爲無，可也。地獄以居罪人，其言雖出於釋氏，以爲有，可也。」有地獄固有十王主之，而善善欲長，惡惡欲短。幽明雖殊，其理則一，故有十王以主擊斷之威。而即有地藏尊者，慈悲解脱，處處說法，處處超度，植青蓮於烈火白刃之上，灑甘露於流血濁浪之餘。上帝好生，此又其一驗也。

予久蓄是解，而未及發。適明上人將繪造地藏十王堂象設，請序首簡，遂得暢舉義藴，以資其行。蓋上人誘人以善者也，未導之爲善之樂，而顧先之爲不善之慘。上人曰：「人必有所畏而不爲，而後有所慕而爲之。」庶幾日遠於不善以趨於善，遠於不善以趨於善，即地獄可空，十王且致政以歸，而地藏尊者高枕於清涼佛域矣。然則神道設教，是役其爲之兆也。

重建王將軍廟碑

吾村王將軍廟，莫詳其始作之年。崇禎間，叔曾王父鎮撫公嘗議新之。既而村燬於寇，遂中輟。碑版亦缺有間。因篤稍長，我大孺人田氏數以爲言，逡巡未遑也。先是奉詔徵天下學者京師，而因篤名玷其中，屢辭不獲。將發，太孺人申告之曰：「將軍廟垂圮，及今不圖，使先人社祀故坊淪胥於小子之身，可乎？」自輸簪珥一金。因篤輸二金付從父。林芳、三芳爲聚羣謀始之勸。比予通籍史館，籲養遄歸，拜太孺人於北堂，而是役猶不果行。問所捐金，則取息已相埒。疆烽未靖，人方困於轉輸。又連歲洊饑，不可以請。前年秋，太孺人寢疾屬纊之時，諄諄廟工無期，若目不瞑然。因篤泣受命。皇天降割，太孺人奄棄，其孤苦塊拮据，歷冬乃克襄事。

明年播穫麤畢，卜日燒蔬淪茗，糾族黨而諮之，皆踴躍願從。奮乃心，竭乃力，布金握粟，凡得若干緡。推里社某某等，環而督之。僉曰「往吾郡，不通河筏」，故取材於山。山木非盡良也，一撤則多蠹，而罔適於用。乃齎數十金購之渭上。既得木，而瓦甓埴埏之資未具，更度幹止以廛。若地爲率，每地三分爲一廛，又得若千緡。工作則計廛授徒，週而復始。經始是歲正月丙子，歷七月己丑報竣。謂因篤宜有辭以示後。

按史記，將軍諱翦，頻陽東鄉人。秦厲共公二十一年，初縣頻陽。應劭云「在頻水之陽。」水北曰陽，然今縣無横注之水也。而頻山北踞吾村五里許，山麓有將軍廟，亦曰美應侯廟。舊碣載：「唐代大旱，禱廟下。挹水龍泉而雨，因褒封之龍泉。」出廟左稍上一里，俗稱將軍淬劍池也。云將軍所佩劍時爲龍，飲於池，故名。史言將軍盡定趙、魏、荊、燕、百越之地，以其王歸。秦並天下，王氏、蒙氏功最大。聲施後世，及諸王客死，並陪葬。將軍冢南，今猶云五冢。五冢者，趙、魏、韓、荊、燕五王冢也。或云其一百越王，非韓王，姑勿深考。惟將軍冢，歲六月廿六之日，質明百步外，必見武卒、旌麾、車馬，城郭其上。千萬爲羣，蔚蔚蒸蒸，狀類海市，移時乃散。里人多趨觀者，迫之則無。英爽式凭，物採煊赫，昭昭耳目，爲烈龍劍之祥有自來矣。夫將軍於秦號功宗，始皇實師之。子賁、孫離，並宣威宿將。雖犯三世之戒，遜於伊、吕，而云仍著望。如太原、瑯琊，世産名賢。史所稱百代鄉族者，固將軍之裔也。

予嘗問華山王徵君宏撰：「鳳洲既祖瑯琊，而溯其系，不曰頻陽將軍而曰靈王太子，詭其所不可信，盍稽其所可信耶？」徵君唯唯。至秦不施德義，自促厥歷。而離爲將，會逢其阨，復何尤焉？史但云將軍縣東鄉人，不詳所居地。或曰千口。或又曰：「將軍以六十萬征楚，多請美田宅，堅秦王之心，始徙於彼。」吾村故老相傳，以七月十日爲將軍嶽降，必大作社衎之。蓋冢墓嘉徵，發於六月。疑將軍薨葬在季夏，而孟秋乃其辰。顧千口及冢旁，皆有王氏而不之知也。吾村王氏又久亡其譜牒，而距頻山最近。將軍里中先賢，則以地祀。旱輒禱於龍泉，則以功祀吾祖宗。秋報之遺宫，則以社祀，是何可泯泯哉？

嗟乎，是役也，肇自先太孺人，言猶在耳。時艱坐詘，旦夕緩營。今廟貌焕然，而太孺人不及見矣。嗟乎！痛哉！是因篤之罪也。夫是因篤之罪也。夫從父林芳、三芳相繼不禄，附此以存其勞。而比閭効事者，咸得紀名碑陰，並綴迎送神辭三章。其辭曰：

頻之山，何崔巍。包役栩，亘埏垓。山之陽，並廬開。叢雲樹，脊徘徊。

爰維公，降嶽來。頻之麓，澗之隈。爲秦帥，挺異才。皇攸師，衆競推。

諸王伏，萬旅回。望公導，崩角摧。公所馭，龍之媒。怒銜鑣，閶闔排。持于將，燦斗魁。揚金光，雪皚皚。旌容容，騎恢恢。紛舉幕，神離哉。發冀闕，歸北厓。沛施怙，臨其陔。欽迎公，卬心哀。公遙止，横紫埃。

右迎神

於維孟秋，相月之初。練日於朔，爰盈部居。晨露既降，好風是舒。我黍載實，惟秫及稌。有圃在郊，爲場將除。烝彼農祖，社壇孔愉。先社伊何，古戎父夫。時宗三后，命族皇閭。生而知兵，乃奮訏謨。秦有天下，大勳莫如。湯沐之鄉，梓桑之都。公神自天，百代非疎。公眷乃土，曰枌曰榆。濟濟繩繩，咸奔厥徒。公起跋馬，有膏其車。電發星激，隕黄耀朱。荊燕驂左，趙魏右驅。飈欻來止，沛哉塞衢。衆婞綽麗，其顏如荼。震何憺憺，申觴爾娱。

右降神

公臨壇宇澗之濱，擊籥前除佳哉紛。厥北有山何嶙峋，輝輝明月爛若銀。中厓挺秀揚浮雲，四望羣峰列星陳。虎阜右峙左龍津，爭環公宫相氛氳。公朝發軔渭城闉，午徧六邦皆効珍。歸來公里衆詵詵，色皎皎於嘗所親。聿瞻公衮煥以焞，登廟倚楹昭靈文。白旄黄鉞轡然臻，誰其相之公子孫。蛟螭踞伏鼋鼍馴，縶車解驂立且蹲。堂西伐鼓吹匏塤，鐃歌劍舞交駿奔。盛牲折俎膏薌新，有實盈籩酒盈盆。明德惟馨黍積芬，願公醉飽扃其閤。公安坐以眺舊邨，土階茅牆同瑤琨。美莫美兮鄉之罇，親莫親兮鄉之人。樂莫樂兮難具論，故鄉之恩洽人神。歡留奄兮虞主賓，桂醪椒漿寧足云。

秋飈初肅飅於晨，風馬上馳班白麟。公爲我言情孔殷，攀公不得涕沾巾。拜公之貺秋復春，祁祁甘雨禾蓁蓁。龍淵杯水蕩無垠，潤沃我田彰報禋。

右送神

底店鎮重修中廟碑

明山西麓，聚居者約千餘廛。扼上郡、北地、朝那之要衝，故鎮也。鎮凡數族，而惠氏、王氏最大。相傳舊有龍祠，爲春祈秋報之壇。前嘉靖中，始肖像關帝君於龍君左旁，增孫真人、高媒二室如左右，个而大武天房境中之山祇附焉。順治九年，嘗一葺之。歷三十餘禩，更垂圮矣。鎮耆某某乃大會居人，議踵修，倡施糾工以庀厥成。工竣有日，相與謀曰：「廟自初建迄今，文闕無述，何以獎羣勞而勸後起也？」因輦巨石，請受辭於太史氏。太史氏曰：

吾邑諸社宫坊連里閈，而奔走之率龍祠也。考其故碑，則真寧之湫龍，數數効靈。唐代奉敕廟祀者非一所，又偪處高山下。夏多猛風隕雹爲田災，而龍實職之。故羣聚而請命，旱則雩其壇内，秋成必有歌舞宴衎之設。孫恭介公嘗署一聯云：「水德有神能作雨，山靈無處不生雲。」蓋水穀之源，而家家所宜從事也。關帝君俎豆殆滿天下，郡邑大夫謁朔望，與孔廟、城隍等。干戈未靖，禍亂相尋。觀其創建之年，固春秋衰世之志也。高媒，或云聖母，士人之言，無稽。頃至周原得殘碑，以姜嫄、太任、太姒〔一〕分當之説爲近信。溯流撫跡，在邦域之中矣。夫姒，續患其不蕃，而疾疫固所時有。將成一藝，必本之先師。華原雲樹比鄰，舍先生誰與尸祝哉？推諸育物，有物則有司。而牛馬佐耕，任重致遠，吾食其力矣，敢忘其神與？居山者祀山，宅土者祀土。總而論之，祭典所稱灑施於民，御災捍患，亦濳有合焉。且予伏處田間，非能匡俗釐祀

〔一〕「姒」，底本作「似」，據文意改。

也。應父老之勤請，或旁及老釋。然必引之先王之道，求其說之不悖於聖賢。庶幾聞吾言而興反經，斯無邪慝。雖自知譾陋，旦暮望之矣。故祠龍以勸農，祀帝君以教忠，祀高媒以教慈教孝。真人之祀，祀其人，繇帝君例。祀其功，繇高媒例之。牛马神之祀，繇祀龙例之。山祇之祀，繇祀龍、祀高媒例之。皆合於先王之道，而其說可通於聖賢者也。

又廟在鎮之中，方鎮人元旦謁廟畢，各列長幼，旅拜前除，以省私覿之煩。則聚居者猶之族也。況二氏累世相倚，當廟見日，非子姓即其姻連。敦宗盟，勵任卹，俯仰神佑，抑末重農，有無相資，守望相助，疾病相扶持，於教忠教孝慈之理不愈足徵哉。顧諸翁嘗預九年之役，而其文缺有待。今礱石以俟，踵美增華，或默會於吾言，而使繼此者有考。則是舉爲之後，兼爲之前矣。廟舊無專名，據始作，或曰「龍祀」。近多稱帝君廟，義未備也。以其在鎮中也，名之曰中廟。

始事二月庚申，及六月戊午而竣，並紀其厓端。

記

清涼遊記

余自去臘抵代，聞清涼隸觀察陳公屬邑。暨公猶子端伯數請，欲一問之。公以清涼五百里高寒，不冬行也，須之夏。及舅氏石臣來視余，而先外祖御宿先生故嘗建節於代。諸舅清涼其昔遊也，遂行。兩弟子直、立皆願負笈。已，直舉一子，乃以舅氏、端伯及立出郡五十里，道鵝口。僕夫告食，因小憩，五言近體一。東南行三十里，達碧摩崖，崖尾清涼也。日夕老釋樂山，援而止之。察其狀甚異，詰之則舊爲儒。視崖額，怪其爲「秘魔」，舅氏以「碧摩」易之。予稽志崖木，又所卓錫地，彼有所取爾也。五言近體一。崖上五里，有龍泉。僧言群龍至今時出，故遊者必歷此，否即徧五臺猶半之也。既至龍泉，爲龍泉五言近體一。夜宿樂山方丈，爲宿樂山方丈五言古一。

旦，出崖東南行四十里爲大明巖，爲七言絶一。巖有永安寺，道感健兒射鹿，至寺爲五言古一。悵然不欲行，並爲永安僧大光近體二。不夜而宿。

翼日，東林谷中行。一水縈回二十里，爲清涼寺。大明巖屬繁峙，清涼屬五臺寺，有楚僧詩之一。折東三十步，爲羅漢洞。僧言羅漢侍曼殊時，嘗出入此洞，詩之一。稍東，即清涼閣，觀羅漢洗鉢池，得一詩。折北，爲古清涼所傳自塑曼殊者，得一詩。南行三里，達清涼一片石矣。振衣其上，一詩立成。通前四詩，皆五言近體。殿上見三大士象，而出山爲七言近體一。清涼僧飯客，因少息。既而東北行十五里，爲金閣嶺。嶺峻路坦，可車馬行。兩岸松來，青天一色。午景射人，亦微微知暑也，爲五言近體一。閣壁有侯正鵠題唐太宗文皇帝藏經詩，用韻七言近體一。南行多虎跡，健兒以鉦隨之。止之不可，口占五言近體一。二十里，宿白雲山寺，晤蘊真，清涼上士也。錫故碧山，迓客於白雲，爲白雲山寺五言古一，贈蘊真七言近體一。

旦，又東北折十里，爲棲賢社。内以金蓮花供佛，其色如金，其狀如蓮，其大如五銖錢，臺所產也。爲五言近體一。社主元宗，秦人，亡釋友廣公高足也。具秦中飯飯我。淵源所漸，遺風未墜，贈一七言近體。行十里，得紫府庵，爲五言近體一。折西一里，爲殊相寺。按志，曼殊會見飯僊山寺在其下，爲五言近體二。稍北，則墖院。羅睺、圓照、廣宗，新舊寺名數易，或從其額，或從人。從志，爲墖院。詠大墖一，髮墖一，文青閣志董米遺筆一，羅睺一，圓照一，廣宗一。最上爲菩薩頂，主者華生而西裝也，所陳上方物甚侈，詩一。凡七詩，皆五言近體。夜止永明寺，登後閣，謁九蓮觀音，爲神宗母孝定李太后上七言古一。題永明七言近體一。

五之日，阻雨不發，因感棲賢之遊，爲五言古一。既霽，散步，爲五言近體一。代旅有歸者，遙柬觀察公七言近體一。越翼日，昧爽，舅氏促予曰：「清涼五峯，遊者自其東入。東望大海，必及星行，遠望海峯。」爲五言近體四。舅有詩云：「陡見滄溟水，遙懷泰岱人。」予不及也。下峯二十里，爲華嚴嶺。昔高皇帝時，欲廢梵法，尋不果。說者謂：「帝臥聞鐘音，溯出此嶺上。因得不廢。」爲五言近體一。又二十里，北登叶斗峯，是五臺絕頂。爲五言近體八章。西下十里藻浴池，相傳李藥師矢貫文殊處。詩一。峯陰顧見積水，皎皎如雪，端伯曰石也，既而水，詩一，並五言近體。暮抵中峯，爲翠巖峯，去藻浴池十里。磝石迂險，疲馬不進。予與端伯皆下馬，行藉草，爲七言近體。五峯空，不可少留。則東南行二十里，信宿於紫霞谷。谷路夾亂松中，野獸突來，不辨猿虎。健兒輒以霹靂奏之，一山皆應聲，前後繹如也。抵谷，晤鄉釋西宗，得七言近體一。假道過碧山寺，道者誤之崖側崖中，斷不知所適。一童子詣我告津，爲五言絕句一。無何，從崖角望見谷行者，先我矣。爲碧山道中一。入寺悠然識蘊真所掛錫也，爲懷蘊真一，皆五言近體。晚過栖賢，元宗逆之門，爲桑梓言，悲歌相間。

次旦，西行十五里，經金閣嶺，微雨。班荊，爲重憩金閣嶺五言近體一。南行五里，當四達之交。舅氏偶沾暑，先返清涼。弟子立從之，輿徒半從之。予以端伯南行，元宗從之，輿徒半從之。道中聞猿啼，立溝梁，望見五峰如相揖者，爲道中五言絕一。又十五里，至南峰，曼殊舍利在焉，曰錦繡峯。峯僧端伯鄉人。南五里，一峯簇立，從者曰「古南臺也」，元宗曰：「了公錫此。」即南行，端伯策馬前馳。須臾達古南臺。了公以太極花供客，南臺所獨也。前後得五言古六。將假道之西峯，從者以道危堅不可，爲望掛月峯七言絕十。掛月者，西峯也。薄暮，返清涼石。返清涼石將歸矣，爲七言近體四，別元宗七言古一，遙寄西宗五言近體一，夜讀離騷九。

之日，西發大明巖，馮都尉自紫霞谷從來，將辭去，爲柬馮都尉五言近體一。近碧摩崖，爲重宿碧摩崖五言排體一。舅氏不來，清涼不登。登清涼矣，爲呈舅氏一，爲柬端伯一，爲示弟子立一，皆五言近體也。留一日，出山，爲五言絕一。

清涼五百里，予所見十之一，所詠則所見也。是行也，凡歷四大峯，覽十九寺，一菴、一社、二洞，得五言古十，七言古二，五言近體四十七，五言排體一，七言近體十六，十三五言絕，十一七言絕，共詩百首，通記五千一百二十言。李子曰：「予既達清涼，探諸峯之廳，喟然知五嶽之外有山哉。徘徊諸峯，逞逞見遺碑多前代璽書。南望中原，又泫然出涕矣。」

昭陽恊洽之七月六日記。

董郡伯重建西安大堂記

關中爲郡者八，而西安稱首。自周迄唐，四代提封於斯。師尹之所居，古京兆舊治也。公廨之建，莫重維堂。先是徙薪不時，突災於祝融，繼而濆水揚波，蔓延闌巃。太守每當南面，率露處風日中，蒸暑沍寒，曹掾恒以爲苦。甚則驕霖淹夕，飛霰覆庭。州邑載牘之氓，因而冒雪霜疾厲，又徃徃見告而畏難引日。迄今郡伯董公之來，垂二紀衍矣。

公莅部之初，慨然圖更作。會羽林駐牧者，奉敕新增當葺，幹止以廛之。公曰：「堂，五堂也，何得先國之大役！」亟舉版築，數月而畢。而西安禁旅亦分置荊門，猝詰牛車，交生怨讟。公悉傾厥私帑，前後數十百千，親護其行，乃訖底定。此歲豐稔，公用誠和公，日不可更緩吾堂。夫堂，以出政而臨民也。內之丞倅與偕，宜有承宇，外則三十七城之長吏，環而具瞻。不寧惟茲，彼勲貴之樹藩衛者，纍纍若若。其所謁寸芻升粟，嘗銜鑣太守之前。而鄉大夫屨舄紛紜，飲射讀法，亦無弗以禮見。儻太守擁蓋而障風雨，匆論肅客，如吾民何？於是朝易一木儲之旁，夕易一甓儲之下，糾工聚廩。既得吉卜，而鼛鼓未聞，編戶皆踴躍而趨，曰：「吾儕小人，賴公保厥廬舍。公主其費，我脫其艱；公勞於途，我逸於野。我之軀命公所全，而室家公所遺也。堂以憩公，請受事。」公曰：「民癉久矣，徃者國有非常之令，吾猶不欲煩民。堂，吾堂也。吾得徐治之。」蓋椽櫨桷榱之須，咸所自庀。而課楨幹於畚插外，寂寂若無聲。管勾攝諸，紀綱傭直，日有緡算。度材面勢，因厥故基。爰剪其茅，乃授之匠。既底於法，樸斲維勤。爲墍茨，爲丹雘。不華不儉，高敞適中。有司宴犒弗遑，而屹然已還其舊。

吾聞靈臺遊觀之地，猶聽庶民之子來。秩秩德音，載在大雅。況堂以聽政公所，自營者乎？自是南陽豪家可退聽簷際，賓僚獲所游息，而三十七城遙如綴旒之有冠。卿大夫瞻眺而徘徊，逮輿臺百執事環楹倚壁。虽遇涼飈凄露，無能肆其威矣。夫春秋重築作，每舉必書，所以戒不時紓民力也。故閔子長府之歎，見美於聖門。然無舊貫可仍，而悠悠歲月，安常踵陋，庭事鞠爲茂草，尚得謂國有人乎哉？公剖符是邦，正色率屬，深仁厚澤，媲蹟二南。至政之有裨於官者，振迅起衰，百務具備，而斯堂以欣爰處而叶嘉應。詩不云乎，「如鳥斯革，如翬斯飛。殖殖其庭，君子攸寧。」國之光也，公之祐也，吾儕小人之利也。經始於某年某月，迄某月竣工，大和會以落其成。而篤也諸侯老賓客，夙遊公所，敬受簡賦斯干之什。其辭曰：

於惟舊京，大尹之居。嘗瞻厥堂，夏屋渠渠。肇基四代，傳歲千餘。迨爲友幫，猶冠埏墟。
熙朝定命，受甸分閭。乃眷西顧，豐宮鎬區。率陜以伯，環僚及胥。峩峩軒珮，是謁是趨。
誰謂靈臺，遘氛日尤。梓慎莫聞，炎威奚讎。夫何館人，弗戒於火。一炬斯燃，狂飈欻簸。
中甍告災，燎原勢果。奔救靡遑，露棲焉妥。赤日肆氛，水霜頻墮。庀官度民，無一而可。
惟物董公，誕於天鄉。中丞胄子，廣川之良。曩公始至，貔虎用張。爰勤百雉，集於苞桑。
披荊艾棘，乃作斯堂。公工自鳩，翳自傾筐。凡厥吏士，拱成於旁。矧伊庶民，疇獲褰裳。
王旅祈祈，載車盈路。送往事居，惟懷惟顧。公竭其帑，貨泉立布。室廬我完，鞭箠我護。
昔我飄搖，蒙公之度。今焉駿奔，不聽我訴。公勞我逸，曷慰朝暮。祝萬億年，長欣公祚。
吁嗟庭宇，創述有時。自遭回祿，踰紀奄而。人曰傳舍，悠悠去斯。比公至此，惟日孜孜。
叙庸亮采，如田当菑。允谐重構，庄以莅之。乃宣嘉谋，乃赋新诗。羣弗跂及，戴公之慈。
斯翼斯嚴，以輪以奐。萬福攸同，諸條共貫。方川初來，方景甫旦。叢靄成綺，矞雲曼曼。
公纘丕績，嗣光霄漢。佇美開府，爲文武憲。從公翱翔，遂公公讌。閣閣辰猷，黃流玉瓚。

重修下馬陵記 從董子祠碑採入

昔者，洪水湮，彝倫斁，屯也而非否。邪説作，人心漓，否也而非崩。迨祖龍煽虐，書火儒坑，崩何如之！赤帝代興，得之馬上。挾書之令，積世未除。迄今披史册而追往事，寧無岌岌乎爲斯道危哉？幸賴廣川董夫子，秉純粹之資，下帷專攻，沉酣大業。策天人則性命之理著，綴繁露而春秋之義彰。正誼明道，昭揭大原。豈非天不喪斯道，俾之重開日月耶？故程氏曰：「漢儒惟董子有儒者氣象。」唐荊川亦云：「孔子既没，漢文在仲舒。」其後先引重者，非以身關絶續，爲千載之一人哉！

秦城東南隅，一邱兀然，相傳爲下馬陵者，夫子墓也。夫子卒之日，武帝嘉其生平，勅葬長安東臙脂坡下。封植塋兆，規模斥廣。厥後隋城大興，唐置西内，封入圖域，契龜食壤，式廓右侈。遂圍此墓於雉堞中，墳址始促矣。而邱壠之所以保固者，以歷代衣冠香火之賜，子孫蔭襲不替也。陵之有祠，建於明嘉靖丙午。太守吴公孟祺、令尹馬君佩移自啟聖祠，後者於是墓與祠始合而爲一。百餘年來，風雨飄摇，摧敗零落。加以兵燹之後，撤屋毁瓦，舊基蕩然。惟餘封堆片碣於荒煙蔓草之中而已。

皇清康熙三年甲辰，潁上黄君家鼎令萬年邑中，百廢俱興，惟於重建董祠尤爲誠切。庀材鳩工，輪奂頌美。閲十年甲寅，滇、黔蠢動，延及雍、梁。朝廷遣禁旅，由西安一路進剿。事平，以陝右重地，益駐防官兵四千人，修築滿城。自北而南，東西劃界。夫子之墓在築中。時，夫子四十六代孫董生文昌具呈當道諸公。滿漢會議，以夫子漢時大儒，不當以健兒芻牧，有干祠壠。易垣址，横斜而促東，夫子之墓得不築。又十五年戊辰，今邑侯春麓陳君剖符是邦。其爲政也，寬慈愛人，以禮先賢。嘉惠後學，爲兢兢。下車伊始，即謁夫子之祠，而有動於中。謂董生文昌曰：「竊聞孟子之功不在禹下，董子之功復不在孟子下。邑有墓而親承之，令之幸也。墓有缺而補苴之，誰之責與？子將有事於夫子之祠也。」越二年，治洽人和，乃命椽吏督厥事。先築其墉垣而周環以固，次剪其茅茨而嘉木復榮。祠中建神廚，先儒石像。祠外轉而西向，易舊坊爲大門一座，仍標漢下馬陵。又增守陵屋二楹，以居陵戶。凡工料之費，一出清俸，而不及於民。由是，從前廟貌煥然一新，而祠爲改觀矣。此陳侯之功也。

余因之有感焉，夫古來賢人君子衆矣。建國城邑，陵谷震變。奚難徙異代邱園，窆之它所。夫子之塚，岿然於經涂環規之內，幾歷滄桑，不敢擅動一抔者，詎非道隆德重、鎮伏千載以下之人心歟？而司是土者，且爲保護而安全之。有所作於前，即有所繼於後。使奕禩流傳，得與孔里檜楷同悠久焉。則又斯文之未喪，而吾道之長存也。

余多陳侯之功，而益於夫子切景行之，慕愛濡毫而記之。陳君諱明經，字克常，號春麗，四川遵義府綏陽縣人。由丙科鄉薦。

祭文

梁太翁祭文

曰：

自鎮節之已渝兮，追王陸之遺趾。承邦教於寢門兮，爲徽音之攸始。

豈傳牒之無徵兮，羌從流而溯源。夫何西來而清我邦族兮，樹斯幟於蘆關。

斂盤天之六翮兮，時戢弢而中錦。欿然其不自求多兮，洵霞餐而露飲。

紛既有此潛德兮，又懋修以成章。遲在躬之有赫兮，固積厚而流光。

曾一索於冢躔兮，跨江而列嫖姚之幕。惟我大將軍之崛起兮，碎華土而硎伯氏之鍔。
登螯弧於漢陽兮，振河隴以攜宛洛。遂建牙而南征兮，度清風於劍閣。
疇追蓐而慮無兮，本櫃機爲兔罝。荃祖呼以肆應兮，羨中軍之大夫。
馴六步以七伐兮，彼五戎而未艾。若大司馬庀共寵靈兮，且申之以修能。
垂溪雲之纚纚兮，沐瘴雨於百蠻。坐湘妃以鼓瑟兮，菟雲夢之香蘭。
朝敘九歌於萑苻之澤兮，夕飲至於闢雍。振皇旅於九嶷兮，兼荊舒而是降。
紀成績於太常兮，奚召陵之慕也。緬規矩其不出家兮，夫惟趨庭之故也。
矧孫枝爾蔚跂兮，待金馬之時乃爰。專城以比芾兮，思美人於淮海。
迓潘輿其在官居兮，雜章甫與駿驥。殊錫之自天兮，識琳琅之介圭。
綜氏族於柏翳兮，審梁先而趙後。僻天水於西陲兮，環高奴之左右。
念仲子之飄蕭兮，咏孤竹之在山阿。蔭喬木於軒車兮，比兎絲之附女蘿。
中蕩析而無家兮，攜童孺於四方。慚洗馬之高躅兮，倚冰清而未央。
憶盤孤於玉女兮，酎翁年其在耋側。灑掃於雨途兮，歌投桃爲黍雪。
黽成列於蜀都兮，托戎路之後塵。要朋暉以北渡兮，啜練光於鴈門。
悼我躬之不恤兮，有弟而使餬其口於榛苓。假翁庥以苟完兮，頒展親於彌甥。
胡太白之垂銑兮，驟乞靈於朝殣。嗟遠赴其初聞兮，仰含遂而莫追問。
春秋於绛人兮，已踰耄而攀期。惟冥漠之有神兮，其嘿相乎重夔。
屯佗傺余靡寧兮，賚鏡具而徘徊。瞻大歸其何時兮，遙矢誠於絜雞。

陳大來先生祭文

嗚呼！先生遽止此耶。德厚者必豐其年，胡耄期之弗臻，而朝露遽晞耶？康強坦易者其末必榮，胡一遘採薪，而遽瀟灑長逝耶？七十之杖，有時五色之誥，非遠胡不得少踟躕，而俾吾友抱恨於終天耶？予獲事先生於難弟使君許，自鴈門始，凡十年。從使君於開城而與聞先生之行誼，凡十有二年。與長君共學者八年矣。予性狂簡，所如寡合，使君獨優容之，而先生則時有忠告。顧予之陋，即未能盡從。退而思之，皆深中厥病。蓋日久而後知，韋絃之在望也。使君既待次里居，予留保州者二載。盤豆醯醢之細，先生經營慘澹，久而不渝。而予益悟曩昔規誨之辭出於至愛，故救其過。庶幾相勗以有成而庇其身，遂有「風雨無鄉」之感。其出于先生則一也。夫末世爭鶩虛文，類多飾爲可喜之事。喔咿嚅唲，使聽之者陷溺其中而不覺。故紫陽論爲仁曰：「嚴憚切磋，以成其德。」而有子謂：「因不失其親，則〔二〕可宗。」若然，吾舍先生奚歸耶？

己酉之夏，河東虞子輔直以筮地遊燕，嘗主先生家。歷睎祖阡，決長君必得志。予具以告。先生蹙然久之，既而歔欷若不自勝。曰：「時有所弗及也。」是時，先生年六十餘。早起健飯，頭無二毛，壯盛類強仕人。予聞其言，以爲早計。

嗚呼！豈知其不幸而卒驗耶？然予猶幸長君南宮高第，彩衣春酒，承歡歲餘，子職之勤，可以少釋，而先生其無遺痛也已。曩予同使君周旋兩塞，親見其閥閱赫奕，聲稱藉甚，宗族鄉黨皆亟推之。而每讀先生家函，顧多兢兢惕厲之語。倘所謂君子有終身之憂者，非耶。先生溫惠直諒，根于至誠。使君嘗嚴事之，式好無尤，始終如一。其鞠諸子，身有義方。長君廷對後，寢門之內，猶躬自掃除，不少寬假。而矜然諾，喜賙給。羣從以下，迄于三黨。待之舉火者，至數十百人。使君

〔二〕「則」，論語學而作「亦」。

服官二十年，先生身董家政。祿緡出入，皆在其手。而易簀之日，未嘗有贏財。布衣祭酒，薦紳皆在下風，或以他事取平。先生排難解紛，勞苦而多費，弗恤也。

嗚呼！先生之德，吾無閒然，而年不足配之。先生之强，素無疾病，而一伏枕遂捐賓客。此固天地之有憾，而人事之無可如何者也。雖然，長君行將橫綬，仲子爲名諸生，季亦穎拔苦吟，克繼其緒。蓋天之報施善人，不在其身，在其子孫。先生且操左券以俟之矣。

予受知使君，等於生我五倫之內，同濡深仁。則凡使君之事先生者，予所爲黽勉自矢，冀效涓埃於畢生，而況親沐先生之餘澤者乎？先生已矣，予以家貧重負，流落荆南。既自闕拊棺之哀，而又不獲慰使君手足之慟。勖贊長君于功賓書帛之間，真不足復齒于人。然皇天后土，實鑒此衷。先生其有以諒我乎否耶？

先生永訣於辛亥十月十一日，使君貽予書，報先生之訃在二十五日。越月始達予家，而予以南邁未知也。今年五月四日，舍弟始以書來楚。予即東齋爲位而哭。翼日具褚帛，載哭於黄鶴樓之別墅。嗣是日，僕僕荆鄂間。歷冬稍息，姑得雪涕爲文。遣蒼頭進以絮雞炙酒，敬告先生于柩次。兼問葬期，猶思鏡具。自隨從諸同人素車白馬之後，執長紼而引靈輀也。先生有靈，願垂昭格。

祭高方伯文

嗚呼！方伯公竟止是耶？公負大才，蹶而復振，慷慨思有爲於天下，而竟賫志以逝耶！公特起江表，數寓書於予。所自期者，耿耿如前日。而何爲天奪之年，使故人不能無遺恨泉壤耶？

初，公爲大司馬瑩堂先生愛子。司馬公行邊，多攜公以前。其騎射冠軍中，指掌笴癖，予所親睹，而孤城賴以不墜。至今燕齊之士能道之也。遭喪，尚滯諸生。其後，難兄安陽君登第。迎太夫人，稱家慶。歸而責公曰：「爾先公之嫡，淪落如是，何以慰未亡人？」太夫人泣下，公亦哀不能仰視。在楚數爲予言，猶垂涕沾襟，不能自已云。未幾，公舉順天鄉試，起家爲刺史。遷郡守，歷參藩臬，擢長伯。更三十載，周遊荊、秦、關中萬餘里，再值用兵，勳業爛然，夫人而知之矣。

昔者公自吾西陲副使超司楚憲，欲得一客。當是時，鴈門張驃騎方專秦閫。張之父大司馬九苞公，於公尊人爲是兵日在左侍郎。及奉命出，而九苞公因代之公。與張既世講，相得歡甚。而因篤其友也，遂納公幕。比至數月，公閔其貧而無子，謀買妾，存其似續。因篤聞之辭曰：「僕有糟糠之婦，齒固壯，嘗數舉雄不育。且未得請於老親，而斯事萬非寒乞所宜。」公嘿然。然卒修啟我先太孺人迎帑于其里，而宏量有中表至誼，實將之來。嗟乎！此二人受知于公之大畧也。

所最難者，因篤性喜交遊。雖破產，作客不改其舊。故友門人往往操扁舟下鄂渚，西臺酣飲。坐费公儲，仍藉資裝以歸。有友嘗問因篤：「若昔居鴈門，上谷陳使君祺公先生愛之如兄弟，陳座上皆若客。海內知與不知，以爲千古曠事。南北濶絕，履舄不遺。兹遊幾亞之矣？」嗟乎！因篤僻陋，既以虚名自誤，並誤公等。而哀韓進食，舉案如梁、高。義薄雲霄，固悽悽于心而不能忘也。

滇南之變，流羽及江。公適入覲長安，而因篤有老母不辭而去。公旋臺之後，或以爲言。公愀然曰：「李之西歸，戎馬塞途，蕭條一老儒，何恃無恐？彼尚不知有妻女，何論其他！」嗟乎！人之相知，貴相知心。君游有知己之言，文季心信之罔間存歿。然張是委家于友，豈足方公嗣緣，別忿搆讒？江人嗾言者斥公罷公，僑寓白下，遥寄因篤云：「君視高生，豈終老林泉者行矣？相見中原耳。」因篤復公書則曰：「故人知公，公不知故人，而公亦竟已矣。」

嗚呼！噫嘻！位不盡才，才不盡志，公必有餘憾。而年登古稀，仁宧至左轄。諸公子兩飛仙舄，一蒙恩以任。子侍褰帷，餘皆擅秀成童。而諸孫復森森玉立，竊謂公可無憾也。公捐賓客，當去歲仲秋之朔。因篤天降禍罰，先一月奪先太孺人，宏量來董其喪。冬初，聞公訃，相與爲位而哭於南門之外。又設奠東陸，謂「公之靈輀尚留吳郭，而神必返其鄉也」。貧窶艱難，至歲稍始克負土牰完，新隴乃衷衰。徒步與宏量趨谷口，持絮酒炙雞，展公虚堂，並啃家君明府而告公以情，如此私擬。過先太孺人練祭，將齎鏡具，同宏量走石城。親灑撫棺之悲，未知其能然否。忝公好我，推其所親。無遠弗届，或可感神。

祭王封翁文

疇昔嫖姚君始仕爲騎都尉，值前相國建行臺長安，而君之家在焉。君既能文，喜賓客，因篤、宏量方旅食於此。日過西第，拜翁堂上，款留出兼庖，下榻高齋。彌日，信宿而後去。而二人性既狂簡，酣飲悲歌，夜半呼羹湯，喧沸不休。或時攜他客，排闥直入，擁坐索飲。驅走健兒如從僕，爲翁若君所矜，客久而敬之。嗟乎！以二人之落拓無似，餬口四方，隨肥馬而扣門，冷酒殘炙，重於珠玉。杜少陵有曰：「誰家數去酒盃寬？」千載同悲，而施竟漂之仁，就仍炊之熱，撫事慷慨，何以得此於翁哉？

嗣聞六三輿尸，關、涼弗靖，君亦戢翼旋里。二人者復從之遊。松菊未荒，竹榻重設。素箏濁酒，貧居罄歡。翁夙好倍殷，而時勢較昔遠甚。風雨無鄉之感久矣，中心藏之也。當是時，鴈門張驃騎方擢節鎮。因南征多困，顏行謀習火攻，而難其將。吾二人以君進。張咨嗟稱善，問二人何以知君。二人曰：「於公座上知之。夫諸校之趨事，公趦趄囁嚅。公所可否，唯唯無異詞。自非聖賢，豈必皆當？而王君獨據理抗言，雖拂公不以爲嫌，此其所操過人遠矣。」張愈益稱善，遂以君名上制府。取城闉守卒二千，大率從田間來，聞鼓角輒變色。俾君肄之火戰之器，三月而有成。制府試諸城南，坐作進退，行列正變，一如法度。飛礮所指之的，十有五六。制府大喜，題授前部火師都尉。及平梁、益，不血刃而收滇、黔，君之功居多。吾二人以爲是翁之教也。何者？人而順科乎父，必出而順乎長。不敢驕賓客，則不敢虐卒徒；不至突梯脂韋於上官，則不至逡巡畏縮於行陣。處困約，無違道取合之語，則臨部伍無苟且圖成之機。蓋自君雍容庭趨之時，其漸涵於翁之義方者素矣。聖天子悉君之賢，下特詔超授協師，畀之漢中。板輿迎翁，翁笑謂隣叟：「我老矣，當含飴弄孫，無幾餘年，何用復知家人事。」

嗟乎！翁生平澹泊，簡靜蔬食，鹿裘即席。君之貤封，貴登二品，而欲然不改其度。優遊耄耋，足跡罕出戶庭。視世之逐逐營營，爲子孫計，日蹀躞有司之門者竟何如耶？非是父，不有是子。吾二人久居青門，嘉嫖姚之賢，每嘆翁爲不可及。況親承顔色，數奉教於長者乎？公捐館之秋，適因篤罹先太孺人喪。歷冬，寵贏完阡隴，而宏量以通家子，匍匐助之，銜悲至今。始哭翁於次，非敢後也。翁盛德登上齒，生榮死哀，嫖姚屢著，勞登壇在邇次。君復翩翩秀發，謙退有父兄之風。天子報善彰仁，積厚而流光，殆未易量也。翁可以無憾矣。生芻一束，其人如玉。二人終窶，翁所洞矚。敬薦春萌，侑之秦筑。翁靈有赫，鑒我中曲。

李太君王夫人祭文

嗚呼！託蔭長必溯其本，而樹德厚則食報必豐。以觀我太君即世之年，固有所未盡也。太君之大，有造於我李。自爲婦，迨爲母，周歷燕、秦、楚、豫之間。德盛而勞深，賢不勝書。夫太君固秦產也，方先公協守上郡，居靖邊絕塞，實迎太君而家政始修。迄今五原之父老能言之。及建節荊南，太君日益貴，襲翬象珈之服。躬主蘋藻，而操作不改其常。疆事戒嚴，輒篝燈紉甲胄。徧于行間，先公倚重如左右手。因篤輩嘗遊於楚，楚人稱述其德，無異五原。然或所見異辭，所聞異辭，所傳聞異辭，則君子難之。而觀察君蒞官吾土五載三遷，遂秉憲衡。宏量從觀察遊最久，拜于堂。而因篤以猶子之親，出拜賓，入拜寢。門上起居，聆謦欬温文。聖善之度，持家之肅，瞻族姻之厚，馭僕婢之仁，推而至於賓客儓胥，雍雍熙熙，毫髮無間。蓋太君之德，得諸目擊者較所聞於上郡、所傳聞於荊南爲有加焉。

初，觀察歷事內部。既舉孝廉，從軍來秦。例補郡上佐，次者不失州牧。適奉先前令督其民過嚴，民遂譁，而北山不逞之徒將因之作亂。臺司念非擇廉且才者往則禍不靖，遂授觀察剖符是邑。檄朝下而午戒塗，傳者惱惱。太君聞之曰：「人臣之義，居不避禍，臨事不辭。難顧臺司重吾兒才，詎可違乎？」抵邑，亂果定。奉板輿迎太君至官廨。朞月，奉先大治。太君之教也。無何，復興元。而觀察業弭亂有成功，外臺特請之朝，超擢郡伯。然太君春秋高，善病肺，逢暑則劇。觀察乃留內子以下居奉先侍太君，躬自馳夳已。王師取蜀，輓輸日殷。觀察更參東藩，專董運道。乃就省太君邑寓，仍迎青門。守今執殳前驅，藩臬諸公趨拜堂上。太君若固有之，無溢言，無矜持色。惟教觀察慎益勵，飲冰而已。當是時，衍宏量、因篤嘗下榻署中，屢移旬朔。太君或自庀具，賜衣履。而因篤每晨起候，太君召問我太孺人健否，飲食繁簡狀，下及婦孺門戶播穫之細，歷歷詢之不倦。因篤出述之，宏量互相嘆服，如太君足樹母儀矣。觀察以才品卓犖，延推黔臬。南方暑濕，仍啟太君留秦，太君不可，曰：「而入黔，必道楚。楚，先公之故疆也。魂魄所棲襄、沔之間，吾得望祀先公足矣。」因促車併發。因篤、宏量跋馬以從，送太君關外。太君進因篤，命之曰：「善事吾姒。顧姒與吾皆老，倘出黔不遠，幸相見也。」泣下沾衣者久之。因篤亦悲不能仰視，掩面再拜而別。

嗚呼！曾幾何時，昊天降割。吾門遄奪我太君，我太孺人亦旋棄其孤。嗚呼！回首河水湯湯，驪駒鳴於道左。倚衡流涕，但增遶膝之悲。豈意太君斯言逆訣所撫，而為讖兆哉！抑太君之神明不昧，姑勿顯言，而微示其機耶？嗚呼！是未可知。而因篤痛太君，愈益痛我太孺人，其心孔慼。即宏量叨通家之好，南嚮而悸，東嚮而興哀。蓋二年於茲矣。

先是，閱邸鈔，聞太君之變。宏量、因篤適來會城，相率南陸為位，哭太君。然尚未知太君之卒楚若黔也。觀察之在黔，在道，或巡歸京師也。匆匆辭去。明年春末，觀察書來。知太君果居襄陽，觀察內子以下留侍如故。且云將載輀車，泛江溯運河而遠。於是，因篤遣人約宏量曰：「弔于襄，恐不逮。弔于次，無定之也。度旋櫬必及秋，方圖絜酒都亭。」

乃初秋之朔二日，我太孺人疾作。既望，遂不起。因篤頑鄙，不克承太君懿訓以自速，戾于厥躬，旦夕偷生，何足齒之子姪之列？而宏量走弔幃次，且申前約，並徵辭。因篤草土哀迷，因無以應。但謂君勿先我。其稍須，我大襄涉冬拮据，新阡歲除麤畢。春日，衷哀報謁，歷時始歸，而因篤又抱採薪之憂。夏半，小可，始同宏量敬繕誄章。

嗚呼！贈死不及尸，左氏所刺。而況忝天親末屬，則因篤之罪滋大。宏量俟因篤而遲遲，非得已也。嗚呼！太君至仁，撫孤姪如其所生。推之宏量，涵濡並渥，而慈愛罔間，存殁庶幾。憫因篤之身，罹凶虞而宏量則必俟。因篤以行，將鑒其中悯而許之乎？顧太君在天之靈，默相我觀察。辰猶顯烈，拭目俟之。而愛孫漢九磊落英多，飛鳥有期。諸姪復森森玉峙。太君之大有造於我李，信未艾也。因篤輩雖不更睹太君，芘其蔭而懷其德音，詎有涯乎？

嗚呼！生芻不腆，致自千里。其人則遥，其心孔邇。

張慈母王太夫人祭文

嗚呼！

晉水之陽，倬彼代方。金閨毓粹，徽音斯彰。中壘則遠，丹青競芳。峩峩鴈門，長發其祥。

於惟太君，太原之系。靜若淵雲，清如畹蕙。作嬪清河，釐於沱汭。相大司馬，恭持鞶帨。

采采蘋藻，威儀是循。令名攸暨，無間六姻。玉珮時鳴，春暉聿新。朝夕靡懈，以事大人。

赫爍總戎，禱于川谷。始生呱呱，太君是育。何必熊占，徵蘭爾服。載提載攜，恩周顧復。

將軍棨戟，專閫鶉首。坐靖西倕，左宜右有。爰將安車，往迎二母。太君西來，以逮眉壽。

襄持家政，健如丈夫。不忘故園，搔首踟躕。不遑寧處，醯醢是虞。言告言旋，將去此都。

誰謂河廣，東流一葦。誰謂晉遠，崇朝千里。顧此茂族，邦國所倚。昏媾多故，太君孔邇。

我聞閟誦，壽母有言。白髮杖藜，非不大年。所悲高節，閨閣同賢。違我儀刑，戚黨黯然。

況于疇昔，鞠子明哲。爰掌戎車，宣威駟驖。以光先公，奕世同烈。倉卒聞哀，傷心嘔血。

朝秣我馬，號泣于臺。痛陳慈母，繾含永乖。雖曰異本，三年免懷。自國多難，曠焉循陔。

生違寢門，迢遥仗劍。惟堂拊棺，不與小斂。衣被孰設，貝玉孰鑒？毫髮未周，終天抱憾。

請得東還，畢營大襄。矢以餘生，展痺戎行。流氛未靖，敢臥沉槍？秋風倘肅，更事西疆。

惟憲大夫，實照臨汝。格厥至誠，毅然相許。夙駕云邁，疾如風雨。敬視松柏，相招復土。義參同檝，綿歷歲時。爰及亞旅，受命軍司。載公之德，萬夫一詞。歸旌迅發，惆悵於斯。有酒盈樽，有俎盈几。爲歌大招，用慰陟屺。涕泗滂沱，曷其云已。太君在天，照茲裀祀。

張慈母王太夫人祭文

嗚呼！

滮匹練之遄飛兮，朝徃辭於鴈門。瞻雍邱而夕下兮，介鳴鶴以來言。乖婺女之垂鉎兮，黯瑤光其曀曀。齋太君之哀些兮，聞號呼於西第。荃褎然稱女宗兮，徽音洽於三黨。欻驅車以遐升兮，佐皇娥之沆漭。翩雲旗於曠霄兮，漾倒景而難滅。任子規之群起兮，叫春竹而暮裂。昔大司馬領三公兮，輟櫛沐其不遑。對閨中之靜淑兮，臨薜荔而偕芳。紉谷蘭以爲衣兮，纈澤荇以爲帶。餐珠林之高霞兮，飲玉樹之墜瀣。洵既周善之性成兮，又申之以好修。出紘綖以備袞兮，中含章而宛幽遡。姬系有崇閎兮，清邦族於太原。亘滹沱之澄波兮，叢勾注之嵐煙。拂先公冠遠遊兮，騎箕尾而登仙。攀玉虬其不逮兮，倏慭遺此紅顔。月澹澹以來庭兮，風蕭蕭以在帷。晶晨霜之皓潔兮，厲秋陽而輝輝。置予躬於萬仞兮，秉予心於皎日。歷耇耄而彌光兮，更四十年而如一。曩總戎之始生兮，聞啼聲知英物。嘗瞻岑而移苔兮，實負襁而垂紱。

拊丹雛之晚降兮，應名山以禱之。遴吉徵於房闥兮，命夫人使保之。繇揃鬌至垂紳兮，遂珥侍中之貂。翳先河而後海兮，雜異貫以同條。勤顧復其有終兮，義無間於所生。即三年爲十月兮，齊任姒之令名。曩自西以專閫兮，行虎符於萬里。厥明發以不寐，懷二母而陟屺。並筍輿以蒞秦兮，列鼎鐘而供食。得袞繡襲萊衣兮，肅承歡而竭力。罄優遊於邸中兮，曾莫慰其永安。綜家政而若惕兮，仍夙駕以東還。尊龐眉於北堂兮，猶採蘩而薦黍。紛婚宦以待成兮，皆太君之是主。謂德盛以名齒兮，自坐臻夫耄耋。何振綏而遽逝兮，失屬纊之長訣。悵關河以抱慟兮，祕終古其不寤也。爰雨涕而湧血兮，違斂與含之故也。籲臺門而陳辭兮，指蓂莢以相期，荷霽暉之爾照兮，許旌節之暫歸。省先公之松楸兮，將卒營茲佳城。奉二母於窀穸兮，繇千祼而孔貞。願流羽之未靖兮，君無忘我民艱。畢封樹於大襄兮，早紆軫而言旋。默佑我後人兮，太君有子之責。設生芻而潘望兮，歆來享以來格。

續刻受祺堂文集卷四

誌銘

邑文學暨元田公墓誌銘

文學暨元田公秋日不禄。先是，公有子鄉舉若琬，爲後於從兄督學公，而公竟不再育。故其卒也，鄉舉君痛之至深。遵例治喪，又以其次子主公俎豆。營新阡壟有日矣。乃恭奉幣，持舅氏十六翁所擬狀來問銘。公與予中表兄弟，夙相友善。而鄉舉君且繼以世講，誼不獲辭，乃據狀而志之曰：

田氏，嬀姓，齊之公族也。漢高帝九年，徙楚之昭、屈、景、懷、齊諸田關中，遂爲關中人。繇富平之田村、流曲，三遷而至董村居焉。數百年間，其俗皆治詩、書，崇禮讓。子弟彬彬，有鄒魯之遺風。科第閥閱之盛，一邑莫比。即關以西論門望，必先田氏。孫太宰恭介公題其祖塋墓石，有「清我邦族」之嘆。方於古所貴滎陽、清河矣，而文學之門尤以積德著。聞公之祖三峯公，里中推爲長者。嘗司歲賦，償舉宗之逋，至折産而不恤。公考仁宇公，諱宏載，篤行君子，而學優淹博。雖扼於遇，識者知爲發祥之自焉。有男子子三，公其仲也。

諱本健，字暨元，少有至性，以孝友稱於閭閈。弱冠受經，不屑屑帖括家言。凡秦漢以來古文詞，暨當代名賢制義，靡不沈酣諷習，領嘉處要，而一以傳註爲宗。服膺先輩如王文恪、唐荊川、歸熙甫、鄧定宇諸大家。能一一稽其源流，述其正變，誦其篇帙，如決流水之泉。時號博聞彊記者，皆自遜讓，以爲弗如也。既籍諸生，名噪膠序。先後司文衡者，皆稱其理醇詞簡，不墮先民之矩矱云。公和平坦易，與人交，内外洞徹，不事畔援，不立圭角，久而彌殷，未嘗有纖芥之跡。自三黨至賓交同聲而賢之，奉爲有道，而樂與之遊。生平持論以正，不爲高詭非常之語，而根柢名理，自覺雋永。聞者一往神怡，譬之匡衡説詩，所向解頤矣。至大節攸關，跬步不苟。繇少迄老，無蕩佚之事，激厲之行。蓋太邱之厚，能訓俗彦方之端，以率物直，兼而有之。尤恬退寡營，審於義命。見時之棼棼騖利者，輒夷然不顧，曰：「素位可矣，否即貨殖不足尚也。」蓋公樂道安仁，惟以詩書自娱。富貴於我，視如浮雲。其暇日，或從鄉之耆舊，談慈孝，問桑麻，優游厭飫，有静觀自得之妙。而謙抑樂善，即文酒之社，同人或搆佳藝，則反覆不忍釋手。中心好之，若己有之焉。鄉舉君既往事督學公，公鮮以續。數十年，安若固然，如罔知鄉舉君之既爲己出者。比鄉舉君雋北闈，公聞之，舉止自若。顧持己益恭，行益慎，色益温，州里之士愈益重。公之器量爲不可及矣。公爲人少而惠，長而多聞。德粹而行和，學富有而文芳潔。胸次浩浩，恥爲囂競。簡澹自足，不涉聲華。

卓哉！儒林之高蹈，周漢之遺逸也。卒之日，士大夫知與不知，咸扼腕太息，謂公以數奇不顯，即壽宜登期艾，而且爲修文所奪。蓋樹德厚者食報遠，不在其身，在其子孫耶。公生某年月日，卒某年月日，得春秋五十有九。配劉氏，子一，即鄉舉君若琬。孫芸生，鄉舉君次子。女二，婚嫁云云。鄉舉君率孫芸生，將以是年月日，奉公體魄於南陵之西而窆焉。表弟李因篤因誌公大端而論之，曰：

文學公，其古所稱達者歟！他不具論，當鄉舉君之好音至自京師，予親將羊酒往賀。公執手唯唯，無矜容，無溢辭。而予所欲進如許慰悦之言，爽然自失，竟不復一置吻。凡歷八年如一日也。夫以謝太傅之後偉，當車騎輩，肥水之捷，初袛云遂能辦賊，而入戶折屐。史書謂其「矯情鎮物」，然則公之賢，過人遠矣。予少孤，養於外家，與督學公比鄰而處。督學、文學二公，親則從昆弟，而戚則亞。方鄉舉君之始生呱呱也，劉恭人往勞妹氏，即抱以爲己子。督學公愛之、鞠之，不啻己出。及鄉舉君長，益善事督學公。色養之道，寢門之儀，無毫髮之遺憾。故督學公相倚爲命，相須如左右手焉。且以督學公之明哲，天性友于，而終其身不爲文學置後，非踈也。蓋督學公爲公置後，則必先明鄉舉，爲後於督學公之始末。而謂鄉舉非己生，即督學公涕淚横面，安能一語出諸口耶？或曰：「何以爲文學公。」夫公之賢，督學公知之素矣。且夫平原君將以五城報信陵，因信陵之謙德，終不敢獻，而君子以爲厚。若然，則督學公真公之知己矣。或曰「鄉舉君及公之存，使其次子事之，得乎？」曰：「鄉舉君方且旁求妾媵，冀公之更衍其嗣，而遽逆援公之不育疾。使其子事之，鄉舉所不忍也。」「然則今之立孫，奈何？」曰：「勢窮也。勢窮則告諸督學而不悖，質諸文學而不疑。上可以對先祖，下可以卜螽斯矣。」

善乎予舅十六翁之言曰：「少華於督學公，生盡其養，塟盡其誠，祀之瞽宗，纘緒伊始。而治文學公之喪，哀不踰禮。俾芸生承顔祖母之側，委曲懇至，鄉黨翕然多之。少華之爲人子，可謂恩義兼至者矣。」少華，鄉舉君之甫也。予謂，使少華在朝廷折衷定陶濮興之論，必能引其君於當道，而諸臣千載無遺憾矣。故志文學公之墓，有感久之。系之以銘曰：

漷田之荊始同本兮，徙而爲二章且隱兮。
文學俊人惠而敏兮，力不逢年復乃擴兮。
西實東茂合厥䏚兮，蔭此榮柯色彌謹兮。
子出孫歸禮以爲允兮，相彼新邱光岳蘊兮。
宜其條裔勿替引兮，以承天休褒之華衮兮。

湖廣督學前方伯茂衍王公墓誌銘

王方伯公，諱孫蔚，字茂衍。其先山西洪洞人，自肇基公於元季避亂渡河，而西居臨潼之東梁里，遂占籍焉。數傳至貞，貞生彪。彪生濂居公廷周，王氏始大，是爲公高祖。濂居公生野川公安坤，是爲公曾祖。野川公生六子，長曰鳴石公佩珂，歲貢，任睢寧學傳，致仕，是爲公大父。配萬氏，繼趙氏。鳴石公三子，其舉於萬者一，即公考經寰公。諱元調，邑增廣生。嗚石公、經寰公皆以公前任楚臬，贈通議大夫，如其官。萬、趙並贈淑人。經寰公配井氏，贈淑人；繼賈氏，封太淑人。井淑人舉丈夫子三，長刺史公孫盛，字海嶼。次司李公孫麟，字華賓。公，其季也。

三歲失恃。甫十三，經寰公亦見背。時兩兄皆名噪膠序。公尚幼，故經寰公屬纘諄諄及之。然受經於父兄，沈穎絶人。試以文，厈然成家，俊拔有爲之才，家庭皆心識之矣。既補諸生，聲益藉甚。素恂謹，族黨無弗愛敬者。年十九，舉順治二年鄉試第二。與仲兄司李同出乾州牧周公注西之門。初，公文定元已浹旬，扼力爭者亞之。及墨藝出，士論固有歸也。九年，成進士，殿試二甲二名。擬選庶常，不果。授刑部雲南司主事，雲南刑大司與吏文選考功戸山東禮儀制兵職方工都水並重。時滇未入彊索，而司故專承欽讞。旗務叢集，每戴星趨署。他司公畢散去，公獨手諸牘，惟日孜孜。比下碧雞之坊，恒在薄暮，恪恭乃職。事事必誠，不敢諉之采僚。故其平反最多，奏對稱旨。

都亭有玉銘錢穀、茂衍刑名之謠。玉銘先生，前三原端毅王公裔孫，歷大司農。蓋又稱關中兩王。云已出守保定。保定，京師右輔。當漢，扶風公嘗以尚書郎奉詔卹刑是郡，郡人懷之。聞其來，徯蘇恐後。而屬邑皆羽林駐牧，奸猾潛匿，治之尤難。公至，期年之間，威約大行，兵民安堵，獄訟衰止。循聲徹帝座，遷山東青州海防副使。雖少簡而鯨波寢息，推鎮靜之功焉。尋陞參政，督德州糧儲漕輓。竣期，未幾，擢湖廣按察使。數訊大案，執法如山，而民自以爲不冤。種德之深，三楚猶能嘖嘖道之。

旋蒙皇上特簡，不歷右轄正藩屏者四人，公遂爲福建左布政使，禁旅數萬客閩。歲久，庚癸，頻呼公徵攴有方，士馬飽騰。制府李公嘆賞，目未睹。凡軍國秘計，及邊海情狀，諮決倚辦，如左右手。會楚任假官之案，部議違例，以前品降補湖廣湖北少參，理糧驛鹽法。楚自西山之役，漕船盡協江右。久假不歸，乃條北運復之。又陳郵遞困苦，商引壅滯所畫，咸洞機宜，次第擬行。迄今利賴之。適藩臬缺人，兩台稱其劇才，俱令兼攝。楚中言一時秉五篆，掾曹臚進，手握硃墨二管，隨至立剖輿情允孚，有劉道民五官同運之風。猶以暇晷課八郡士，躬自較定，徧識南國俊廚。鄉會數科，資之不竭。時制□司，歲舉其最一人入爲鄉士，銓曹屢以公名上，未報也。

繼而吳逆煽變，跨湖拒守，王師雲屯。先是，公聞三藩不果遷，揣必用兵，預檄漕糈倒載之荊。舟子疑之，公曰：「儻邀國威靈，無須此物，往還之費，吾自酬之，不以問民。」載甫畢而亂起。旬日，王師之前矛照南郡矣。公拮据芻茭板幹之供共槪者，多蹷張而智勇精明，益沛乎其有餘。

罹繼母賈憂。戰數捷，始循例歸。兼母井夫人合窆先公之兆。二兄二嫂各列其次，禮制周詳，情文粲然，觀者皆悅。服終喪，值特詔集天下學士之儒於金臺。公卿首推轂，公應薦入都。都人士傾其盛名，車馬填委，詩歌賦答，每夜分不休。其所著詠懷五十章，高深渾穆，與陳正字、李供奉齊驅。詩出，爭傳寫之，至爲紙貴。無何，補江西督儲。已有成命，忽以蜀疆新定，招輯需才，授重慶分巡。

比至，則譚逆再叛，我師方掣西南之肘，聲勢洶洶。公選有膽幹一人，練鄉勇三千。將之副貝子大將軍擊賊，一鼓而殪。貝子稱於衆曰：「王參議真將軍也。」他若綏殘黎，轉粟糒，通商賈，巴渝屹然爲巨鎮，兵民咸畏而戴之矣。旋奉敕視全楚學，將登舟，送者扳臥。移時，始得解。順流而下，渡三峽，抵彝陵。越數日，至鄂城。念湖南地形遼闊，且蠻苗盤踞久，文教宜先。既謁兩臺，即觸暑星馳而去，較試衡陽諸郡。所過嚴飭師儒，作八箴刊布學宮，廸以行誼。其論文，獨主新警。嘗曰：「近刻去油靡者，有間矣。乃往往以影鄉爲深，致掩沓。爲大家摹古而不得其情，此亟患也。既有條教以示學者，所録悉精鍊典醇，海内珍之。而矢慎持平，孤寒吐氣，則又生平介節，江漢濯之矣。」前湖南以新舊兩稅並征，章縫多訟繫公府，較臨苦不即至，恒從容以待之。故南試一年，僅歷五郡，尤憫其困。曰：「此甫脫犴戶來也。」士林聞之感泣。

公自五月伏枕，或勸其急旋武昌，得可休沐以攝生。公不可，曰：「王事靡盬，詎容自逸，且距鄉闈僅一歲，舍南而北勢不暇復南，是九仞虧於一簣也。」猶力疾。畢武陵試，遂日彌留。蓋公於試牘皆手評，而酷好聲詩。雖病甚，未嘗輟吟停筆。故傾心理學，嘗欲築書院，徵聚生徒，俾希遵經與攻帖括者分曹而處，互相切劘。念楚實才藪，屢殘於兵檄，郡邑學官歷採先賢傳誌及已行未行，私集將于役。還，勒成一書，續高無錫四朝文獻。又以纂楚志，葺學宮，一一條諸台司。惜未見諸施行，而公竟齎恨逝矣。

公修儀鵠峙，雙眸烔烔照人，丰骨凜然，有泰山喬嶽之象。天性至孝，事繼母賈太淑人不異所生，敦於在原。刺史公頻躓宦塗，償其宿逋，迎之危疆，數倒篋，無所靳。與司李公合爨，以司李不育，子孝廉始誕，即推鞠之。及司李歾，奉其寡嫂白首靡間言。長才偉抱，敏練博綜。數更時艱，底於康濟。人皆謂其似王景畧、姚元崇，而淹雅過之。方重以當代之期，乃今已矣。嗜古，喜著述，尤邃於詩，其韜香初集、二集及雜詩文並行世。

公卒於某年月日，距生某年月日，得春秋五十有七。歷階通議大夫，配趙氏贈淑人，繼同氏封淑人。子三，天寵舉人，旟，諸生，灝，太學生。某年月日，葬所居之新塋。既得卜。同淑人，予表妹也。先期命其子旟賫刺史公所爲狀，親詣北山，求銘其幽宮之石。予辱公知愛，垂三十稔，稱異姓昆弟。而同淑人託在中表，與予俱少孤，養於外家。夫古人聞知己一言，內信於心，則爲之經紀後事。況班荊贈縞，兼斯文骨肉之盟，如吾兩人者乎？雖近遘閔凶，疎廢鉛槧。撫時追昔，誼固不得而辭也。因據狀，並摭所見聞而誌之，仍系以銘。銘曰：

王氏之先，盛於太原。分沠楊侯之國，肇輿繡嶺之躔。世有隱德，鍾茲名賢。遡託始而大，歷高曾而蕃。公之祖考，作述相延。席公之貴，恩貤黄泉。嗟夫！公以明光高第，題柱濟川。厥齒方壯，而正旬宣難。更左次斯文，是肩未究其緒，實吾道之迍邅。以封以樹，顯於新阡。宜爾子孫，將追紹夫尚書中令之緜緜。

西安府通判加九級一品服致政君輔茹使君墓誌銘

郡別駕使君茹公，諱珍，字君輔，世爲浙東山陰人。父贈公，歷事西曹。公隨其兄，幼侍燕邸。贈公夫婦相繼卒，伯子亦不禄。公僅十餘齡，遭亂，遂家宛平。秉志毅然，不輕狥流俗。稍長，以文無害，推擇內院。出爲宛陵郡僚，遷汾海參軍，簽秦藩幕。時值皇楠重役，巡撫賈中丞思得廉幹有爲者董之。特遴公，假之事權。督舳艫數百艘，繇江、漢、河、淮萬里抵通。所歷重臣郊勞，郡邑競餉，公槩謝卻，乃獲尅期報竣。冬，官樂庇其成。方公在途，餽遺之使，往返數四。或更曉夜，窮極拳曲懇切，公堅不易。雖親從多以爲過，至是始歎服，輦下嘖嘖有聲。

公筮仕以來，嘉績屢登，斯役可類推也。無何，滇逆揚波，蔓延關隴。沿郊樹壘，遠近驛騷。前總制莫公，自內閣大學士再膺分陝之寄許，徑補文武官。任訖聞，一時方之西銓。公以才望冠等，受知甚稔。遂因督撫超擢西安府通判，領滿漢諸君芻糗。入則密贊機務，諸台咸心膂倚之。于是比肩者群忮。公能□逡巡憚難，凡轉粟軍前，督工敵境，僉曰「非茹別駕不可」。諸台亦亟欲集事，頻下羽書，僕僕往還，席不暇煖。或前旌已戒道，他覯艱虞，必改命公。秦士大夫愛公，謂：「疆事有常，宜以理爭。」公曰「有命」。動踰數千里，晷刻未寧。值寇燄方張，蹈虎穴，瀕殆者屢矣。卒安行脱險，傔從皆全。當是時，賊衆日益，合剿禁旅雲集。會城貝勒大將軍，公督統提師，及新補四川督撫，建行臺數十處。日需藁鉅萬詰，厥無根莖，萬馬飢嘶，兵大噪。撫軍憂懼，疾作，禍且不測。公毅然身肩之，與諸大帥期三日。不辦，甘軍法。因亟馳涇干、華池、頻陽，復巡渭而南，東抵潼、洛，徧召望族巨室，泣陳國恩，勸之先輸，許倍償。厥值民夙孚公惠，聞命樂從。詰朝，舟車孔來，擁城門不得入。諸大帥皆驚羨，延共榻對食。制府歡甚，接待悉略憲規旋。奉檄爲列校起第。城中方用兵，驕横自恣。董築者不勝困辱。公既爲各將軍重，每曲護之，官役藉蔭焉。隴渭之交，川逆相持久。附近居民十餘堡間受迫脅，多疑其款議屠之。公時督運鳳翔，而大軍駐寶雞，乃夜走軍。適汧水暴發，半渡，幾漂沒。既濟，攜寶雞徐明府匍匐流涕，畫諸堡不得已狀，明其非叛。良久獲免。下令遷避，活萬餘家。秦比八旗駐防，歲有逃人，遂立會廨，分丞倅班讞。三月，而更謂之直季。公獨以聽斷明允，迭三四直，平反居多而秉氣最清，積勞致疾。會攝撫民，篆輿卧關門，猶事事不假吏胥。病，亟旋郡署，意丐休。台司慰勉再三，堅卧不起。踰時，始得請接淅而行。至山西平陽，彌留邸舍。以今康熙二十有六年六月庚午卒，距生萬曆四十五年六月戊申，壽七十一。

公貌癯體修，威儀極莊。自公之餘，終日正襟危坐。寡言語，屏嬉遊。雖子女僕婢閒，未嘗一貸嚬笑。賓僚遊集，望之儼然。酷暑隆寒，束帶必肅。卧疾憊甚，猶不冠屣，不聽客。前吾友司馬君負邁等之姿，公最鍾愛，而燕居森若朝典。呼而唯，問而後對。端静沉默，其天性然也。中懷坦夸，不設畛域。容人之短，罔較其從來。汪汪千頃之陂，衆爭庇之矣。某大夫矜能怙寵，陽爲比暱，而猜讒橫生。嘗百計搆公，卒無暇隙可指。故尹某有郤於外臺，數擬抗章。公潛戒之，某故未知也。頻詣公，求關白。終謝弗見。其匿跡遠嫌類如此。前甘肅臬使舒公陞西安布政，耿介風厲，絕請謁，杜私門，新令霜嚴。守令皆屏息重足，惟雅重公素履。每進見，必延內廨，閉閣密譚，日景數移。既而舒卧疾累旬，文案悉屬公簽署。業以治行第一，奏記兩臺，特舉循廉。佇立有不次之擢，國人皆拭目焉。值舒暴亡，事竟寢。他或動以非義，輒峻拒之。故年勞並深，訖不及調。居家尚節儉，不別治生。即盤豆蕭條，澹如也。宦吾秦垂二十稔。兩攝都閫，一視府事，十署司馬，兼委縣篆。潔白自矢，終始靡渝。苦節清風，喧傳道路。當代之日，老幼號攀。上官聞聲，咨嗟待以殊禮。凡所建白，悉降心從之。

嗟乎！公蘊中正之德，直方以行，剛而温，簡而非傲。臨政明決，與人不激不隨。蓋兼古之有守、有猷、有爲者。簡任劇郡，受命亂軍之際，同列或丹青速化，公蹈危犯險，勞績最多。無論坐俟敘庸，當自致台司。藉稍腆涊其間，顯位可弋而獲，而大節斷斷，迄不以彼易此。嘗語司馬君曰：「人貴自立，勿爲詭隨。苟致身聖賢，貧賤何足計？予宦遊四十載，未嘗治產。汝善體吾意。」夫公既以清白貽子孫，而庭訓又無異聞，即其生平可知矣。

好讀書，不屑章句。每泛論古今大畧，摘抉精微，有晉人之風流。宿儒皆坐絀，尤喜賓客。吾家榆塞，孝廉二曲徵君、雪木處士、華下王徵君山史、甘泉宋隱君子貞，並下榻善交。而張君雲師、汪君開美、趙君子實，吾門人郭子正始、杜子雲柯，則俱以通家子拜堂下。是諸賢者亦嘗因司馬君進公。公欣然曰：「諸君子幸與吾兒遊。」而因篤實從隗始，裋褐藍褸，追隨至今。公哀其貧，恕其狂簡，授館授食，久而敬之。

頃先太孺人之喪，依劉襄事。且司馬君夙擅才敏，學至博，於當世寡所許可。而束髮工詩，謬以因篤爲可與言。託公橋梓廡下資同研席者，匪伊朝夕矣。

先是，公既東歸，司馬方令岐，得優旨待次。郡丞遽移交請代。自始事訖報可，甫十日而鋒車出關，人以爲神。繇今觀之，嚙指之相通，即司馬初望不及此。天祐純孝，夫豈人謀？未幾，趨邸中，侍湯藥，衣不解帶。親浣而牏者凡六旬。公乃易簀。使者赴於舊部，寓狀及書，見屬誌銘曰：「若知吾先君，其勿辭。」因篤固不足當，然遊於公橋梓者久，知公不可謂不熟。公樹品爲君子仁，爲勞臣，爲良大夫。想像其生平，據狀而論次之，綴以所見所聞，不敢遺，亦不敢溢也。配鞠氏，敕封安人。今康彊健飯，遂不具其徽音。子二，翔鳳先公卒；儀鳳即司馬君紫庭，原岐山知縣，陞府同知候補。女一，孫一，孫女二。將以是年月日殯公襄陵之原。

公生未定家，歿而待葬，傳謂之「不克葬」。就其地而卜，窀穸其魂則無不之也，禮也。藉公之靈，並告司馬曰：「吾聞，在公則不卹其私，故義以制情。古之君子，不得之一日，而君得之六旬。孟子有言，惟送死可以當大事。君躬奉含斂，而慎公之終。得之六旬，得之終天矣，何憾焉？太安人在堂，君其圖之。公之靈，昭昭其望之。」敬系銘于公，銘曰：

汾殯于襄陵之原，太史氏爲識諸貞珉曰：嗚呼！此西漢棠臣，吾茹使君之墳芘爾。身宜爾子孫，自今以至于萬年。歷陵谷而勿遷，採風之輶軒，庶有徵于吾言。

前昭信校尉郭公金湯配安人孫氏合葬墓誌銘

前昭信校尉郭公，諱民止，字金湯，晚年自稱有竹主人。其先本系中州。始祖某，明初以佐命功授世襲陝西西安後衛百戶，分采府西之醴泉縣。子姓居臨涇原，爲巨族。而宗門承蔭，獨家長安。歷傳至公曾祖登瀛，祖晟，父衛邦，皆能其官。衛邦配馮安人平度刺史公女，感異兆生公。安人故知書，公甫五齡，口授句讀，輒成誦。稍長，通帖括，日記數千百言，皆以任重期之。年十八而孤，免喪，迫定制，遂承祖職，司屯田事。棄繻弱冠，每自悼厥志之弗終。然入侍寢門定省之餘，欑經绕膝。母子時相往復，究不廢學也。值休沐，則樂就師友，稱引古先。或說劍賦詩，恂恂如儒生。

崇禎十六年冬，逆賊李自成破潼關，秦藩失守。公竊負太安人以去，匿城外祖塋。蔬食草衣，數瀕危，造次不離母側。大清正宇，總制孟公雅聞公名。會奉詔録舊勳，嚴檄趨之出，咨部授劄，仍理軍屯。時衛丁散亡，田多蕪沒，而師興旁午，饟急且繁。公盡瘁經營，給牛種，設委積，裕國而不病民。逋者競歸，耕穫獨豊。兵以騰飽，勞績多於諸弁。都閫甯擬特薦之，公堅謝病乞休。凡七辭，始允所請。

怡然解組，治別墅南山下。文酒自娛，蒔菊籬邊。逢佳辰，邀二三同志，分韻酣飲，連夕不輟，性喜賓客，海內鉅宿如顧寧人、閻古古、曾庭聞、屈翁山、趙公受來遊關中，咸主其家。吾秦則劉石生、王無異、温元肆、宋子貞，又家屽翁、聖年、雪木，過從尤密。惟老病，不及造訪。家二曲徵君，向執友道之，每以爲憾。初夏，偶抱疾，訖易簀於杪秋。

公生平至孝，善事太安人。患難之中，起居必誠必慎。矜然諾，廣交游，博愛而親賢，四方之士大夫爭依之。襟懷磊落，對之如光風霽月。即家庭燕息，未嘗有遽色疾言，庶幾林宗。而排難解紛，推恩好施，族黨待以舉火者，比比矣。至其隱憂慕義，絕不自暴所長。公極善余，又仲子從遊久，稔悉其高節，然不欲盡言也。

配孫氏，封安人。後衛世職指揮女，年十七歸公，婉順嫻婦儀。未幾，遭君舅之哀，禍亂踵集。佐公奉寡姑，得其歡心。而家毀於寇，椎布作苦，若固有之。又戸外日盈長者車，室無人聲。罇殽精辦，即夜半呼羹索飯，喧訴頻聞，安人肆應如常，無幾微見於顏面。先是關、涼變起，避處涇干，竟以旅病告終，喪葬之禮或闕。公語及必流涕焉。諸子間謀購侍妾，公泣止之曰：「而母自爲新婦垂四十年，備更拮據，鞠若輩成立。且吾貧而多客，累若母脫簪珥庀具者，數數矣。吾何忍負之？」

嗟乎！公之清操，宜此賢淑，予非敢阿其所好，蓋竊比于中郎無媿詞矣。

公以康熙二十四年九月己巳卒，距生前萬曆四十二年八月壬辰，壽七十有二。男子子四，並安人出。紹璞官生，又璞長安廩生，述璞增廣生，炙璞府庠生。孫男七，孫女五。公簪裳還老，文獻並徵。齒踰古衡，子孫林立。又璞等皆容止俊偉，冠冕人羣。雖尚勗修塗，必以科名振起。公已矣，其澤固未有涯也。將以年月日厝公窀穸，又璞預來請銘。銘曰：

覯近者，以其所爲主。昔亭林先生之來漢輔，終年羈旅，曾有道之。是許幽宮作，所以彰令緒。更驅車而延佇，瞻象賢之高翮並舉。

司勲王公墓誌銘

司勲王公，諱九鼎，字金鉉，一字録菴。其先咸寧人，世之可考者，曰炤磨公。五傳至江涯公，諱懋，是爲公高祖。繇明正德十二年進士，授行人。諫南巡，廷杖幾死。嘉靖初，擢御史。疏救議禮諸臣，被謫。時稱遺直江涯。公六子，其五曰陽武公用賢，是爲公曾祖。繇拔貢任劇邑，著循聲。兄曰散官公用臣，曰宫保公用賓，曰亳州公用予，曰刺史公用卿。弟曰處士公用相。宫保公周旋臺閣，正己而行，以忤嚴分宜移南都。身雖在外，而寵遇不衰。及予告歸，大臣交薦無虚歲，關中稱三渠先生。然宫保公每旴衡昆季之美，輒推引陽武，莫之或先也。陽武公十子，其四曰桂圓公，諱昌功，是爲公大父。配秦氏，太守公鎬女。秦既望族氏，又獨息桂園公，遂緣籍爲三原諸生著名行，以諸子貴。封給事，贈光禄大夫，吏部尚書，都察院左都御史，詳載宣城湯祭酒公賓尹所爲誌。生六子，其次曰襄庭公紹翰，是爲公父。萬曆三十七年，偕長子太守公之鼎，從弟紹熙同舉於鄉，終河南郟縣知縣。兄曰光禄公紹先。弟曰冢宰公紹徽，曰處士公紹慶，曰文學公紹舜，曰總戎公紹禹。郟縣公，伯仲少長，外氏值秦公卒，無嗣，族皆疎屬抱主。歸，因家三原。冢宰以下，仍還咸寧。自三渠先生後，學者又有光庭、襄庭兩先生之目。光庭，光禄，公甫也。郟縣公晚有奇兆。趙宜人舉公，深器之，手製百文付襁褓中，期以遠大。未幾，稱孤。子即痛自刮磨。羈貫有聞，試輒先其儕偶。性喜賓客，雖遭兵燹家中落，而豪舉自如。所與遊，盡當代俊賢，名噪甚。

順治八年，舉於鄉。又十年，成馬世俊榜進士。里居待次者久，益肆力有用之學。鍵戶甘貧，不愆厥素。康熙八年，除直隸河間府景州東光縣知縣。東光故多盜，又旗田錯處，臣妾逋逃，貽害於民。公至，則申保甲，稽守望，發奸讁伏，嚴絶株蔓。自是，宵人屏息，善類以安。鹽額縣引千歲爲累，公力請於上，獲減其半。民若商俱蘇焉。縣瀕衛河，糧艘所必經。民苦牽挽不得休。而歲課往例有羨，亟峻止之。割俸修廟學，繕城堞，築堤濬池，事事爲民舒困憂，計久遠，作人禮士，教化大興，三輔吏無出其右者。

十二年，内擢中書科中書舍人。初，郟縣公以太守前官贈奉政大夫工部郎中。比公貴，兩贈皆如制。年餘，用清望推擇入吏部，歷文選主事，稽勳員外郎。十七年，典河南試，稱得人。十八年秋，會浙撫某察審之案，故事，惟滿籍才臣始預其選。上特簡公往，果以明允稱旨。天語褒之，調考功，進稽勳郎中。二十年冬，有請九江關移湖口者，朝議不能決，須官往勘。吏部以司屬名上，上重其事，曰「王某可」。蓋自浙江歸報後，上固有意公。公受命感激，悉屏車乘，馳策風雪中，四十日間往返六千里。還次涿鹿而疾作，然猶力疾入見奏事，畢始敢退休。甫十日不起矣。上聞之，驚惋動色。都門士大夫知與不知，皆咨嗟泣下。

公偉丰度，端亮凝遠，有公輔之器。才至敏，長於論史，能決大疑、斷大事，而自爲學。推之有政，恂恂秩秩，不務新奇絕俗之行。驟覯之若易，久而咸歎爲不可及。故以世家子通籍爲賢，令爲佳吏部，三奉使節，受知天子。竚將大用，而公竟不能待也。

死之日，邸舍蕭然，至不克給斂。舍公家子博士君拮据瘏瘁，輓其輀車歸里。謀公窀穸，經營踰年，而始獲當事。持行述一帙，並濟南王祭酒公阮亭先生、公同官常山劉公怡齊所爲表傳，匍匐山中，而屬予誌幽宫之石。

予自高、曾以來，叨世講于公家。公與先大父，兄弟也。先外祖侍御，御宿田公令靈寶時，與郟縣公爲同寅。而郟縣公以父行自處，先外祖執通家猶子禮惟謹。後數數向予稱之。公方爲諸生孝廉，予每至池陽，必主于公。迄今四十餘年。因得盡發其家得讀之，而考江涯公、三渠公之剛介，知公之正色立朝，淵源有自也。公祖桂園公受兩封，稱貴人，猶日徒步支筇，不輿不蓋。公以進士待次八年，彷彿其遺風。公世父光祿公官刑部時，偶鐍戶以出，留滯日許，内外不敢交水火，閽署飢疲幾斃。叔父冢宰公，自給諫至尚書，尋常餽遺不及門。公在銓部如是，予親見之。而溯其製錦畿縣，潔己愛人。擬諸陽武、郟，若合符契。公可謂世篤忠貞，克光前烈者矣。惜未竟厥施，中道賫志以歿。故論公者有遺憾焉。又桂園公工書，人珍片楮。公亦工書，而雅不欲爲文士。著其大節可也。

公生於某年月日，卒於某年月日，得年五十有七。配李氏，贈宜人；繼楊氏、王氏，贈宜人；繼蕭氏；皆静婉儉飭，内政甚修。而王宜人以貴家女歸公。當公久困公車，勤苦操作，又公座上日有四方之客，時時脱簪珥庀具，倉卒立辦。故公得專心于學，名譽孚於遠邇，宜人之内助居多。公男子子三，長夢翼，歲貢候選學正；次夢庚，長安學生；季夢燕。學正君豪斥能文，有爲有守，所以紹公之緒者未可量也。女子子二，孫一，孫女二。二十三年二月庚申，學正君奉公體魄歸祖塋之次，與五母合窆。既得日來請銘。予以世叔事學正君，稔悉其貧，而觀其竭力大襄，情文備美，嘉司勳公之有後也。嗚呼！吏不可爲而可爲，樹德績學，責報于躬而未盡，是在子孫矣。銘曰：

問其系，則百代之鄉族。問其閥，則官天而表屬。問其配，則叢賢以彙淑。問其藏，則瞻嶽兮面瀆。問其子姓，則冠金乎立玉。問其發祥，則沛如泉之始。至皜如日之方旭，以兆三公而凝百禄。吾不惟世之卜，惟德之卜。

大令温公虞白墓誌銘

大令温公，諱樹珖，字虞白，一字清湄，行二。其先山西洪洞人，避亂入關中。元末，有興齊公占籍三原，爲三原温氏之始。興齊生敬先，敬先生思敬，思敬生顔，顔生昌原，昌原生諸生公鋭。諸生公生孟津博士公大紹，是爲公高祖。博士公生文學公誥，爲公曾祖。文學公生耆賓公，雅爲公祖。耆賓公生待贈公本知，配郭孺人，生公。

初，顔弟良由鄉舉長邑佐郡有聲。明永樂中，而温始大。及諸生公仲兄勉，以曾孫太子太保、御史大夫、贈少保恭毅公純貴，贈如其爵。恭毅公豐功正學，爲世儀表。自是勳閥雄于舊輔，稱著姓。博士公少出端毅王公之門，長又從端毅子司徒平川公暨馬光禄谿田公遊。而恭毅復受經文學公，其淵源茂矣。待贈公早登膠序，攻帖括，四十年不得志於有司。而分考隋君不矜、李君藏嶼、陳君幼白，皆嘗函薦。名藉甚。孝友端謹，鄉人重之如王彦方云。

公幼穎，無蒙師。嬉戲母側，口授句讀。誦四子書及羲經，旋見解悟。既長，偕弟琩趨庭，兼通詩書子史。蓋舞勺之歲，晝掩戶，出襟袖間；夜引莖香矚之，不假督課而得者。偶試筆作小藝，酣鬯直抉理窟。待贈公見之，驚曰：「兒慧乃爾。」他宿儒鉅公，率嘆天授焉。時耆賓公即世，家中衰。待贈公睥睨詞場，視顯榮可立致，田廬筐篋，爲昆弟蕩棄無餘。顧數奇，久困鎖闈，頭鬢已華，屢空滋甚。公承顏堂上，慰藉多端，退而撫膺歔欷。厥工彌奮，晷盡膏繼，寒暑罔輟。鄰叟竊聽咨嗟，每宵分叩門，出香茗餅餌勞之。邑壇坫相屬所在，爭推公主伯，公欿然弗遑也。年二十，試邑業，冠其羣。扼要津，抑居次升之郡達學使者，皆第一，補涇陽弟子員。外高舅公夙清亢，寡所許可。邂逅公，神采奕奕，遂以女妻之。未幾，司衡新安汪公歲試，領批應餼未就，汪慰之曰：「子佇將弁冕十五國，寧須升斗借釋褐之階耶？」

順治二年，舉鄉試。四年，成呂宮榜進士。受知先高陽相國，評其文曰：「矯正時趨，力還大雅。」又曰：「肅括宏深，不可端倪。」公實詣也。剖符山東堂邑。甫三月，值舉人路伸作難，城內士大夫半脅從，四維黃公之奚童與焉。黃弗知也，吏並逮之。公力白其誣。事定，戮元惡，一無株累。而公竟解組。識者咸謂公抱大有爲之才，所施未十一，甚惜其去。公怡然以奉歡庭闈，不當更貽意外憂。待贈公亦曰：「菽水一堂，詎遜花封百里乎？」垂橐而歸，壁徒若故。公安於義命，獨二人甘毳闕，愀然靡寧。而宦交皆稔公賢，數有餽遺，酒醬脯醢之供，賴以娛老。後四維公持大中丞節來撫朔方軍，延公署中，握手敘舊，太息謂：「世方需才，令才者屏處耶！」將遺牒經臣，不次擢用。公以親老堅謝。待贈公察知之，曰：「丈夫志四方，若即不以倖進。吾幸健，毋戀戀膝下也。」會公族父爲杭守，寓書召公，因趣裝俾東南遊，浮江淮，歷姑蘇、餘杭，至會稽，探禹穴。於吳越諸勝蹟，窮幽選粵，登涉畧遍。幾餘還家，得遊記二篇，題詠、贈答詩若干首。

十五年春，待贈公臥疾。公侍浹月，衣不解帶，起居湯藥，悉自治之。病既危，籲天請代。及卒，哀思備至，屏水漿者數日。起初，喪舍斂，迨于卒。哭訖于祥禫，惟禮是遵，罔有微憾。而公猶以未臻耄耋，痛不自勝。終三年，旦夕孺子泣矣。當是時，太孺人年近古稀，公且喜且懼。凡可竭子力當母心者，必委曲營之而後即安。又諸子森森，率十齡以外，公延名師家塾，乃親督之。手録兩漢文數百篇，自爲講貫。其勞，視師恒倍己，遂身任焉。

康熙六年，高孺人卒。公兼主內政，米鹽縫紉之類，一一瑣屑較計。諸子以過苦欲諫，然非秉公算。即弗厭于衆情，逡巡不敢言，但私居互相策勵而已。十一年，季君德裕舉于鄉，公欣然曰：「太孺人今躋八秩，上觴而喜可知矣。」削配奏酒，遠祈名篇。製錦屏，以進太孺人。顔腴神王，視履如少壯時。族黨賓媚，咸嘖嘖稱公孝養所致也。十七年，冢君德嘉舉于鄉。二十一年，兩孝廉並計偕。瀕發，公諄諄以太孺人九旬慶筵囑，廣丐公卿歌詞，而太孺人竟卒。公毁瘠有加于待贈公之喪。

因患腕痛而素慎，不輕醫藥，歷秋漸可適。故人有官衡湘者，將往圖大襄。長君以冱寒婉阻之。明春遂決行，長君猶冀請代。公遽曰：「兒勿復言。吾母也葬，吾職也。兒勿復言。」六月，抵長沙，其地卑濕，兼暑蒸，致疾。八月，朔舟次江寧，閲數日不起矣。時，仲子德叡侍，亦病幾殆。經紀其後事者，則孫女夫郡丞薛君，中表翬孝廉子，繩得如禮。

公修軀偉幹，食兼人，飲可二斗，厈然素壓儕輩。不箕踞徙倚，雖燕居必循其度。而眉宇沖粹即之，固光風霽月也。性至孝，孺慕垂老無間，尤敦友愛。弟瑁，生二十五年，未嘗割席。既歿，言及必咽嗚流涕。定伯兄之嗣，成孤甥之婚。叔父文學公好爲嚴苛，諸子皆遠竄，公迎養于家。年八十餘以壽終喪，葬悉主之。從父笑園公，高才能詩。然使氣難近，又嗜酒，醉輒嫚罵人。公廉，其來則庀具留飲。有所索，傾囊以給，轉益綢繆，並卹其子幼樵。居恒奬進人材，無貴賤貧富、智愚長幼，一皆推誠汲引，期于明體適用，時措咸宜。若弋取功名，虛談性命及酣飲遊博者，見必痛絶之。惡宴起晝眠，每舉陶荆州惜陰運甓爲戒。

考究圖史，取儀禮、通典，天文、地志、漕榷、兵戰之事，逮陰陽、易卜，皆撮其要而條列之。間爲歌詩，旋焚去，存者乃諸子所竊録。蒔蘭種菊，摩帖弈棋，遣興偶拈，初不加意也。室廬或不蔽風雨，盎無儲粟。衣更澣補，處之宴如。且食指日繁，餽荅多廢，婚嫁亦從質簡。而伏臘祀先則豐，行誼攸關，毛髮必謹。足跡徧天下。所至，宿儒賢士皆通縞紵，有贈詞。

喜排難解紛。人相睚眦，片語頓使冰釋。雖忿深肌骨者，委屈開諭，率歸於好。嘗曰：「愚人多怒，譬如流水，蕩激其中，有窒塞故也。善導之，則平矣。」至族里子弟，有弗若不爲面折，或旁引他人他事，從容異語，令其悔愧改圖。值公事，係利害者，則奮身先之，不避嫌，不畏謗。若葺文墖，築城垣，集丁壯夜巡，皆公力倡也。

先是，跨渭用兵，郊原風鶴。公登陴露處，二歲始解。嚴所分部，人爭守之。事已，而不受德。及公殁裁百許日，數事並弛，人皆泣思之。公在，當不至此。公好施而苦貧，乃廣購醫方，全活甚衆。如歸脾劑之納血，神燈之療疽。公斟酌古今，刊布衢路，悉其屢試而立效者也。諸食技術者，叩其術。果工，則延譽使集，厥能各賴以濟。冬日還，自魯橋城門已待鍵，值醉者仆臥道左，急下馬，與從奚並掖以歸。其他還遺放生，不可枚舉。

殫心理學，斥推墨附儒者甚峻。而長君孝廉尤憤二氏侈作壇場，誑耀其徒。嘗欲結茅北山，署榜會講。聞者多笑。公獨曰：「孺子勖之。羅一峯未第時，不嘗建書院耶？」事雖未行，其識議偉俊矣。方公金陵訃至，巷哭，邑爲罷市。比櫬旋，泣而郊迎者幾千百人，炙絮盈於途。已，諸君私謚之曰孝懿。公行蔚儒宗，而鄉論則先其大者如此。

公卒於某年月日，距生于某年月日，壽六十有七。配孺人高氏，徽德懿行，别自有傳。繼孺人王氏。男子子八，德嘉，舉人，德叡，府庠生，德裕，舉人，德劭、德聚、德總、德閎、德闇俱幼，業儒。女子子六。孫男八，孫女四。

予苦居之。二年春，長君長康走山中，持所爲公狀，請誌其幽宮。予以遊池陽，主王氏，遂主温氏。逮事孝靖翁與公暨孝靖子難弟桐伯爲友，二公皆弟畜予。有車笠之盟。孝靖，考恭毅公季子也。瞻其坊表，讀其遺書，因私淑於德門，改玉改行而再清邦族，實自公始矣。

嗟乎！公負殊才，登巍科，起而輒偃，爲當代所惋惜。而長康兄弟，並端亮博綜。纘公猷爲匹，前休於恭毅，吾黨固引領望之也。敬揭其大端，而系之銘。銘曰：

清之水逶迤而中長，清之干跨城而爲梁，清之波積厚而流光，誕此哲人軒以昂。趨庭翼翼行蹡蹡，貫串九經獨升堂。蔚爲文彩丹鳳皇，摩霄六翮倏高張。遭時不偶歸相羊，未究厥施人嗟傷。惟德則豐傳日昌，高原西枕慈峨陽。上有一邱公之藏，奚以易名無弗臧。撮其大者孝爲綱，華表松楸鬱相望。遶前蘭桂儼成行，縱横秀發何可量，清川千載同洋洋。

許太君劉孺人墓誌銘

許太孺人劉氏，系出彭城籍，京師合淝大中丞公之繼配，勳衛思泉翁女也。後中丞公五十一年卒，既葬而祔于廟。更七年，所介孫生洲使君奉勅視學關中，持封大夫二樓先生書，謀誌于史氏因篤。蓋中丞公捐館當前明末造黨人鼎沸之秋，國步艱難，諸曹日不暇給，而贈卹之典缺焉。又孺人事公僅十載，自部曹迄仗節鉞，歷遷官敘，皆甚速，未俟滿。未值覃恩，生不及封，則時爲之也。

顧滄桑之後，前世家多中微，太孺人孀閨拮据，獨能教其子若孫，紹衣德言，以光開府之業。庇許氏者甚大，而於中丞有嗣興之功。天必厚所積以報之。雖封大夫養志不違。久稽選序，馳恩旦夕，將在使君。嘗觀春秋，夫人先公而薨，書卒，不書葬，曰：「夫人，從公者也。」後公薨，乃書葬。我小君或祔公，或不祔公，經傳無其文，是可以義起矣。昔者中丞公之葬自有誌。太孺人事公十年，具歿。後公五十餘年，十年之徽音猶難生，而具載五十餘年之至德高節，何可以泯泯乎？吾得援春秋而書其葬，據封大夫所爲行述，誌之曰：

太孺人父思泉翁長者，生孺人時，其家每多異徵。方襁褓，有羽士過而指之曰：「是女骨相極貴，若爲男子當封侯萬里。」翁竊識其言。稍長益莊，諸女紅咸不習而能，父母倍珍惜之。會中丞公官郎署，聞其賢，聘爲繼室。年十六來歸，歸則家政秩然，上下整給，見者無敢以齒易也。體公清望，輒屏華簪，澹泊自怡。儆雞鳴，甘操作，而公之聲績益茂。公甚重之。出守會稽，一以永蘗相得。遇退食，公且時勤內諮。當夜閱簿書，有重獄可疑者數案。公泚毫久，未忍下，徬徨成誦。孺人聞之曰：「寧失不矜，若某處，非冤實耶？」公大驚，因盡示其詞，孺人悉爲辨白。詰朝覆訊，不爽豁者甚衆。後數日，公遂夢蘇端明手授一硯，既而掘池獲硯。硯背端明像刻儼然。士大夫競歌詠之，或以爲端門綵筆之符，不知由孺人所贊也。踰年，舉封大夫，官舍。尋筦兩浙鹺務，遷備兵密雲。適流羽在郊，佐公爲乘城御敵之計。親操織，饋恤士，與子弟同呼不厭。頻賚不靳物，皆銜恩效命。訖壯鎖鑰于嚴關，嗣是秉臬承藩，建牙畿甸。西粤弗靖，旌旄改臨。公一儒臣，奮坐嘯之才，蒙封疆之託，南北折衝，萬里咸輦。孺人自隨，竟佐密謀於旅次。撫綏底定，訖奏殊勳，中外乂安，廟廷倚毗。公固齊驅方召，而孺人黽勉同心。即未著師中，宜有稱於後世也。粤貧民爲洞獠，牽染者數千人。孺人又力贊公盡解釋之，略如會稽。公粤中詩有「驛路莫言踰萬里，君恩曾活數千人」之句。蓋孺人從公萬里，公之功當封不在公，在其子孫。羽士之言，豈必孺人身致之哉？

比公薨，孺人年二十有七耳，封大夫僅十歲。而中丞公至廉，易簀之時，篋篋無贏。太孺人乃嚴立規格，命封大夫同前母李夫人所出石疏君自相師友。石疏君長才績學，兩中副車。太孺人復躬督課之，晨鍼暮績，以供膳讀。每夕，必令封大夫背誦所授書。少礙，輒數日不懽。封大夫幼孤，能痛自淬勵，湛于經術，才名藉藉三吴。無何，石疏君賫志以逝，太孺人悲甚。因謂封大夫曰：「伯也不幸短年，圖所以纘述，父兄若其何辭已？」封大夫應。

順治十一年，恩拔，例得銓，除祿。逮所生，念太孺人春秋高，戀戀弗忍離側。而學使君早露鋒穎，工爲文章。兩弟綵袖翩翩，臨風玉立。太孺人亦慮封大夫剛介不聽，之前，謂策榮宜付兒曹。其於膝上長文所期，固已深遠矣。封大夫遂絕意仕進，惟以奉母訓子爲事。

屋後有園，修竹環之，乃中丞公手植者。太孺人每步其下，聞諸孫讀書聲，則喜溢于顔。蓋中丞公堂構非遥，亟望孫枝振起。又隱以封大夫竭蹶甘毳，經營婚嫁爲憂，而恐傷其心。嘗婉語相引慰，尤鍾愛學使君。當始舉，有寇難，母宜人驚惶臥病。太孺人保抱攜持，三年不去於懷。稍長，則課之如封大夫。及兩弟肩隨誨誘，迄不少倦。學使君業以明光高第，獨步石渠。仲季皆秀，令噆吟，著聲壇坫。會孫郡丞君復騫風翮，早景題輿。年十四，和雙松詩，清新俊逸，聳動輩下。録寄太孺人，爲一解頤。而學使君自擢禁林，歷刑曹，鞅掌王家，無緣歸省。居嘗戚戚。太孺人數移書，誠勉務勵，清白寬仁，以酬國恩，嗣祖武。且曰：「吾幸矍健，而似續先公之休烈爲重，無從計老人晨昏也。」學使君又屢欲爲太孺人請旌，手劄拒之曰：「吾以舊家女事大中丞，貞守分也。況若祖祀鄉賢名宦，俎豆百代，吾得爲名臣婦已足。而仍希旌典于朝，不虞清名，上帝所忌乎！」太孺人明道範躬，好持大體，類如此。

今上康熙十六年冬，會稽人重葺呂丞公祠，走使告封大夫。封大夫既生是邦，太孺人亦屢形夢寐。遂命封大夫往拜祠下，而會稽人敦桐鄉遺惠，萬衆攀留。改歲，急歸。太孺人適寢疾，踰朔而卒，爲十七年二月己酉也。距生前萬曆三十年二月己丑，壽七十有七。

太孺人質柔婉而性端嚴。伉儷大中丞，雖燕居無媟容。洞晰事理，而自處常慎默，非承大中丞問，不妄發一辭。有所問，則正襟巽言。大中丞每悅從之。南北舟車，間關萬里，佐公成宦績，美不勝書。撮其大端，已可昭昭彤史。至朱顏飲泣，解珈珮爲未亡人。蓼閣荼燈，凜持冰霜於大中丞身後者，誠貫金石，格鬼神。凡值中丞公忌辰，饋拜哀泣，視初喪不啻五十年以爲常。撫前夫人子若孫，顧復懇摯，一如己出。御僕婢恩勝，而獨不少假笑嚬。閨壼之中，肅若朝典。僅生封大夫一子，性命相依，而不媿嚴君父母之稱。於學使君昆季若郡丞，皆極慈愛。歲時伏臘，斑舞盈庭，未嘗不顧而樂之。而晏衎之餘，必引古忠孝節義數則，以勸寓規。聽者忘疲焉。是故，封大夫里選鉅儒，闡中丞之遺輝，開學使君兄弟父子之令緒，皆太孺人之教也。當中丞公貴盛日，太孺人贍卹媚族，務厚務豐。遭亂，或力與願乖。而樂善好施，出于天性。憫人困急，雖典衣推食無吝色。臨終彌留，神明湛然，語必以正。聞訃之後，繇戚黨及路人，靡不垂涕云。某年月日葬山之麓。

子一人裔蘅，貢士候選。以子學使君貴，初封徵仕郎，晉封奉直大夫。娶梁氏。孫男五，孫荃，陝西按察司僉事，提督通省學政；孫苣，郡庠生；孫筵，郡增廣生；孫莇，孫萹。孫女二。曾孫四，夢麒，吏部候選郡丞；夢鸞、夢鳳、夢熊。曾孫女三。五世孫一，秦卓。五世孫女一。石疏君一門已載中丞公誌，茲不再及。

太孺人年勞子姓，吾既備敘如右。因論其世曰，禮「男舉氏，女舉姓。」劉太孺人祁姓，帝堯之裔。傳謂，唐、杜氏，其處者爲劉氏。唐、杜、劉，皆氏也。堯之姓祁，見于晉，有杜祁。夫杜祁，猶言王姬、齊姜、宋子也。路史謂堯姓爲姬，謬矣。姓氏之淆，自漢及今，鄭漁仲畧正之，而堯之後亦未能援杜祁于左氏，故附辯及此。系之銘，銘曰：

太孺人之爲婦，賢媲鍾郝而並有也。太孺人之爲母，德符陶歐而善誘也。

五世之孫，纍纍若若，其迭介眉壽也。五色之誥，喬喬皇皇，其榮彰身後也。朝霞之山，俯之如塿也。肥水之波，挹之如斗也。松柏鬱鬱，翊斯言以不朽也。

陝西通省督學前太史淝水許使君墓誌銘

許使君，諱孫荃，字友蓀，一字生洲，學者稱四山先生，江南廬州合肥人。許，春秋時爲侯國。太岳之裔，姜姓，後以國爲氏，望著高陽。明洪武初，名武者以軍功授仁和衛世職。年老归農，佔籍淝水，代有聞人。至公祖中丞公如蘭，繇萬曆四十四年進士，歷官巡撫順天，廣西都察院僉都御史，祀名宦、鄉賢，貤贈祖瀹、父同升俱通奉大夫、河南布政司。生公父，封大夫裔蘅。順治十一年拔貢，業彔選序。以公起詞林，遇覃恩封徵仕郎、翰林院庶吉士，累封奉政大夫。配宜人粱氏，舉男子子六。公其長也，穎慧夙成，體清癯，如不勝衣。而丰神内朗，沈靜寡言笑，敏給而博通。封大夫嘗器之曰：「是兒必繼先公而興。」弱冠，補邑博士弟子員，受知臨川李公。有詞藻葩流、潘江陸海之評，試第一，聲稱噪甚。尤躭詩賦，肆力古文詞，攻苦下帷，至忘寢食。康熙八年舉于鄉，以第三人冠禮。經九年，雋南宫十八人，登蔡公啟僔榜二甲進士，選庶常。閫牘房書，膾炙海内。所至，人爭傳習。館課古茂，淵雅藉藉。公鄉間居，恒慨然謂：「士當以古賢豪自期。昔宋司馬温公、明劉忠宣公，嘗以不得親民之職爲終身恨事。如陳曲逆，問決獄錢穀，皆曰有主者。掩所不知，以紿其君，詎可爲訓。」故時取廷尉絜法披覽之，曰：「是三尺人主用以提衡天下，非所宿諳，膺厥任而圖之，鮮有及者。若史漢、河渠、鹽鐵、周禮、泉府、廩人之屬，咸細加讐較，謂一旦從事於斯，安能噯唶睨猾吏而耿耿依違乎？」十三年，改刑部雲南司主事。雲南刑大司也，公素究心法律，一本平恕行之。是冬，奉旨提牢。適滇黔搆逆，都人叛人楊起龍糾不逞之徒，潛謀不軌。事露擒獲，株連甚多。公鞫訊惟詳，凡涉矜疑，委曲昭雪。所活數百人，憫纍囚飢寒，饘粥衣被施無算。見逃案，每攀染無辜，力白堂司，具題定法，不許濫投臺害，自後波及者十減八九。十五年，陞四川司員外郎，明慎平反，亦如在主政日。十六年，分較北闈，所薦士皆一時俊碩。而王公九齡、倪公燦尤著。倪，江左名宿，與公夙交，暗中摸索得之，置之門下，視蘇紫溪太史之於李九我中堂神遇，前後同符矣。十七年，典晉試，與副考敬亭裘公暨諸同考誓以掄才振風氣爲己任，閲闈卷，醇正古雅，起衰式浮，所取劉公振基等四十九人，皆知名士。春榜聯捷五人，張君克嶷、李君復泌並讀書中秘，迄今山右謳思文風爲一變云。

當是時，朝廷方以博學宏詞招致群儒，大臣競推轂，公堅辭不受。十八年，陞戶部山東司郎中、山東戶大司，轄鹽課。公清宿寃，絕苞苴。所居邸巷肅然，其門如水。明年春，差通州坐糧，日夕下倉理欠，悉破從前陋規。除胥吏之侵欺，恤運軍之艱苦，釐收放之冊籍，禁斗耗之增加，度支日盈，輸輓不絀。事三載，勤鞠倍。常念盧衛桑梓之鄉，旗丁積年，逋負捐俸代納，報最獨優。會關中學使不及代而缺人，上西顧方殷，部推未當，乃以公名入，即報可。奉温綸公觴暑，戒途飲水，自矢廉明審慎，士論攸乎。杜弊端，興教化，勤督課，備誥條，懇懇諄諄，有塾黨師生之詣，三秦風尚蔚然一新。主二十三年武闈，取侯憺等五十人，皆有時譽。二十六年鄉比，中式者皆兩試所拔前茅士。試牘闈墨，選家亟稱之。修聖宮，獎節孝，裁常例，絕請祈，禁私刊，查冒濫，宏蠲賑，刻遺文，舉所施行，班班足紀。臨部鳳翔，過郿縣，拜謁張誠公祠。見其傾圮，捐五百金重葺，衣冠俎豆，頓復舊觀。倡修前代名臣塚墓，宦于秦若產其地者，輦財庀工，華表相望。訪故嗣有能文者，從補膠庠，尤隆禮隱淪，如家二曲徵君、華麓王山史徵君、岐下家雪木逸人、淳化宋子禎高士輩，咸屏騶從，式廬造訪。飯疏飲水，恒以爲常。或諸君偶涉青門，數數往復不厭。時家二曲屢辭召聘，閉戶著書，清介孤高，不問生產。公爲謀，買花稻地，約費數百緡。知二曲義，弗受，乃檄盩厔學博代購之，不以告主人也。並刻二曲反身録行世，拔其子大學中。餘諸君子悉厚贈貽焉。加意孤寒，有貧甚者，所在爲置公養。著華嶽集若干卷，皆萬里星軺西征往來所拈也。重修鴈塔文武題名碑，聯吟百餘篇，已壽貞珉。關以西，咸稱夫子。謂視學秦中者，在吳前有敬美，後有使君；在許前有敬菴前督學許公，名孚遠，號敬菴，亦得使君爲二，方大復、滄溟媲美矣。關內紳士贈酬之什，纍纍數十萬言。公遴尤嘉者，刻應求集。論者謂頡頏文光祿公雍雅集，竣試藩臬，數公競相引重，騰薦剡達，兩臺一制府二撫軍嘉悅，無異辭。有謂清慎公明者，有謂識高操潔者，有謂衡鑑精詳者，有謂品行清端、甄別不爽者，有謂教育勤勞、文風丕變者，有謂操同懸釜、識比燃犀者。特擢上等，以秦道遠，疏入遲，不及內召。陞一階，候補少忝。二十七年夏，反里拜父母牀下。一堂四代，怡怡融融。井閈中羡爲神仙中人。年未五旬，歷憲司而備三樂。人生盛事，罕見其倫。

一日，趨庭之餘，忽嘻吁，謂其子州丞君曰：「吾二親皆齒逾六袠，從此時時繞膝，捧鳩杖，進霞觴，從遊林泉，吾願足矣。馳驅王事，當徐俟之。」亟欲請告終養，而疾疢陡嬰。蓋公登第後十九年，還家之始，拜謁先世墳隴，駿奔湖山間，車不停軌，兼戚友间拜往應接過繁。入秋飲啖或虛，精神漸減，至八月患脇痛。州丞君百計延醫，不痊。瀕易簀，泣語州丞君曰：「兒善事大父母如事我。我即死，目何能瞑？」一語不及私。九月己丑，卒。距生明崇禎十三年九月癸卯，得春秋四十有九。年不配德，是可傷也已。

公天資純孝，事兩親愉色婉容。凡父所欲爲，竭力不少懈。昔中丞公守越時，夢蘇端明授以硯，背有像，鐫天然字，尋得之。後兵燹失去，封大夫屢求不獲，因名其齋曰「思硯」。公遍徵名公詞筆，慰厥永思甘毳之奉，享萃鼎鍾綍綸之頒，榮偕壯老於子職，洵克殫矣。厚撫諸弟，情洽友于。塤篪和鳴，每形歌詠。性耿介不爲阿隨，由鄉曲至四方，有尚德義、矜風節者，嘗傾心與交。視學來秦，值因篤罹先太孺人之戚。既卒，哭報禮諸公，而不敢入會城。公親至郊關，藉草逆旅，唁餽諄復，敘述姻盟。比篤負土築新阡，公數臨奠基。次旌騶將出，匍匐中途，懇止之。

公在秦五年，廻翔萬里。所著詩文盈篋笥，皆傳郵。屬予丹黄，然後付諸梓人。又嘗枉駕山堂，菜羹濁酒，罄歡信宿。每歸省邸，輒遣人操車馬見迎，留榻署中，屢移旬朔，階蓂裁易，必走尺書。竊惟譾陋之軀，爲當代鉅公所猥録。紵衣縞帶，追想風流。自龔端毅宗伯、曹秀水司農、陳上谷觀察、張鴈門總鎮外，如公高義乎關河，指未易再屈也。

公已矣，賞奇析疑，對此茫茫，吾將奚適耶？公于二十七年夏別去。二十八年春，予遽呻吟右瘓，三換星霜，尚淹蓐裏。且鍾期不作，誓欲擗絃。而州丞君使來命誌幽宮之石，辱知己者兩世。雖衰病，誼不可辭。得按狀而著其子姓，以續于篇。

公配沈氏，封宜人。與公琴瑟靜好，比德齊眉。今安善在堂。子一，夢麒，國學生，候選州同知。娶李氏，吏部尚書家容齋長女。女四。孫二，秦卓、秦任。將以年月日奉公體魄，營窀穸于山之麓。使促南還，乃返其幣。而倚枕口授兒渭，書其大端若此，並系之銘。銘曰：

起珥彤管遊天閶，終持藻鑑臨四方。抵晝錦之堂，稱具慶之觴。驚赤虯兮上驤，返白雲兮何鄉。其有盡者，睹羽紼以促行。其無窮者，流江河而未央。詩庬還而規唐賦，扳騷而敵揚。綜其美，操潔而行芳，挹其風，山高而水長。松柏鬱鬱而蒼蒼，坊表喬喬而煌煌，哲嗣日熾而日昌。後之人入其疆，憑而吊之。太息沾裳曰「此許太史公之藏也。」將徘徊俯仰于豐碑之傍。

文学甫虛魏公暨配徐氏牛氏合葬墓志銘

甫虛魏公與予同里，廬舍相鄰，屢共坫壇。自少至老，行誼端亮，一鄉推爲醇儒。方以耄耋期之，而一疾不起。所居在巷哭，爲之罷相舂。歎息咨嗟之聲，歷夏秋未已。嗟乎！非甚！盛德縫掖，豈易致此哉？公家子畢，嘗從予遊。將謀襄事新阡，奉狀泣請，誌其麗牲之石。

按狀，公諱承教，甫虛其字也，世爲吾富平康莊人。曾祖守正，祖科，考加增，妣強氏。魏故素封，至公考而益大。明萬曆末，饑饉洊臻。族姻賴以全活者，數百家。且悍鄰時肆吞噬，皆曲應無所忤。年四十，始舉。公八歲，就外傅井，卽善誦。十四，從奉先成荊玉先生于吾邨。亟稱其學力逾人，授以麟經。又受易於都村劉先生九寧。歸，復從成於奉先。行文清析多致，奉先人爭禮之。

崇禎十年閏四月，父死于盜。公含慟深，欲糾鄉勇追賊。賊勢多熾，有一斗穀之號，族老力阻之。乃于園中建祠，厝柩其中。數賫百金，覔死士，遍遊上郡，務報父讎。仍朝夕哭告于祠，而賊終未得。至晚年，語及猶嗚咽沾襟。服除，年二十六，補弟子員。公父既暴終，未囑後事。遺券數百，人多昧者，遂盡舉而焚焉。族翁瓦屋一，區十金，求售，公如數與之。將撤屋，見二子戲其下，輒止之曰：「他日若子長，償吾金。」卒置不論。後數年，寇躪村舍，公二宅被燔，所藏粟千餘石忽燼。自是多逃于酒。居恒無日不飲，亦無飲不醉。醉即洒泣，地盡濕。五十年如一朝也。依依母膝。每言家國之禍，則相向吞聲。比母癱病七年，嗣又失明，昕夕側侍，不暫睽，事事必得所歡。及故，哀毀備至。啟父殯，合窆村東北隅。情文之豐，鄉黨稱焉。繼又罹喪女之悲。元配徐亦旋亡。獨處經年，再娶于牛。年四十五，子畢始生。家已漸落。先是，從子被刺，與讎家相訟累歲，費不貲。兼數遭焚刼之災，衣物悉空，僅以身免。然公生平耿介，一米一絲，未嘗輕取于人。而温厚性成，座多賓客。雖中寠，客至庀具如故。西族別駕明陽公宰良鄉日，數數招公往遊。竟堅謝之。及率族衆廣新城，每出私緡助役。戴德者，比室無間言。牛復早卒，又娶于趙。而子畢亦漸長，就外傅。田功並廢，食粟嘗苦弗充。然延塾師，必隆其儀。課子畢之業不少衰。外圃夜失麥，家人跡至一室，見有公家鎖鑰，麥亦相似，歸以告公。其人跪請于門，公慰之曰：「非吾鎖也，麥亦不類。」事竟已。近頻苦旱，農皆薄收，子畢養其親。每食奉其精者，家衆同餐粗糲。

公少嘗即分布衆女諸孫，畢兄弟暨其母力勸之，笑曰：「我自宜此。」去春，偶患腸燥，畢憂之。汪君開美謂曰：「高年宜肉，肉少則腸枯。」畢泣對：「家貧不能多得。」汪君曰：「鬻地購肉，亦不可令缺。後雖有，恐無益也。」畢隨售腴田十五畝，每食粱肉盈前矣。而公素仁，必使少長俱濡，而後即安。夏日，田尚未登，族人有病殆者赤貧絕粒，欲自質其妻，邀宗老咸集。公不欲往，其人曰：「我死旦夕，此婦終他屬。公不去，當死公門。」公不得已，同衆老掩面聽之。其人得金若干，分族老若干，奉公一金，公不受。其人曰：「此取婦者外所出也。」公竟擲地而歸。

五月中，納稼既竣，設酒炙，呼羣從暢飲。翌日，詣薛市，遇老友廷之任公，殷勤話舊而別。與同行者食麵一盂，飲酒數杯，輒問坐者曰：「我如何不睹爾面？」旋歸。日尚未午，兩膳如常，薄暮西廟，啜茗與密友楊君劇談，逮夕始歸。遊外圃偶躓。抵家倚門而立，如醉狀。畢從外來，扶掖至牀，遍延醫藥罔效。數日卒。

公爲人孝友直諒，愷悌温文，表裏洞然，生平無疾言遽色，與人素厚，而一介不取，鄉閭皆愛而敬之。雖韋布終身，所至虔之如師保。易簀，里中奔赴悉如私喪，可不謂難哉？家既蕭條，陋巷頹垣，居之坦坦。殁之日，至假椽籠而後成殯。而善與人交，邑里賢人君子宿昔往還。生榮死哀，稱爲有道，非誣也。

生于某年月日，卒于某年月日，享壽七十有七。配徐氏，處士翁養志女。生卒某某，享年有幾。莊雅婉順，中饋甚修。往予嘗臨其喪，覩公哀誄之文，稱其事親孝，治家勤。同人皆許之。繼牛氏，中部太學敕封文林郎成麟女，進士諸暨公光斗嫡妹也。生卒某某，享年一十有九。氏生于巨室，于歸之後，值魏家乏，椎布操作，有鮑孟之風。繼趙氏，處士翁宗化女，今在堂。男三，畢、萬、元。女六，婚嫁云云。將以十月壬申，奉公體魄葬草灘村東北隅。二配從焉，禮也。爰系之銘，銘曰：

人情居困，必戚際亨斯樂。公所尤難者，先豐而後約。榮叟之彈琴，匪伊修度。原生之納屨，不改其樂。操嚴一介，交敦然諾。齒攀八衮兮夫何愧怍，爰歸新宅兮北原漠漠。相從有淑兮顏皆沃，若山高水長兮清風薦壑。垂裕三芝兮徐瞻丹臒，千秋百歲兮音彌林薄，華表鬱然兮厥封增廓。

广西思恩軍民府西龍州知州孟遷張公墓誌銘

大令張君子文，僑居吾邑東郭。士大夫與遊者皆賢之無異詞。君數造敝廬，温温君子，有靈芝冠衆芳之嘆。繼而得先五兄劬菴問，益悉君之家世。且云君與猶子謙同昏弘農氏爲僚婿，將襄尊人刺史公事，而以貞珉之言見屬，幸推戚誼勿拒也。秋日，君衷衰奉幣，手所輯刺史公行述一帙，拜請誌銘。

按，公諱超，字特生，後更孟遷。望出清河，占籍延安洛川南七十里聯莊，代有聞人。至處士公守休輸粟二千五百石，賑崇禎十三年奇荒。閭里賴以全活，義聲溢上郡。是爲公曾祖，配党氏。生廣文公，可論爲公祖。歲貢，山東泰安州司訓，恒以宋范文正公爲秀才時「先憂後樂」自期。及課諸生，倡明正學。東魯被其服化，口碑迄今不衰。後以公考之貴，贈承德郎。配侯氏，封太安人。生別駕公佔鼇，爲公考。工文章，恩拔湖廣荊州府通判。荊人戴之如召杜。康熙三年，殉難西山。贈湖廣按察司僉事，賜祭葬。崇祀名宦，詳載靖忠録。後以公貴，累贈奉政大夫。配侯氏，繼白氏，俱贈宜人。舉男子子二，公其長也。幼岐嶷，孝友性成，博文彊記，尤嗜左史暨秦漢諸大家帖括排偶之文，隨覽隨置，行文尚踈宕。別駕公甚器之，隨侍之官。穎敏練達，過庭借箸，多所助宜。會別駕公殉難，公方沖齡。望風攀號，哀毁骨立。荊父老婦子見者動容，邸次數千里，而遙即能追繼父志。荼蘖拮据，將弱弟老母北歸。生竭其歡，殁備其禮。郡邑咸嘖嘖有述矣。撫弟延入黌序，鄉黨稱之。

尋蒙恩蔭，檄促赴京。憐弟幼，不忍違。臨歧拳拳絮語，奬勉交至。比守部二歲，而弟溘焉九冥。公聞之，痛不欲生。思棄官奔其喪。戚友勸慰數四，爲父忠不可掩，始强留焉。授河南[一]宜陽知縣。輕裝抵里。爲弟營葬畢，于族姪中立二嗣，奉厥阡隴，遂載父母主之任，建祠于署舍右。飲食必薦，朔望必祭，凡大政必啟知。憫弟婦孀居，衣食之需，悉使倍己。而後，安邑文廟經寇氛頹傾。甫下車，輒捐貲重葺，定期聚弟子員爲文會。每昧爽來會，所命題，書旨作法辯晰毫芒。納卷，則面加丹黄，議論悉洞肯要。且訪有貧者，時養給之。秋試，決金君兩如必雋。榜發果然，及次科，何君畫一、張君蘭谷並起賢書，皆會中士也。夫以數十年之靡敝，一旦科名蟬聯，雄視兩河。遠近服公作人之功，不在狄梁公下。宜正賦外，雜泒棼如。公謂：「民困于横征莫支矣。」泣懇上憲，泐石永禁。具危苦愷切，閲之惻然。遂如請。立石邑門，且作銘，書座右，以自警。署云：「民饑而我粱肉，如茹鴆荼。民寒而我裘絺，如着荊棘。民愁而我歌啜，如聞喑咽。民勞而我安閒，如負痌瘝。」宜人皆家傳戶誦之。

雒水自永寧抵雒陽，經宜境有三十里。夏秋泛溢，瀰漫岸間。順治十六年清丈以來，沖沒三百頃。非魚蝦之藪，即沙石之灘。而糧冊載在司徒，嚴征有額。民往往賠無地之賦，並割現在之田，兼鬻子女而未充。公目擊民難，許懇荒徐補。又陸田用水有禁，時旱魃爲災，四野若焚。公輕騎巡行，多方周貸，見水可灌溉，而人甘棄之。詢知其繇，嘆曰：「置有用

[一] 衍「河南」二字，今刪。

之水，塗炭生民，罪在有司。」急下令，聽民決渠引溜，復詳憲捐禁。是歲，秋禾收穫倍常，民乃大蘇。萬世利源，咸肇于此。歲荒，開倉賑濟，實惠維均。次歲又荒，倉穀業運南陽。請留賑。未允，乃輸己貲給散，並于龍合里設飯廠，所活甚多。邑人往以小忿輕生，恣行申訴。公慮漸不可長，概從寬逐，仍發棺殯之需。自此其風遂移。鹽販入宜，欲高其價。先進暮金賄囑，公斥卻之。申憲痛懲，苞苴永絕。未幾，兼攝永寧篆。永寧積逋在民，公以至誠動之。永人素慕其名，而被其仁，不事敲扑，爭先完納。至日費薪米，皆現緡轉頒，自宜得代。既旋，永人猶製錦往祝。公蒞宜六載，良法美政，濡洽骨肌。宜人感德無涯，建祠城隍廟左。朔望焚香，絡繹市衢。逢公之辰，則奏劇作社，人大和會，而名之曰甘棠。蓋宜，甘棠舊郊。宜人稱公可繼美，因買香火地，募羽流，焚掃其中。四方賢士大夫過而式之，曰：「宜陽君可謂古之遺愛矣！」

康熙二十年，覃恩授交林郎，台司合薦，得旨加一級，紀録七次。明年春，昇廣西思恩軍民府西隆州知州。夏，卜築富平實村，歸祭先塋。或爲公謀「粵西瘴雨蠻煙，盍姑輟斯役？」公正色曰：「若視我猶兒女子乎？大夫以身許國，天下皆王土，皆王臣。寧可较邇遐、論美惡耶？死生有命，安所避之？」秋，製裝南邁，囑子文敬以迪，躬謙以處衆，愷弟以御物，慷慨而行。

西隆本長官司，康熙五年改流，始設漢官。猺獞雜居，鮮知禮讓，動輒操戈相競。公曰：「風俗之弗率，教化之論也。教化不行，責在民牧。」于是捐俸採木石，創文廟，敘立先聖賢木主廟中。建義學于旁，延廣東儒童甘霖爲之師。子弟願學者，悉與燈火衣食資。自是，郡人皆知修豆籩，尚廉恥。通詳兩院，請具題選學員。會公卒而止。郡男女婚娶，於義多愆。公誨以納幣問名，而姻媾始正。其地僻處窮谷，更遭蹂躪之餘，饑饉洊臻，民不堪命。公備陳積弊九欵，憲司皆嘉獎，如議頒行。

二十四年，覃恩授奉直大夫。二十六年夏，土賊互相仇殺，誤傷州判。諸鎮議勦撫，公預焉。時有言主勦宜專，謂可圖速擢脱瘴地。公堅持不從，曰：「民殺職官，法固難縱。但一二人首倡，餘皆無知土彝。而一旦盡剪無辜，以快一陞，如數萬生靈何？」遂攜僕從，親履寨口，委曲寬譬。士民傾服。遂自縛渠魁送軍前，戮五人。餘俱安堵，獲生者數萬人。若薄斂輕徭，興利除害。愛民如子，待士如生徒，馭屬吏藹猶家人。澹泊自甘，緩急相需，兩任猶一日也。竟以憂勞致疾，卒於年月日，距生年月日，得春秋四十有五。勞深而享薄，豐于才而嗇其年，是可哀也。

公既背嚴親，終天孺慕。奉繼母不異所出，恩幼弟存亡一心。生平端亮慈和，潔身範俗。當官謹廉，遠著能名。而排難解紛，拯危厄困，自翩翩公子，達于大夫，積功累仁，終始不倦。今宜陽日，前任黄歿於官，二孤俱幼齡，原籍數千里外。公命其長子與子文同席受經，而饋其饔飧。繼又助數百緡，遣役送還故里。在西隆，凡關中宦裔暨商旅物故彼州，悉捐貲返其輀車焉。嗟乎！事不辭難，途不辭險，清心苦體，博愛而有爲，足以傳矣。

元配韓氏，早卒，贈宜人。夫人先公卒，書卒，不書葬。繼盧氏，封宜人。與公窮達匹德，今安善在堂。男一崇禮，子文其甫也，吏部候選知縣。女二，孫女一，俱幼。將以今三十年八月丙午，葬竇村東南馮家原新阡。爰系之銘，銘曰：

世籍周禮之漆沮，洵美而且都。移居禹貢之漆沮，蓋賢而益乎。荊之山挺秀於前衢，馮氏之原鍾祥厥艮。隅外華表巍然，而當途中松柏鬱然如畫圖，清風激蔚蔚之雕菰，霽日瞻矯矯之青梧。德音沛發比噴珠欣，繼起有鳳凰之雛。紹家學而錫旅矢彤弧，開繩繩奕葉之嘉謨。

待贈文林郎文學王公暨配待贈孺人張氏合葬墓表

予少失先孝貞，弗知讀禮，而表志之屬闕焉。後以纚述家學，有徵於當世之作者，而始稍稍取儀禮及文公家禮類觀之。而後歎先王之教，所以綱維天下之風俗者甚周且至，而病世俗之莫能繇也。夫禮之制有五，喪祭之文三十有九，其目三百七十有六，可謂纖悉矣。人之始生，厚薄已分。今使天下多厚其親者，哀毁踰性，廬居相望，紺禫無時。禮壞樂崩，而君子且憂其過。而況天下之厚者少，而薄者多。然則，先王之制，豈得已乎？昔者，魯不視朔，餼羊猶存，子貢議去，而夫子惜之。夫餼羊，空名也，夫子何爲惜之？以爲猶愈於盡亡其意，固幸望後之人有以推吾説而通之爾。

予觀前史，盛衰得失之間，其國之將亂，其禮未有不先亡者也。故士必好禮，然後知學。推之王公，莫能異也。禮教修於上，斯人紀彰於下。行之既久，即不能無弊，而流風善政必有存者。故其國可弱而不可廢，其俗可窮而不可遷，其鄉大夫可踈而不可辱，其子弟可困苦而不可狎侮。故天地之大經，莫信於禮矣。且夫喪葬之節、祭饗之儀，先王豈將以拂人情、厲時俗哉？祭之不行，則子孫不見其祖考。子孫不見其祖考，則血氣中絕。而後，非鬼之禍福，異端之妖祥，得以憑其虛而中之。葬之不備，碑志不彰，是棄其親也。夫棄其親於百世之遠，與棄之飯含襲斂之日者，庸有異乎？吾友王氏兄弟之葬其親，其見及此矣。

王氏父文學公，諱承芳，字繼美，直隸清苑人，縣學宫高弟子也。妻張氏，亦清苑貴族。文學公不禄，早世。其孤兄弟五人，賴母氏之慈得以成立。故於其卒也，始能述其遺行。屬予同學陳使君上年爲父志之。已而，持陳所爲誌銘，有謁於不佞，稽首待墓碑。予因取其文卒觀之，喟然而興曰：「嗟乎！所以傳文學者至矣。予之學不逮使君，而碑非能有加於志也。」無已，則請推本陳說，而論列其大端焉。

按志，稱文學公性孝，謹事其父母於穉弱之年。而寢膳憂樂，情無不達。往省安陽，白衣步擔即郵長，豈復知爲田和將軍子哉？志云：「公工古文辭，嗣乃潛心理學。嘗一受知於左侍御高步，高陽、定興間。」吾所聞愷陽、乾嶽、蒼宿三君子，皆時之賢卿君，而文學因之，宜乎以諸生裹樞政於過庭，至令吏曹取法，彼其所漸漬遠矣。至謝任，子竭色養卹族閭，皆此物此志耳。志又云：「仲子筮仕名山，歷勞四載。公例得贈文林郎。配張氏，例得封太孺人。」予聞古者易名之制，以德不以爵，而今則蔑如矣。夫榮辱昭乎行跡，是非逮於匹夫，故未有贈公而贈公之，未有太孺人而太孺人之，斯亦易名之類也。志稱太孺人頴惠，好讀書。其歸贈公也，人美之曰：「貴女如素士，新婦如孝子。」當贈公之變，諸孤君者，或髫兩髦省者，非襁負不前矣。而提攜哺弄，内極恩勤之義，外攝保輔之嚴，以至白羽郊生，室鞠茂草。而卒之黨塾有聲，婚嫁並舉。問其所從來，則孺人績紉之力爲多。然則，諸孤日夜疚心，所圖仰慰其母者，不容不亟矣。夫何伯嗇於年，既不獲席前貲以諗母。仲甫起爲令，而坎隨之。自叔以下，又皆數奇未偶，處違其才。予固知諸王非終寂寞者。然太孺人已矣。他日登堂增悲，即有尊官厚祿，四君子不以彼易此也。

予客保州，聞王氏有五經之學。其兄弟五人各執其一，郡人士爭延師之。此贈公之志，而孺人之教也。五人者，熊胤、麟胤、彪胤、鶴胤、鷗胤也。熊胤以廕入太學，嗣爲諸生，早卒。麟胤拔貢，四川名山知縣，彪胤、鶴胤、鷗胤並學生。皆太孺人出。又三女，各適清族。側室子一，豸胤。女一。男女孫十五人。法得偕書，仍揖諸君而進之曰「君之國有孫徵君奇峰、鍾元先生者，天下人倫之表。得一語以徵吾言，則四方信之。願諸君更爲贈公、太孺人國之，斯於禮無憾矣。」諸君再拜問銘，銘曰

言符於德，行加於邇。非其自德，莫與採也。非其自邇，莫與躔也。愿有徵于徵士。

戶部福建清吏司員外郎戴公墓誌銘

公諱運昌，字震存，大原祁人。其先世有成忠者，自鴈門遷祁，爲祁祖。四傳至子文。子文生緣，爲公高祖。緣生巡檢公〔一〕禮，爲公曾祖公。禮生別駕公賓，爲公祖。賓生公考方伯公光啟。方伯有子三人，公其仲也。戴氏自子文以來，譜牒可舉，稱望族矣。別駕佐郡天雄，有清操之譽。方伯周歷諫垣，多所獻替，天下皆聞其賢。於是，晉諸戴莫貴于祁。而並州以南言大姓者，必推之褎然世臣之家焉。

公少穎拔，方伯於諸子中獨心奇之。曰：「他日亢吾宗者，其仲乎！」文水田京兆疇，山陰王文端家屏，皆方伯執友。間過其家，公時髧兩髦侍坐隅，應對、進退儼如成人。兩君咨嗟稱善。稍長，益肆於學，好左、國之文。年十九，始出就試。邑上於郡，郡上於學使者，皆第一。補博士弟子員。明年，復擢高等，有司致餼。周觀察繼昌、魏大中丞允貞並有特達之

〔一〕「公」字衍，依文意刪。

知，名序負絕一時，爲三晉稱首。未幾，遭方伯之喪。自小歛殮迄葬，哭臨思至。内竭其情，而外無違禮，國人翕然多之。

萬曆四十八年，以泰昌元年即位，恩得貢太學。天啟七年，舉鄉試，爲周易之冠。撫州艾南英、吳郡楊廷樞愛其闈牘，競相延致。因定交京師。崇禎四年，對禮部策，極言時政。爲總裁某所抑，不偶。其年四月，母程夫人卒。喪葬之儀，一如方伯。十年，成進士，歷事天官，授河南尉氏知縣。尉氏，中州孔道，置郵徃來，日夜不休。舊加賦過二萬。公至，即奏罷之。性廉儉，長於吏術，摘伏如神，不畏彊御。邑有逆案少卿許某者，嘗暴鄉曲。憚公之威，遂杜門不與外事。又劉光祖、李全，故無賴子，扇亂至數千人。公諜知其故，率壯士疾馳，圍之扶溝五虎廟，盡殲之，釋其脅從不治。祥符諸生劉士奇，其父病狂自經死。令某坐士奇罪。許祭酒元與中表秦夢壽爭狎一少者，夢壽自焚其舍，手刃其僕，賄令以刼罪元。公復訊明，其無罪皆立出諸獄。是時，祥符已在銓衡，許尚未去官。或以爲難，公毅然爲之。太守蘇莊稱之曰：「尉氏可謂古之遺直矣！」是後，凡隣邑有不決之事，輒以歸。公多所平反。行之期年，中州大豪咸不便之。因屬選郎薦邊才，調良鄉。良鄉畿縣，密邇神京。乘傳而過者倍於尉氏。加以勲戚中貴，時時來邑中，有謁於令。公概拒之不受，侃侃如也。某貴妃有中表子，強取人女。又中官齊本政家奴，侵奪民田。公悉繩之以法，無所寬假。三輔比之尹翁歸、房山羅者。某誣良鄉富人馬古溪等黨盜，因籍其家，繫二十七人皆坐大辟。公力爭之，得免。期年，諸勲戚、中貴、遊俠之人更以爲苦。引邊奉，升戶部福建清吏司員外郎，專治練餉。爲大司農所器。凡有章疏，必屬公折衷視草。大梁之役，師行十萬。運籌其間，未嘗之絕。因上書請停練餉，旨報可。歲省民財凡數百萬。公嘗言：「人臣隨事自効，致可有功當代。」躂之逆案，大僚某軍興助，出粟二千石，外臺爲聞於朝，事下戶部。首相某欲復其衣冠，屬傳司農淑訓，議傳懼禍己，責公具稾。公從容謂之曰：「不復有禍，復亦未必無禍。百世而下，其如直道何？」司農以語廖給諫國遴。國遴是公，遂寢。曹夕郎良直從馬上揖之曰：「公賢於汲黯遠矣！」未幾，遭亂以歸，隱麓臺山。深自引避，不與賓客相通。直指黃君徽胤、王君昌胤、劉君達先後按部來祁，皆與公有舊。停車旗，竟上要之出見。公遜謝而已。或寓書起居，亦無所報。施鶡冠衣，澣布衣，日從田父論稼穡之事。有時荷蕢，而前牧竪嬉戲其側，不知其故大夫也。凡二十餘年，足跡不入城市，遂易簣山中焉。

公爲人孝友，兄弟皆早死，撫其遺孤，咸至成立。中有鄉举者歲貢楊道溥，貧甚，將自廢，賴公汲而進之薄宦。邑博疏戚朱國興客死燕市，公爲具含斂。貨鹿車，俾得首邺。友人某藏金於館。公夜中偶入，見伏盜，乃所識市兒某，縱之去。終身不以告人。晚年專治農事，一切仰給於此，不屑計然之策。嘗曰：「辛稼軒有用世之才，蓋其所寄託可知也。」

公生於某年月日，卒於某年月日，得春秋八十有九。學者稱爲止菴先生。娶郭孺人，爲淳化令儒之孫隱君南圖女。性莊而慧，事舅姑，相夫子，沒齒無間言。姑程夫人病三月餘，孺人與同卧起。衣不解帶，湯藥必親調，始終不倦綱紀。諸孤婚嫁，皆得程夫人心。既貴以老，猶操作如新婦時。以公初爵，贈孺人。崇禎十五年六月五日，卒京師官舍，年六十有四。男子子二，長廷桓，縣學生，娶任氏；次廷栻，縣學生，娶文氏。女子子一，孫男子四，孫女子三，曾孫男子七，曾孫女子四。

公卒之年八月十二日，廷栻將啟東崖郭孺人舊窆奉公合葬。既得日，乃以狀來乞銘。往者人有表志之請，予懼其諛而失實，每辭不爲。若民部隱居之節，則得之目睹者，茹蔬飲水。踐城市，不與薦紳相聞。此直貧士所難，而況世祿之家身嘗通顯者乎？仲子遵其先德，屹不可移。四方賓旅從之如歸，較三世之交更有進焉，而仲子必推美其廷訓。

嗚呼！吾非斯人之銘，而誰銘哉？其不稱郭孺人合葬誌銘者，古之訓也。公不舉，奉直大夫者未滿，不及封。孺人不稱宜人者，從贈也。銘曰：

其身彌藏，其德彌光。維彼麓臺，原隰之陽，其居也在中。百年之後，魂魄舍此以何從？克啟厥後，以積於豐。

嘉興府同知楊公旭孟先生暨配三宜人合葬墓誌銘

富平故有張、李、楊、孫四先生，皆勳節聞天下，顯名史籍，人到于今稱之。而李中丞石疊，躬際盛時，言乎而道伸。澤延後裔，食報獨沃，厥祉全焉。楊嘉興公，則其自出云。公負軼倫之才，文章酷似外家。舉賢書，歷上佐。蓋諸葛忠武之論龐士元，须治中別驾乃展其驥足。而公久躓公車，遲回梟烏，甫擢郡司馬。旋以非罪去，未竟厥施。嗟乎！守令不可爲。

今之丞，非昔之丞矣。況橫冒吏議，雖在神駿，欲霑赤汗，騁萬里，顧可得哉？無惑公之自傷時命，鬱鬱以終也。

公之上世，山西洪洞人。有諱某者，元末避亂渡河，而西定居富平東北三十里之梅家莊，遂占籍，稱別子，爲始遷之祖。數傳至文禮，以農起家。成化間，捐粟賑饑，其族始大。文禮生省祭公鉞。省祭公生教諭公一正。教諭公生二子，長錦衣公諱四知，次文學公諱四聰。文學公生二子，長卽公也。

諱日昇，字旭孟，一字白石。幼而端嶷，不事嬉戲。七歲，從文學公省教諭公鄠署。適公母李宜人卒於家，訃至，號慟不食。教諭公置膝上，慰之曰：「孫哀母甚，獨不念而祖乎？」卽輟泣。自是侍教諭公，言動如常。退而獨居，則西嚮流涕。教諭公聞之喜，語文學曰：「吾家稔隱德，度後當昌者，其在是子乎？」已從文學公受尚書。見其口吶，疑弗慧，督之嚴。會日暮，舍中見皆散歸，公獨後。文學公密覘之。公方持一編，且吟且思，若有所得。詰旦，試以藝，斐然成章。因大奇之。弱冠，從外大父李公渭北遊。中丞之子也，能世其學。及門多賢豪，而獨以國士遇公。又援入。邑令張公社得公文，以汗血許之。無何，出。後世父錦衣公以童子試爲邑令宋公所器。罹錦衣公憂，徃學於蒲城。中臺楊公始見，試以「果哉，末之難矣」題。公文有「巖穴之中，多一幽人，則朝廷之上少一君子」句。楊嘉歎曰：「先輩程録語也。」呼爲小友。免喪，府試第一，隸博士弟子員，食餼二十人中。學使者本寧李公評其文「昂昂如天馬，不受人間羈束」。公既擅重望，乃益折節讀書。師事司空恭定馮公、光祿太清文公、銓部堯章周公。縞紵連盟，亦極關中之選。讌集無虚日，名大振。家亦漸落。然以文過高，故諸臺輶軒之采，每拔冠軍，而數弗利於鄉闈。邑令隋公嘗稱其二三場博雅，可空諸房。邑令五雲劉公，山左英流，尤善公。以剛介忤上官被劾。詞連公。郡守陳公力爭之，猶未竟。值天啟元年秋試，窘公亟。而公友司馬西崑朱公尚在膠序，聲傾郡中，爲竭陳馳白。學使者特召公入，遂與朱並雋是科。秦闈首題「吾之於人也，誰毀信譽？」公破云：「春秋有定評。」朱破云：「聖人欲清庶人之議。」當是時，權閹柄國，黨論漸滋。正枉交訌，是非莫辨。大類周漢末，處士橫議，卒煽薦神之禍。識者謂兩公均有先見云。是後，五與計偕，一登乙榜。遂棄舉子業，益肆於古。

崇禎元年，嗣母張宜人卒，喪葬盡禮。六年，避寇入都。作憂盜紀事詩，七言近體二十章。名動京師。輦上貴人詞客，皆爭識關西楊孝廉。所居車馬填門戶。念親老，就學博陳留故事，資養薄祿。積日待遷，公則糾引多士，說經義，明考課。見有貧者，概屏束脩弗受。且時佐之薪米，倡葺學宮以妥神人。會令缺，攝行邑事。悉除苛政，道民以寬。數月大治。

時中原羣盜蔓延，所向淪沒，屢薄陳留城下。公練鄉勇守陣，邑賴以全。直指楊公特薦之，邑人相率籲公。即眞格於例，未行。學使呂公尤相推轂，制作多假公手。九年，河南鄉試齒録序刊布，紙貴，公所爲也。十一年，擢山西平陽府臨晉縣知縣。卻所轄樊橋驛，供支失馬，自僦以行。臨晉多巨室，吏胥樹其私人。令動靜必預知。公盡汰之。應參藩市駿之求，矜候詳取贖之犯。釋逃亡被軌之俘，子女不派里甲，不稽囹圄，不株累無辜。威肅惠懷，上下悅服。

乃具車仗迎文學公與繼母惠宜人之官，兩旬而文學公病。公適奉命監池，請假馳歸者再。文學公竟不起。哀毀骨立，援治喪例，扶柩西還。服□，補澤州高平縣。既視事，首請蠲民逋四千餘金，幾累公。或以危語悚之。公曰：「苟便百姓，遑恤其它。」罷機坊之貢，雪郭生之寃。甃城浚池功竣，而民不勞。其坐運訏謨，折動御寇，功與陳留等。十六年冬，關中失守，河東郡縣望風降賊，易置官司。公不爲屈，僞防御使孫明翼索金未厭，將陷公。賊敗乃免。

順治二年，用薦起補河南衛輝府輝縣。探百泉之勝，篇什甚富。而科指簡易，境內以清。五年，以才望調繁湖廣黃州府黃岡縣。至是，蓋四綰墨綬矣。黃故通衢縣附郭大守協鎮共處一城。其屬官師、丞尉、驛泊、倉巡，凡十而缺其九。皆公綜理之，迄無廢事。燹兵之餘，田莠賦，縣前令多坐罷去。公撫叛逆，招流散，闢荒蕪，繕城隍，建倉稟，增學舍。初至，四郊之外，鞠爲茂草。至是，綠野平疇，比屋郊關者，數千楹焉。湖南用兵，三王往來其間。禁旅業集，所須糗糧蒭茭，舟車板幹，材檄旁午。不後期，不病民。恢恢有緒，考績稱最。凡膺薦剡者五，獎敘者三。次當內擢，以他故不果。

九年，陞浙江嘉興府同知。蒞任未半載，錢、監、海防秩然。就理不藉箠杖，盜息民和，而公怨家唆。楚巡按御史某摭黃，前令舊欠，誣公侵帑，解官赴質。當事者咸知其枉，然不敢虛原。疏僅以免。議聞，而公竟拂衣歸。歸之日，襆被蕭條，敝書數篋而已。

里居二十餘載，手終日不釋卷。二子相繼早世，扶諸孫俱成立。素康強無疾。年垂九十，未嘗御醫藥。飲食步履不殊少壯時。昨歲在彊圉大荒落。五月辛巳，晨興，端坐。諸孫起居，察其狀有異，諸後事不語。明日壬午，疾革以卒。距生萬曆十八年八月丁巳，得春秋八十有八。

公爲人至孝，事錦衣、文學兩尊人，皆委曲得其歡心。嗣母張宜人患目眩，公每雞鳴趨側，親爲瑩拭之，獲復睹焉。奉惠宜人，迨老無倦容。弟東昇幼，多過失，失愛于文學公。寘之辟。公歸自臨晉，力救脱。性嚴毅，有威重，人不敢褻。慷慨好大節，矜然諾。樂施予，自少不問家人產。宦遊二十年無長物。食貧，至鬻田宅以供賓客。晚年尤甚。自奉最約，衣必數澣，飯雖麤糲必飽。不喜飲酒，然客至不盡醉不已。盛夏燕居，必正衣冠，危坐終日。卑幼徬徨沾汗，公自如也。當官，愼刑獄，全活甚衆。崇禎末，師行無紀，多殺良報首功。公令臨晉，日諍之台憲。抑而不賞，風稍減。黄土饒竹，居垣皆籬。民有竊雞蔬者，即以踰牆論死。公持不可，竟薄其罰。盜亦衰止。

雅善知人。中州鄭公四端、王公家柱，山右張公翮、石公某、龐公大朴，三楚杜公琦、來公文球、程公啟、朱某公思樊、張公仲經、李公供祝、夏公如朝、曹公大畧，皆公所藻識士。後率踐台司，立功閫云。至若拔畢方伯振姬之文于遺卷，辯李司馬棠馥之誣于折獄，拯劉進士之宗之難于顛沛，士林之頌，久而彌新。

其學，自經史外，靡不淹治。尤嗜昭明文選。故其詩文瑰麗，有六朝之遺。政餘簿書，縱筆揮灑。或與客命酒對弈，口授小胥，及脱稿，不易一字。而詞賦序傳之屬，則慘澹經營，數更其草。既成，視創始之篇，若出兩人。易簀前二日，猶據几爲古文辭。矜慎不苟，嘗語諸孫曰：「博聞強記，固不易能。然必苦心深思，乃有裨耳。」所著有語冰集、三瓻齋集、南遊草、北遊草、閒詠小草、櫟言文、窺豹集、制義、臥薪草，俱梓行。餘評著若干卷，未梓，藏家塾。

元配王宜人，貞靜婉順，克嫺内則。繼配田宜人，健持門戶，身先婢妾。當公家計中微，得一意下帷，領鄉薦，與有力焉。繼配袁宜人，端莊慈惠，事舅姑無異言。撫前子若己出。亂離之後，内助實多。公舉男子子三，長同春，諸生；次同晞，諸生；季同光。女子子二，孫男四。往者，昭陽單閼之歲，公舉三宜人柩，祔葬文學公兆前。命孫欲重繼宗，奉錦衣公祀。命孫履恂繼本生，奉文學公祀。告諸祖廟，謀之三黨，僉以爲允。及公卒，諸孫拮据。

將以今年正月庚寅啟三宜人之封，奉公合窆焉。既得日，表弟文學履恂賫行實一冊，並公外孫朱伯子樹滋所勒狀，稽首請銘。先生母、先外王母兩大家，皆公之從兄弟。小子不肖，於公有彌甥之親。誼叨肺腑，源源本本，而又自總丱受知。四十年來，公愛之踰分，恩禮有加。述公永歸，固不敢以淺陋辭。獨念公黄髮台背，如衛武公、漢伏生之大年，仕至大夫。雄長壇坫，名以位論之，庶幾茀祿之備。然當世所重者廷對，而公如蘇源明，僅闡乙科。爲政所至，聞循良之績，而不獲推擇要津。又未究其藴，設而黜之。老棲邱園，甚則儉，及盤豆有子而不迨遲暮。茹荼若飴，以鞠諸孫。考其生平，不能不反覆致憾焉。朱伯子曰：「前冬，侍太史。公酒酣，語三十年前，依公高平時，患難中館甥禮未或一日衰。」歎息久之。公歿未幾，而大史旋亦捐館。蓋公與司馬公同年交好。司馬公薨，公爲之理後事，撫遺孤。太史文章事業克紹前休公，可先歸而告，無憾于其友矣。太史者，大參之初官也。伯子之言，愷惻若此。予于誌非能有進也。故因其文而不變，以爲徵公之言。若行而傳諸後世者，非獨誌也。又有狀焉。伯子之爲公外孫，不媿公之于李氏矣。乃再拜而繫之以銘。其辭曰：

浮之原舒而長兮，澗之水清且芳兮。川流之曲有荀鄉兮，聚族而處繁以昌兮。
望出弘農來冀方兮，附郊上邑漢之楊兮。循河西渡宗益彊兮，數傳起家繇農桑兮。
列組振鐸施彌光兮，爰篤俊民初發祥兮。縱横六藝邦之良兮，既舉孝廉名益張兮。
五敷弦歌皆巖疆兮，追蹤召杜方龔黄兮。晚加郡騶于越航兮，嗟遘頹波忽迴翔兮。
接淅賦歸仍飄囊兮，恰志松菊貧相忘兮。振衣懷古色茫茫兮，世競駑鈍困驌驦兮。
憤俗苦吟憂不傷兮，年垂九十壽復康兮。終如委蛻虬車將兮，阡隴永畢就斯藏兮。
三配並淑相頡頏兮，先奉箕箒待元堂兮。諸孫秀發貽謀臧兮，聯軌嗣武未渠央兮。

先母田太孺人行實

嗚呼！痛哉！不孝因篤生三歲，先府君棄之繦褓之中。藐爾遺孤，依慈母偷存喘息。不孝今五十有四，繞膝而呼，戀戀猶孩提也。一旦罹此大故，不孝豈復有生理？自我母見背，五旬以來，鬢髮皤然，目眊腸摧，誠莫保其朝露。欲勉述我母生平懿德，備採擇於當代之賢士大夫。執筆哀迷，試而輒輟者数数矣。羣公俯存幽惻，責狀以徵言，使者相望於途。不孝雖愚且病，其何辭以對？用是不揆譾劣，麤書大端，昏亂憂傷，舉一而廢百，則不孝之罪也。儻矜其災禍，潤色爲文，俾母子有所式憑，附聲施以不朽執事之惠，不孝敢不敬布下風？

按，母田氏，故齊之公族。漢高帝九年，奉詔徙關以西，後遂爲富平人。三遷而居今之董村。至勅贈文林郎、山西道監察御史聞五公，諱見龍，爲母大父，贈公。配裴太孺人，生五子，曰大參公，曰增廣公，諱時需，爲母考。其次汜水公、廣濟公、副戎公。增廣公配楊氏，先祖母嫡親女弟也。先府君長母一歲，母始閥生，即許字。年十六，歸於府君。

當是時，外氏門科名甲於郡邑。而我李起鹽筴，種粟塞下，擅素封。歷二百年，將帥比肩數十人。祖亦掇武科，自上郡、九原，南涉江淮，皆置園宅。母以貴家女爲新婦，食指既繁。先祖母性嚴，謂母：「善烹飪，非其手作，則弗食。」而能委曲得其歡心。雍雍熙熙，逮姻黨無間也。府君甫弱冠，爲弟子員。從遊大司空恭定馮公，有傳道之目，旬月一遣歸省。母昕夕侍祖母前，順意承顔。祖母倚之如左右手。府君攻苦致疾，卒年二十有七。祖慟之過，相繼以亡。又數月，大亂，寇躪吾里。祖母偕族屬登樓，被焚。良賤死者八十一人，所留但乳齔。而靖邊不守，塞屯盡燎。淮揚之廛亦成甌脫。年饑賦迫，外侮頻仍。母採藜藿佐餐，殫瘁劬勞，處之如故。

後乃攜兩孤，避難外家。外祖躬自教之。不孝年十一，受知邑大夫翔山崔公。取冠童子，隸博士，食餼矣。母故知經，嘗謂不孝曰：「若父恪尊傳註，所讀大全、蒙引，吾閱爾，幾何悉無耶？」不孝茫然。母因出父遺書，並示恭定公小像一卷。

泣告之曰：「公自有二子，顧以斯卷授。若父不幸賫志中途，小子其勖之哉！」

無何，逆賊破潼關，僭號長安。逼掠薦紳，不孝遂棄諸生。家既中破，又少戇動，與俗違。落魄狂趨，困日益甚。負貸豪室，至取其戶扉閣梯。值母帨辰，兄弟或一敝袍，迭著爲壽。母未始有愠色。寬譬之，命以力學而已。不孝喜嘉客。雖貧，門多長者車。母嘗鬻簪釧，羅罇俎剉薦飼馬，比美湛夫人。猶憶秋雨彌旬，座客中宵呼酒，薪蒸久匱，母密撤閣之外欄，附廚。客聞之大驚，繇是不孝竊虛聲於四方。邠州牧蘇公諱東柱，伏羌明府趙公諱志忭，訂交傾蓋，漸有餽貽，母乃得免於饑寒。會僉憲上谷陳公諱上年備兵固原。蘇、趙其同年也。並薦不孝爲兩公子師。從五原，如鴈门，忘其穷贱，託異姓昆弟。歲時音問相屬，故業漸完，食可兼殽取筐幣，供衣服。不孝雖远客數千里，歲必數歸省母。母輒怒曰：「陳公待爾厚。爾爲人師，僕僕道路，不虞弟子有曠日乎？」不孝在塞北，獲交於左司徒秀水曹公諱溶，遂叨末契。又以嗜痂之癖，亟賞不孝詩，數遣人候母起居。而太原傅徵君諱山，吴郡顧徵君諱炎武，皆善不孝，以弟畜之。登堂拜母者屢矣。偶之京邸，合淝大宗伯龔公諱鼎孳，一見稱布衣之友。憐不孝行役四方，數分俸爲養母資。母責不孝曰：「爾早自放廢，而又好遊於大人，出處之間，將何據乎？」

今上十有七年，詔集諸儒。京師少司馬秀水項公諱景襄、吾宗司馬公諱天馥、同學廷尉張公諱雲翼，咸以不孝名上。不孝念母老，哭白臺使者。咨部部檄益急。皇上且專名不孝因篤，勅行省敦發。母更温語治裝。既抵都，數請於部籲銀臺，弗納。御史大夫魏公諱象樞與不孝交最久，憫其困厄，密疏泣陳殿陛。皇上頷之。及春三月，預試名列選中。受皇上特達之知，備官史氏。不孝復請於部，抗疏銀臺。先後三十七反，而章始達御前。究蒙上恩，違部議，許歸終養，甫五閱歲而吾母見違。

嗚呼！痛哉！先是，母以墜馬傷股，步履弗康。喜不孝歸，強杖而起。母素弱，食少而嗜茶。比老如常。去夏，往外家送姪孫女出閣，歸而臂背交痛。遂久臥牀，坐起須人。食頗減，日須藥餌。不孝竊以爲憂，而不料頓捐其孤如是之速也。今秋七月二日，母早飯畢，旋吐。進香砂平胃之劑，似少安，詰朝復吐，偏迎鄰縣名醫。或小差而更大加，迄不復食。及望前一日，呼不孝兄弟，太息言曰：「吾近八旬，豈更畏死？但以汝等皆年逾半百，勉忍須臾。鄰嫗無知，將笑人濡滯矣！」不孝泣詢後事，歷歷告之。因曰：「甥姪頗衆，過百日，卒哭即葬，甚勿淹也。」不孝懇請入祠。怒曰：「死者以歸土爲安。禮，大夫三月葬，士逾月。小子從士大夫之後，而未之聞耶？」又曰：「自若父亡，吾勤修乾竺，殆五十載。」昔和靖尹夫子，每旦誦金剛經。門人問之，母命也。小子識之，乃具香湯，命子婦沐浴者三。將終，神明湛靜，一語不亂。內外悉易新衣，端坐而瞑。

嗚呼！痛哉！母至孝，父母舅姑即世數十年，言之未嘗不流涕。先外祖母趙氏，繼妣也。瀕危，母自解上衣衣之，營棺墳，不殊所生。待先舅氏，從舅兩叔，事事從優。舅子具儉、留儉、存儉、洵儉諸表弟，不異因篤兄弟。汎愛博施，好周人之急。雖酬子錢，轉貸不許。寬大性成，與人無宿嫌。不孝微時，或遭横逆。乘間語及，母怫然曰：「修怨豈長者所爲乎？」不孝通籍還家。母小適故村祠廟，則僕婦扶而往。非之初亲，恒卻肩與不乘，而代之以牛车，曰：「吾自便，此非息與人也。」不孝惟始见臺司，敢用輿。繼則以馬，十里即徒步。母知而喜曰：「孫恭介夫人，吾之祖姑。每来吾家，各乘一羸騾。小子前期尚遠，勿自限也。」子姪羣從，自垂髫不名。來省，則和顔款坐，詢其所爲，以正教之。衣嘗更浣濯，迄不輕易。不孝數以爲言，母曰：「吾日坐牀上而襲服，若賓不倍勞耶？」組繡醯醢之微，皆有天巧。雖極猝劇，不爽其衡。病卧數年，猶自臨治，未以假人。居恒多齋盤，蔬茹淡。而必分所餘徧餉使婢暨鄰姥之窮乏者，無食不然。間過鄰舍，或匿其牰糲草具，必使出之。强進七箸焉。陈公卒官东粤。聞訃即遣不孝耑往哭之。慟曰：「吾家賴使君復完。觸目堂除，何一非使君賜小子？慎勿忘也。」顧徵君訃至，哭之如陳。曰：「方冀吾兒嚴憚切磋，稍有自樹，何奪其典刑之速耶？」前郭明府迎兄二曲徵君，寓邑東偏。母數就視，謂不孝曰：「爾兄大賢，當敬事之。」不孝既數悲諸殤。母幾喪明，乃命不孝胞弟材次息渭立以爲嗣，泣曰：「若承大宗，五十不育，不可更緩。」

嗚呼！痛哉！母棄其孤，德音俱在，故不以其子之弗類而置之。節度公專官馳吊，藩臬、學憲、都君、郡伯、丞倅寓書索狀。邑大夫聞喪，偕兩博士君，即冒風雨而來。旁郡邑之使且源源也，戚友吊哭者六七千人。不孝爲製衰絰五百餘人。

長號呼母者，男婦數百人。已遺之僕婢，懷其宿恩，匍匐哀號，多有被病者。

嗚呼痛哉！非甚盛德，感人之深，是豈可以聲音笑貌爲哉？戚黨見餽，齋食爰及，疏屬凡百餘。家族若鄰，則比屋不空。一叟，夫婦皆七旬，貧無子女，以斗麪祭。不孝憫其老，謝卻之。叟勃然曰：「我自供太夫人，君何謝焉？」

嗚呼痛哉，不孝鹵莽失學，又惛然苦塊餘生。述先太孺人之嘉修，雖所知有弗備也，知其所不知者乎！然觀其厓略，立言之君子，思過半矣。

母生於前萬歷三十七年五月壬寅，卒於康熙二十有三年七月庚辰，享壽七十有六。子二，長即不孝因篤，繇布衣徵授翰林院檢討，奉特旨終養。娶王氏，處士公諱正發女，早卒。繼張氏，處士公諱爾璣女。次因材，諸生，出嗣叔曾祖鎮撫公。娶楊氏，都尉公諱鍾秀女，先祖母姪孫女也。孫二，漢，因材出，諸生。娶田氏，太學公諱尊儉女，先外伯祖大參公諱時震重孫女，從舅殉難文孝子公諱而腆孫女。渭，因篤出，諸生。娶諸生沈公諱宜女，早卒。繼石氏，諸生公諱天柱女，參藩公諱在閭孫女也。孫女二，並因篤出。長適上郡里選劉公諱漢客子楫，皆早卒。次許，字三原，别駕杜公諱恒餐，子諸生坦，未嫁而卒。重孫四，相，漢出。楠□□□□渭出。俱幼，例得備書。

儀小經

儀小經序

人之大倫有五，君臣當別論。若父子、兄弟、夫婦、朋友及夫三黨所類推，皆無一日而不相接；而其見於言語、行事之閒，亦無一人而不各有其當然之則；儀禮、家禮、小學諸書備矣。而求其通俗常行，宜於人人而不乖乎當然之則，則富平李天生先生儀小經一書又不可不講且習焉者也。

蓋亦曰：「準乎天理，達乎人情而已矣。」夫準乎天理，達乎人情之謂經。今士大夫於古人之書卽不讀，雖讀亦如不讀。故於倫常相接之人本，已不立文。何以行如此？書所云固未能中節，而亦不求其所以然，又何責之常人哉？此禮教不明而風俗所以日偷也。

天生先生其深有感於此乎。先生文學品概不可一世，生平著述甚富。此書雖皆微文瑣義，亦無非天理人情之常。不知當時曾否刊行。吾得草本，署劉東初刻以公世。庶人知日用之際皆有一定之程，而不爲鄙野背謬之行。其於風化所助，亦豈尠哉？

光緒甲申閏月望日，三原賀瑞麟序。

父母

總序

五倫首父母，從家禮也。由子而子婦，子婦之事舅姑猶子之事父母也。女雖外嫁，歸寧不得略焉，故並附。父之繼室，曰繼母。前生嫡子、庶子，皆同。庶子於嫡母曰嫡母，於所生之母曰生母。父之妾，嫡子曰庶母。庶子非其生母，曰諸母。女與兒同。子婦於舅姑，曰君舅、君姑。君舅之妾，嫡婦曰庶姑。庶婦於庶子生母曰姑，非庶子生母曰諸姑。

稱呼

子於父母，俗稱爹孃。覿面則從俗，亦稱爹媽。按，「媽」即「母」本字也，今人誤讀爲「馬」，不可從。雅言則曰父曰大人，曰母曰太夫人。士宦家有稱父爲老爹，母爲嬭嬭者，非。按，嬭，乳母之稱，俗又作「奶」字。書並無「奶」字。稱諸人曰家嚴，或家君、家大人、家父，母曰家慈，或家母。位尊者爭直曰老父、老母。

稱人之父母，官場以尊臨卑曰令尊、令堂，或謙曰令尊老先生、令堂老夫人。卑對尊，稱太老大人、太老夫人，或太母老夫人。有師生之誼，則曰太老師、太老師母。平常人除至親，別論輩行相等者，曰老伯、老伯母。疏則尊公、尊堂，再次則令尊、令堂，或加老先生、老夫人字。雖對僕隸，呼其父母亦必曰汝父汝母，俗則稱你孃、你爹，不得直斥其名。

子婦與舅姑，從俗與丈夫同，稱爹孃。稱諸人曰家公、家婆。稱人曰令公公、令婆婆。女與兒同。父之妾，覿面皆稱姨，猶云母之姊妹也。

書劄

下書，或男某、兒某百叩，或百頓首，或加稟候字。俗於男上用不肖字者，非是提起書父大人膝下，或質言父膝下，爹膝下。母稱母膝下，或老母膝下，或加太夫人字，或質言孃膝下。父母膝下，皆先書萬福萬安，然後人事。中稱同。中自稱，亦或兒或男。

封皮，士大夫，書太老爺家報、太太家報；平常人，下書男某叩寄。提起，書父親、母親家報。子婦，書子婦某某氏端肅百叩，上候。提起，書君舅、君姑膝下，萬福萬安。中稱同。中自稱子婦。女子，在家，照行書幾女某百叩。中自稱女。餘與兒同。既嫁，書適某門幾女端肅百叩，餘與兒同。請啟，有姑讓姑；如無姑，大事用全帖。簽右，書適某門幾女端肅百拜。簽上，書謹於某曰因某事家集，恭候老母太夫人下光。尋常或全帖，或代全，書某曰家集。餘同。

詩文

文章，質言之，曰父母。或稱父曰庭訓，母曰閤教。或統稱堂上，或二人。子婦稱君舅、君姑，或舅姑。女與兒同。子爲父母。

詩題，書時日有懷父大人，或家大人，或侍大人，或侍家大人。母曰北堂。嬿會同賓友，書侍家大人同某某，或從家大人同某某。某某者，客之字也。下俱人事。

落款，書時日有懷。提起，書父大人或慈父大人庭訓，仰承錫旨或膝旨，旁下書兒某薰沐具書。

行禮

凡生辰、年節，子以兄弟同拜，子婦以先後同拜。無兄弟者，夫婦同拜。各拜俱可，皆拜於內房。父母坐而受之，或隨俗立而受之。或遇坐，坐受；遇立，立受。總之，父不還揖，母不還拜。俗之還者，非是。宴會，在家在外，子皆告坐，揖而不拜。父母或坐受、立受，不還。子婦與子同。女雖既嫁，以至有子，凡歸寧於父母之家，遇生辰、年節、宴會，跪拜與兒同。父還揖，母還拜，不答跪。禮，嫡子拜有子庶母與庶母年長者，俱還高拜，仍扶而受之，他庶子則還高拜。或嫡子年長承家者，其庶母雖有子，亦還兩禮。無子，則止令勿拜。於他庶子，則還兩禮。庶子拜其生母，則還高拜而受之。子婦、女子並同。

奉祀

父母故後曰考妣。稱先考、先妣，或先嚴、先慈。顯者或曰先公、先太夫人，先大人、先太夫人。文章中亦曰先子、先君子，先夫人。女與子同。子婦稱先舅、先姑，從俗稱先公公、先婆婆。

告終，父書故父某姓公，係某某相，享年若干歲，於本年某月日以疾終於正寢；母書故母某母姓夫人，餘同，但易正寢爲内寢。旁書，男某名泣血謹告。

木主，外書顯考某公府君神主。按，顯，大也。古人用皇考，今改顯字，非貴顯之顯。顯考下從俗。父本身有爵，先書其爵。或爵小，封贈大，並書封贈。無爵，只書封贈。下書顯考某公府君神主，旁書孝子某奉祀，或孝男，俗作不孝者非。内書，某代故某官某公諱某字某號某行幾神主，不書考。宜書封贈者，書於某官之下，某公之上。有謚者，書某公之上。如本身無官，封贈直書於某代故之下。如子已登仕，未及封贈者，則書待贈，下書某公云云。

所謂本身之爵，自公卿至秀才皆是。但已仕者書本爵。未仕者，進士書賜進士，舉人書孝廉，貢士書貢士，監生書太學生，秀才書庠士。武途、武進士書武進士，武舉書武科，武秀才書武庠。讀書者稱文學，有節行才名者稱處士。尋常某代故下，直書某翁。兩旁，左書生於某皇帝某年號某甲子某月日時，享年若干歲；右書卒於某皇帝某年號某月日時，葬於某處。

妣主，書顯妣某姓太孺人神主，或從俗先書封贈。如云，誥封太夫人顯妣某姓夫人神主。淑人以下倣此，誥贈同。或先受夫封贈，因子進階者，並書之。如云，誥封夫人、進階太夫人顯妣某姓夫人神主。又如，誥封淑人、進階太夫人某姓夫人神主。餘倣此，贈同。如本封贈大，子爵小，不得進階者，書法如云，誥封夫人、待進階顯妣某太夫人神主。餘倣此，贈同。旁書同考，內與外同，但加某代故字。內兩旁書生年卒葬。父母俱各自一主，俗用合主者，非。

繼母，主書繼妣。庶子於生母只稱妣。無子庶母，嫡子奉祀，則書庶妣，旁書塚男某奉祀。或元配無子卒，子以繼室生，稱父之元配曰前母，己母曰母。木主書前妣，旁書孝男四時常祭祀。

死者忌日重於生日，皆設祭。祭之日，去主外郛，不去外板。或父母已故而無嗣者，女爲之設主。生祭、年節，則抱主而往哭於其家。無家者，哭於墓墳。又按，有喪事，男曰稽顙，女曰斂衽。故尋常諱之，所以別吉凶也。

子女

總序

有父母則有子女。以其事繁，故不得附於父母之下，而別爲一綱。曰子、曰子婦、曰女，其得先乎夫妻、兄弟者。蓋曰雖別爲一綱，猶之附於父母也。

稱呼

父母於子，覿面，幼呼乳名，既冠呼名。通俗或照行呼幾官、幾哥兒。於子婦，則照行呼幾媳婦。於女，幼呼乳名，長至既嫁，則照行呼幾姐。呼諸人子，曰小兒，或幾小兒，或豚兒。俗有呼犬子者，似不雅馴，勿從。子婦曰兒婦，或幾兒婦。女曰小女，或幾小女。稱人之子，或令郎，或公郎。雅言曰令主器。官場以卑對尊，則照行曰幾相公。稱人之子婦，長曰令家婦，或令主婦；以下曰幾公幾郎，或幾公郎夫人。卑對尊，則照其行稱相公夫人。稱人之女，曰令愛。

書劄

於子，書父母示某兒。呼兒或爾或汝，中自稱我。問子婦，則於劄中、劄尾帶出。封皮，書某宅家報。於女，書父母示幾姐。或照其夫姓，提起平書某門幾姐。中呼之亦曰爾、汝。自稱同上。封皮，則照其夫家，書某宅家報。請啟，用單帖，書某曰家集，專遲，提起書幾姐妝次，旁書母具。有大事，某曰下書某事內集，餘同。或全帖，或代全。下書只書一單帖，置內行之。書單帖，見父母之尊。用全帖代全，夾而行之者，外重其夫家也。俗泛常莊寫者非，不可從。

詩文

文章中，呼子呼其名，或加字，如云某也，或兒某亦可。呼子婦，照其本姓，曰子婦某氏。呼女，曰女子。詩題，爲子作者，書示某兒，或作此示某兒，或只書示某某，指其名也。大約子之名，一字者，書某兒；兩字者，書某某。或入時序，或入事，下書示某兒、課某兒亦可。或在遠者，則書念某兒。或同賓友，則書時日同某某洎兒某。下入事，如遊觀。無賓友，則書時日攜兒某等。下入事。爲女作者，書念女，或念幾女，或不立題，只於書中帶出。落款，爲子作者，書時日，書示某兒誦之，或諦覽。散詩，則書某題示某兒，或誦之，或諦覽。旁平書時月日書。

行禮

行禮已具於父母。父母無答字乙，故不再見。

奉祀

子女死者曰亡，稱諸人曰亡兒、亡女。婦則曰小兒亡婦，或幾兒亡婦。如子先亡而子婦在者，稱諸人曰亡兒婦。告終。子死，書某氏男某某名，係某某相，得年若干歲，於本年某月日以疾終於旁寢，旁書父某名告。子婦，書某家冢婦，或次婦，或季婦某氏婦姓。餘同上，但旁寢易稱旁內寢。旁書舅某告。冢婦，長子婦，次婦，次子婦。三子以下，皆書季婦。或子先亡而其婦繼死者，則書某氏亡男婦某氏。餘同。女未嫁而死謂之殤，則不告。子先亡而無嗣，不在幼殤者，父母亦爲之置主。外照姓，書某氏亡男幾郎名某神主，旁不書。雖有兄弟，不使奉祀，統於尊也。內書某氏亡男名某字某幾郎神主，兩旁書生年卒葬。子婦先亡者，本夫爲之置主。女子未嫁而死，非幼殤者，外書某氏亡女幾姐神主。內同。兩旁記生年卒葬。既嫁，則否。或既嫁而死，夫家滅絕無人者，則置主。於幾姐下，照夫家姓加某孺人字。不滿八歲爲幼殤，不祭。八歲至十一爲下殤，其祭終父母之身。十二至十五爲中殤，其祭終兄弟之身。十六至十九爲長殤，其祭終兄弟之子之身。成人而無後者，其祭終兄弟之孫之身。中殤、長殤皆謂無後者。

夫妻

總序

易曰：「有夫婦然後有父子。」五倫之序，次於父母。敘夫妻不敢先父母，重倫也。後子女，以子女附於父母，其事相兼也。先兄弟、伯叔，正始也。夫之配，在禮，大夫曰孺人，士曰婦人，庶人曰妻，亦統謂之妻。元配死，再娶則曰繼室。妾有子曰長妾，餘曰諸妾。妾不敢上擬於妻，故妻曰夫，妾曰君，亦曰主君。主君之嫡配曰主母。

稱呼

夫於妻，覿面從俗則曰爾汝，即你我，或娘子。妻於夫，覿面稱官人，或相公，從俗亦曰你我。妾於主君，宦家稱老爺，於主母稱嬭嬭。嬭嬭者，通俗尊於母之稱也。平常家稱主君爲爹，主母爲大孃。主母於有子之妾呼曰他姨，無子照姓曰某家。夫對人稱其妻曰拙荊，或賤内。妻對人稱其夫曰夫主，曰夫君，曰家夫子。通俗，宦家，假奴隸而稱之曰他老爺；平常家，假子女而稱之曰他爹。對人呼其妾曰小妾。妻於有子者亦曰他姨，無子者曰某氏。妾對人稱主君曰主君，主母曰主母，或用家字。稱人之妻，官場别論。平常曰令夫人、令正，或令正老夫人。稱人之妾曰令寵，或曰如夫人。

書劄

夫與妻，書夫某某姓名拜候。提起，平書内子，或孺人、夫人近福。中或稱爾汝，或稱卿。自稱曰予。庶民則稱賢妻，中同。妻與夫，書妻某氏端肅拜候。提起，書夫子萬福，或夫君。中稱君。自稱或氏，或妾。庶民則稱夫主，中同。妾與主君，或附於主母之劄，或自書賤妾某氏端肅百拜上候，主君萬福萬安，或君前萬福安。中稱主君曰主，或曰君。自稱曰妾。候主母，則自稱曰某氏妾。有子之妾，自稱側室。封皮，統曰某宅家報。

詩文

夫與妻，曰内子，或曰妻，或曰吾妻，曰細君，或曰偶。妻與夫，曰夫子。夫與妾，曰側室。妻與夫妾，亦曰側室。妾，仍稱主君，主母。

詩題，夫與妻，書寄内或答内。妻與夫，寄夫子或寄外、答外。主君爲妾，書示某姬。某者，妾姓也。或同某姬云云入事。妾爲主君，書侍主人云云入事，或奉懷主人。

落款。夫爲妻，書時日爲。提起，書內子某夫人把詠，或時日寄懷。提起，書內子某夫人即書吟正。某者，妻姓也。旁書某，書名不書姓。妻爲夫，書時日敬呈。提起，書家夫子某翁以佐高詠，或時日奉懷家夫子某翁敬呈吟餘塵教。某者，其字也。旁書內子某氏拜稿。某者，其姓也。主君爲妾，書時日示某氏校韻，或時日憶某姬寄書正字。某者，亦其姓也。旁書某某主人手稿。某某者，別號或齋名也。妾爲主君，書時日寫懷敢呈。提起，書執事以破煩襟。旁書內姬某氏敬稿。某者，其姓也。或有名者，內姬不書名。

行禮

生辰，夫妻交拜，平起。夫辰，夫居左。妻辰，妻居左。年節，夫左，拜同起。妾拜，主君還揖，主母還高拜。通俗，妾有子者，還兩禮。

奉祀

妻死，夫稱亡妻。夫死，妻稱先夫子，自稱未亡人。妾死曰亡妾，稱其主曰先主君、先主母。告終。妻死無舅，則夫告，書妻某氏，旁書夫某泣告。夫死無祖、父，又無兄弟、子姪者，則以旁親告終，各照其輩行書之。妻不告。妾死，有子告，書側室某氏，旁書夫君某告；無子則否。餘俱見父母之章。妻死，有子則以子奉其主。或妻無嫡子，而群妾有子者，亦以庶子奉之。如無子，則夫爲置主。外書某氏故妻某夫人或孺人神主。上某氏者，夫姓也。下某夫人者，妻姓也。旁書夫某夫名立祀，內書某代故生年卒葬。夫故無子者，妻爲置主。外書顯辟某公夫子神主，旁書未亡人某氏奉祀，內書某代故爵、諱字、行、生年卒葬。妾死，有子者，即以子奉其主。或妾身無子，有嫡子、衆子者，亦奉之。如無子，則不置主。遇節忌，則呼某氏，而焚楮於大門之外。或清明，亦視其墓。

兄弟

總序

父母，尊親之至也。父母之下，至親莫如兄弟。故傳曰「父兄」，曰「子弟」，明乎其親同也。女兄曰姊，女弟曰妹。兄弟之妻，長曰先，次曰後，或曰妯娌。雅言之，長婦爲似婦，次婦爲娣婦。長婦謂娣婦爲娣婦，娣婦謂長婦爲似婦。似婦謂娣婦之夫曰叔，娣婦謂似婦之夫曰伯。

稱呼

兄曰兄，兄之妻曰嫂。從俗稱哥、嫂，覿面則照行稱幾哥、幾嫂。弟之妻曰弟婦，或照行呼幾弟、幾弟婦。姊覿面從俗呼幾姐姐，或照行稱幾姐姐。妹照行稱幾姐。弟婦面稱哥、嫂，與其夫同。其嫂覿面，則假子而稱之曰他幾叔、他幾嬸。或兄有群妾者，弟與弟婦、妹統借其子姪僕隸而呼之曰他姨。弟有群妾者，兄、嫂、姊統指其姓而呼之曰某家。稱諸人，弟曰家兄、家嫂、家姊，或家姐，或照行稱家幾兄、幾嫂、幾姊、幾姐。兄曰舍弟、舍弟婦、舍妹，或家弟、家弟婦、家妹，或又照行加幾字。姊妹稱其兄弟，姊同於兄，妹同於弟。弟婦稱兄嫂於人，通俗則曰他幾伯、他幾伯母。嫂則曰他幾叔、他幾嬸。稱人之兄弟、姊妹、兄弟婦，統曰令。如令兄、令嫂、令弟、令弟婦、令姐、令妹，無異文。官場中，卑對尊，則不敢加令字，但照行曰幾老先生。

書劄

兄與弟，書名，不用頓首拜字。在前，則平書兄某寄候。提一行，平書幾弟近福云云。或稱弟字，下書幾弟云云。別久地遠者，則易寄候爲拜候。或照常劄完，別一行書兄某具，兄某拜具亦可，不高書。封皮，書某宅家報，爲幾弟手展。

弟與兄，在前，書弟某頓首百拜上候。提一行高一字，書幾兄尊前萬福云云。或照常劄完，另一行書弟某頓首百拜具，或叩具亦可。封皮，官場書幾老爺家報，平常或幾哥家報，或幾哥賜覽。弟候嫂，則於兄書內，並書幾哥、幾嫂尊前萬福。兄問弟婦，則於劄中、劄尾帶出。兄與妹，書兄某拜。提一行高一字，書幾妹近福云云。弟與姊，書弟頓首上候。提一行高一字，書幾姊夫人尊前萬福云云。

姊與弟，書適某門姊拜候。提一行平書幾弟近福，壓寫弟婦近福。妹與兄，書適某門妹百拜候。提一行高一字，書幾兄嫂尊前萬福云云。有姊妹人多，兩人同適一姓者，則某門之下，照行加幾姊、幾妹。諸姊妹無母者，書其妻。諸姊照常填寫外，自書弟婦某氏端肅拜。所謂某氏者，指婦人本身之姓也。姊妹諸嫂、諸弟婦，仍書適某門姊、適某門妹，餘照常。

詩文

文章中曰予兄、予弟，或吾兄、吾弟。姊妹亦然。或弟稱兄曰伯氏，兄稱弟曰仲氏。人多者只曰兄弟。有兄弟人多，而甫字素著者，則照字而稱之曰家某某。兄弟並可相字也。婦人謂夫之兄曰兄公，姊曰女公；謂夫之弟曰叔氏，妹曰女妹，亦曰大姑、小姑。權宜用之，先後相謂曰似婦、娣婦。

詩題，兄爲弟，書時日懷舍弟，或下著其字。同賓友，則書同某人某人舍弟某某指字，下入事。不用及、暨字。弟爲兄，書時日奉懷幾兄，或下著其字。長兄如稱字，則加先生。遇賓友，則書同某人某人家幾兄某某指字，下入事。或只照字，書家兄某某亦可。姊妹則照夫家，書寄某氏姊、某氏妹。或不立題，只於書內帶出。姊妹爲兄弟詩，亦曰奉懷幾兄、懷幾舍弟，或奉寄幾兄、幾弟。

落款，書時日懷，提一行書某字幾弟，即書印可或正之。散詩，則書某題，書似某字幾弟。餘同。旁書兄某某指名，或只書兄某。弟爲兄，書時日奉懷，提起書兒兄，或加某字先生，即請教定，或教正。旁書弟某拜手書。散詩，則書某題敬呈。餘同。

行禮

弟拜兄，還兩拜，受兩拜。或揖而受之，亦可。嫂叔平拜。弟拜姊，妹拜兄，如兄弟禮。弟婦拜兄，揖而受之；拜姊，扶而受之。妹拜嫂，則止令勿拜。

奉祀

已故者，弟稱兄、嫂、姊曰先兄、先嫂、先姊。兄稱弟曰亡弟；弟婦曰舍弟亡婦，或舍幾弟亡婦；妹曰亡妹。或弟故而弟婦尚存，則曰亡弟婦。姊妹之稱兄、嫂、弟、弟婦，與兄弟同。兄弟之喪，祖、父不在，死者又無子，則兄弟告終。書故兄某公、故弟某姓幾子。幾者，仲、叔、季之稱也。旁書兄某或弟某泣告，餘與父同。兄弟之妻死，其上無人，則夫告；夫先死，有子則子告，無子則兄弟告。書嫂某氏亡弟婦某氏，旁書兄某或弟某告。兄弟死父先，而本身無後者，有嗣子，則以嗣子奉其主。或並無嗣子者，兄故，弟爲之置主。外書幾兄某公神主，旁書弟某奉祀，内書某代故某爵、某公、諱某、字某、行幾、生年卒葬。弟故，兄爲置主。外書故弟某某字、某姓、幾行子神主。所謂某行者，伯、仲、叔、季。自三以下，皆季也。旁書兄某立祀，内書同兄。兄弟之妻死，雖無嗣，爲置主，則以姪奉之。姊妹成人，未嫁而死、已嫁而死、夫家無人者，兄弟例爲置主。未嫁者，外書故幾姊、幾妹神主，内書生年卒葬。已嫁者，照夫家姓，而加某孺人於幾姊、幾妹之下。内書同，旁書與兄弟同。或姊妹夫家尚有旁親者，不必置主。遇大節，則往奠於其墓。

伯叔

總序

家庭之間，莫尊於父母。次則伯叔，皆父行也。父之兄曰世父，弟曰叔父。伯妻曰伯母，叔妻曰叔母。伯叔於兄弟之子女，統曰姪。姪之妻曰姪婦。姪從女，俗作侄，非。

稱呼

伯、叔於姪呼其名，通俗亦照行呼幾官。呼姪婦曰幾姪婦。伯、叔母呼姪曰幾官，或小幾哥。呼姪婦，則借其子而呼之曰他嫂子。呼姪女，則照行曰幾姐。

姪稱伯，照行曰幾伯父，俗稱幾伯伯。母曰幾伯母。稱叔曰幾叔父，母曰幾叔母，俗稱幾嬸。姪婦、姪女同姪。呼諸人少曰舍姪、舍姪婦、舍姪女，或舍幾姪、舍幾姪婦、舍幾姪女。稱伯、叔於人，曰家幾伯、家幾伯母、家幾叔、家幾權母，或家幾嬸。稱人之伯叔，曰令伯、令伯母、令叔、令叔母，或令嬸，或令伯父、令叔父亦可。稱人之姪曰令姪、令姪婦、令姪女。

書劄

伯、叔與姪，書伯父、叔父示姪某云云。壓寫。中呼姪，或爾，或汝，或姪。問姪婦，則於劄中、劄尾帶出。自稱其妻曰汝伯母，汝嬸母。封皮，書幾姪手開。與姪女，書伯父、叔父寄候。提起平寫幾姐近福云云。封皮。照夫家姓，書某宅家報。

姪與伯，書姪某頓首百拜上候伯父母尊前萬安。叔父同，自呼其妻曰姪婦。封皮，書幾伯父、幾叔父尊前家報。姪女，書適某門姪女端肅拜上候。餘與姪同。

詩文

伯曰世父，叔曰仲父，季父。自三以下，皆謂之季也。伯母曰世母，叔母曰仲母、季母。呼姪則曰幾郎，呼姪女則曰兄之子、弟之子。

詩題，伯叔爲姪，書懷某姪，或寄某姪，或加作字。某者，其名也。或示某姪、作此示某姪。或即事書事，下書示某姪。或同賓友，先書同某人某人及某姪。姪爲伯、叔，書奉懷或世父或叔父、季父。奉懷之上，書時日。或同賓友，先書伯父或叔父召同某某云云，或從伯叔父同某某云云。或姪自爲主，則書時日邀某某小集，侍伯叔父分韻。

落款，爲姪，於某姪下，或加之作字，或不用。下書即書印可，或正字，或鐫示。如書散詩與姪，則書某題之作示某姪，或正字、印可。遠用寄示，旁平書伯父或仲父或季父某號手書。爲伯叔，書時日奉懷世父或仲父、季父大人，郎請教示或教指。旁下書姪某或猶子某沐手稿或拜手書。散詩，則書某題作，敬呈。餘同。

行禮

生辰、年節，姪拜伯、叔，揖而受之。姪婦、姪女同。伯、叔母還高拜。宴會告坐，伯、叔還半揖，伯、叔母還高拜。庶伯、叔母如庶母，斟酌行。

奉祀

已故者，伯、叔，伯、叔母，皆曰先；姪、姪婦、姪女，皆曰亡。或加幾字。但於姪婦，則曰舍姪亡婦，或舍幾姪亡婦。

伯、叔死，無後，其上又無人者，姪告終。書伯父、叔父某公，旁書姪某泣拜告。伯、叔母，書伯母、叔母，餘俱與父母同。姪死，無後，其祖、父又先死者，伯、叔告終，書某氏幾姪，旁書伯某或叔某告，餘與子同。姪婦死，其夫告之。如其夫又先死，則伯、叔告之。書某家亡姪婦某氏，旁書伯舅某或叔舅某告，餘與子婦同。伯、叔無嗣者，姪爲之設主。外書伯考或叔考云云，旁書姪某奉祀，内書某代故爵、諱、字、號、生年卒葬。姪死無後，其父母又先卒，則伯、叔爲之置主，外書某氏亡姪幾郎名某神主，旁不書，内書同上。如姪雖死而自有嫡親兄弟，則伯、叔不更立主，但往哭而已。置主者，從伯、叔。雖有從兄弟，亦不得從，統於尊也。姪婦繼死者置主，書亡幾姪婦某氏神主，餘同前。姪女已死，而内外俱絶者，伯、叔或置主，或不置主，只臨時寫一紙位，或遣其子弟，往省其墳墓，俱可。姪女之於伯、叔，或不能置主，則往省其墓。

祖孫

總序

父之父爲王父，亦曰祖，或曰大父。父之母爲王母，亦曰祖母，或曰大母。祖之父爲曾祖王父，亦曰曾王父，曰曾祖。祖之母爲曾祖王母，亦曰曾祖母。曾祖之父爲高祖王父，亦曰高祖。曾祖之母爲高祖王母，亦曰高祖母。高祖以上，則曰遠祖，或幾世祖。

子之子爲孫，孫之子爲曾孫，曾孫之子爲玄孫，玄孫之子爲來孫，來孫之子爲晜孫，晜孫之子爲仍孫，仍孫之子爲雲孫。孫女、孫婦，義同於孫。

稱呼

孫於祖，覿面，從俗稱爺；於祖母，稱婆婆，或稱嬭嬭。按，爺，亦父之稱也；婆，老婦之稱；嬭，乳母之稱。義俱未安，但相沿已久，驟改反覺駭聽，只得舍義而從俗。孫女、孫婦，同孫。祖呼其孫、孫女、孫婦，與父之呼子女者同。

曾祖，從俗面稱老爺。曾祖母，或稱老婆婆，老嬭嬭。高祖稱老老爺，或祖爺。高祖母，或祖婆婆、祖嬭嬭。婦女同。曾高祖下，呼其後人亦與父之稱子女者同。祖以上，稱諸人，統曰家。祖以上，呼其孫於人，統曰小。如小孫、小曾孫。餘倣此。稱人皆曰令。

書劄

孫爲祖書，自書孫某，餘與父書同。提起，書祖大人膝下，餘與父同。爲祖母，書祖母膝下，或加太夫人字，餘與母書同。

封皮，官場，書祖太爺家報廣；平常家，書孫某叩寄。提起，書祖父或祖母家報。曾、高以上，加曾、高字。自書，加曾、玄字。祖與孫，如父與子。但起頭換父爲祖，換子爲孫。高、曾以下，加曾、高字，餘與祖同。孫女如女，但加孫女字。孫婦如子婦，但易子婦爲孫婦，稱祖舅、祖姑。

詩文

文章中孫上稱其祖、祖母，曾、高祖，曾、高祖母。此諸人之下稱並與總敍同。但下稱者兼其名，如曰孫某、曾孫某，斟酌用之。孫婦曰孫婦某氏，孫女曰孫女。孫婦於夫之祖曰祖舅，夫之祖母曰祖姑。曾、高以上，加曾、高字。女與兒同。

孫爲祖詩題，時日有懷王父，或時日懷祖侍祖。祖母曰祖母，曾、高加曾、高字。宴會同賓友，書法與父同，但換大人字爲祖字，曾、高加曾、高字。或父在座，則書從父侍祖前同某某，或從父侍祖往某家某地，下入事。或伯、叔並在座，序伯於父前，序叔於父後。伯曰世父，叔曰仲父、季父，或叔父。如人多者，約略言之，如云從諸父侍祖前。餘同上。曾、高祖，則曰從父侍曾祖祖前，從父侍高祖、曾祖祖前。餘同上。祖爲孫，書示某孫或念某孫，或入時序，入事。同賓友，則書時日同某某洎孫某。或子孫俱在，書同某某洎兒某、孫某，下入事。曾、玄以下，加曾、玄字。祖爲孫女，書念孫女或念幾孫女，或寄。曾、玄以下，加曾、玄字。

落款，孫爲祖，書時日有懷。提起，書祖大人仰承尊指。散詩，則書某題敬呈，餘同。旁下，書孫某薰沐具書。曾、高，加曾、高字。自稱書重孫、元孫，餘同。祖與孫，如父與子，但易兒爲孫，餘同。曾、元以下，加曾、元字。

行禮

孫拜祖，如子拜父。祖受之，如父受子禮。祖母同祖，孫女、孫婦同孫，曾、高祖同祖。

奉祀

祖以上，已故者，皆稱先。孫以下，皆曰亡。

凡卑者之喪，皆家之最尊者主之。如高祖在，玄孫先死，高祖主之，爲之告終也。如云玄孫某某名，係某某相，得年若干歲，於某月日時以疾終於旁寢，旁書高祖某名告。玄孫婦，書某家玄孫婦某氏婦姓。餘同，但旁寢易稱旁內寢。玄孫女，未嫁而死，謂之殤，不告。賓客來弔。死者有子，則其子答拜；無子，則其兄弟答拜，或其兄弟之子答拜。爲高祖者，只候客。拜畢，揖而謝之。婦人有子者，子答拜；無子，與子幼而不能行禮者，則本夫答拜。餘同。高祖沒，曾祖在，曾祖主之；曾祖不在，祖主之；祖不在，父主之。書法隨文變易。

或兄弟之喪，祖、父不在，死者有子，則其子告終。或死者無子，祖、父又先死者，則兄弟告終。伯、叔死，無後，其上又無人者，姪告終。姪死，無後，其祖、父又先死者，伯、叔告終。

尊告卑，書得年，書旁寢。女曰內寢、內旁寢。卑告尊，書享年，書正寢。又，男曰正寢、旁寢，女曰內寢、旁內寢。祖主。父在，父奉之；父沒，孫奉之。稱顯祖考妣，旁書孝孫，餘與考妣主同。高祖稱顯高祖考、顯高祖妣，旁書孝玄孫。曾祖稱顯曾祖考、顯曾祖妣，旁書孝重孫。餘俱與考妣同。如祖以上主，父常奉之矣。父沒，則易之。父之考主，易稱祖。父之祖主，易稱曾祖，曾祖易稱高祖。高祖以上，雖有主不易，附而祭之。無主，則年節置以紙位，上書某氏始祖、始祖妣以下諸祖、諸祖妣之位。祭畢，則焚。

或謂高祖以上，不著其祖。玄孫以下，有來、昆、雲、仍者何？高祖，言最高在上，其尊無比也。高祖以上，不可再爲稱名，故但曰幾世祖，義無所加也。若玄孫以下，來、昆、仍、雲有漸遠之義焉。蓋卑者遞衍而不窮，尊者至高而已極也。敢推孫而至于雲孫，非爲孫也。猶不忍上絕其先祖而爲之孫也。若雲孫以下，則亦不可知矣。然則，何不以高祖下配其雲孫，而於高祖以下別立祖名，以至曾祖乎？自高祖至玄孫，乃一本九族之親。故曾祖之上，即爲高祖也。高祖以上，不言面稱者何？子孫之得逮其高祖者，吾見亦罕矣。高祖以上，勢不能親見，故不著其面稱也。至祖，則降服而受拜，則同於父母者何？喪，凶禮也。三年之服，大凶不可再也。拜，吉禮也。吉禮不嫌其同。且祖之於孫，親雖稍遠而尊同，故其受拜同也。以其親則稍遠，則降服焉。

從親

總序

從親者，自祖父至兄弟，至姪孫，推而言之，皆一本之親，猶言父黨也。祖之兄弟，爲從祖。祖之從兄弟，爲再從。再從以降，統曰族祖。母各如之。曾、高則不及推矣。父之兄弟曰伯、叔，父之從兄弟曰從父，再從曰再從父。以降，統曰族父。伯、叔之子，相謂曰從兄弟。從父之子，相謂曰再從兄弟。再從父之子，相謂曰族兄弟。謂己爲從父者，己謂之曰從姪，或從子。謂己爲從祖者，己謂之曰從孫。再從以降，倣此。母、女、婦，各如之。孫以下，則亦不必推矣。

稱呼

從孫之從祖，覿面，從俗照行稱幾爺。從祖母，稱幾婆婆，或幾孏孏。從父，稱幾伯、幾叔。從父之妻，稱幾伯母、幾嬸。再從以降，同。姪婦、姪女，同姪。孫婦、孫女，同孫。從兄稱幾哥，從弟稱幾弟，或稱其字。再從兄亦稱幾哥。族兄，或幾哥，或照字而稱之曰某哥哥。再從弟以降，皆稱字號。有爵，稱官府，或相公。從姊妹、從嫂、從弟婦，面稱，與親者同。再從以降，亦同。呼從姪、從孫，或名，或幾官。再從以降，呼字。有爵者，稱官府，或相公。呼從姪女、從孫女、再從以降，並曰幾姐。呼從姪婦、從孫婦，曰你媳婦。再從以降，曰你内人。從祖母、從伯母、從嬸，則從俗，呼他字。再從，同。呼顯者，曰他孏孏。

稱諸人從祖曰家幾祖。再從，同。以降，則曰家族祖。祖母同。孫女同孫。孫婦曰我，如我幾祖。家施於家，我施於去，所以別族也。從父，曰家從父，或家堂伯、家堂叔。再從，則曰家堂伯叔某翁。某者，其號之一字也。以降，則曰家族伯叔某翁。姪女同姪。姪婦亦曰我，如我幾伯、我幾叔。從兄，曰家從兄。再從，曰家從兄某某。某某者，其字也。以降，曰家族兄某某。從弟，曰舍從弟。再從，加某某。某某，亦其字也。以降，曰舍族弟某某。從兄弟之先後，對人亦曰我幾嫂、我幾弟婦。再從以降，同。

呼從姪於人曰舍，從孫曰小，或用從字、族字。姪孫女、姪女、姪孫婦、姪婦，同。從祖母呼其從孫婦於人，曰我幾官孃子。再從以降，則婦人呼諸人者亦鮮矣。或呼之，則曰我幾門幾官兒孃子。稱人，統曰令，或加從字、族字，斟酌用之。

書劄

爲從祖、從父，先書從孫某或從姪某頓首謹候。提起，書幾祖或幾伯、幾叔尊前台安。或照常劄，完，旁下書從孫某或從姪某頓首具，亦可。再從以降，不用尊前字，餘同。封皮。書幾老爺家報。

與從兄，書弟某頓首候幾兄某翁台安。某翁者，兄之字號也。或照常劄，完，書弟某頓首具。再從以降，同。與從弟至從弟以降，皆照常劄，完，書兄某拜具。遠族，雖兄亦用頓首，俱不先書，所以别親疏也。劄中呼弟或字。封皮。或幾老爺、幾爺或質言幾兄、幾弟家報。

與從姪、從孫，亦照常劄，完，書從叔祖具，從伯、從叔具。再從以降，書拜具。呼從孫，或名，或爾汝。從姪，同。再從以降，有爵者呼爵，或官府。進士、舉人、秀才，則質言之。平人孫呼字，姪呼賢姪。封皮。俱某宅家報。

詩文

文章中，上稱、下稱，並如總序。

詩題亦然。

落款，爲從祖，書時日奉懷。提起，書幾祖某翁先生即書請正。散詩，書某題呈，餘同。旁下，書某孫拜手稿。再從以降，書拜稿，餘同。某翁者，祖之號；某孫者，孫之名也。與從父、再從父，俱書時日奉懷從父某翁先生，餘與從祖同。旁書，從子某拜手稿。再從以降，書拜稿，餘同。爲從姪，書時日寄懷。提起，平書某某阿咸或阿阮即書一粲。某某者，姪之字也。散題，則書某題似某某阿咸一粲，旁書伯叔某號某名稿。或名有二字者，只書一字。或不書名，只書字或號。再從以降，去號書名。或並去伯、叔字，或加粲、正字。餘同。與從孫，書時日寄懷。提起，平書某孫一粲。某孫者，孫之字也。或似某某一粲。某某，亦字也。散題，同伯、叔。旁書祖，餘同伯、叔。再從以降，則書某某老，餘同。加減同。

行禮

拜從祖、從伯叔，揖而受之。再從，同。以降，則扶而受之。從兄還兩拜，以降，同起，而微分先後。從以降，姪婦同姪，姪女則止令勿拜。

奉祀

從祖以下，皆謂之旁親。上稱曰先，下稱掃亡。或加行，加字號。從祖無後者，附高祖。從伯、叔無後者，附曾祖。從兄弟附祖。從姪亦附祖。凡從親，母、婦亦然。女則否。從祖附高祖者，與吾祖同爲高祖之孫也，所謂孫附祖龕也。從伯、叔附曾祖，後兄弟附祖，亦然。從姪亦附祖者，嫡姪附禰子，與姪同一祖，與從姪則同一曾祖，故附曾祖。從姪之曾祖，己之祖也。從祖以上，從姪以下，無昭、穆可附，故不祭。己之妻，與從兄弟，與姪，不言附者，雖與家禮少異，不忍斥爲旁親也。祔，附也。不得專享其祭，但附之於祖，以受食而已。祭之日，貴者異廟，賤者異几，或祔於廟，或祔於几也。祔者，祔其主，不用櫝，外直書。從祖，或從伯叔、從兄、從弟、從姪，旁不書。餘同，但尊者亦不用府君字。再從以降，則不附。遇清明，則省其墓。凡臨卑者之喪，父母立而哭；伯、叔揖其靈，立而哭；兄拜畢立而哭。從伯叔，從兄，再從伯、叔，並與兄同。再從兄，跪而哭。族伯、叔，族兄，同。

母黨

總序

外親莫重於母黨，所以尊母也。母之祖曰外曾王父，亦曰外曾祖。母之祖母曰外曾王母，亦曰外曾祖母。母之父曰外王父，亦曰外祖。母之母曰外王母，亦曰外祖母。母之從父母曰從外祖、從外祖母。母之兄弟曰舅，母之從兄弟曰從舅。母之姊妹曰從母。舅之子女曰表兄弟、表姊妹。從母之子女同。表姊妹之夫，曰〔二〕表姊丈、表妹丈。表兄弟姊妹之子，曰表姪。表姪之子，曰重表姪。謂我爲表姪者，我謂爲表伯叔。謂我爲重表姪者，我謂爲表祖。表祖爲上，重表姪以下，不見於禮傳，則亦不必推矣。謂己爲外祖者，己謂之曰外孫。謂己爲舅者，己謂之曰甥。

稱呼

外曾祖，從俗，覿面稱外老爺，外曾祖母稱外太婆，外祖稱外爺，外祖母稱外婆。舅照行稱幾舅。舅之妻，稱幾舅母。俗稱妗子者，非。按，俗妗，音與近同，而字書無此字。或又云，妗本作襟。然字書亦無襟字，不可從。從母，照行稱幾姨。從母之夫，稱某姓姨父。表兄、表姊妹，稱某姓幾哥，幾姐。表弟稱字。表姊妹之夫，皆稱某姓姐夫。表兄之妻，稱某姓幾嫂。某姓者，表兄之姓也。表弟婦，稱弟夫人。表姪、表孫，皆稱字。自表兄以上，皆家；表弟以下，皆舍。稱人，皆曰令。

〔二〕「曰」，底本無，依文義補。

書劄

與外曾祖，書外重孫某姓某名頓首上候。提起，書外曾祖、曾祖母尊前萬福。與外祖，書外孫某姓某名頓首百拜上候。提起，書外祖、外祖母。封皮。皆某姓老爺書。

與舅，書甥某姓某名頓首上候。舅父、舅母顯者，封皮，幾舅老爺書。常家，或舅先生賜覽。與姨，書眷甥某姓某名頓首候。提起，書某姓姨父、幾姨母尊前萬福。封皮。或某姓老爺書。常家，只書某姓姨父書。外曾祖、外祖與重外孫，外孫照常劄，完，書曾祖具、外祖具。中呼之，或爾，或汝，或名。外曾祖用某宅書。某宅者，外曾孫之姓也。外祖用某宅幾外孫書。舅與甥，照常劄，完，書舅某拜具。某者，其名也。封皮。書某姓甥書。

姨父，照常劄，完，書眷生某某姓某名拜具或頓首具。姨，書幾姨寄候某姓幾哥近福，或幾甥亦可。與表兄，書眷弟。與表弟，書眷兄。或質言表兄、表弟。表姪以下，俱眷生。餘照常。封皮。皆書某姓幾爺書，或表兄、表弟某姓幾哥書、幾弟書。姪以下，某姓小幾哥書。顯者，統用某姓老爺書。與表祖、表叔，俱照常劄。完，書眷孫或眷姪某姓名頓首緘。封皮。俱書某姓老爺書。常家，某姓幾爺書，幾伯、幾叔書。與表姊之夫，書眷弟。表妹之夫，書眷侍教生。中呼老姊丈、賢妹丈。封皮。書某姓幾爺書，或質言某姓姐夫書。顯者，某老爺書。

詩文

文章中，外曾祖、曾祖母，外祖、外祖母，並與總序同。舅曰舅氏，從舅曰從舅。姨曰從母，亦曰姨母。甥以下，並與總序同。然甥與外孫之外，見諸文章者寡矣。

詩題，與外祖，書時日奉懷外祖某翁。某者，外祖之姓也。或從外祖某翁同某某，下入事。或外祖召同某某，下入事。某某者，客之字也。與舅，書奉懷舅氏，或幾舅，或舅氏某某先生。某某者，舅之字也。同賓友，長於舅者在先，幼於舅者在後。如云某人某人同舅氏某某字，或同舅氏某某字與某人某人，下入事。與外孫，書爲外孫某作。某者，外孫之名也。或爲某姓幾外孫某作，或寄。與甥，書懷甥某某。某某者，甥之字也。或寄。同賓友，則書同某人某人甥某某，下入事。表兄弟以下，照常入時序入事。書之表兄弟、表姪、重表姪，皆質言之。

落款，與外祖，書時日奉懷。提起，書外祖大人即求風訓。散題，書某題敬呈，餘同。旁書外孫某姓某名拜手稿。與外曾祖，同，但加曾祖、重孫字。與舅，書時日奉懷。提起，書舅氏某翁先生即求教正。某翁者，字號也。散題，書某題敬呈，餘同。旁書甥某名拜手稿。從舅，加從字。旁書從甥某姓名拜稿。與外孫，書時日懷。提起，平書外孫某名即書諦覽。旁書，外祖某某老人稿。某某者，號，或別號也。散題，書似。與甥，書時日懷某某幾甥即書正之。某某者，甥之字。幾者，甥之行也。旁書舅某名具稿。散題，書似。與姨父，書時日奉懷。提起，書亞父某翁先生即求郢教。旁書，同舅。散題，書呈。表兄弟以下，俱照常。與表兄，書呈。表弟以下，書似。旁書，與表弟以下，俱書姓名；與表兄以上，書弟某、表姪某、重表姪某，皆兼姓名。稱表祖與表伯、叔，加某翁先生。餘與爲舅書者同。

行禮

拜外曾祖、外祖，揖而受之。拜外曾祖母、外祖母，高拜而受之。拜舅，扶而受之。拜舅母，還兩禮。拜姨父，還兩禮。拜姨母，扶而受之。於表弟之拜，還兩禮。於表姪、重表姪之拜，並同表弟。

奉祀

已故，尊者皆曰先，自表兄以上也；卑者皆曰亡，自表弟以下也。非其本宗，雖無奉祀之禮，而母黨不若是恝也。外祖故，舅故，而外家滅絶無人者，母在，或母爲之設主。遇生忌、年節，則往省其墓。不在，則爲之外孫，爲之甥者，亦時省勿衰。其餘，如故者本家無人，但勸令其族之旁親爲祔享焉。

妻黨

總序

禮有三黨，妻黨其一也。妻之祖，曰祖舅。妻之祖母，曰祖外姑。妻之父，曰外舅，亦曰外父。妻之母，曰外姑，亦曰外母。外父、母，亦曰丈人、丈母。蓋因泰山有丈人峰而得名，意以父母比天地，故妻之父母比泰山也。則岳父母之說，有從來矣。妻之庶母，曰外庶姑。妻之伯、叔，曰外伯、叔，亦曰外從舅。妻之兄弟，曰內兄、內弟，亦曰大舅、小舅。內兄之妻，曰內嫂。內弟之妻，曰內弟婦。妻之姊妹，曰姨。姨之夫，曰亞。內兄弟之子，曰內姪。內姪之子，曰歸孫，亦曰重姪。

稱呼

稱妻之家，覿面各隨鄉俗，但不可如南中稱老先生。稱諸人、家妻祖、家妻祖母、家岳、家岳母、家妻伯、妻叔至兄弟以下，與總序同，不用家、舍字。稱人，統曰令。

書劄

與妻祖，書稱彌甥或孫壻某姓名頓首候。提起，書祖舅、祖舅母台前萬福。中自稱名。與妻父，書子壻某姓名頓首候。提起，書外父母尊前萬福。中自稱壻。與伯、叔岳，書姪壻某姓名頓首候伯叔岳尊前台福。中自稱同上。封皮，俱某姓老爺書某姓幾爺書，或岳伯、岳叔某姓幾老爺書，或幾爺書。

與妻兄，書眷弟。中稱兄台，自稱弟。與妻弟，書眷侍教生。中稱老弟，自稱名。與妻姪，及妻之重姪，俱眷生。中稱字號，或幾哥，或足下，自稱不佞。餘照常。與妻表兄弟，同於妻之兄弟。

詩文

文章中，妻祖、祖母曰祖外舅、祖外姑。妻父母，曰外舅、外姑，妻伯、叔，伯、叔母，曰外從舅、外從姑。妻兄弟姪，曰內兄、內弟、內姪。

詩題，爲妻祖，書寄祖舅某公。某者，其姓也。爲妻父，書寄外舅某公，或外父。內兄弟以下，皆質言之。落款，與妻祖，書時日寄懷。提起，書祖舅某翁先生即求教正。某翁者，其字也。旁書彌甥某姓某名拜稿。散題，書某題呈。餘同。與妻父，書時日奉懷外舅某翁先生即求教正。旁書，館甥某姓某名拜手稿。餘同。與伯、叔岳，稱從舅，自書從甥，餘同。與妻兄，書時日寄懷。提起，書某翁內兄即求正之。旁書，某姓名具稿。散題，書呈。與內弟，書時日寄懷。提起，書某老內弟即求正之。旁書，某姓名具草。散題，書似。內姪書某某內姪，餘與內弟同。某翁，某老。某者，皆其字也。

行禮

拜妻祖、妻祖母、妻父母，禮皆扶而受之。或從俗，還兩禮。拜妻庶母，貝扯令勿拜。或係妻生母，則還兩禮，然後扶而受之。或妻庶母之子，與己有交情者亦如之。拜妻伯、叔，還兩禮，則讓同起。姪壻仍拜，然後扶而受之。拜妻伯、叔母，同。拜妻伯、叔之妾，如妻父之妾，斟酌有子無子而行之。拜內兄，平起。

奉祀

尊者皆曰先，卑者皆曰亡。外宗不設主，但本家無人者，亦展其墳墓。或妻展之，則已見於父母之章。或吾之子展之，則已見於母黨矣。

翁壻

總序

翁壻不附妻黨。妻黨主翁家，翁壻主壻家。翁家者，外甥之稱也。且妻黨所未盡者，並詳其事焉。女子之夫曰壻，俗作婿，非。壻之父爲姻，婦之父爲婚。此兩父者，相謂爲婚姻。兩壻相謂爲亞。按，翁壻在古通謂之甥舅。今謂爲翁壻者，所以別母黨也。姊妹之夫，不附兄弟而附翁壻者，所以別内外也。

稱呼

壻之父、婦之父，覿面從俗稱親家。親，平聲。壻之母、婦之母，稱親家。親，去聲。此兩父互稱，其兩母去聲親家；兩母互稱，其兩父皆平聲親家。此兩父之兄弟，曰散親家，覿面照行稱幾親家。面稱其壻，各從鄉俗，或姐夫，或某姓幾哥，但不可如京師稱姑夫。伯、叔岳，面稱與岳同。内兄稱妹丈，内弟稱姊丈，覿面皆稱某姓姐夫。兩亞相稱，同。稱諸人，岳曰小壻，伯、叔岳曰舍姪壻，内弟曰家姊丈，内兄曰舍妹丈。稱其亞曰敝亞，或從俗稱敝連襟。稱人，皆曰令。壻之父母、婦之父母，稱諸人皆曰敝親家。男平聲，女去聲。稱人，曰令親家。

書劄

壻婦之家，往來俱自書眷弟，稱彼爲老親家。封皮。某姓老爺書，或某姓爺書。餘照常。與孫壻，自書眷生某姓名。

稱孫壻爲賢坦。中自稱不佞。與壻，自書外舅某姓名，稱壻爲賢坦，或賢甥，或吾甥，亦可。中自稱同上。封皮，某姓姑爺書。常家，或某姓姐夫書。與姪壻，自書眷生，或伯舅、叔舅某姓名。稱姪壻。中自稱，亦同上。封皮，並與壻同。

內兄與妹丈，自書眷侍教生。稱賢妹丈。中自稱名。內弟與姊丈，中自稱弟。封皮，某姓姑爺書，或姑老爺，或某姓姐夫。

兩亞往來，自書眷弟。稱台下，或足下。封皮，某姓爺書，或某姓老爺書。兩亞與兩亞之子，自書眷生，或眷侍教生。稱亞之子，或足下，或幾哥。自稱生。封皮，某姓幾哥書。顯者，某姓爺書。

詩文

文章中，於孫壻曰彌甥。壻曰甥，亦曰館甥，又曰貳室。姪壻曰從甥。姊妹之夫曰姊丈、妹丈。亞曰予亞。亞之子，亦曰甥。

詩題，與孫壻，書寄彌甥某某，或懷。同賓友，書同某人某人暨彌甥某某，下入事。某某者，其字也。與壻，書寄甥某某，或懷。同賓友，書同某人某人暨甥某某，下入事。姪壻加從字。同賓友，去暨字，餘同。與姊妹之夫，書姊丈某某、妹丈某某。同賓友，亦去暨字。與亞，只照常，書寄某某或懷某某。某者，其字也。與亞之子，同。或書寄甥某某。同賓友，求照常照字，或書同某人某人甥某某，下入事。

落款，爲孫壻，書時日寄懷。提起，書彌甥某某即書粲正。旁書，某號老人具稿。某者，其名也。散題，書某題似，餘同。爲壻，書時日寄懷。提起，書館甥某某即書粲正。旁書，舅某稿。某，名也。散題，書似。爲姪壻，書從甥。旁書，伯舅或叔舅，餘同。與姊丈，稱姊丈，旁書內弟。與妹丈，稱妹丈，旁書姓名。餘照常。與亞，照常，書某翁詞兄。旁書，弟某姓名稿。與亞之子，書時日寄懷某某賢甥詞壇即書正之。旁書，某姓名稿。散題，書似。餘同。

行禮

已見於母黨。妻黨者，不再見。拜姊丈，則平起。

奉祀

已具妻黨，不再見。

姑表

總序

外親莫尊於姑。姑之夫，以吾家爲妻黨；姑之子，以吾家爲母黨；其事過半矣。茲主乎姑家而言，諸外親並附之。以姑爲綱，姑曰姑表也。父之姑曰老姑，父之老姑曰曾老姑。姑曰姑母，其夫曰姑父。姑之子女曰表兄弟、姊妹，姑之孫曰表姪，姑之曾孫曰重表姪。蓋姑舅之親，世世相延也。

父之外祖曰老外祖，其妻曰老外祖母。父之舅曰老舅，其妻曰老舅母。父之姨曰老姨，其夫曰老姨父。母之外祖、舅、姨，亦然。妻之外祖曰妻外祖，妻之舅曰妻舅，妻之姑曰妻姑，妻之姨曰妻姨。

稱呼

曾老姑，面稱老老姑；其夫，面稱老老姑夫。老姑，面稱老姑；其夫，稱老姑父。姑，從俗面稱姑孃；姑之夫，面稱姑父。按，自姑以上，其夫皆加父字。俗稱姑夫，則是等於平人，非所以待尊親也。

表兄弟至重表姪，並見母黨。父母之外祖，稱老外爺；其妻，稱老外婆。父母之舅，稱老舅；其妻，稱老舅母。父母之姨，稱老姨；其夫，稱老姨父。妻之外祖，照姓照行，稱某姓幾爺。妻之舅，稱某姓幾舅；其妻，亦隨夫姓。稱妻之姑，照行稱幾姑；其夫，稱某姓姑父。妻姨，照行稱幾姨；其夫，稱某姓姨父。

書劄

與曾老姑，書重歸孫某名頓首上候。提起，書曾老姑尊前萬福，或並書曾老姑父、老姑。但有曾老姑父，則自書加眷字，兼姓名。餘同。與老姑，書重姪或歸孫某名。餘同，但去曾字。與姑，書姪某名頓首拜上候。提起，書姑母尊前萬福，或並書姑父、姑母。則自書眷姪某姓名，餘同。

姑與姪，照己行書幾姑寄候幾姪近福，或幾姪、幾姪婦近福。老姑，書幾老姑，於姪加重字。餘同。曾老姑加曾字，餘同。與表伯、叔，書眷姪某姓名頓首上候。提起，書某姓幾伯叔尊前台福。老外祖以下，俱照常行劄末。

爲老外祖，自書外重孫某姓名叩首，中稱老外祖。爲老舅，自書重甥或彌甥或離孫，中稱太舅。爲老姨家，自書眷重甥，中稱老姨父、老姨。

與妻外祖，自書眷彌甥，中稱尊台。與妻舅，自書甥壻，中稱同。與妻姑、妻姨家，俱自書眷晚生，中稱同。

表兄弟以下，並見母黨。

詩文

文章中，曰曾老姑，曰老姑。其夫，皆稱姑祖某某。姑曰姑母，其夫曰姑父某某。吾父母之外祖，則稱吾父吾母外王父某翁。老舅，稱吾父母舅氏某翁。老姨，稱吾父母從母。其夫，稱姨祖某公。妻外祖，曰內子外祖某公。妻舅，曰內子舅氏某公。妻姨，曰內子從母。某公者，皆其姓也。

詩題，與文章同。

落款，爲姑祖，書時日呈姑祖某翁先生教正。自書內重孫某姓名稿。爲姑夫，書時日呈姑父某翁先生教正。自書內姪某姓名拜稿：爲老外祖，書老外祖某翁先生。自書外重孫。爲老舅，書老舅某翁先生。自書彌甥。爲老姨父，書姨祖某翁先生。自書彌甥。妻外祖以下，止稱某翁先生。自書晚生。或用時日呈教正。餘同上。某翁者，皆其字號也。

行禮

拜曾老姑、老姑、姑母，皆還高拜。其夫，皆還兩禮。拜老外祖、老舅，皆扶而受之。老姨同姨夫。妻外祖以下，皆平起。

奉祀

自祖姑至老舅，已故者皆稱先。妻外祖以下，則質言之。老姑死、姑死，其夫家無人者，吾祖父在，置主與否，事在祖父。祖父沒，則爲之重姪。爲之姪者，亦往省其墳墓。老外祖以下，親遠不祭。或承父母之命以往，則可。妻外祖以下，則否。

師生

總序

人生於三事之如一，並師於君、親，蓋指受業之師也。師之父，曰太老師。師之師亦然。師之母，曰太老師母。師之妻，曰師母。師之子，曰世兄、世弟。師於其受業者，曰門人。師之子，於父之門人，亦曰世兄弟。非受業之師，則斟酌行之。

稱呼

師於弟子，覿面，幼則呼名，長則呼字。師之父、師，俱呼字。弟子於師，面稱師傅或老師，自稱門生。師之父、師，俱面稱太老師。師之母，面稱老師母。自稱晚學生。師之妻，稱師母。師之兄弟，照行稱幾先生。師之子，稱世兄。師之子於父之門人，亦稱世兄。稱諸人，師曰小徒或敝門人，師之父曰小兒門人，師之師曰敝弟子門人。稱師，曰家師或家先生。俗用敝者，非。稱師之子，曰敝世兄。師之子稱之，亦曰敝世兄，或家君門人。稱人，統曰令。

書劄

師與門人，照常劄，末書友人某姓名拜具。中呼或爾汝，或名，或字，或門下。俗稱賢契，不典，勿從。封皮。某某手展。某某者，字也。顯者，某姓爺書。師之父師，俱自書通家生某姓名拜具。中呼字，或足下。封皮，某姓相公書。顯者，某姓爺書。師之兄弟，自稱通家侍教生，稱足下。師之子，自書世弟。稱世兄。封皮，某姓爺書。顯者，某姓老爺書。

門人與師，書門人某姓名頓首百拜候。提起，書老師尊前萬安。封皮。老師書。顯者，老爺稟啟。與師之父、師，俱書門下晚學生某姓名頓首拜候。提起，書太老師尊前萬福。封皮，某姓太老師書，或某姓太老爺書。候師之母、師之妻，只於劄中帶出。與師之兄弟，照常行劄。中稱幾先生，自書通家晚生某姓名頓首具。封皮，某姓爺書。顯者，某姓老爺書。與師之子，稱世兄，自書門弟。封皮，同上。同在一師之門，彼此稱老門兄，自書門弟。俗用窗兄、窗弟者，誤。

詩文

詩文中，稱師曰夫子，或子師、吾師。師之妻，曰師母。餘皆質言之，如吾師之父母，吾師之兄弟，吾師之子。師於弟子，指名呼某某，或某也。師之父，質言之，曰吾子及門。師之師，亦質言之，曰吾弟子及門。師之兄弟，曰吾兄弟及門。師之子，曰吾父及門。

詩題，爲師，書時日奉懷某姓夫子作，或予師某某先生。同賓友，書從師某某先生同某人某人，下入事。與師之父、師，俱止書某某先生。師之兄弟，某某前輩。同賓友，書同某某前輩與某人某人，下入事。師之子，止書某某。以上，或懷或寄。某某者，其字也。與門人，書示弟子某，或懷或寄。某者，或名或字也。同賓友，書同某人某人暨弟子某。師之父、師、兄、弟子，只照常。如懷某某，寄某某。某某者，其字也。

落款，爲師，書時日奉懷。提起，書某翁夫子即請訓削。旁書，門人某姓名拜手稿，或沐手稿。散題，書某題敬呈。餘同。爲師之父、師，書時日奉懷某翁老夫子即請教削。旁書，門下後學某姓名拜稿。餘同。與師之兄弟，稱某翁先生。旁書後學。散題，書某題呈。餘同。與師之子，稱某翁世兄即求正之。自書，門弟某姓名稿。散題，書某題呈。餘同。師與門人，書時日寄。提起，書某某即書印可，或時日爲某作即書印可。旁，自書姓名。散題，書某題書爲某某印可。師之父、師，某某下加詞、壇字。餘同。師之兄弟，易詞壇爲詞兄，易印可爲正之。散題，書某題似。師之子，書時日奉懷。提起，書某翁世兄即求正之。自書，世弟某姓名稿。以上，某翁某某者，皆其字號也。

行禮

拜師，還兩禮，受兩禮。拜師之父、師、母、妻，俱平起而微分先後。以下，俱平起。

奉祀

師已故者，稱先師。師之妻，稱先師母。餘皆如文章，質言之。爲師心喪三年。按，心喪，身無衰麻之服，而心有哀戚之情。所謂若喪父而無服也。然無服，特不如父之麻冠斬衣，而孝衣加絰，則三年不變也。檀弓曰：「師之喪，群居則絰。」而孔子之喪，門人雖出，亦絰。故解曰：「心喪，言受業之師有淺深，其情有厚薄，故不可拘爲一定之喪也。」今人泥於無服之説，有師死未寒而身被紈縠，心厭鐏豆者，惡在其爲心喪也。餘不見喪記，則否矣。

朋友

總序

五倫終於朋友。推其義，蓋不在三黨之下矣。終而及之，亦所以重倫也。

稱呼

兩友覿面，以長稱幼曰某老。某老者，其字號之一字也。或社翁。以幼稱長曰仁兄，或某姓幾哥，或會長，或老社翁，或老社臺。稱諸人，統曰某姓某老。稱人，同交之父，統曰某姓老伯，或老叔，或某姓師，或先生。稱諸人，曰某姓某某先生。某某者，字也。稱友人之子，曰長兄。稱諸人，曰某某。某某，字也。

書劄

稱友，或足下，或仁兄，或社臺，或加老字，或吾兄、吾弟。顯者，稱執事。自書，通家弟，或加社、加眷，或只書同學弟。封皮，平常，某姓爺書。顯者，某姓老爺書。

與父之交，稱先生，或老伯、老叔。自書，通家晚生。與友之子，稱長兄。自書，通家侍教生。封皮，斟酌行之。

詩文

文章中，友曰吾友，父之友曰父執，友之子曰友人子。

詩題，父執，書某某先生。友與友之子，俱照字稱某某，或加行、加姓。

落款，爲友，或某某，或某翁，或某老，下加詞壇，或吟壇，或詞宗，或並加大字。又下書正之，或教定，或郢削。自書，弟某姓名稿，或執弟。餘同。爲父執，書某翁先生。餘同。自書，晚姓名具稿。爲友之子，書某老長詞兄正之。旁，自書姓名某翁。某者，字也。

行禮

相拜，俱平起。

奉祀

傳曰：「朋友死，無所歸，曰於我殯。」按，殯者，埋於淺土，而待其親戚終葬之也。或並無親族者，則葬之。不奉祀。

附 録

附録一　輯佚文獻

佚著

詩說[一]

蒹葭

李天生曰：周之遺民不忘故主，思平王之在洛水一方者，蓋言洛也。惟詩人繫思不置，故追敍送洛之時。葭蒼露白，道里阻長，總途中之景物，紀閱歷之多艱，而平王之繫人思者深矣。

春秋说[二]

紀履緰來逆女

何以不稱使？昏禮不稱主人。宋公使公孫壽來納幣，則其稱主人，何辭窮也！辭窮者，何無母也。然則紀有母乎？

[一] 據清李超孫編詩氏族考卷三，清別下齋叢書本輯録。

[二] 據清陳夢雷編古今圖書集成理學彙編經籍典第一百九十六卷，清雍正銅活字本輯録。

曰有。有則何以不稱母？母不通也。富平李因篤曰：「此言經所以不書紀侯者，以見母雖不通而紀侯有母則不得自稱主人，以別於宋公之無母也。」

鄭忽書名

鄭忽出奔衛，傳曰：「忽何以名？春秋伯、子、男一也。辭無所貶。」傳文簡而難曉。李因篤曰：「春秋之法，天子三公稱公，王者之後稱公，其餘大國稱侯，小國稱伯、子、男。」

佚文

題曹溶昭君辭六首後〔一〕

樂府漢魏而下，太白可稱再盛。其依歸本題多正六朝之誤，非專學明遠也。獨漉君馬、蜀道等篇，駸駸漢人矣。元美乃謂：「不如少陵以時事以創今題。」不知少陵出塞、北征諸作自是古詩，非樂府也。吾道猶存，斯文未墜。舊維獻吉，今得先生，聖人復起，不易吾言矣。宗周後學李因篤敬題。

〔一〕據清曹溶撰靜惕堂詩集卷一樂府，清雍正刻本迻録，題目爲編者加。

題子將謀隱梅裏五月十九日梅裏爲盜所劫因寄山顔錫鬯山子靑士諸子後〔一〕

天下無言文選者，詩日趨於敝，而五言爲甚。近日始知，羞稱景陵，更溯正始。然吾嘗見其詩，考其原委，所爲正始，自大曆已耳。無論風雅爲几筵。漢魏爲俎豆，即開府、參軍、李、杜常亟引之。而近人一涉六朝，輒去之若將浼焉。竭其生平之智力，區區從盛唐諸公廡下周旋，豈眞以庾謝風流反出其下耶？

嗟乎！時賢不學至於如此。獻吉云：「世不道曹，李詩尚矣。」吾每對斯語，未嘗不掩卷而歎也。比年以來，得交曹秋嶽先生。觀其近體，便已折腰。及讀古詩，如置身黃初、元嘉之上。覺子美「得失寸心知」，遙有會心而非過矣。故意取其厚，辭取其自然，所以復漢京也。調取其俊逸，格取其整，所以明選體也。而渾雄悲壯馳驟兩唐者，反在所略。仍於篇終表出之，以正告天下之爲五言者。

旃蒙大荒落嘉平既望，宗周後學李因篤敬題。

題成文穆公素菴圖卷後〔二〕

前卷甚服其整，以爲得選之深。然未敢輒許爲漢詩，意亦坐此。蓋選體有二，晉宋以還，與二京、黃初異矣。此卷則如羚羊挂角，無跡可求，而渾金璞玉、太羹元酒之風未嘗不存乎！其間氣候已到，欲不目之爲漢，豈可得哉？

〔一〕據清曹溶撰靜惕堂詩集卷五五言古，清雍正刻本迻録，題目爲編者加。

〔二〕據清曹溶撰靜惕堂詩集卷七五言古，清雍正刻本迻録，題目爲編者加。

宗周後學李因篤敬題。

題答覺公後[一]

歌行自柏梁須爲上坐。魏晉以來，頗爲之，而至唐初始盛。過此，則太白縱橫，子美沉鬱，又各成一家。總如駿馬下阪，使讀者不復往，故佳。然比諸初唐諸公爲變體矣。即當日工部亦云：「楊王盧駱當時體，不廢江河萬古流。」又云：「總使盧王操翰墨，卑於漢魏近風騷。」近代胎簪更暢言之，亦竟與北地分途，故元美論七言古有「獻吉如龍，仲默如鳳」之喻。龍變化不測，鳳文采斐然，可謂深知李何者。要知二體，亦未能偏廢也。先生雙提竝輓而行，奧衍昭深，不顧時眼。其中有郊祀鼓吹之遺，世無言漢詩者，吾珍此自賞耳。

宗周後學李因篤敬題。

題集漢魏六朝唐人通用古韻[二]

學者不知古韻久矣，宋吴才老韻補始疑而辨之。至陳季立毛詩古音考、屈宋古音義出，益昌其説。先是友兄顧徵君亭林潛心聲韻五十年，作音學五書，而古音乃大明於天下。嘗曰：「深知吾書，海内惟李生一人。」然簡帙頗繁，罕有究其藴者，今依顧本，同舍弟迪篤暨小兒渭集古韻，僅如音論舉十部之總，名之曰「漢魏六朝唐人通用韻」，蓋未能盡合於詩騷也。

[一] 據清曹溶撰靜惕堂詩集卷十二七言古，清雍正刻本迻録，題目爲編者加。

[二] 據清李因篤撰古今韻考卷一，清楊傳第校正，清王祖源附録，天壤閣叢書清光緒王懿榮校刊本迻録。

夫詩莫盛於漢魏六朝，及唐能遵其韻，雖與詩騷不無出入，而離者少，合者多矣。仍按詩騷逐條附正其後，詳具顧本，可以互觀。竊怪今人賦詩高自矜詡，獨於用韻則茫無考稽。固陋自安，妄言轉叶，雖當代通儒不免焉。是韻出，未必非復古之一助云。

屠維大荒落仲秋辛未，中南山人李因篤子德甫受祺堂之采菊軒。

題入聲彙録[一]

顧亭林先生編古音爲十部，又曰「入爲潤聲」，誠不易之論。但三代而下，絶不知四聲一貫，而入韻亦從無與平上去相合成篇，故讀音論十部，今鮮有知其解者。余既依漢魏六朝唐人通用者分入聲爲五部，又附古音於逐部之後。按唐部韻入聲三十四韻，宋劉平水止併爲十七部，即今見行韻本也。古今異宜，但提其綱。恐閲者就今本求之，終不了然，故彙録古韻於左，而就所轉去聲，分爲四部，以便臨時簡尋，庶初學者不致譸張云。

屠維大荒落仲秋辛未，中南山人李因篤子德甫受祺堂之采菊軒。

題集唐人古詩通用韻[二]

余既同予弟集漢魏六朝唐人通用古韻將成，舍弟問：「唐與漢魏六朝有同異乎？」余曰：「大同而小異。大較唐人

[一] 據清李因篤撰古今韻考卷二，清楊傳第校正，清王祖源附録，天壤閣叢書清光緒王懿榮校刊本迻録。
[二] 據清李因篤撰古今韻考卷三，清楊傳第校正，清王祖源附録，天壤閣叢書清光緒王懿榮校刊本迻録。

之視漢魏，猶漢魏之視詩騷也。」古韻久亡，學者驟聞是說，既不甚解，必且苦其繁難，從者寥寥矣。乃耑就唐人古詩通用之韻，照今現行韻本提綱於前，可云至簡至易。要而論之，即未能如詩騷之盡善，漢魏之近古，然尚有證。據朱子所謂「官街上差了，路未至」，詭謬背戾，去之遠甚也。夫復古，必有其漸，繇唐人以求漢魏，繇漢魏以求詩騷，而六朝括乎其中矣。

屠維大荒落仲秋，中南山人李因篤子德甫受祺堂之采菊軒。

題唐韻選〔一〕

唐韻選者，專取初盛諸公近體嘗用之韻，彙而爲編也。夫韻，一也，其用有二：古韻和緩，其中相通者，後人既亡其部，而謬言轉叶。至唐韻已爲近體，設宋時易名廣韻，其書久湮没，近顧徵士、陳使君始刊行之。然律詩僅押五字，排體多四五十字至百字而止耳。非經初盛唐，即覺未穩。如劉禹錫不敢押「餻」字，亦一證也。往客鴈門，陳使君祺公先生許共訂是編。置行笥中，日就淪滅，會汪子開美更録一冊。予嘗謂：「古韻最寬而後人亂之，律韻最嚴而又汎濫不可救，其病均也。」因題數語於簡首，爲初學者之準則云。

重光大淵獻菊前漢李因篤題於鄂渚之西美亭。

〔一〕據清李因篤撰古今韻考卷四，清楊傳第校正，清王祖源附録，天壤閣叢書清光緒王懿榮校刊本迻録。

張夢椒字鹿洲薦福寺集飲賦詩跋[一]

公鴈門世家，條風肆雅，有趨庭之故事，而四座鬱然，率多布素。太史公云：「信陵君不恥下交，所遊皆巖穴隱者，名冠諸侯，有以也。」自駟驖而推之，二南，秦風其有進乎？予被褐短窄，顛毛半華，且忘其醜而樂與之，則諸賢可知矣。吳志

評顔修來樂圃集[二]

古髓欲疏欲整，而今之作者，有意求散，又承接太密，睢疇有佳篇，求之古人未合也。此集最焉傑出，其深厚不必言，而每詩慘澹經營，絕速疇蹊，用椵皆穗，然自不由人，螢夕可喜，可謂好單深思，心知共故者矣。

艾悔齋詩集序[三]

雷伊蒿，吾秦人也。少從其先大人筮仕蘭陵，遂歌鹿鳴於其鄉，而爲魯人矣。丙午行稿出，精深古茂，與秦漢八家相上下。海内家絃戶誦，莫不知伊蒿之能文，然而尚未知其能詩也。

[一] 據清俞廉三編光緒代州志卷十二，清光緒八年代山書院刻本迻録。
[二] 據清吳懷清編關中三李年譜卷八天生先生年譜附録，陳俊民點校，陝西師範大學出版社一九九二年版，頁四七九至四八〇迻録。
[三] 據清張心鏡編乾隆蒲城縣志卷十四，清乾隆四十七年刻本迻録。

余昔往山左，從王西樵、宋荔裳諸先生遊。彼時即知伊蒿之能詩，便道訪之而未獲謀面。後從雲陽任認菴處搜而讀之。大抵以三百篇爲宗而浸淫於漢魏三唐之間，得心寓目，各寫其情性所欲言，不必拘拘以古人爲法，而無不與古人合。其歌行，則王孟之宕逸也。其近體，則溫李之秀雅也。而絶句則聲調高華，直駸駸乎分太白之席矣。吾甚幸西樵、荔裳而外復得一唱和良友，而又深幸原本於吾秦爲可樂也。

越十五年，所其姪劍華爲三秦名士，謀刻伊蒿集而問序於余。余以老病廢牀，不能爲伊蒿元晏，而竊於伊蒿有感焉。吾秦風氣，在家則駑鈍，而出門則千里也。獻吉生北地而長於大梁，遂爲故明三百年文人之冠。隴西孫太初，浮湘漢，躡衡廬，買田苕溪，遂卜居焉。其詩悲壯奇偉，爲吳越翹楚。而焦穫孫豹人，浮家廣陵，亦聲震江淮矣。今伊蒿復崛起於海岱間，與獻吉諸人聲價相後先。古人云「出門有功」，其是之謂乎？誰謂遷其地而弗能爲良哉？至於集以「艾悔齋」名，則伊蒿之謙詞也。是爲序。

缶歌集序[一]

詩十五風皆系以地，則其國人所爲也。巷謳途吟，多出於匹夫匹婦，未必皆協宮商而諧律呂。而太史采之，以貢王朝。蓋士大夫有討論潤色之功焉。然自二南而下，咸謂之徒詩，而不入樂。傳曰「以雅以南」，古人論詩之嚴如此。夫詩，必準乎三百而託始於風。如以風，關中三有其一。地雖半周之舊，顧中遺諸秦久矣。於是，生秦者曰秦人，官秦者曰秦吏，居其地，將稽其俗；稔其俗，必習其聲。故言秦而周可知也。秦一變至於周，雅降而爲風，風進而爲南，君子撫時論世，審化導自上，必始於郡邑大夫，慨然有復古翊倫之思。而後，風行草偃，被諸謡俗。賈長沙所謂「使民廻心嚮道」，類非俗吏所能

[一] 據清臧應桐編乾隆咸陽縣志卷十八，清乾隆十六年刻本迻録。

爲。本豈弟以指臺萊，躬神明而流歌詠，吾聞其語矣。乃今於陳明府來仙先生，彷彿遇之。

明府以東越駿雄奮跡，泮泂掇賢，書光選序，驅車萬里，動有嘉吟。司馬公之周覽寰區，杜工部之富盈篇目，曠代同揆，其間或系地系時，嘗播雞林者無論已。邇來飛舄渭城，值關河清晏，行省孔謐，歲豐民和。明府所部，雖劇都而退食，鳴琴恢恢，遊刃臨皇陂之勝，槩摭紫閣之清輝，杯酒流行，發言可喜，輕軺偶出好句成□。又台司重其兼才，奉檄時歷近輔，而馬鳴組轡，授簡霞生，鶯落扇樞，抽毫綺湧。是故睹冀闕之巨麗，則小戎、車攻之興懷也；經五陵之巍峩，則芝車龍馬之寄感也。結眉表色，獨立思人，而秋水、蒹葭之一往泝洄；挽驪贈柳，長筵送客，而津亭風雪之連宵倚佇。推之勞勞唱答，續紵衣縞帶之章；哀哀征行，多四牡、皇華之美。而一切形諸坐嘯，誠合周秦南雅而兼之矣。猶欿然不自居，取而託名缶歌。繇伯而登於王，肆風而澤乎雅。才大則心益小，德盛則詞益謙。明府自遜於嗚嗚聽者，且樂得其洋洋也。觀其詩可以知其政，聞其政可以知其人。天子方好古右文，殫精吏術。旦晚舉治行第一，拜颺賡載祭請廟明堂之上，必明府其人也夫。

三瓻齋詩序[一]

予邑前輩所稱四先生，張冢宰鶡菴、楊侍御斛山、李中丞石疊、孫太保立山，皆以行義著名海內，而中丞兼有文辭之美。予向讀中丞寄鄉人東海驛驛宰詩，有「崇卑豈限丈夫志，人生何必皆公侯」之句。喟然善之，不徒取其聲調，亦以見前輩貴不掩故，賢不遺士，皆足以風世而正交。楊太舅白石先生，中丞乃其自出也。先生生而修偉，弱冠好吟，所交多四方知名之士，讌集無虛日。是時，文光祿太青、劉孝廉雨化雅負著作之望，狎主齊盟。先生遨遊其間，兩公皆降心相接。閒過先生，又未嘗不停軌，輟驂彌日，信宿而後去也。辛酉，舉於鄉。三仕爲令尹，皆有惠政。稍遷郡丞，先生慨然曰：「丈夫不得周

[一] 據清樊增祥編光緒富平縣志稿卷六，清光緒十七年刊本迻錄。

旋侍從，陳史事於天子之庭，斯亦已矣。」奈何從簿書老乎，因拂衣歸。

歸而高枕林皋，益肆力於聲歌，凡著三瓻齋詩若干首。寓書鴈門，屬因篤爲序。因篤非知詩者，然而先王之鄉聞豳雅之舊。先生固予之自出，使夫趦趄廢命，先君子往矣。如渭陽何？予觀思齊、皇矣、生民、公劉諸什，皆稱述祖宗之功德而作，故列於大雅；南陔、白華言士庶人之孝，則在小雅。又有聲無辭，目以笙詩，至晉束晳乃補其篇，意亦近之。然其音不可考矣。愚謂華委由庚崇邱所論，歲豐民和之事，古今不相遠，可以譜爲新聲。若夫南陔之色，養白華之潔。白吾意，其人必皆窮年行役，不遑將其父母，中心傷悲，又遭時不偶，降志辱身，而其詩多愁苦。抑鬱殆有哀過於蓼莪，怨深於北山者。故詩人闕之，不得次於大雅。苟無其情，何以審其音？無以審其音，斯無以致其意。昔之情不可知，而其音則缺有間矣。先生之事，嗣母也。寢門之意甚備。母老而失明，先生晨起必躬自舐濯之，凡數十年不衰。嗟乎！其情之纏綿而悱惻者，其必鏗鍧而婀娜。先生永懷明發，無忝所生，光彩斐然，根於至性，故皆南陔、白華之遺響，一氣迴翔而成夫天下不少。詩人而剝心削意求工一體，或竭終身之智力而不能得。自先生視之，卽無本之波耳。豈足尙哉？予頃登恒嶽，於土塵中得中丞斷碑，僅有「古磬落長松」之句，約畧可辨，其他皆將磨滅。已移書曹侍郎秋嶽，檄主者更□之。歸而序先生詩，喜其淵源所漸，先後同揆，且見邑之多君子也。

博學鴻詞李天生因篤序。

重修前郃陽丞葉公龍潭先生遺愛祠記[一]

東粵葉公龍潭先生，嘉靖末由御史直言出爲郃陽丞，嘗攝令事。遷河南歸德推官以去。去之日，郃人士遮留境上，幾

[一] 據清饒應祺編光緒同州府續志卷十四，清光緒七年刊本迻録。

不得行，建祠俎豆。公署之曰「葉夫子祠」，詳載范羅岡大參所爲去思碑，迄今垂百年而憂其圮也。有辭於明府李公，明府義之會贊府孫公，左右之推，吾友文學康子太乙與同社生楊君仲彩董其役，郃人遠近子來，若赴其私，十日新其冠裳，易其主祏而舉春秋之祀。士駿奔唯謹虔之，如雛魯班白之老，多奉楮絮奠祠下。問之，則葉公有舊恩於先人，其子孫咸泣涕沾襟久而不忘也。

太乙來西澗，屬予記。予足跡半天下，所見遺愛祠，至邑令止，未有及丞佐者也。漢朱仲卿之以嗇夫祠桐鄉，四百年不再見。而分寧之祀濂溪，鄠上元之祀明道，同安之祀紫陽，皆以主簿。祈州之祀橫渠，以司法參軍。官雖不離佐僚，彼四子固百世之師也。祀功祀賢，蓋兼焉。且予所覩近代之祠，率十數年或三五年即貴列上公。其人既去，若物故而祠亦隨毁。間有存者，多鞠爲茂草，未有能延載世者也。況百年之內，改玉改物，陵谷變遷。先朝之宗廟寢園，憑弔無從。而葉公宂散一丞，其祠如靈光巋然獨在，非甚盛德！河山之所呵護，詎克謳思弗替。方西京之循良與關雒大儒，異世而有同揆哉。公由侍御謫邑丞，當嘉隆盛時，左降官。每優遊，不事事，而公獨將母至郃，意固甚安。如范大參所稱：「愛民教士不媿，豈弟父母矣！」萬曆中，公以少司馬持節吾秦之三邊平寧。夏，逆賊孛。拜劉東陽擢御史大夫，世録錦衣，史紀其功甚偉。予又聞之康子，蓋龍潭爲姚江之學者也，而才氣勳名亦略等。誦其遺詩，雄剴加文成數倍。且夫葉公在郃，教人隨其高下而多所成就，不專主講學。其學比伯安爲純息。公開府固原，郃人士猶從之遊。公亦曰：「吾思郃人。」郃之祀公，垂百年而弗衰。郃居然公之桐鄉，由百年以至萬年，公魂魄其樂此也。公宦秦始於丞而終於督府，舉其官則宜曰督府。然祠，郃祠也。郃人祀公，祀丞也。公丞郃而安於丞，若將終身焉。使公以郃丞終，郃人之愛公祀公如故也，豈問其爲督府哉？大乙又云：「郃之文教得公始大，其後科名鵲起，遂甲左輔，而至今稱公必曰夫子。」庶幾周程張朱百世之師之義也。吾不敢易其祠額，仍舊書書之。既見公之大有造於郃，目誌郃之多君子，其俗猶近古云。

茹公鳳儀祀記[一]

國家所重者財賦，而爲民害者莫如荒田。關中之爲郡者八，雍中郡也。雍有荒田之害，又莫如岐山。夫多荒田，因多逋賦；多逋賦，因多逋民。久之，至無完里、無完族、無完民，而岐遂敝，相傳爲畏途。

吾友茹君紫庭剖符於此，於是同舍生憂之，曰：「岐不可爲也，田苦瘠而其荒者幾與常田埒，無所資以聞也。」或曰：「茹君俊才，其學務適用於田賦之事，講之熟矣，必有説以處此。」或又曰：「施於古而效，踵而行之未必效也。」因寓書於君，君曰：「岐之困於荒田久矣，而令亦繇是屢去。坐而待去，孰與爲之？且未爲之而預策其不可，坐視吾民之顛連而莫之救，惡在其爲民父母也。」乃獨毅然爲之請於郡，以至臺司，次第上聞。部使者來視，竟得報可。當其始請也，大聲疾呼，竭其心力，君非自決其必成也。

今有人焉，抱沉痾，而醫曰：「不治。」人皆曰：「不治。」其父母不忍聽之也，多方治之，不吝其家，不責效於旦夕，不易慮於生死，而是人竟起，豈必其術之工哉？或者憂勤忠愛之誠通於神明，貫於金石，有非常情之所得料者。於是岐之父老相率爲君築祠城內，君亟止之，而祠不日以成。自君之初度，若歲時伏臘，岐人爭走其中，設牲牢籩豆，歌舞報賽，如社稷之神，喜心翻倒，歎息泣下，惟恐君之不留岐也。

春日，予遊於岐，展禮聖廟。同學劉子淑止者，爲岐博進，而請曰：「茹君之祠，礱石俟子久矣。夫生而祠，非石也，以其私也。岐人之祠君，非私也。」推諸祀典而合將受簡。劉子又進曰：「令君之治岐，愛人而先於士，修廢舉墜。至聖廟及周召二公廟皆垂圮而更新之，創朝陽書院延學古之儒以課生徒，岐數十年輟詣鳴。令君蒞任之二年，而舉賢書者有人

[一] 據清胡昇猷編光緒岐山縣志卷八，清光緒十年刻本迻録。按：此文繫岐山茹明府生祠碑（續刻卷三）之删減版。

矣。」語未卒即止之曰：「不可，恐其涉於頌也。」人之立言，貴得其情而無溢詞。予之有述於茹君，非頌也。勒石以告來者，俾勿墮君之緒耳。且使凡爲守令者，知天下無不可爲之事，患無愛民之誠，誠審可否不計利害而爲之，未有不成者。夫君子強爲善而已矣，保國承家之道豈有異哉？

時康熙四十二年歲次乙丑孟春。

梁敏壯公崇祀名臣祠碑〔一〕

粤稽古褒德酬庸之典，榮哀備極，廟朝而生有方，蒞官有地，士大夫追敘生平遺烈，祀之瞽宗，曰鄉賢，曰名宦，世世勿絶。尤鉅者，則特陟名臣祠，比隆孔庭，有堂上之豆籩合享宗功，有配食之元佐也。獲與其列代止數人，必身繫安危，任兼將相，名德至重，爲當代所景行。捍患御災，奕禩永賴，徵諸祭義而不愧，乃今得少保梁公焉。

公諱化鳳，字翀天，一字澧源，吾陝西長安人。弱冠補諸生，聲噪甚。值有明末，造流羽日張，慷慨棄儒，自請學使者改隸武籍，隨舉於鄉。大清受命，肇科成順治三年進士，授山西大同府陽和高山衛守備，陞大同掌印都司加三級，遷遊擊，進副總兵都督，僉事江南蕪萊副將管參將事，遷寧國副將，陞蘇松總兵，進左都督，太子太保授三等阿達哈哈番世職，陞提督，進江南全省提督，授三等阿思哈哈番世襲八次。

公長身倜儻，音吐甚宏，雄鷙沈深，好謀善斷。初繇裨校，戮力戎行，剪逆渠，平逋寇，能以少擊衆，所向無前，南北並宜，戰攻互用，積其功閥，史不勝書，畧載吳學士駿公所撰壯猷紀中，姑不具述。惟是雲中薑瓌之叛，值版圖初定，山西爲京師右臂，大同被邊，變起倉惶，全晉皆搖。公乘塞上一小障，所將不過數百，非有葭莩之契、爪牙之足憑也。而奮其孤忠，披

〔一〕據清沈青峰雍正陝西通志卷九十一，清文淵閣四庫全書本迻録。

荊棘以從諸王，蒙知旅謁，遂參密畫，委前茅，摧鋒陷堅，諸將咸出其後。期年之內，大憝就誅，飈發電馳，大小七十七戰，晉地悉定。夫晉與秦脣齒之國，河上揚氛，矢逸及闕，不逞之徒，潛相扇誘，賊壘去西安三百里，微公即嶽輔間伏莽堪虞，捲西北以踞上游，事尚可言哉！故論公血戰之勳著於山西，而受庇在秦晉，磐石在社稷矣。

比公建牙江表，仍際海波，鄭成功張名振狡焉狂謀，先後連數十萬艘，空巢穴入犯。公初入蘇，特攝而換任淛東業奉新綸，既至崇明有高橋、土城之捷，已足懾三吳而去。公則曰：「緩追。」佚獲藉口，越之簡書，是便已自營也。而搜勦平沙之策，始決故舟山之內，指不詭於浮言小洪之築，隄不諳於制府，及鎮蘇有命，帥水師進階，横海一軍，屹然勁旅。其後成功親驅風鷁，直闖江寧，賴公鼓櫂飛臨，用三千人破賊數十萬，成功僅以身免，艉艪焚湯無遺。嗟乎！賊沮洳跳梁，萬分何慮？然苟將牢弗擊，致倔彊江湖；詿誤吏民，必多至於不獲。已而用兵，則東南勞費巨億，肝腦塗地，又不知幾何。故遡公之功，方諸光弼中潬，而識者謂「崇明墨守，永奠江淮，不徒繫一城也。」善乎吳學士之論曰：「公之渡桑乾，下句注，揚武青陂，白道之上，張耳之禽夏説，絳侯之斬陳豨也。定西河，平上黨，耀兵雀穀之谷，振旅天井之關，武安君之走馮亭，淮陰侯之襲魏豹也。大航救至東府城，開白石鑱，其空屯赭圻，掃其餘燼，陶士行之誅蘇峻，李藥師之破輔公祏也。龍江戰氣，鵶浦軍聲，窮寇逞五火之攻，孤城保三沙之固，楊越國之追高智慧，王少保之取邵青也。」又稱公「智勇有餘，畧不世出」。而歷舉古之名將，若莫罄於名言。

予猶備考其勳猷，覩其所樹立而推本於用心之獨至，曰忠，曰誠。夫忠者，事君之先資，而誠者臣子所以貫金石，孚君親，洋溢乎智名勇功之間，率是物也。公爲裨校，聲出大將之右。爲大將，身在士卒之先。良由自矢忠貞，屢鬭畢勝，而究其涉水不濡，入火不焚，冒礮石而不傷，刀箭之瘢徧體，犁犁若畫，汔於脱險而必濟，則一誠爲之根柢。緬仰公之德音，槩此矣。至孝友端亮，萬鍾之禄養，渥二人五色之光，恩貤三世。而公兄翀霄君，優遊泉石，拊背暮年。四子，長君鼎，御前侍衛予告；仲君鼐，蘇松水師總兵都督同知；叔君鼒，廣東惠潮兵巡道按察司僉事；季君鼑，官廕候選。諸孫，長祚昌，世襲三等阿思哈尼哈番；仲祚晟，長安庠生；餘俱幼，庠序黨塾之中，彬彬矣。極人世之遭逢，擅天倫之樂事，亦孰非積誠之效，作忠之基哉？

公薨，皇上震悼輟朝，贈少保，賜謚敏壯。山西、江南兩省祀名宦者數十區，陝西祀鄉賢，士大夫謂：「未足酬公休烈也。」合詞上，請進主祏於名臣之楹，萬人歌泣相聞，信稽之輿誦而孚徵諸祭義而不爽者，子叨長君宿契，屬記豐碑。若公自盛壯登壇，老於戰陣，干戈既靖，輕裘緩帶，日與賓客飲酒賦詩，著作等身。又諸疏、草條議禁令並已刊行世。而崇儒重士，月課觀風，咸有成書。與前後所得誥勅獎勞之文，俱藏於家。其築平沙隄，因得壖田千餘頃，資灌溉並收。其薪芻佐軍金山衛一帶，捐俸修堤數十里，而遙農桑歲稔，嗣憫淮揚水患，捐米千餘石賑饑，各載貞珸，不能備録也。予更撮其大指，賦古體以妥公靈。其詞曰：

於維少保，世系吾秦。三峰鍾異，乃降偉人。涵輝東序，衎國之賓。
遭時不造，小絀大伸。艱難用武，敢庀其倫。前繻可棄，雜珮爲親。
遂掇鄉射，公車在旬。天眷初輯，肇科俊民。乃叱戎車，高山紫塞。
涖事崇朝，陰雲晝晦。夫何狂且，肆彼頑悖。千里傳烽，蠢茲宵躉。
帝赫斯怒，諸王畢會。儔奮顔行，獨公入對。策險臣趨，搴旗致艾。
睪目攸屬，迅飈掃介。公戈所指，電激星煌。如哮猛虎，駭束羊獐。
殺賊如草，無聲有光。徐瞻公至，漬血盈裳。七十餘戰，爰綏晉疆。
王朝行壘，偏親敵場。稱公之勇，信不可當。露布夕奏，恩綸是彰。
起騎都尉，超遷督弁。暨王軍中，頻錫寵譔。賚之章服，爰及錦帣。
寶馬麗刀，如金箆箭。樞曹推轂，未竟厥撰。謂公壯畧，南北皆擅。
濟川須才，蔔諸衆彥。將舒培風，歷試乃見。海陬遺孽，鼓浪跳澌。
張帆入寇，震我嘉師。公適改澥，會逢其時。拯危自任，遑飾於辭。

敵舟雨集，公曰驅之。燎原何懼，葭葦在茲。艒艚立盡，鷹驛同喑。江淮遐奠，永繫我思。公賀賊平，疊聞優詔。進公宮銜，帥週南奥。世掌虎旅，親居前導。彤盧文駟，燦列七校。歿爲明神，陪食太廟。遡初暨官，宗祏同耀。載敘膚功，名臣肅告。長修豆籩，不毀不祧。

劉使君墓誌〔二〕

劉使君，諱正，字方若，一字振之。其先延慶州人，遷任邱，遂占籍。五傳至山南公陽中，嘉靖十有六年，鄉舉尚書戶部郎，爲公曾祖。思南公分桂，萬曆三十七年，鄉舉亳州知州，爲公祖，俱祀瞽宗。思南公生公考涵素公季焯，以公貴，贈奉直大夫。妣徐氏，贈宜人。有男子四，公其季也。幼穎異，總角能文。嘗得舊榻十三經於渭陽少保公家，益研習之，遂兼五經。冠童試，補諸生，而產固豐，購書甚富。第其甲乙，親加裝潢。慕司馬子長之遊，南涉江淮，僦精舍於臨清，與江南諸名士燕集，角藝其中，迨無虛日。時公年最少，諸君皆推爲壇坫祭酒。

順治初年，受知於督學秀水少司農秋嶽曹公。恩選第一，廷試上，上授山西代州知州。代故鴈門郡也，轄三縣曰五臺，曰繁峙，曰崞灦。邊土瘠，兵民襍處其間，俗競而囂。公既至。歷詢疾苦而去其尤不便於民者。慎訟獄，屏胥徒，苞苴不行，輕徭緩賦，吏民胥畏懷之。尤留意於勸學，月會有程，士及門，自以五經分課。公爲郡寬大簡易，人既說之而尤善。遇士大夫挾纊之歌，投醪之歎，無間於上下。宦裔某爲讎家所訐，禍將不測，公力白其枉。獲平，潛衷數百金壽公，固卻之。

〔二〕據清劉統編乾隆任邱縣志卷十一，清乾隆二十七年刊本迻録。

參藩行吾許公同城，性嚴，僚屬率悚慴，獨雅重公。入見，雖盛怒必霽威。制府申公、撫軍祝公並以治行超卓冠薦牘。會大同〔二〕姜瓖煽逆，故總兵劉遷連縱叛代地，變起倉卒，人心已搖，而器械蒭茭，一切戰守之資取辦臨時。公多方區畫，肆給咸周。賊數萬，晝夜仰攻，凡十旬。攻法奇變百出，悉以計破之。城內奸宄有約內應者，公每夕率百騎立通衢傳餐伺之，且下令曰：「宵行者斬。」謀遂沮。令子鑣匿告，急蠟書夜縋透圍出。比謹親王以大兵至，敗賊於城下，圍乃解。王嘉守御功，晏賚有加，進郡丞，領代如故。已而姦民欲煽惑官軍乘亂規利，視村堡稍饒者，盡指爲逆黨。公抗聲曰：「民勢孤援絶而脅於賊，非其本心。今目爲賊而草薙之，則人人致死拒我，是爲賊樹黨也。」又密促具牛酒犒師，□獲免。是役也，三晉郡縣全者僅十餘城。而代當其衝，賴公獨完。亂定，撫軍上簿。當優陞，適左轄某忌許功高，乃遷怒於公，以他事中傷。外臺交章代白，吏議雖寢，亦不獲敘前功。

無何，改補陝西商州。商僻處萬山，兵燹以來，鞠爲茂草。而南與漢中、興安諸峰相綿亙，盜賊出沒其間，所餘寥寥孑遺耳。公招流移，豁逋負，革雜派，植農桑，緩催科，興水利，一意與民休息。倡修龍駒寨，以通商貨。設戍防，由是守望相隣，阻南山者，屏跡矣。廼創五經社，聚多士講學，課文商，輟鹿鳴，幾三十年。順治十一年秋，孔君吉人、牛君紹容獲雋，繼而蟬聯鵲起，科第不絶，幾與嶽輔稱雄矣。蒞商三年，分守商雒使者許某頗好摻切。有郤於州舉人某，陰屬公中以危法，令徐圖之。公堅不從，仍署齋壁云「鬼神式臨，不敢殺人媚人也。」許之客見之以告，許大恚動，輒齟齬，公慨然曰：「余曩在代，善一許而罷遷，今在商更爲一許所制，命也。」遂拂衣歸，取道中州。愛蘇門、百泉之勝，留寓者七載。與夏峯孫徵君昕夕過從，潛心性命之理，沛然有得。既抵里，囊橐蕭然。蔬食布衣，優遊林下，逮三紀而卒。

公性至孝，色養有方，喪葬盡禮，意氣慷慨。喜談經濟大略，戎馬逆旅間，手一編不廢。輯類書名商山夜話。其學以紫陽爲正，極論頓悟之謬曰：「如是不墮禪者，幾希體貌犴然？」士皆望傾。其豐采而溫恭泛愛，聆其言藹如也。

〔二〕「大同」，原作「大通」，疑訛，今改。

卒於康熙二十有五年九月丙戌，距生前萬曆四十年二月甲戌，壽七十有五。

中巖文介先生傳略〔一〕

余自甲午識子禎，又六年而稱兄弟云。子禎甫弱冠，聲名藉甚，三秦士大夫多與之遊，然率未能深知子禎。蓋子禎不易才也。束髮以來，竊不自揆，往往好交天下士，而子禎往與石生善，爲同舍友。石生故亦好交，其坐間日有四方客，詩酒噂嘈，互相引重。子禎方據一榻高臥，嘗竟日夜不與客涉一語，由是四方客多怪之。予時在坐，私自驚異，謂子禎必奇士。石生亦屏客告余曰：「子禎詩文雄放，不大類其爲人。」嗟呼！彼四方客則已矣。石生而爲是言，豈足以知子禎者？且予識子禎自石生始。

昔者上谷蘇大夫生紫守邠日，嘗延子禎于邠。中原趙大夫錦帆宰子禎之邑，獨心奇之。比其去，託諸上谷。兩大夫皆負人倫之鑒，而上谷予性命之交也。以故予得因上谷請交子禎。蓋蘇、趙、宋、李之間，各相倚爲命矣。子禎齒差長，予兄事，而子禎亦弟蓄我。予與爲兄弟，故能略述其人。

夫子禎在朋會，飲笑詼諧，良非所長，繇其天性孤潔，恥與非類。卽他人伊優自□見之，必深嫉如讐惡。然生非其時。天下士大夫方以捷步爲巧，逆顏爲工，而子禎視之若將浼焉。是何異衣古衣冠，坐市人而談許繇務光之高，致無怪乎？相顧竊咲以爲迂且拙也，顧子禎所詘特此耳。乃若二三兄弟爲分籌握槊之舉，飲且酣矣。俯伏天地，憑吊山河，因而論得失于千古之上，爭成敗于萬口之餘。豪傑奮風，亂賊奪魄。子禎議論橫出，如鑿龍門之河，如奏鈞天之響，如登盲明腐遷之堂，則日可貫，水可飛，白眼可青，泣涕可數行下也。

〔一〕據清宋振麟撰中巖文介先生文集附録，清乾隆十六年王文昭刻本迻録。

子禎業負介不能驩世俗，又日閉門著書，其耕稼桑帛之事略不經意，故其家亦日貧。而性至孝，堂上有太夫人，計菽水不敢缺； 賓客過之者，必具饔成禮，亦不免數困矣，故牢騷感奮之氣所時有。有則盡發爲詩文。故其爲詩業慷慨悲壯，不屑屑字句間。子禎詩五言古極善述事，纖曲詭異之屬人所難言者，獨易言之而不傷遷就，得樂府遺意，稱上乘。七言次之。近體五言稍縱，如青蓮、盱眙之逸調。然唐人以此應制，則初唐宜法也。七言沉鬱整亮，駸駸乎右丞矣。絕句亦七言勝，如宮調、塞下諸曲，殆與葡萄、芙蓉作爭雄。文則古奥深堅，自成一家，而能不爽古人之步。

嗟呼！子禎負奇氣不羈之才，天下無識者。其無已而自託于詩文以自信，後世君子于是乎悲其志矣。且夫世之知子禎者，莫如蘇、趙，而兩君或抑在下僚，無特疏薦賢之柄，吾誰與語者？向使子禎得時，則駕正色垂紳于天子之庭。既寄六尺孤於掌握，吾知竭其忠貞以濟其事。雖廹苑生，不可奪也。吾與子禎兄弟也，親見其爲人而許之若此，然豈一二爲俗人言哉？

荊山李因篤子德甫譔。

孫傳庭傳[一]

孫傳庭，字伯雅，代州振武衛人。萬曆四十七年進士。初授河南永城縣知縣，再遷商丘。天啟五年，擢吏部主事，歷陞稽勳司郎中。時逆閹魏忠賢方起搢紳之禍，傳庭念孑身孤子，母老子幼，請假歸。奉孀母版輿遊晏，居恒則危坐讀書，若將終身焉。莊烈帝御極，魏閹伏誅，官方清矣。中外用兵，迄無勝算。傳庭憂心世故，慷慨談兵，有澄清天下志。崇禎八年，起驗封司郎中，已敘里居時繕垣犒士，定亂全城功，超拜順天府丞。時求人孔亟，官華要者率捫舌避邊才如阱罟。傳庭談

[一] 據明孫傳庭撰白谷集附録，清文津閣四庫全書本迻録。

論風生，不少遜忌。時謝陞掌吏部，貴倨甚，傳庭常抗不爲下，銜之。屬陝西巡撫闕，遂推傳庭。然傳庭意亦願一當也。帝召見便殿，期勉慰藉如家人。傳庭面奏：「往者秦兵宿邊鎮，而秦撫治其腹，誠不煩置兵。今賊反在內，臣恐不能以徒手撲強賊。」帝頻顣曰：「措兵難，措餉更難，朕給而今歲餉六萬金，後則聽若自行設處，不中制。」

傳庭受命而西，以滅賊爲己任。簡募標旅，得勝兵三千人自將之。當是時，寇渠之最強者，無如高迎祥；其最衆者，無如拓養坤，所謂闖王、蠍子塊也。傳庭標營甫成軍，而迎祥自漢中取黑水峪，出犯西安。傳庭心策賊來遠矣，路險阻，雨滂沱，人馬必憊。扼之於山可擒也。渡渭迎擊，大敗之。總督洪承疇聞捷報，馳至合兵，明日復進戰陣，獲迎祥，俘獻闕下。帝大悅，爲之告廟行賞。養坤在鳳翔，震懼求撫，而中懷猶豫。傳庭至鳳翔，以計招來其黨張文耀，養坤亦就降。

秦兵久驕而習剽，督撫率姑息吞聲。傳庭一裁以法，許忠、劉世傑等遂颺攄藍田。檄括衛軍備城守，不滿三百。傳庭曰：「四衛屯軍額二萬四千，贍軍腴地二萬六千餘頃，地歸豪右，而軍籍遂虛至此，欲不貧寡得乎？」遂下令清屯。凡健丁一，授田百畝，區地三等，免其租課，量徵軍需，得守兵九千餘人。歲得餉銀一十四萬兩，米麥二萬餘石。疏上，帝褒獎備至，命諸撫以秦爲法。

時楊嗣昌爲司馬，條上方略，分十撫爲四正六隅，計兵十二萬，刻期合剿，剿餉之加派民間者至二百八十萬。兵合之後，期以百日殲賊，否則按信守行軍法。以粵撫熊文燦爲總理，承疇兼剿務如故。傳庭移書力爭，謂：「用多而不用精，非徒無益，且民竭矣，不堪重困。今但選關寧精騎八千人，屬督理及僕分將之，同心殫力，不數月，賊可盡也。」嗣昌得書，大忿恚。初，部議秦撫當一正面，議兵萬人，給餉二十萬，以商雒一帶爲信守。傳庭知剿功必不成，疏辭曰：「臣有屯課贍兵，無需餉也。」嗣昌益銜之。傳庭又綜核各郡帑積撫屬贖鍰，使鄭嘉棟、王根子市馬於番，募兵於邊，復調選邊鎮各道將親兵自辦滅賊，具不用部議。各撫咸疏報募兵已及額，傳庭獨不報。嗣昌恚益甚，上章自劾，謂「軍法獨不行於秦撫，臣請白衣領職」以激帝怒。傳庭疏辯謂：「使臣僅如各撫，束郡邑民兵，籍而上之。」遂謂：「及額，則前報屯兵九千餘，已及額矣。今臣募兵購馬，期爲國家效實用，尚未就緒，故未即報。然商雒之信，百日之限，俱不敢諉，有如賊入，臣信而不能追討，則治臣罪以伸部法，如剿功以限成，臣不敢貪。萬一逾限，而賊不滅，誤剿事者必非臣。請存臣疏爲驗。」已而剿限既逾，賊勢不少殺。而傳庭所市之兵與馬先後至，自練自將，得精銳六千人。賊震其威名，卒莫有至其信地者。具如疏言。傳庭兵既成，會大寇之在秦者，獨闖將與洪督相持，餘如過天星、混天星輩，數十股合犯涇陽、三原諸内地，衆數十萬。傳庭親擊之於楊家嶺、黄龍山，大破之，俘斬二千餘，散降且萬人。賊引而北犯延安。傳庭計延地貧而荒，賊衆必不能留，而澄郃之西、三水之東，中間三數百里，無人煙水草，可以斃賊。於是悉發兵，預布險要，扼賊必走之途。不數日，賊果南返，因大張旗幟，鳴鼓角往迎。賊聞風西避。一日夜趨三百餘里，至職田莊遇伏，敗之。轉走寶鷄，取棧道，再中伏，大敗之。折而走隴州關山道，又爲伏所敗。賊計窮蹙，且心服用兵如神，盡解甲降。闖將亦以勢失援，爲承疇殲幾盡，僅以二十餘騎逸入豫。秦賊遂平。捷聞，帝大嘉悦，詔議加傳庭銜秩，而以嗣昌隙故，格不行。

秦賊既平，惟總理所剿之豫寇混十萬、老回回、曹操輩凡十三股，屯於殽函之間，聯營七十里。總理尾其後招之，賊要挾過當。傳庭曰：「天下之寇，盡在是。我出而擊其西，總理擊其東，不降則滅矣。」提兵出潼關，邀擊於河南閿鄉山中，貫其營者再。賊大震懼，以總理手諭曰：「上言旦暮即降。」傳庭曰：「爾曹日就總理講撫，而攻屠村堡不已，殆僞也。降即解甲，不且我復進兵。」明日，躬擐甲冑，督兵而前，見總理傳檄，謂「吾撫功已就，毋妒功而害成。」不得已返旆，卒之爲賊所紿，迄不就撫，馴致後難云。

時賊俱入楚，傳庭休兵長安，威名著中外。帝亦嘉其功，遂有督師之命。傳庭具密疏，有所糾舉。又言：「年來疆事決裂，總由制之失策，臣請面奏聖明，決定大計。」嗣昌聞之，謂將傾己而奪其位也，益大詫恨，於是日夜謀殺傳庭矣。傳庭既受事，移書嗣昌曰：「事勢異宜，兵形有變，宜用火器，用步兵，用土著，精器械，訓士卒，憑險自保，餉既省而軍法易行。」反覆數千言。嗣昌懼其説上聞，無以解前罪而結後眷，謀殺之益急。會首輔劉宇亮自出督察諸軍，誤糾總兵官劉光祚而復救之。帝大怒，削職需後命。宇亮皇懼不知所出，嗣昌謀諸閣臣薛國觀，令授意曰：「惟速參督師，可以自解。」傳庭遂奉部院勘議之旨。時嗣昌已調洪承疇爲前遼總督，欲盡留秦兵之入援者宿薊遼。傳庭以聽勘不得與議，移書力爭曰：

「是兵必不可留，留則徒張寇勢，而究無益於邊。且兵之妻孥蓄積皆在秦，強之在邊，非譁則逃，是驅兵從賊也。天下安危之機在此。」嗣昌置弗省。傳庭候議通州，不勝鬱憤，患耳症劇。嗣昌日夜偵伺，思所以文致之，而不得其端，見其且病廢，意稍解，乃移傳庭總督保定軍務，趣之任。傳庭具疏請陛見，嗣昌大驚，怒斥賫疏者返通，改而上之。傳庭至保定，念嗣昌方在事，己必不能有爲，引前疾乞骸骨。而嗣昌即以欺罔議革職，且引唐太宗斬盧祖尚事，勸帝急殺之。帝雖爲嗣昌所動，而心惜傳庭才，因繫獄。

二年，寇盜大横。嗣昌出剿經年，襄福二藩相繼□，憂怖死。國觀亦以受賕伏法。周延儒再相，悉反前所爲，因言於帝，以兵部侍郎起傳庭。帝親御文華殿，問安天下計。傳庭每抵掌指陳，帝輒嘉與嘆息，燕賚甚優，遣將禁旅往援汴。傳庭至汴，禁旅脆弱不可用，喟然曰：「我思用秦人。」秦將賀人龍，降賊也，兵最強而心不爲國家用。秦督傅宗龍、汪喬年先後將入豫，人龍皆□之於陣，而自行剽掠返長安。帝惡之，於是改傳庭總督陝西三邊軍務，密勑誅人龍。傳庭命總兵鄭嘉棟、牛成虎呼人龍入見，數其罪而斬之，得其所部萬餘人，兵威稍振。朝議亟入豫，傳庭曰：「兵未訓練，弗可用也。」弗聽。不得已，將之出，戰於郟縣，前隊已大破賊，逐北三十里，而後軍無端潰。傳庭還長安，赫然曰：「此輩復用人龍故智，獨不懼爲人龍續乎！」取倡潰將領，悉斬之。上疏曰：「兵無鬬志久矣，且賊大勢已成，今欲再舉，非數萬人不可。是宜大行調募，大行訓練，恩信既孚，賊尚可滅也。」帝一聽傳庭言，且賜劍以重其權。

十六年夏，練兵長安，馬步凡五六萬人。秦紳之官京師者，意不能無厭苦，倡議於朝謂「兵已成，宜速出」。帝雖不中制，亦日夜望傳庭出師，詔進銜兵部尚書，鑄督師七省印畀之。傳庭遂以八月出潼關，旌旗戈甲，聯絡數十里，精強衆盛，爲二十年餘所未有。傳庭鋭意滅賊，自調軍書籌機要外，一切不遑問。是時，豫按監軍，豫撫轉餉，傳庭神意忽忽常在賊，揖讓高卑，不無疏略。監軍退而駭然曰：「是不難莊賈我！」傳庭又曾疏「豫撫不勝任，恐緩急難恃」。帝命褫撫職，急轉餉自贖。豫撫亦深恨之。傳庭至洛陽，大破賊衆。已連戰俱大捷，賊望見旌旗，即引去。追至郟縣，逼其巢。賊畏迫襲，連夜築七堡，中貫以墻，而悉索精鋭出戰。復大敗之，賊遁入牆，施火器自保。時寶豐爲賊城守，一鼓而克，不敢出救。賊婦女輜重之屯唐縣者，傳庭以千人走間道擣其虚，所獲牛馬金帛以萬計，紛紛潰入郟城。賊大震懼，聚族謀降。李自成曰：「吾屠王焚陵，罪大矣，姑支數日，決一戰，不勝，可殺吾以降。」時官兵露宿，與賊相持，淫雨大降，至一月不少止。糧糗露積河北，而三日不至，軍中馬足沒泥淖中尺餘，將士相顧無人色。雨稍霽，餉車微至，又爲賊所劫。傳庭念賊以今日出，則兵必不支，下令姑退師河畔，就糧養鋭。命白廣恩先退四十里而營，高傑斷後，防追襲。時廣恩方與傑不相能，兵既動，賊選驍渠數千人犯之。高兵且戰且走，望白爲援。而廣恩違令，已退九十里，至汝州矣。高兵失望，遂大潰。白兵聞之，亦大潰。傳庭引劍欲自裁，既思曰：「吾死，天下事益壞。吾疾趨潼關，收潰兵而守。萬一賊不入秦，則事猶可爲。此時束身司敗，聽斧鑕未晚也。」傳庭馳至關，賊亦大至，乃收潰兵陣城外，而自起登陴督守御。自成率數十萬衆悉力來攻，城外兵復戰敗。是時白兵之妻孥俱在關，廣恩率其衆保妻孥，奪門出，潼關遂陷。傳庭揮刀躍馬陷陣死。

其配張夫人在西安，降將張文耀願保歸晉。夫人持不可，預以幼子世寧屬乳媪匿楊氏家。比城陷，而身率三妾二女赴井死。逾年，長子世瑞出夫人於井，衣履顔面猶如生。

傳庭肝膽智計，穎異絶倫。年十三，應童子試，輒第一。及筮仕，值國家多難，一意以撥亂爲己任。毀譽禍福，勿顧也。然而内掣肘於樞輔，外齮齕於總理。當其撫秦時，秦寇平矣。豫寇亦旦夕可盡，而總理以貪功受欺，致賊復蔓。樞輔以妬功修郤，代賊除讎。功臣長繫，賊燄彌天，始出之於圜扉，晚矣。然其再舉逼巢，連戰連捷，賊勢亦岌岌，天若祐國，太平猶可望也。乃淫霖助虐，餉斷兵疲，以致退師就食，一軍瓦解，豈非天哉！而監軍以私嫌上疏，委糧於敵，歸罪傳庭，枉也。

自十六年十月丙寅，賊破潼關，傳庭死，越五日遂陷西安。明年三月，陷京師。傳庭一身實繫天下存亡云。

陳素中傳〔一〕

先生諱堯道，字素中，三原永清里人。家世孝友力田。先有諱恭者，於正統時出粟賑饑。曾王父及王父皆爲儒，修長者之行。太公諱訓，號奉菴，隱於賈，動口舉足必念青天，市井因咸稱爲「陳青天」云。

先生少負儁才，讀書博覽，旁及藝能，與石進士巘結「盍簪社」，皆一時知名士，時藝之餘，兼及詩賦古文詞。同人皆後先取科第，先生以諸生屢試不遇，然先生素恬退，亦不以爲意也。居常野服氈帽，足跡不至公府，然名噪一時。前守李公敦請教其子弟，未幾，以母病辭歸侍養。及母壽終，時關輔兵荒，先生哀毀於擾攘之中，情文備至。自是絕意仕進，於書無所不讀，朱黄二毫，時不去手，其中尤粹於醫。癸甲之際，中原鼎沸，先生立廣濟齋於市，一意濟世活人。有迎之者，無分貴賤。無替寒暑風雨，有東垣、丹溪之遺風焉。先生之醫，初從事於雲間李士材三書，而神明變化，剟其踳駁，搴其蕪穢，以及他醫籍，無不啟其鐍鑰，入其堂奥，因作傷寒辨證、痘疹辨證二書行於世。太公違養後，於胞叔諱語者，解衣推食，三十年如一日。下至群從昆季，以及疏屬姻親，賴其嘘植，亦無不得其歡心。

先生丈夫子三：長君顧青諱嘉績，次君孚青，季君祗和。亦憶太公每念「青天」，故皆以青字之。長公癸卯舉於鄉，累困公車，維時軍興孔亟，捐例宏開，長君冀升斗以隆孝養，遂入資而探符，得濬縣。濬，畿南巖邑也。歷來派一科十，先生諭長君曰：「一則一，二則二，毋令滑吏牽鼻，以無藝累窮民也。」編審冊中有女名，詢知民之無後者。苟有女，則令出錢應差。先生諭長君各報男丁，盡除冊中女名，歷來積弊一清，而丁亦無缺額。長君居濬，而吏畏民懷，皆先生教之也。

先生誠敬以孝享，惇睦以善俗，以戰競慎獨砥後賢，以躬行實踐砭僞學。神明堅悍，老而不衰，端坐隱几，坦然委順。

〔一〕據清賀瑞麟編原故文録，清光緒五年刻本迻録。

蓋篤實光輝，好德令終之君子也。既而以覃恩贈文林郎、濬縣知縣。及長君爲御史，又以覃恩贈奉直大夫、掌江南道事、貴州道監察御史。襃美光榮，澤及泉臺。荆山子重先生故略述所聞以傳之。

與顔修來書〔二〕

曩過燕臺，重親有道，晤言未悉，而班馬促旋。年翁惓念故人，不使雲泥懸望，接塵屬飲，歡若平生。六翮高騫，攜手乎於金石；南箕北斗，足翻明月之詩矣。

別來偃臥山中，絕不聞門以外事。去春亭林先生見訪，始知年翁有苫次之哀。倉卒東還，事皆合禮。猶憶吾兄通籍後，輒迎老伯入都，弟嘗就謁堂端，一承杖履。典型淪落，觸事淒然。方期遙賦大招，薄展生芻之誼，而弟適爲虚名所誤，致諸公謬采上聞。號泣控辭，半載殆無寧日。甫得敝鄉兩臺垂憫，取結移咨。乃部駁既嚴，而溫綸復再三敦促。不得已至舍白頭老母，匍匐京師。繕疏陳情，扼於當路。淚枯力盡，溝壑是甘。幸總憲魏公爲弟密題教孝一疏，又流涕面奏。聖心惻然，可免考圖歸矣。遠荷朵雲，寬其疏節。且命爲老伯作追挽之什，此固弟之夙心也。眼底疲於應酬，至恤血二次，無一刻得暇，容出京時，於畿南近邑爲之。並評閲尊集，覓便鴻寄上，萬不敢忘。見贈大篇，推奬踰分，非謭陋所敢當。匆匆附謝。病眼昏暗，屬舍姪書，統冀鑒原不一。

弟名另具

裕後

〔二〕 據上海圖書館編顔氏家藏尺牘卷二，上海科學技術文獻出版社二〇〇六年版影印海山僊館叢書本迻録，以清顔光敏輯，顔氏家藏尺牘卷二，中華書局一九八五年排印海山僊館叢書本對校。

李因篤拜李因篤印朱文

與顏修來書[一]

前荷吾兄遠貽翰劄。賤子何人，記不圖古道之猶存也。尊集謬肆丹鉛，僭踰無所逃罪。然寸波塊土，仰佐高深，誼忝夙交，知吾兄不爲河漢耳。老伯禔躬純粹，當代儀型。奉輓之詩，必擬得其近似。比者風塵稠濁，寸晷無寧，未敢以泛常應酬，草草塞責。況親承杖履，濡在通家，吟哀些於九京，海嶽共聞斯語。歲內當寄紫蘭家弟所，轉上吾兄，並答大篇，統呈郢削也。

弟久棲輦路，違越慈親，引領西風，肝腸欲裂。頃不自揆，冒昧陳情，蒙主上特恩，許以歸養。目下束裝返里，百緒茫然。燒燭裁書，苦無倫脊。抵家喘息略定，卽黽勉以踐前言。拙稿半皆散遺，偶得炎人刻送三紙。請政，新秋餘暑未盡，諸惟珍玉不宣。

山史兄已於初夏西旋，亭林先生此時在西河，晤時並道尊年。

弟名另具

左玉

李因篤拜李因篤印朱文

[一] 據上海圖書館編顏氏家藏尺牘卷二，上海科學技術文獻出版社二〇〇六年版影印海山僊館叢書本迻録，以清顏光敏輯，顏氏家藏尺牘卷二，中華書局一九八五年排印海山僊館叢書本對校。

與顔修來書[一]

家舅送到餡餅，不敢自私，邀仁兄刻下小寓同享之。上修翁老仁兄。

弟篤頓首。

與王山史手劄[二]

顧先生卜居華下，其意甚璧，但非吾兄弟委曲迎之，勢必不果，此舉大有關係，世道人心，實皆攸賴，惟五哥其圖焉。

二十六日，寓渭南，眷同學。弟李因篤頓首上五哥山史先生。李因篤印

[一] 據上海圖書館編顔氏家藏尺牘卷二，上海科學技術文獻出版社二〇〇六年影印海山僊館叢書本迻録，以清顔光敏輯，顔氏家藏尺牘卷二，中華書局一九八五年排印海山僊館叢書本對校。此書中華本誤入上「諸惟珍玉不宣」下。

[二] 據清吳懷清編關中三李年譜天生先生年譜附録，陳俊民點校，陝西師範大學出版社一九九二年版，頁四七八至四七九迻録。

佚詩

題徐電發楓江漁父圖〔一〕

樵夫忽踏薊門塵，漁父相逢太液濱。一帙雲霞隨小像，五湖烟雨憶比鄰。暮山麋鹿徒空到，春水魚龍豈易馴。客裏披圖高興發，傾杯欲贈擔頭薪。

關中弟李因篤子德甫。李因篤印白文、朱文

題子長墓〔二〕

六經刪後已森森，幾委秦烟不可尋。海嶽飄零同絕筆，乾坤一半到斯岑。尚餘古柏風霜苦，空到長河日夜深。故國撫塵遲縮酒，天涯回首漫霑襟。

〔一〕據清陸心源撰穰梨館過眼續録卷十五，清光緒吴興陸氏家塾刻本迻録。

〔二〕據清錢坫編乾隆韓城縣志卷十四，清乾隆四十九年刻本迻録。

趙驃騎招飲柏林寺[一]

一徑緑谿入，流雲野寺深。殘碑餘晚照，古屋帶歸禽。地静連沙磧，樓高俯碧岑。幽懷何所寄，搔首問諸林。

題柏林寺壁間達摩畫像[二]

此翁歸路已茫然，何事相逢面壁年。户外白雲看不盡，春風吹散二陵煙。

曹使君有松茨别業爲賦新篇卻寄并及眉菴賔及冲谷[三]

四松曾在浣花溪，萬里漁陽對不迷。解作龍鱗舒老眼，長聞鳳嘯記幽棲。猶躭林壑推梁棟，不遣風霜入鼓鼙。暫借一枝何處鶴，迢迢時下白雲西。

[一] 據清俞廉三編光緒代州志卷四，清光緒八年代山書院刻本迻録。
[二] 據清俞廉三編光緒代州志卷四，清光緒八年代山書院刻本迻録。
[三] 據清郝增祜編光緒豐潤縣志卷十二，清光緒十七年刻本迻録。

附録二　傳記資料

朱樹滋撰李文孝先生行狀〔一〕

公諱因篤，字天生，一字子德。先世有諱義甫者，金元時自山西洪洞縣避亂來關中，卜居於美原縣西之韓家村。明初併美原入富平，遂爲富平縣人。數傳至公高祖月峰公諱朝觀，商官，配趙氏；曾祖星麓公諱希賢，諸生，配任氏；祖盛五公諱効忠，武舉，配楊氏；考暉天公諱映林，私謚孝貞先生，故馮恭定公及門士，以諸生年二十七終，妣田氏，敕贈侍御見龍公孫女、增廣時需公女。孝貞公舉丈夫子二，公其長也；仲君因材，字大生，少公二歲。李氏世素封，以鹽筴起塞上。孝貞公好讀書，不問家人産，致上郡、淮、揚廛，盡成甌脱。及捐館舍，屢經兵燹，田廬焚毁殆盡。太孺人茹荼抵兩孤，備極劬勞，而朗戸蕭條，外内無倚，以故居外家之日多。

公生而岐嶷，聰悟絶倫。五歲，從外祖增廣公受學、庸、語、孟、尚書、孝經諸書，過目即成誦。七歲，太孺人盡出孝貞公所讀書並馮恭定小像付之，公泣而拜受，晝夜成誦，不少輟。八歲，能文章，出語輒驚人。十一，應童子試，邑侯翔山崔大夫見公方總角，戲曰：「童子能文乎？」長揖對曰：「願領教。」命題面試，立就二藝，崔覽卷歎曰：「曠世才也！」再試，文益奇，拔置第一。榜出，闔邑皆驚。是歲，入邑庠。十三，食餼，二十，人中。無何，潼關師潰，逆賊戕秦藩，僭號西安，中原遂板蕩，公乃棄諸生，耑力古文辭，尤好爲詩歌，到處寺觀或友人書室，興發時援筆淋灕，題滿壁。題已，往復哦咏，旁若無

〔一〕據清吳懷清編關中三李年譜天生先生年譜卷八附録，陳俊民點校，陝西師範大學出版社一九九二年版，頁四一四至四二三迻録。

人，而人亦未之奇也。獨與宜川劉石生漢客、淳化宋子禎振麟爲詩友。公不喜飲酒，而二君皆酒徒，嘗集土橋寺，酒後賦詩。劉夜半得奇句，群呼叫絶。鄰人皆驚起登陴，疑有他變，徐察聲自寺出，乃罷去。自是交遊日廣，家無升斗蓄，而賓朋恒滿座，往往貸豪右供酒肴，甚至撤戶扉、樓梯以爲應，意豁如也。十七，遍遊長安，觸目感懷，倣少陵作秋興八首，其寓意深遠，人莫能解。會豳州守蘇公東柱、伏羌令趙公志汴奉檄入闈，於古勳衛郭氏子案頭見之，稱賞不置，問作者爲誰，郭曰：「吾友富平天生李子作也。」二公曰：「其人安在？」郭曰：「見寓舊王孫子斗家。」二公曰：「可得見乎？」郭曰：「此人倔強，不可以勢屈。」郭以計鉤致之，乃與二公一覿面。

時上谷陳公上年備兵固原，爲子延師而難其人，訪及二公。二公舉公姓名，應曰：「李君，少陵後身也，師無踰此人者。」出公秋興詩示陳公。陳公誦之，擊節歎賞，曰：「吾師乎！吾師乎！」遣其子具車馬奉書幣至公家。先起居太孺人，徐陳贄儀。公怒曰：「吾山居奉母，布褐是甘，安用此璀璨者牽吾作曳裾容！」揮之使去。太孺人勉之曰：「汝高尚其志，故應爾爾；然伏處巖穴中，名不出里閈，交不越鄉國，古之人以友天下之善士爲未足，汝果足乎？且汝嘗自比徐孺子，盍一往下陳公榻。」公不獲已，出而受聘。抵固原，陳公郊迎三十里，一見恨相知晚，遂定昆弟交。未幾，陳公擢參藩，迎公至鴈陽署。雖在西席，惟太孺人是念，歲必兩省，太孺人嘗預止之。

居鴈門數年，益發憤讀六經及濂、洛、關、閩諸大儒書，所著詩文益高古精邃，名播海内。一時騷人詞客趨鴈陽如鶩。其最著者，傅徵君青主自太原至，顧徵君寧人自崑山至，屈逸人翁山自粵東至，他若小諸侯奉職貢玉帛而來者，邸舍不能容。自有名士以來，以布衣聳動四方，未有如公之盛者也。會陳公奉裁旋里，公送至保定，不忍遽言別。

俄聞顧徵君以誣繫濟南獄，星夜馳往救。徵君多否少可，出語恒忤人，惡之者聚。又質故家腴産值千金，姦人乘隙謀刼奪。適公至，代爲白其寃。臺司既夙聞公重名，又見其倜儻豪邁，吐音若洪鍾，兩目雖短視，而有時光炯炯如電，人皆畏之，立脱徵君於獄，而姦人謀亦息。公於是義聲振天下。徵君既得脱，復攜貲遊山右，公送至祁縣，辭歸省覲。

值鄉人仕楚者獲罪於臬憲高公。知公與高有舊，促公來排解。到楚数月，黔滇告變，騷動湖南、北。公虞憂及太孺人，別高，馳旋。比至家，秦隴俱亂，山寇時時窺門庭。朝廷方不次用人，邑大夫九芝郭公傳芳、總戎鄜州張公夢椒，皆公厚友，謀欲薦公於當事，力辭乃已。然公屏居北山下，去西安雖二百餘里，凡軍機密議待決于公者，郵使相聞，絡繹不絕。公厭之，避地鳳翔，又之延安，而所至監司守令，皆倚公如長城，公歎曰：「名之累人，有如此夫！」

今上十有七年，詔集諸儒纂修明史，大臣各疏薦公，詔命行省敦發。公念母老，白兩臺咨部，而部駁益嚴。太孺人勉令治裝。抵都，具呈具疏，部司皆弗納。總憲環溪魏公象樞憫其誠，代爲題請，亦不報。十八年三月預試，授翰林院檢討。到任未兩月，即疏乞終養，三十七上而始上聞疏略。天子違部議允終養。公於是振衣而歸。歸之日，公卿大夫及同館諸公，供張祖道都門外，輿數百乘，各賦詩贈別。道旁觀者咸嘖嘖歎羡，以公之歸爲榮。

抵家，具冠裳拜太孺人於堂下，隨易常服。兄宗族戚友，口不道京邸事。居家不改寒素風，出門乘羸馬，從小奚，遇者不知爲貴紳。與令丞簿尉往還如舊儀。非公事不至邑城，然民間利弊應興除者，非口陳則走書聞，而一無所私。省會諸公遇大事必迎公而質，事已即旋，未嘗經旬留。每晨興定省甫畢，賓客即盈門，無貴賤遠邇，皆盤桓竟日。其命使手賫尺牘，候起居、乞詩文者，紛集如蠅。公耳聽口答，手不停書，五官並用不相妨。又敏贍能記憶，兼劉穆之、陳元康之長。然雖終日酬應勞頓，而於太孺人寢膳湯藥，事事必躬親。如是者五年，太孺人竟不起，公泣血苫塊，動遵家禮。服闋，例應赴補。公曰：「母在尚不欲仕，況已沒乎？」乃具呈告病，制府希公慨爲代題，奉俞旨在籍養病，而公於此一漸衰矣。

是時，交遊諸老，零落殆盡，惟宋子禎先生無恙，延至家塾，彼此唱和爲樂。自臺司以下至於郡伯邑令，莫不致敬盡禮，而惟學憲生洲許公孫荃、岐山令紫庭茹公儀鳳知公最深。許行部過邑，必枉道式公廬。其華嶽集皆經公訂正。茹常葺朝陽書院，迎公講學，教岐士，梓其語録行於世。

己巳春，蚤起爲人作記，覺右臂舒緩不能屈，遂得瘓症。余往候之，執余手曰：「吾其殆乎？」余曰：「尊體偶違和，尋當瘳，奈何出不祥語？」公曰：「不然，計吾一生，作詩文不下數百萬語。」以左手撫心曰：「無一字不從此中刻畫出，血枯矣！其能久乎？」自是語蹇澀，行須杖，然終日憑几讀書，或改正舊稿，無異于平時。又四年，壬申冬，疾漸劇。易簀時，長君渭請後事，正色曰：「吾年逾六十，不爲夭，汝輩勿過哀。吾雖列縉紳，家無餘財，喪葬勿逾禮。汝奉母安貧，彊學問，勿曠廢。孫同吾鍾愛，善教之，勿因循。」再問，不語。少頃，索水浴，浴訖，瞑目卒。是日大風起東北，拔邑庠殿前樹，邑大夫常熟蔣公陳錫歎曰：「梁木其壞，應在李先生乎！」已而訃果至。

先是余聞公疾增重，比馳候，已蓋棺矣。適高士子元康先生亦來候，同余痛哭柩側，皆失聲。仲君大生泣而言曰：「吾兄不得謚於朝，古之人若王文中、孟貞曜、柳文肅、吳貞之諸公，謚皆出於私，吾兄知己莫兩君若，其議之。」康先生曰：「公謚固不可緩，然必俟衆議乃公，吾二人安知非阿所好者。」他日，諸友人門生畢集喪所，咸曰：「公官太史，文章冠當代，宜謚曰文。」康先生曰：「韓昌黎、楊大年、王介甫、朱紫陽皆謚文，以大年、介甫律之，公於『文』奚愧？然公固瓣香紫陽者，恐不敢同其謚。愚謂公始終以孝聞，謚曰『文孝』不亦可乎？」余時在末坐，起而贊曰：「康先生可謂公之知己矣！夫公之行，莫大於孝，而孝非顯揚之謂也。昔夫子惡三家無禮，因孟孫問孝，告樊遲曰：『生，事之以禮，死，葬之以禮，祭之以禮。』孟子曰：『大孝終身慕父母。』又稱曾子之孝曰『養志』。公之生事死葬，夫人而知之矣。吾嘗見公家四仲祭祖，其祖母楊嫡也，無所出；祖母任庶也，實生孝貞公。以恒情論之，躋任並楊，誰其知之。而公則位楊於祖右，題曰『恩祖母』；位任於祖側，題曰『生祖母』。其抑情遵制，非祭之以禮乎？自少及老，念孝貞公賫志蚤歿，未嘗不涕泗滂沱，非終身慕父母乎？幼時遇太孺人怒，必跽請罪，俟色霽乃敢起。既壯遊於外，凡被服玩好之物可以娛母心者，必購之以歸。太孺人或盡班之姑姊娣姪，公不惟無吝色，猶恐班之未遍，致慈母歉然也，非所謂善志乎？由是觀之，公之孝大矣，請如康先生議。」咸曰「允哉」。遂定謚文孝先生云云。嗚呼！此公之大略也，而未及其軼行。

公爲人友愛性成。仲君童時偶敖蕩，太孺人欲笞之，公跽謝曰：「材幼，少知識，過皆由兒，願代受則。」公泣，太孺人亦投杖泣。仲君遂感奮向學問，文行幾與公齊名。遇宗族戚友，雖疏遠，皆待以禮貌，其稱謂各如其行。或有急難貧乏者，極力拯之，傾囊周之，毫無矜容，亦不望報。盩厔李二曲先生顒，有道士也，公素以兄事之，共避寇寓軍寨，一切室宇器用，雖邑大夫爲之供辨無缺，實公隱爲之力。婿楣石生，先生子也，幼孤燕倚。並其母迎至家，供待有禮，楣蚤夭，命長君渭撫其遺孤，以至成立。公無德不報，於陳上谷則感佩終身。陳在日，歲常親候。既沒，每過保定，必拜祠下，流涕而去。平生畏友，惟顧徵君一人。其誄顧有「一代悲梁木，千秋響杜鵑」句，則公之嚮往可知矣。

故總憲秋岳曹公溶、大宗伯芝麓龔公鼎孳，皆以巨公主文壇，不輕可許人。曹公在大同一見見公，爽然曰：「李君才氣無雙，吾爲之心折矣。」龔公在京師，聞公至，倒屣相迎，待以國士，贈堂扁曰「西京文章領袖」，至今懸之。公別去，龔公宴客，有賦熊掌詩至七十韻者頗自負，笑曰：「君輩恨未見李天生。」其爲前輩推服如此。

前孝廉文谷張乃第、文學峙伯喬公惟華，皆高隱不出。公聞於大夫，表張閭曰「高士」，題喬墓曰「逸民」。性樂善，遇片長稱道不容口，汲引後學，常若不及。人有過，婉詞勸勉，未嘗面加叱呵。顧徵君集杜句題于庭柱曰「文章來國士，忠厚與鄉人」，實録語也。嗚呼！此公之軼行也，而未及其至詣。

公博及群書，靡不淹貫，恪宗考亭，不參異見。其發爲文章也，原本六藝，通以韓、柳、歐、曾之神氣，而渾淪灝瀚，則於秦漢爲近；作爲詩歌也，祖述風騷，挹乎漢魏六朝之精英，而縱橫排宕，則於少陵尤深。迨乎晚年，於詩嗜陶，於文喜蘇，其由美大而幾神化之候乎？嗚呼！此公之至詣也，余小子不足以知之也。雖然，苟聽其湮沒而不傳焉，後死者烏得無罪哉？公文集十五卷，廣韻正四卷，未梓，藏於家。其所評漢詩十卷，受祺堂詩集三十五卷。公沒後，故樂昌令少華田公梓以行世，蓋少華代梓許公于生前也。嗚呼！少華可謂不食其言矣。

公卒於康熙三十一年十一月二十二日子時，距生明崇禎四年七月初五日丑時，享壽六十有二。元配孺人王氏，處士正發公女。先公卒，其卒也早，生卒享年人莫能記，姑闕之。次配張孺人，處士爾璣公女。佐公事太孺人，克盡婦道，淑慎慈惠，公敬之如賓。後公卒，卒於康熙四十六年九月十一日亥時，距生於崇禎十一年四月十八日子時，享壽七十有一。子一，渭，廩監生。娶沈氏，庠生宜公女，早卒。繼娶石氏，庠生天柱公女，湖廣參藩在閭公孫女。女二，長適上郡鄉進士劉漠客子楣；次，字三原杜別駕恒燦子、壬午科舉人坦，未嫁而卒。孫四，長楫，癸巳科舉人。娶張氏，處士鳳岐公女。次楠，庠生。聘習氏，原任休寧令珮璜公女；娶何氏，戊午科武昌志公女。次枋，娶荊氏，庠生震楚公女。次棫，聘石氏，候選縣丞啟珣公女。孫女一，字江南參藩天樞公孫、候選縣丞啟珣公子翮。曾孫女二，長字石文學端子思振，次幼，俱楠出。

公卒後二十二年，長君渭卜兆於村南之阡，謀奉公與兩孺人之柩而合葬焉。有期矣，長君適病，病踰年亦卒。又踰年，次孫楠謀欲繼志，而襄事維艱。邑大夫閻山楊公聞而歎曰：「大賢暴棺於外，令之恥也！」乃捐清俸，助成大禮。公既藏魄於地下，而長君亦得附葬其左。同時觀者，莫不高大夫之義。以爲校范公麥舟恤友，似彼易而此難也。余目擊其事，敢誌篇末，俾後之作史者並傳不朽焉。

謹狀。

九畹續集關中人文傳李因篤[一]

李因篤，字子德，一字天生，富平人。爲明諸生，棄遊塞上。靖逆侯張又南督兵松江，尊貴，座見客，獨接因篤必重禮之。會詔舉博學鴻詞，又南及閣學李公天馥交章薦。廷試，授檢討。未幾，以母老告辭。

因篤貌樸，性質直。初入都，南人易之。一日讌集，語杜詩，因篤應口誦，或誦偶熟，復詰其他，即舉全部，且曰：「吾於經史類然，顧諸君叩之。」一座咋舌，不敢復問。在館職時，王阮亭、汪苕文主詩社，豎南北幟，士多屈服，因篤與抗禮。蕭山毛奇齡亦天馥所薦，稱天馥「老師」，侍立比弟子，因篤獨齒序呼之曰「兄」。奇齡善古韻，與因篤語，輙抵牾，衆莫能定，唯顧寧人是因篤而非奇齡。寧人著韻學五書，因篤多與有力焉。因篤學富，而詩最工，嘗作長安秋興八首，孫豹人謂「少陵不能過」。有受祺堂詩集，學使者許公孫荃鏤之板。文集藏於家。

[一] 據清劉紹攽編九畹續集卷一關中人文傳，清乾隆四十二年刻本輯録。

雍正陝西通志李因篤傳〔一〕

李因篤，字子德，富平人。年十一爲邑諸生。丁明季之亂，遂謝去。肆力爲古文辭，尤長於詩歌。嘗遊長安，倣少陵作秋興詩八首。見者多擊節。時往來秦晉間，過從悉知名士，崑山顧炎武其尤也。康熙十七年，詔集諸儒纂修明史，廷臣以因篤名上。十八年，授翰林院檢討。未兩月，即疏乞終養。疏畧曰：「臣母年踰七旬，屬歲多病。隨經具呈吏部，吏部謂稱親援病恐有推諉。竊思已病或可僞言，親老豈容假託？臣雖極愚不肖，詎忍藉口所生，指爲推卸之端。臣仰圖報君，俯迫諗母，欲留不可，欲去未能，瞻望闕廷，進退維谷。」疏三十七上始允歸。抵家後，寢食湯藥，每事躬親。越五年，母殁，遂不復仕。

性敏絶，博極羣書。又好汲引後學，問字者無虛刻。或有過，必婉詞規勉，未嘗以聲色加人。顧炎武嘗集杜句題贈云「文章來國士，忠厚與鄉人」，蓋實録也。生平著述甚富，有文集十五卷，詩集三十五卷，廣韻正四卷行世。

乾隆富平縣志李因篤傳〔二〕

李因篤，字天生，號子德。父映林，明諸生，師事馮恭定公少墟，究心理學，早歿，里謚孝貞先生。母田太孺人，後孝貞

〔一〕據清沈青峰編雍正陝西通志卷六十三，清文淵閣四庫全書本迻録。

〔二〕據清胡文銓編乾隆富平縣志卷七，清乾隆四十三年刻本迻録。

五十一年卒，懿行徽音，並詳郃陽康乃心孟謀、華山王宏撰山史、二曲李顒中孚三先生所爲記。〔二〕因篤八歲能文章，年十一入庠。值明末寇亂，棄去。肆力古文詞，尤長於詩。康熙十七年，詔集諸儒纂修明史，廷臣疏薦之。以母老乞罷，不允。十八年，御試授翰林院檢討。未兩月，即疏乞終養疏，畧曰：「臣母年踰七旬，屬歲多病。隨經具呈吏部，吏部謂稱親援病恐有推諉。竊思己病或可僞言，親老豈容假託？臣雖極愚不肖，詎忍藉口所生，指爲推卸之端。臣仰圖報君，俯迫諗母，欲留不可，欲去未能，瞻望闕廷，進退維谷。」疏三十七上，始允歸。抵家後，寢食湯藥，每事躬親。越五年，母歿，不復仕。性敏絶，博極羣書。又好汲引後學，問字者無虚日。或有過，必婉詞規勉，未嘗以聲色加人。九芝郭公嘗集杜句題贈云：「文章來國士，忠厚與鄉人」，蓋實録也。卒日，里謚文孝先生。著有受祺堂詩集三十五卷，漢詩評十卷，邑人故樂昌令田若畹鐫以行世。文集十五卷，稿藏於家。〔三〕弟因材，性孝友，著稷園集、姓氏考。

宋學淵源記李因篤傳〔三〕

李因篤，字天生，一字子德，富平人，明季庠生。時天下大亂，因篤走塞上，訪求勇敢士，招集亡命，殲賊以報國，無有應

〔二〕 吳懷清按，孟謀、亭林皆撰孝貞墓誌，山史撰墓表，此漏載。

〔三〕 吳懷清按，受祺堂文集四卷，道光七年丁亥，同邑馮硯農孝廉雲杏梓行。十年庚寅，硯農弟子楊浚續爲搜刻四卷。則先生之文，遺逸多矣。又硯農序受祺堂文集云：「所著漢詩評、儀小經，上郡劉石生序而梓之。」陝西志及朱狀皆稱先生著廣韻正四卷，翁山文外稱先生方著九經大全，想詩說、春秋説均括其中，今皆不可見。劉按，李因篤編九經大全之事，見清屈大均翁山文外（清康熙刻本）卷一宗周遊記，卷二送李天生歸陝西序。

〔三〕 據清江藩撰國朝宋學淵源記卷上，鍾哲整理，中華書局二〇〇八年版，頁一五八—一六〇迻録。句讀略有調整。以清吳懷清編關中三李年譜天生先生年譜校。又見清錢儀吉碑傳集卷四十五（清道光刻本），題名李檢討因篤記。

者。歸而閉戶讀經史，爲有用之學。與李中孚友善。崑山顧炎武至關中，主其家。甲申、乙酉之間[一]，與炎武冒鋒刃，間關至燕中，兩謁滑帝攢宫。康熙己未，詔舉博學鴻詞，朝臣交章薦之，因篤以母老辭。是時秉鈞者聞其名，必欲致之，大吏承風旨，縣官加意迫促，因篤將以死拒，其母勸之行，始涕泣就道。試授翰林院檢討，以母老且病，上疏辭職歸養。疏略[二]。疏上，有旨放歸。吴江鈕琇謂本朝兩大文章，葉方伯映榴絶命疏與因篤陳情表也。後奉母家居，晨夕不離左右，鄉人稱其孝焉。

其學以朱子爲宗。時二曲提唱良知，關中人士皆從之遊。二曲與因篤交最密，晚年移家富平，時相過從，各尊所聞，不爲同異之説。君子不黨，其二子之謂乎！平生尚氣節，急人之難。亭林在山左被誣陷，因篤走三千里，至日下泣訴當事，而脱其難。性伉直，面斥人過。與毛奇齡論古韻不合，奇齡强辯，因篤氣忿填膺不能答，遂拔劍斫之，奇齡駭走，當時相傳爲快事。或曰：「因篤性剛，非君子也。」予曰：「無欲則剛，人之所難，故聖人有未見之嘆。子之言過矣。」因篤詩文出唐入宋，乃一代作者。有受祺堂集行於世。

文獻徵存録李因篤傳[三]

李因篤，字天生，更字孔德，一字子德，其先本山西洪洞人。元時遷陜西美原，洪武初縣廢，遂爲富平人。因篤生於明季。父映林，明諸生。萬曆中，士好新説，多以莊列之言入經義，映林獨信向蒙引、大全之學。因篤少孤，受業於外祖田時

[一] 甲申、乙酉，吴懷清謂應作「戊申己酉」。
[二] 引文「竊惟幼學而壯行者」至「務展涓埃矣」，見本集，今略。
[三] 據清錢林編文獻徵存録卷四，清咸豐八年有嘉樹軒刻本迻録。

需，撫之成立。因遊代州，與馮雲驤善。雅愛其風土，居句注夏屋間者十年。與顧亭林、朱竹垞暨李武曾爲布衣兄弟交，年小於顧、朱而長武曾二歲。四人雖在客所及私寓，坐次無或亂者。博學強記，注疏尤極貫穿，略皆上口。年三十棄諸生。時盩厔李顒以理學顯名，與涇陽李念慈及因篤號爲「關中三李」。其後，復與鄠縣李柏、朝邑李楷，亦有「三李」之號。

康熙中，舉博學鴻詞。以母老辭，詔不許。至京師，李天馥以年長，兄事之。天生居之不疑，人尊爲關西夫子。既試，授檢討，與修明史。以母老辭，不許。因篤乞終養疏，略曰：「臣母年逾七旬，屢歲多病，隨經具呈吏部。吏部謂稱親援病，恐有推諉。竊思己病或可僞言，親老豈容假託。臣雖極愚不肖，詎忍藉口所生，指爲推卸之端。臣仰圖報君，俯迫諗母，欲留不可，欲去未能，瞻望闕廷，進退維谷。」表三上，乃許之歸。其後母没，遂不出也。因篤未遇時，聖祖聞因篤名，與秀水朱彝尊、慈溪姜宸英、無錫嚴繩孫稱爲「四布衣」。由是天下莫不知四布衣者。

因篤精熟明一代事蹟。乞歸後，尚書王鴻緒撰横雲山人史稿成，欲正於因篤。時老病，令二人捧書於牀前誦之，因篤曰呼曰改，即下籤記之，加竄易塗抹，半載而功畢。顧炎武遊濟南，爲人所陷，置之獄。因篤於數千里外往救之，得全。炎武感其意，賦詩三十韻，乃賡二十韻酬之。傅青主云：「往秋嶽先生謂『風雅以來，僅有此製』，非阿好也。」長於經學，嘗與汪琬論春秋，不以胡康侯爲是，指摘之。琬曰：「君辨固佳，然知人論世，良自不易。」著詩説，炎武曰：「毛鄭有嗣音矣。」其春秋説，琬見而稱之。工長律詩，嘗謂少陵自詡「老去漸於詩律細」曷言乎細？凡五七言近體，唐賢落韻共一紐者，不連用。夫人而然。至於一三五七句，用仄字上去入三聲，少陵必隔別用之，莫有疊出者。他人不爾也。彝尊與李武曾共宿京師，逆旅擁被，互誦少陵七言律，惟八首與天生言不合。「鄭駙馬宅宴洞中，疊用三入聲。江村，疊用二入聲。秋興『昆明池水漢時功』，一首疊用二入聲。江上值水，疊用三去聲。鄭縣亭子，疊用二去聲。至日遣興，疊用二去聲。卜居，疊用三去聲。秋盡，疊用三去聲。」彝尊初疑之，久而見宋元舊雕本暨文苑英華證之。則鄭駙馬宅宴洞中，作「過江麓」，作「出江底」，江不當言麓。江村「多病」句作「但有故人分祿米」。秋興，「夜月」作「月夜」。江上值水，「漫興」作「漫與」。鄭縣亭子，「大路」作「大道」。至日遣興，「語笑」作「笑語」。卜居，「上下」作「下上」。秋盡，「西日落」作「西日下」。

合之天生所云，八詩無一犯者，乃以其説爲然。且曰：「由此推之，『七月六日苦炎熱』下文第三句不應用『蠍』字，作『苦炎蒸』者是也。『謝安不倦登臨賞』下文第七句，不應用『府』字，作『登臨費』者是也。循此説以勘五言，雖長律百韻，諸本字義之異可審擇而正之也。」嘗以四十韻詩投侍郎曹溶，溶歎曰：「數百年無此作矣。」有望夏屋山詩云：「秋色自西來，蒼然萬壑廻。涼風吹窈窕，落日到徘徊。林穀關音本，乾坤老象才。何由雙屐齒，直踏白雲隈。」王士禎曰：「關中名士，予生平友善者，若孫豹人、韓聖秋、王無異、李子德、王又華、曹陸海，皆一時人豪也。」有壽祺堂集行世，又有漢書音注、漢詩評各五卷。朱竹垞言：「李孔德授官未逾月，即上疏請終養。母沒，仍堅臥不出，終於家。無子。其著作甚多，要不可問矣。惜哉！」又本集云：「老友朱休承，竹垞玄孫也，署富平令，嘗屬訪先生諸著作，僅得受祺堂詩集十冊。今經義考中載有秦風一篇，而漢詩評注曾經手鈔，今已刊行，然其散佚者多矣。」

己未詞科録李因篤[一]

李檢討乞終養疏，情詞懇惻，比之李令伯之陳情，殆又過之。是時，通政司不肯上疏，檢討乃自齎疏午門外，三日遂得許終養。逕歸富平，不復出。節録顧炎武撰墓誌。

瀛按：先生與顧寧人先生交，並高不仕之節，薦舉非其志也。授官後，寧人有答先生書云：「老弟雖上令伯之章，恐未見聽。」蓋知己之期之者厚矣。

汪淮按：檢討父名暎林，字暉天，師馮恭定先生，講學績行。卒後，門弟子私謚貞孝先生。檢討父死時方三歲。冦猝至門，死者八十一人。與弟迪篤，從其母田氏走外家，得免。檢討湛深經學，學者稱「關西夫子」。

[一] 據清秦瀛編己未詞科録卷二，清嘉慶刻本選録。

清史列傳李因篤傳〔一〕

李因篤，字天生，陝西富平人。明諸生。時天下大亂，因篤走塞上，求勇敢士殲賊以報國，然無應者。歸而閉戶讀書，博聞強記，貫串注疏。康熙間，詔舉博學鴻儒，因篤夙負重名，公卿交薦，母勸之行，試列一等，授翰林院檢討。未逾月，以母老乞養，疏略〔二〕。疏入，詔許歸養，母歿仍不出。

因篤性伉直，然尚氣節，急人之急。顧炎武在山左被誣陷，因篤走三千里爲脱其難。嘗著詩説，炎武稱之曰：「毛鄭有嗣音矣。」又著春秋説，汪琬見之，亦折服。與毛奇齡論古韻不合，奇齡強辯，炎武是因篤而非奇齡，所著音學五書，因篤與有力焉。歸後，岐山令及淳化宋振麟等請講學於朝陽書院。因篤首發横渠以禮教人之旨，次論有守有爲之義，而斷之於審幾，以著思誠之體。其論學必綰以經，説經必貫以史，使表裏參伍，互相發明。當時學者灑然有得，因篤記之爲會講録。尤熟於有明事蹟。王鴻緒史稿成，就正因篤。時老病臥牀褥，令二人讀稿，命之竄易，半載而畢，由是史稿知名。他著有受祺堂集三十五卷、漢詩音注五卷、漢詩評五卷、古今韻考一卷。

〔一〕 據佚名編清史列傳第十七册卷六六，王鍾翰校，中華書局一九八一年版，頁五三〇二至五三〇四迻録。

〔二〕 引文爲「臣竊惟幼學壯行者」至「永矢畢生矣」，見本集，今略。

國朝先正事略李天生先生事略〔一〕

先生名因篤，字子德，號天生，陜西富平人。明季爲諸生。見天下大亂，走塞上，訪求奇傑士，與殺賊報國，無應者。歸而鍵戶讀經史，貫穿注疏。負重名，與盩厔李中孚友善。崑山顧亭林至關中，常主其家。甲申、乙酉閒，與亭林冒鋒刃，閒關至燕京，兩謁莊烈帝攢宮。康熙己未，薦博學鴻詞，以母老辭。秉鈞者聞其名，必欲致之。大吏承風旨，縣官敦促，先生將固拒，母勸之行，始涕泣就道。試授檢討。甫就職，以母老且病，具疏乞終養。格於通政司，先生自齎疏跪午門外三日，遂得諭旨。許歸養。疏略〔二〕。論者謂本朝兩大文章，葉忠節公映榴絶命疏及先生陳情表，皆令讀者油然生忠孝之心焉。先生予告後，奉母家居，晨夕不離，後遂不復出。著有壽祺堂集。其學以朱子爲宗。時李中孚提唱良知，晚年移家富平，與先生過從最密，然各尊所聞，不爲同異之説。

性樸直，博學能彊記。初入都，南人多易之。一日宴集，論杜詩。先生應口誦，或曰偶然耳。詰其他，輒舉全部，無所遺。時阮亭、堯峯主盟壇坫，先生與抗禮。蕭山毛大可，亦李閣學所薦也，北面稱弟子，先生獨序齒稱之曰兄。與大可論古韻不合，大可強辯，先生氣憤塡膺不能答，遂拔劍斫之，大可駭走。時傳以爲快。顧亭林是先生而非大可。亭林著音學五書，先生與討論。所著詩説，亭林稱之曰：「毛鄭有嗣音矣。」其春秋説，堯峯亦心折焉。亭林在山左被誣陷，先生走三千里，入都泣訴，當事脱其難。

〔一〕據清李元度編國朝先正事略卷三十九，清同治刻本迻録。

〔二〕引文同宋學淵源記，今略。

清儒學案李先生因篤[一]

李因篤字子德，一字天生，富平人。明諸生。值寇亂，走塞上，訪求勇士，招集亡命，思以殲賊。見無可爲，歸而閉戶讀經史，爲有用之學。以文學負重名，與二曲、雪木並稱爲「關中三李」。亭林遊關中，訂交，論學至契。及亭林爲萊州黄培詩獄牽連，先生聞之，特走京師，告急諸友人，復至濟南省親，時稱其高義。康熙己未，召試博學鴻儒，授翰林院檢討。被徵時，以母老多病力辭，有司強迫就道。既授職，呈請歸養。格於吏議，乃自上疏陳情，詞旨切摯。其疏爲時傳誦。得請歸侍母，晨夕不離。母喪後，遂稱病不出。平生學以朱子爲宗。二曲提唱良知，關中學者皆服膺。及居富平，先生與過從無閒，各尊所聞，不爲異同之説。深於經學，著詩説，亭林稱爲毛、鄭嗣音。又著春秋説，汪苕文亦折服焉。又有受祺堂詩文集、參史傳、宋學淵源記、亭林年譜。

孝貞先生墓誌銘[二]　崑山顧炎武撰

關中故多豪傑之士。其起家商賈爲權利者，大抵崇孝義，尚節概，有古君子之風，而士人獨循守先儒之説不敢倍。嘉靖中，高陵、三原爲諸生領袖，其後稍衰，而一二賢者猶能自持，於新説横流之日，以余所聞，李先生蓋可謂篤信好學，而不更其守者耶。李氏之先，山西之洪洞人，元時遷美原。洪武初縣廢，爲富平人。數傳至先生之曾祖諱朝觀者，以任俠著關

〔一〕據清徐世昌等編著，清儒學案第一册，沈芝盈、梁運華點校，北京中華書局二〇〇八年版，頁三三五〇迻録。

〔二〕孝貞先生墓誌銘、孝貞先生墓表、田太孺人墓誌銘，據續刻受祺堂文集附録迻録。

中。與里豪爭渠田，爲齮齕乞以死。而先生之祖諱希賢，以諸生走闕下，上書愬天子，直其事，大猾以次就法，報父仇，名動天下，乃其家遂中落。至先生之考諱效忠，中武舉，稍復振。先生始以文補邑弟子員。先生少而剛，方積學不怠，當萬曆之末，諸子好新說，以莊、列百家之言竄入經義，甚者合佛老與吾儒爲一，自爲千載絶學。先生乃獨好傳註，以程朱爲宗，既得事恭定馮先生，學益大進。先生事親孝，其於諸兄昆弟，恭而有讓，待人以嚴，而引之於道，治家、冠姻、喪祭一如禮法，以是年雖少，鄉人重之如王彦方、黄叔度焉。崇禎七年四月壬午，以疾卒，年二十七。

先生卒之三月，而關中大亂。先生之考武舉君以哭子繼先生以歿。而寇至里中，妣楊氏與族人登樓，並焚死。李氏之門合良賤死者八十一人。嗚呼憯矣，而孤子因篤方三歲，因材二歲，從其母田氏走之外家以免。其後因篤既長，乃折節讀書，已爲諸生，旋棄之。爲詩文有聞於時，而尤潛心於傳註之書，以力追先賢。

蓋近年以來，關中士子爲大全、蒙引之學者，自先生父子倡之。先生歿，越十有三年十月癸酉，因篤始葬先生於韓家村東南之新阡。因篤既與崑山顧炎武爲友，且數年泣曰：「吾先人之墓石未立，將屬之子。」炎武不敢辭，乃爲之撰次，其詳則因篤之狀存焉。先生諱映林，字暉天。其没也，鄉人私謚曰「孝貞」。先生孫男二人，漢，因材出；渭，因篤出。銘曰：

李氏之先，以節俠聞。及至於先生，乃續其文。刊落百代，以入聖門。好義力行，鄉邦所尊。胡不永年，遭室之焚。有封若堂，於韓之原。惟德繩繩，在其後昆。

孝貞先生墓表

華山王宏撰撰

嗚呼！此明文學李公孝貞先生之墓也。先生諱映林，字暉天，以鄉人私謚稱孝貞先生。先生生於萬曆三十六年，歿於崇禎七年。越十有三年，而子因篤始克治葬於此。予生也晚，不及見先生，而與因篤爲兄弟之好。嘗以母事田太孺人，太孺人視予猶子也。太孺人後先生五十一年而歿，爲今康熙之二十三年冬十一月壬申，因篤奉其柩合窆焉。先期以書來乞表，其麗綍之石。王宏撰曰：「關中之學，倡自雲巖，而明興以來，文簡爲最著。繼文簡而作者，則有恭定。當異説横行之日，屹然爲底柱於狂瀾，一時從遊其門者，繁有人顧。每屬意先生。予聞先生之學，以程朱爲師，致知而力行，不傍趨不躐等。所謂醇乎醇者，爲文章有聲庠序間。尤敦孝友，居家之儀，準諸家禮，不苟同流俗，里黨取法焉。惜乎天奪之早，志於眉山發憤之年，而未獲見其成也。乃已卓卓如此矣。有子因篤，以公卿之薦，受知天子，授翰林院檢討，以太孺人春秋高，力請歸養。天子特許之。其出處大畧，與新會合符。然因篤淹綜子史，尤深於經術，恪尊傳註，間有發先儒所未發者，而一軌於正學，即新會猶當遜之。則皆先生之遺教也。予故撮其大端著之篇，而使揭於其墓。庶幾後之過頻陽之野者，憑而弔之。聞先生之風，其亦可以知所宗也已。若太孺人之徽德，則有二曲之誌銘在，婦無專制，故不及焉。」

田太孺墓誌銘　二曲李顒撰

顒學不爲文。生平未嘗應人以文。十年閉關以來，晏息土室，並筆硯亦不復近。頃宗弟因篤遣子渭持母田太孺人行狀，請顒誌其壙中之石。顒以不文辭。因篤謂顒曰：「嚮寓富平，會接孺人聲欬，恩託蔦枝，所不容辭。且言事苟紀實，即不文，庸何傷？」不獲已，爲破例勉次其概。按狀，孺人系出田齊公族。漢初奉詔徙關中，三遷而居富平之董村。至敕贈文林郎山西道監察御史聞五公諱見龍爲孺人父。配裴氏，生五子，曰大參公，曰增廣公，其次爲汜水公、廣濟公、副戎公。增廣公諱時需，娶楊氏，生孺人。

年十六歸於孝貞府君。事舅姑柔順無違，察色聽聲，奉食飲相起居，務承其歡，即一果一蔬必手滌而後進。孝貞弱冠入庠，遊故大司空馮恭定公少墟先生之門，究心理道。孺人一力操作，勞苦備服，而内外之政井如。孝貞早卒，舅亦繼亡，姑遇寇被燔。孺人攜因篤暨次子因材走外家獲免。焚掠之餘，生計一空。崎嶇窘仄，於風爐塵甑間縮腹而食，解髢而餉。俾因篤從外祖受書，勉以恪纘父志。因出孝貞遺書，並少墟先生小像，泣告之曰：「此孔孟正傳，若父疇昔之所潛心從事者也。小子以此自勗，則若父爲不亡矣。」因篤嗚咽受命，繼晷弗懈。年十一，就童子試，邑宰得其卷，驚以爲神。援之冠軍，隸博士，食餼。逆闖破潼關，僭號長安，逼諸生出試受職。因篤遂棄衣冠，屏舉子業，一意經學，旁通左、國、史、漢暨唐宋諸大家，人謂無救於貧，孺人獨私喜，即或菽水弗繼，怡然安之無愠色。既而因篤才名藉甚，遠邇傾慕，縉紳多折節願交。藩參上谷陳公、宗伯合肥龔公尤稱莫逆，咸分俸資養孺人，自是稍免寒枵。太原傅青主、吴郡顧寧人與因篤塤吹篪和，相次登堂拜母歸善孺人。

今上十有七年，詔集天下淹雅之士，廷臣交章推薦。因篤奉詔，敦促力辭不獲，大司寇蔚羅魏公方兼御史大夫爲代請，亦未許，灑泣就試。欽授翰林檢討，即日具疏乞終養。奉旨諭允歸，而依依子舍，孺人對之，悅慰加餐，母子相依，自謂人間至樂，雖三公萬鍾莫踰也。歷六歲而衰病侵，尋食亦漸減，入秋患吐。因篤遍延名醫診療，夜則露禱於天，祈以身代。孺人聞之太息曰：「吾年近八旬，死復何憾？烏庸此徬徨爲耶！」遂卻藥弗進，沐浴靜俟。七月十六日未刻，整衣端坐，神明湛定。頃之目下垂，翛然而逝。

噫！性命死生之界，在尊宿老儒，猶不能不怛，乃孺人不戚不亂，守正以俟命，足以覘所養矣。平昔自奉儉素待賓，則非腆潔弗快。天性慈惠，好急人之急。里中饑貧者，令媼手蔬米分應，或呼而餉之。凍者爲斥衵絮。族姻有以匱乏告，務委曲周卹，痛若身經。居恒誨因篤以敦倫睦族，樂善親賢，受人之惠，不可忘報。聞陳公卒官東粤，則促其趨奠。顧寧人訃至，哭之甚哀，痛因篤失一良友。前此顒以終南播氛，避亂頻山，孺人率闔眷出見。令因篤偕弟若子朝夕嚴事，恩勤有加，罔替。迨亂定返里，猶時問遺不絕。

嗚呼！懿德之好，在孺人誠爲空谷足音，而顒以虛名無以當之，愧何可言。今九原不可作矣！追維眷顧之隆，搦管涕零弗能已。孺人生於萬曆三十七年五月壬寅，卒於康熙二十三年七月庚辰，享壽七十有六。子二，長即因篤，娶王氏，處士正發女，蚤卒；繼張氏，處士爾璣女。次因材，諸生，出嗣叔曾祖鎮撫公，娶楊氏，都尉鍾秀女。孫二，漢，因材出，諸生，娶田氏，太學尊儉女；渭，因篤出，諸生，娶諸生沈君宜女，蚤卒，繼娶石氏，諸生天柱女。孫女二，並因篤出，皆夭。重孫四，相，漢出；楠，渭出。因篤卜以仲冬甲申葬孺人於韓家村東原新阡，乃系之銘。銘曰：

奕奕公族，肇自田齊。潛哉懿德，我李是禔。迺昌厥後，迺迪厥先。

惟賢惟善，申命自天。頻山峩峩，石水洋洋。億萬斯年，長發其祚。

附録三　著作序跋及提要

序跋

受祺堂文集序[一]

余分藩甘肅之明年，富平孝廉楊君松齡以受祺堂文集四卷示余，曰：「此吾鄉李先生天生之遺集也，請爲言以弁其首。」余受而讀之，既卒業，乃喟然曰：「前輩之不可及也如是。」

夫初康熙戊午己未間，舉博學鴻詞，時與其選者，如朱竹垞、毛大可、閻百詩、陳其年諸前輩皆海内鉅伯。先生以布衣廁其閒，雍容大雅，不激不隨，壇坫所至，靡不奉爲圭臬。曩嘗讀先生詩，敦厚和平，不矜才氣，竊意先生殆邃於學，幾於道，非徒屑屑以詩鳴於世者。

今覆斯集而按之：終養一疏，孺慕之徵也；聖學一篇，崇本之論也；天文、樂律、荒政、屯田、鹽漕諸作，考古之驗，經世之謀也。其答李隱居書曰：「古之君子，其自待必嚴，與人必慎，終身落落寡合，必不依違遷就，以苟一日之名。」序高禄侯畫曰：「大丈夫七尺之軀，受之父母，必欲使之工。突梯脂韋之狀，學咿喔嚅唲之言，其將以天下盡婦人乎？」蓋先

[一] 此序據書院本卷首迻録，疑有闕文。

生少孤，當勝國之季，遭家多難，閲世滄桑，其嚴氣正性，凜然不可犯之，概又時時流露於楮墨閒。後之學者徒賞其文之閎博鉅麗，甚或僅以詩人目之，忽其所難，而觀其所易，烏足以知先生也哉？雖然，先生之文當時爲詩所掩，身既没而始爲世所稱重。遲之又久，而乃得松齡蒐羅散佚，付之剞劂，此固先生潛德幽光，善或啓之，而松齡表彰。

受祺堂文集序〔一〕

關中當國初時，以詩名海内，卓然成一家言者，有悔翁、豹人、天生三先生。弱水集板毁已久，余弱冠從蒲城友人借而讀之；遊三原，得讀溉堂集；惟受祺堂集〔二〕久而不得所見者，乃諸選本所登寥寥數十篇。其五古，心純氣和，翦截浮囂，暖然似春，淒然似秋，可以厚人倫，翼風化；秋興七律，雄蒼沈鬱，直逼少陵。慨然想見先生之爲人，然終以未睹全集爲憾。

己丑養痾乾陽，富平楊松林孝廉因鮑鋏帆太守以新刊受祺堂文集屬余爲序。余于先生詩僅見一斑，而于文則先睹全豹，何幸如之！或謂，先生詩不脛而走者垂二百年，文集晚出，恐爲所掩；且詩既傳矣，文集傳可也，不傳可也。余獨不謂然。沈詩任筆，兼擅爲難，其相掩者，皆偏勝者耳。有文人之詩，以全力爲文，以餘力爲詩，故詩不逮文；有詩人之文，以全力爲詩，以餘力爲文，故文不逮詩。若韓、柳、歐、蘇，其詩其文，並有千古膾炙，至今莫能指其偏長，雖欲掩之，惡得而掩之？譬如水在地中，穿井得水，亟汲焉，則竭泉脈不王也。王則穿井，井滿穿池，池滿恃源而往，委輸不盡，安見豐于此

〔一〕此序據書院本卷首迻録。
〔二〕受祺堂集，即受祺堂詩集。

而嗇于彼哉？今觀先生詩，義衷風雅，派衍漢人，傳律則以盛唐爲宗，中晚以下，未嘗取則焉。其文，則記序傳志出入遷固之間，策疏兼取賈董，六朝以下未嘗取則焉。其源遠，其流長，不特此也。

先生少孤，遭明季流賊，一門八十人死于一炬。先生痛家禍之慘毒，慨亂世之多艱，絕意梯榮，專肆力于經史文詞，志益苦，神益凝，而文益進。游跡徧南北，所至與其賢豪交。凡山川形勢，人物臧否，民生利弊，吏治隆汙，一一洞然于心而發之于文。與顧亭林交最深，大得其切劘。吾邑李二曲徵君，儒宗也。先生呼爲伯兄，往還尤密，講明正學，研精理窟。故其爲文，事詳而筆簡，才雄而義醇，宗經而不流于迂，上下古今而不失之誕。當時若寧都魏氏、商邱侯氏，各以古文名家。使先生出其所長，與之角勝中原，正未知誰執牛耳也。獨是文章之變，至今極矣。雖有豪傑自立之士，才力可追古人。而欲賣名聲于天下，不得不與時會爲轉移。好尚一乖，觀〔二〕之者將淡漠相遭。或置高閣，或覆醬瓿，一日不傳，奚論千載！用是趨避之心勝揣摩之術，工純白不備，神志不定，文體日卑，蓋由於此。

夫鉤章棘句，詭勢瓌聲，駭世之文也，嗜奇者寶焉。圖狀山川，規摹風景，怡情之文也，風雅者體焉。冰雪其心，煙霧其質，妙入玄關，動得禪趣，離俗之文也，沖漠者宗焉。離實學，僞飾羽，而畫風骨不存，摸棱是尚，官樣之文也。高明者見而唾之，而識時務逐浮利者乃珍如拱璧。錯綜名物，詳核同異，切蟣烹蝨，瑣屑不遺，考據之文也。脫略者厭其煩猥，而鑽故紙，拾牙慧者且奉爲枕中祕。執此數者以讀是編，則枘鑿不入。蓋先生之文，非可驚可喜之文，而布帛菽粟之文也。集中傳記各體，皆直書其事，不作一塗澤語。大者可垂史策，小亦可入志乘。其郊祀、天文、曆法、樂律、史法、漕運、治河、鹽法、錢法、荒政、屯田諸篇，源流得失，瞭如指掌。如良吏折獄，既廉其情，即斷以法。如良醫診脈，既確指其病，即明示以方。無鋪張語，無閃爍語，無調停語，其有裨於朝章國計者匪淺，凡此，皆文章之士所不能言，而先生鑿鑿言之。無心爲文

〔二〕「之者將淡漠相遭」以下，至「視孝廉，而亦豈餘力疾爲序之心哉？」據清路德檉華館文集卷一論說受祺堂文集序，清光緒七年解梁刻本補録。

而文自汩汩然來，不求悦於當世，但自抒其生平之所得，斯文之至者矣。讀先生詩者，皆願讀先生之文，未必盡喜先生之文，而先生之文自在也。吾知天下後世，必有如二曲、亭林兩先生者，相賞於牝牡驪黄之外，表章之以永其傳。則先生之文，當與詩竝壽。

孝廉於百餘年未果之事，鋭意舉行，厥功亦良偉矣。如謂香火情深，尊鄉先輩遺集以相炫曜，則淺之乎。視孝廉，而亦豈余力疾爲序之心哉？

古今韻考王祖源序〔一〕

曩年供職夏官，見漢陽葉中翰潤臣有古今韻考之刻。其書爲富平李子德先生受祺堂舊訂本，循音分部，簡切易明。茲因小孫崇燕初學韻語，每公餘挑燈爲之講貫古今切韻。慮其難以默識，檢行篋有舊藏葉刻本，遂付手民重加校刊，以便家塾兒童誦習，且可藉廣流傳。此書雖非彙録音韻之大全，而初學由此尋源竟委必不至濫入迷津。其韻海寶筏哉！

光緒六年，歲次上章執徐秋相月巧夕，福山王祖源蓮塘氏書於古天府之明志堂。

楊傳第重刊李氏古今韻考序〔二〕

唐人刊正陸法言切韻，爲士詩賦之用，其同用獨用之注但計二百，六韻中字數多寡以爲功令而已。宋吴才老韻補始言

〔一〕據清李因篤撰古今韻考四卷卷首，清楊傳第校正，清王祖源附録，天壤閣叢書清光緒王懿榮校刊本迻録。

〔二〕據清李因篤撰古今韻考四卷卷首，清楊傳第校正，清王祖源附録，天壤閣叢書清光緒王懿榮校刊本迻録。

古通某，轉音通某，而分合多未當。今崑山顧氏廼始綜古音爲十部，婺源江氏繼之析爲十三，金壇段氏又析爲十七，益密於顧氏。然自顧氏之十部導之，故通乎十部之説，則於求古人之音，思過半矣。自元以來，作詩者多用黄公紹所次平水。劉氏之書訛謬相承，去古愈遠，甚或操其土音并異韻會至於入聲，尤爲舛互。雖名流輩出，不少佳篇，以古音繩之無待。遠溯詩騷，第視漢魏六朝唐人，固已多出韻矣。夫聲音之學，自有專家綴詞屬文，事殊考據。然於儗古人之作而襲今人之音，縱能肖其情文，實已違其節奏。固用韻之界限，尤詞人所當究心者也。

富平李子德氏於顧氏音學五學嘗預參訂，既深明顧氏之藴，慮其卷帙浩繁，人不能徧讀。廼依顧書十部集爲漢魏六朝唐人通用之韻，又彙録入聲之古音分爲四部，又專集唐人古詩通用之韻，照劉平水韻目提綱於前，以著其稍異於漢魏者，末復取唐初、盛諸公近體嘗用之韻選録之，以見唐人律韻之嚴。總名其書曰古今韻考。書僅四卷，簡而易明，雖音韻沿革流源未暢其説，而後人復古之階實在於此。可謂善述顧氏者。

是書嘗刻其所撰漢詩音注後，歲久版不存，書亦罕見。漢陽葉潤臣閣讀家有鈔本，因以暇日校而刊之。閣讀故深於詩，冀此書流傳，學者可漸進於古，其用心良善。書中偶有疏誤之處，不敢改原書，屬傳第簽出附記於後。子夏有言：「聲成文謂之音。」聲不相應而求其成文，豈可得哉？願讀是書者勿以爲風雅之筌蹄也。

咸豐七年八月，陽湖楊傳第書。

王梓刻漢詩音注洽陽序〔一〕

吾鄉頻陽李太史先生，品望夙著，淹通經傳，溯源濂洛，卓有見地。尚論憂絕不屑，步趨訓詁。當明季，先生年方舞勺，

〔一〕據清李因篤輯評漢詩音注卷首，清康熙三十五年王梓孝昌官署刻本迻録。

即補博士弟子員。亂離後，棄去。隱居萬斛山，刻意著述。人罕見其面。性穎敏，讀書目十行下，輒終身不忘。雅負經濟才，詩古文辭楷模一世。見知上谷陳祺公先生。文名日著，羔鴈頻至。會今上稽古右文，弓旌遠及，台閣交章力薦，膺博學宏詞選。聖主臨軒親閱多士，拔授翰林院檢討。顧先生澹於仕進，且多以堂上春秋高具白掌院，疏請終養，慰留者再。於是伏闕陳情，詞意懇惻。上感宸衷，特賜馳驛歸里。進退遭逢，皆異數也。

余家洽陽，距先生里居不二舍而遥，乃鹿鹿塵埃中無繇近炙。然先生早已聞聲見許。戊辰春，得侍杖履華下，一見傾倒，請定拙詩。謬爲激賞云：「後起之秀，非子而誰？樹立壇坫，直與涇陽劬菴濩豹人、同邑黄湄諸公共執牛耳，子其勉之。」予唯唯滋慙。

先生著作甚富，而漢詩屬意獨深。庚午客弘農，先生謂余曰：「僕四十年專心併力評注是書，丹黄載筆，凡數易稿，自覺獨有會心。今脱稿初成，索觀者衆，卒未之與。詎敢矜慎自秘，顧思得其人耳。子天下士也，舉以歸子。」諈諉鄭重耳別。余敬受而藏之，旅次稍暇，燈牕手録，迴環吟咀，略窺作者大旨，而余五言古體亦因之增益焉。屢思公諸世而未有其會，兹者承乏。孝昌歲值賓興，大典徵調，入闈公事，余閒追憶舊遊，莫有先先生者，因編輯成帙，付諸剞劂，以嘉惠後學。

竊念余雖非侯芭、王粲，而先生固子雲中郎也。世固有子雲中郎之書，必有待芭粲以傳哉。況先生抱負瑰瑋，未克展布萬一，區區聲韻之學興感成書，不過文豹一斑、威鳳一毛耳，烏足爲先生重？而余汲汲恐後者，亦以見屬之殷。追念緒言，恍如昨日，而先生冢木已拱，宿草含煙，每義循覽，不自知清淚之涔涔也。用是粗述先生生平大概，暨予受知以來相逢之地、勗勉之言，備載歲月，以志歷久不忘。非敢藉是編以傳先生，而余之固陋，正賴先生以傳也。至若評注之精，鉤深索隱，窮微探奧，直抉古人未發之藴。世之有志聲詩，立意學古者，三復而自得之，又烏庸余贅一云云。

康熙丙子秋，洽陽後學王梓敬題於孝昌槐蔭堂。

康孟謀手録漢詩評李因篤序[一]

予自垂髫受漢詩，其中不解者半，往往屏人獨處苦思，至忘寢食，間得一二語，則喜不自持，舞蹈狂呼，如是積三十餘年而盡通焉。友兄顧亭林先生，謬相推許，謂盡發古人之覆，勸作音註。尚未竣工，而朝夕於斯。丹鉛之餘，多綴評論，上下兩旁殆徧，家所藏本敝而復易者數矣。同學康子孟謀見之，有會於心，手自較録，更出示余，因題數語簡端。郭代公寶劍篇云：「龍泉顏色如霜雪，良工咨嗟歎奇絕。」漢時之光，不啻干將、莫邪，予雖非鑄工，頗有磨拭之苦，而康子獨好之，不謂之良工不可。

歲屠維大荒落陽月癸酉。

李先生手評漢詩評康乃心跋[二]

漢詩索解不易，亦從無有解之者。解之自吾友李太史子德始。陶徵士讀書不求甚解，非其不解也，唯求不可，求不可甚耳。今觀此編，發蒙啓昧，如玄奘、鳩摩之譯龍藏，暗室一燈，千年朗徹，其惠後學，勝於匡生多矣。顧原本隨意疾書，縱横記註，莫知其斷續所在，僕於暇日細爲校訂，分句晰章，各以類從，刊爲十卷。匣劍帷燈，遞歷寒暑，後之覽者，其亦信僕爲子雲之桓譚矣乎！

[一] 據清李因篤撰漢詩評卷首，清康熙二十八年刊十卷本迻録。
[二] 據清李因篤撰漢詩評卷尾，清康熙二十八年刊十卷本迻録。

李天生詩黎元寬序〔二〕

於無家不稱詩、無詩不滿家之日，而卓然有以自見者，大難言之。伯璣蓋總持風雅，未嘗輕以別才許人，獨爲余言樗圃能津津焉。不去口，其亦必非妄有名矣。樗圃者，山陰李子天生之所以署其居者也。伯璣謂：「樗散木以自命，大氐不得志于時者之所爲。」而斯厚曰：「天生乃嵇阮一流人物。」嵇阮在五君咏中，一以爲龍性誰能馴，一以爲越禮自驚衆，此可知其非得志之具。然而由建安、黄初以下，言詩統者必歸之宋景濂。所謂正始之間，嵇阮疊作，皆師少卿而馳騁于風雅者是已。余載考文，選所存中散詩，惟幽憤一，秀才入軍五，雜詩一，共七篇。步兵詩，惟咏懷十七篇而止耳。天生之可頌可傳者，正復多有。餘纔得讀盡一軸，既可作十日留連。顧猶心醉其七夕之絶三十，遂能使天人語句異口同音，且而刻羽引商，含金吐石，敏捷成之巧筵未散，則夫宮詞王建、比紅羅虬，又何足爲之頡頏？歐陽公嘗序寫聖俞詩，以爲得聖俞之槀，猶得伯牙之琴絃，蓋其意在子期之能聽也。余于聲音一道，雖曰未得圓通，然亦不欲躲根。凡下若天生者，既聞耳矣。廣陵散其庶幾猶在人間，而蘇門嘯響亦至今嘗滿坑谷也乎！於是慧男于公，且再世執詩柄，其獨安，天生蓋安雅也。余于天生始終若季咸之爲壺子，反走莫得而相承。伯璣、斯厚言乃綴蕪序，厥或見夢曰：「汝幾死之散人，何知散木，則亦惟所命之焉？」

〔二〕據清黎元寬撰進賢堂稿卷四，清康熙刻本迻録。

朝陽書院奉迎李太史子德先生會講録序 代[一]

昔者先生尊經稽古，綱紀人倫，使學者必從身以本天、因心以觀性，其要於儒術之一而明其所以治人事者已矣。人有承學之地，學有師率之方，詩書羽籥守其具而潤澤乎其中。自都邑而鄉閭，無二事焉。遭秦絶學，漢起而出諸煨燼之餘，諸老師方搜肆舊業，保殘葺闕，使人有其傳、物有其器，以無失乎先聖之緒言。又襲其後者，皆博士、專家，雖曰「師承、章句」，滋侈各以私學相角於六藝之中，固不暇求所爲義理之精微，而匯其源流，知所以統一也。故漢建初八年，詔曰「五經剖判，去聖彌遠；章句遺辭，乖離雜正。」恐先師微言將遂廢絶。則上之功令所及，亦止於扶微學、廣異議而已。猶幸其時，雖師承末學之弊，而賈馬王鄭典物博奥，近古而注詁。其傳經義以論斷國是，若京氏之於易，雋不疑之説春秋，夏侯勝之説尚書之類，會時處置，皆有可觀。故始元以後，最重經術之儒。然拘於形下之器，各執其説而不能相通。是以道隱小成，言隱榮華，千有餘年，至於有宋，濂洛諸大儒而始興。而今又榛蕪於歧途焉，且並其器而亡之。甚矣！道之難全，學之難明也如此！

予以數年前分符於西輔之岐山，詩所云「鳳鳴而于彼」，朝陽也。自幸得履文周之地，披觀西州之遺，而悠然慨慕於當時譽髦斯士之風。顧邑殘于釁氛，生氣未復，乃蠲其無名之賦爲之三請於上，幸而得可。繼酌保甲法，因平其徭役之未均者，而岐有采封周太傅之澤也。明年，新厥廟而垣之。又一年，朝陽書院成，大合他邦之雋邑、祭酒、弟子員、左尉、掾屬、三老、孝弟、力田。

其落之今年春，荆山李太史子德先生來下邑榻，屢顧此而贊之，以詠以記。予侍先生遊東湖、五丈原諸勝蹟，皆得與觀

[一] 據清宋振麟撰中巖文介先生文集卷六，清乾隆十六年王文昭刻本迻録。

其懷古之作，而於周文公廟三復賦十章以寄興，蓋曰天地文明已至今也。久之，先生東歸，予盡鑱諸石，遂向諸君子謀曰：「予之始爲此也，固欲賓之賢者而師事之。今先生名德爲四方士大夫之所瞻式，予亦幸託扶帚之役獲與遊。處之末，若以時請而邀先生函丈指迷焉，義無所辭。」於是七月戒日，送輿幣，擎書肅伻迓之，而先生果惠然以來。時則學憲許公漢上事竣，郡伯曹公東行部先後惠臨講席，諸君子之從事于會者皆大喜，相與修乞言之禮，而環向以聽。

先生首發横渠以禮教人之旨，細論有守有爲之義，而斷之於審，幾以著思誠之體。太約謂人日用而不察，天秩皆廢，若循規矩而攝以威儀，則百事可立。故傳以動作威儀之則爲受中之徵，而幾者動之界、知之微也。書嚴冒貢之非，而易以知幾爲神。聖人惟幾之學，祇不失乎本心。心者，積誠而已矣，故曰：「忠信，所以進德也；修辭立其誠，所以行義也。」先生論學必縮之以經，說經必貫之以諸史，使表裏參伍相互發，而其指益暢。

曩觀篇什所及，知先生於學術切救世之防，鑒積弊之端。論自泰山孫明復，南北學經理奥指皆鉤其要，故每發一義，擽枝葉以究根柢。若風雨之並，集河漢之高，瀉以浩氣披拂而洗滌之。不數日，而學者灑然各自得也。

既訖月會，太夫人週期至，先生歸，行小祥禮，而諸君子所録〔二〕會講已成帙矣。予不敏乏獎率之力，而藉先生叨光於斯土，敢不敬梓，公諸海内？遂爲之序，所以會講朝陽之誼，以志其盛。其賢大夫之有事于茲者，姓名皆列諸左方云。

〔二〕「所録」，原作「録所」，據文意改。

提要

經義考蒹葭説提要〔一〕

李氏因篤蒹葭説一篇，佚。

按，李氏之説，大旨謂秦之封域本周之舊都，周家積德累仁，流風遺俗宜有存者，何至一變而爲車轔、駟驖、小戎諸詩。及讀蒹葭三章，乃知周之遺民不忘故主，思乎王之在洛。所謂「在水一方，溯洄溯游」者，皆指洛陽而言也。此前人所未發。李氏字天生，更字孔德，又字子德，富平人。與余同被薦，授官檢討。未踰月，即上疏請終養其母。母歿，仍堅臥不出，終於家，無子。其著作甚多，要不可問矣。惜哉！

續修四庫全書總目提要古今韻考嚴氏刊本提要〔二〕

古今韻考四卷，嚴氏刊本，清李因篤撰。因篤字天生，一字子德，富平人，與崑山顧炎武爲友。自吳才老撰韻補，始言古通某，古轉聲通某，而分合多未當。顧氏廼始綜古音爲十部，婺源江氏繼之析爲十三，金壇段氏又析爲十七，曲阜孔氏又析爲十八，高郵王氏析爲廿二。分析益臻精，然皆自顧氏之十部導之。因篤與炎武爲講學交，其於古韻，篤守顧氏十部之

〔一〕據清朱彝尊經義考卷一百十九，清文淵閣四庫全書本迻録。按，清陳夢雷古今圖書集成理學彙編經籍典第三百二十卷（清雍正銅活字本）亦見著録。

〔二〕據中國科學院圖書館整理續修四庫全書總目提要經部，中華書局一九九三版，頁一二一四迻録。

說。是編凡四卷。依十部集爲漢魏六朝唐人通用韻，又彙録入聲之古音分爲四部，又專集唐人古詩通用之韻照劉平水韻目提綱於前，以著其稍異於漢魏者。末復取唐初、盛諸公近體嘗用之韻選録之，以見唐人律韻之嚴。條例分析，頗爲簡明。雖音韻沿革源流未暢其説，而後人復古之階實在於此，可謂善述顧氏者矣。

續修四庫全書總目提要古今韻考提要〔二〕

古今韻考四卷，清李因篤撰。因篤有受祺堂詩集、漢詩音注，清修四庫書竝已著録。是書原附於漢詩音注。是書概分四類，一依顧炎武十部集爲漢魏六朝唐人通用韻。二以顧說入爲閏聲，最爲可信。雖前列五部，恐人難解，復彙録入聲，就所轉去聲分爲四部。三專集唐人古詩通用之韻，依平水韻目提綱於前，以著其稍異於漢魏者。四取唐初、盛諸公近體嘗用之韻選録之，以見唐人律韻之嚴。所分四類，第一類括以漢魏六朝唐者，以古近體之詩韻相承者多，但未能盡合於詩騷。然每韻下，仍按詩騷逐條附正，詳具顧本。既明古韻又知漢魏以下之韻，可互觀也。故其古韻之說，無所發明，襲顧而已，實偏重於漢魏至唐之韻。其意欲以此爲詩賦韻準，藉爲復古之階耳。當時古韻之學，自以顧炎武爲最精。音學五書出後，毛奇齡撰古今通韻以斥之。因以立五部三聲兩界兩合之說，支離破碎，但逞意氣，於顧書本無傷也。因篤嘗與毛論古韻，不合，奇齡强辯，因篤氣憤填膺，不能答，遂拔劍斫之，奇齡駭走。當時相傳爲快事。蓋因篤傾服於顧，自不能合於毛矣。顧氏音學五書，因篤嘗預參訂。炎武亦云：「深知吾書，海內惟李生一人。」其互相推重如此。但因篤古韻之說，無多表見。然其集漢魏至唐之韻，自可供參考也。

〔二〕據中國科學院圖書館整理續修四庫全書總目提要經部，中華書局一九九三版，頁一二一四迻録。

四庫全書總目受祺堂詩集提要〔一〕

受祺堂詩集三十四卷，陝西巡撫採進本，國朝李因篤撰。因篤，字子德，又字天生，富平人。康熙己未，召試博學鴻詞，授翰林院檢討。顧炎武作音學五書，特載與因篤一劄，蓋頗重之。閻若璩作潛邱劄記則云：「杜造故事，莫過於李天生。」然所謂杜造故事者，今不可考，則姑存其説矣。是集爲因篤所自定本，三十五卷。此本獨闕第四卷，目録註云「未出」。其爲因篤自刪之，或爲隨寫隨刻誤排卷數不得已而立一虚卷，均未可知也。其詩大抵意氣蒼莽，才力富贍，而亢厲之氣一往無前，失於粗豪者蓋亦時時有之，殆所謂利鈍互陳者歟。

四庫全書總目漢詩音注漢詩評提要〔二〕

漢詩音注五卷，漢詩評五卷，直隸總督採進本，國朝李因篤撰。因篤有受祺堂集，已著録。是編評點漢詩，兼註音韻一卷。至五卷題曰漢詩音注，六卷至十卷題曰漢詩評，一書而中分二名。又前五卷之評夾注句下，後五卷之評大書詩後，體例亦迥不同，不知其何所取也。顧炎武有與因篤書，極論古今音韻刻於所撰音學五書前，蓋以因篤爲知古音者。然聲音文字與世轉移，三代有三代之音，秦漢有秦漢之音，晉宋有晉宋之音，齊梁有齊梁之音，自唐以後有唐以後之音，猶之籀變而篆，篆變而隸，隸變而行，因革損益，輾轉漸移，不全異亦不全同，不能拘以一律。自吳棫舉六朝以上，概曰：「古音於

〔一〕據清永瑢四庫全書總目卷一八三集部三六，中華書局一九六五年版，頁一六五九上中迻録。

〔二〕據清永瑢等撰四庫全書總目卷一九四集部四七，中華書局一九六五年版，頁一七七二下迻録。

是。」或執後以攙前，其失也雜，或執前以繩後，其失也拘。如朱虛侯歌疏與之韻，證之史遊急就篇亦然。梁鴻適吳詩隅與流浮休韻，證以日出東南隅行亦然。燕刺王歌嗚與人韻，證以崔駰安封侯詩亦然。知漢人有漢人之韻，下不可律以今，上亦不可律以古。因篤概以三百篇之韻，斷其出入，未免膠杜之見。至其所評，亦罕精鑒。如謂司馬遷尊項羽爲本紀，冠之漢書，爲千古具眼之類，猶隆萬後人好爲高論習氣也。

清人文集別録受祺堂文集提要[一]

受祺堂文集四卷，續刻四卷，道光七年楊浚刊本，富平李因篤撰。因篤字天生，一字子德，明季諸生，讀書務爲有用之學。與李顒友善。顧炎武至關中，主其家。又同至鴈門以北，墾荒農殖，大事經管。其後炎武在山左被誣陷，因篤走三千里設法營救。顧氏感其急難扶危，有長詩贈之。而亭林詩文集中，亦以致因篤書札及詩篇爲最多，可以想見二人交誼之深也。因篤早歲以詩名。初入都時，南人易之。一日讌集，語及杜詩，因篤應口諷誦。或謂偶熟，復詰其他，即舉全部，且曰「吾於諸經史類然，顧諸君叩之。」一座咋舌，不敢復問。蕭山毛奇齡善古韻，與因篤語，輒牴牾。衆莫能定，惟顧炎武是因篤而非奇齡。炎武著音學五書，因篤多與力焉。而亭林文集卷四有答李子德書，長至三千字，爲討論古代音韻最精邃之作，知二人平日以學問相切劘者又至密也。因篤與炎武游處相好之日久，而治學之道，乃不期而與之俱化。觀因篤詆斥當時言理學者，大抵摭拾語録，妄稱性命之旨，而絕不知經學。不惜大聲急呼，乃謂未有不深於經學而能以理學名世者詳續刻卷四與孫少宰。此與顧氏論學之旨，如出一轍矣。因篤學富而詩最工，四庫全書著録其受祺堂詩集三十四卷，入別集存目。而提要稱其意氣蒼莽，才力富贍，而尤厲之氣，一往無前。蓋因篤平生尚氣節，而性亢直，故發之於言者，亦以氣盛見長耳。

[一] 據張舜徽撰清人文集別録卷三，中華書局一九六三年版，頁六七至六八迻録。

因篤以康熙十八年己未舉博學鴻詞。與朱彝尊、嚴繩孫、潘耒同稱四布衣，供檢討職。未久，以母老告歸。是集卷一告終養疏，爲一時傳誦之作，論者謂不減李密陳情表。於是式儀其人者，又不僅重其詩文而已。詩集早行于世，而文集刊布甚晚，以此本爲最朔。其中與友朋書札，亦以論詩者爲最多而最精云。

著録

雍正陝西通志[一]

受祺堂文集十五卷，李因篤撰。

乾隆西安府志引用書目[二]

受祺堂文集，李因篤。

中秋諺，李因篤。

[一] 據清沈青峰編雍正陝西通志卷七五，清文淵閣四庫全書本迻録。

[二] 據清舒其紳編乾隆西安府志引用書目，清乾隆刊本。

清文獻通考〔二〕

受祺堂詩集三十四卷，李因篤撰。因篤，字子德，又字天生，富平人。康熙己未，召試博學鴻詞，授翰林院檢討。

漢詩音注五卷、漢詩評五卷，李因篤撰。因篤，見詩集類。

光緒富平縣志稿〔三〕

受祺堂文集十五卷，詩集三十五卷，漢詩評十卷，廣韻正四卷，檢討李因篤著。

〔二〕據清官修清文獻通考卷二百三十四經籍考、卷二百三十八經籍考，清文淵閣四庫全書本。

〔三〕據清樊增祥編光緒富平縣志稿卷三，清光緒十七年刊本。

圖書在版編目(CIP)數據

李因篤集/［清］李因篤著；劉泉，高春艷點校整理．—西安：西北大學出版社，2014.12

（關學文庫/劉學智，方光華主編）

ISBN 978-7-5604-3548-0

Ⅰ.①李… Ⅱ.①李…②劉…③高… Ⅲ.①李因篤（1631～1692）—關學—文集 Ⅳ.①B249.9－53

中國版本圖書館 CIP 數據核字(2014)第 313476 號

出品人 徐 曄 馬 來

篆 刻 路毓賢

出版統籌 張 萍 何惠昂

李因篤集 ［清］李因篤 著 劉泉 高春艷 點校整理

責任編輯 王學群 裝幀設計 澤 海

版式統籌 劉 爭

出版發行 西北大學出版社

地 址 西安市太白北路 229 號 郵 編 710069

網 址 http://nwupress.nwu.edu.cn **E－mail** xdpress@nwu.edu.cn

電 話 029-88303593 88302590

經 銷 全國新華書店

印 裝 陝西博文印務有限責任公司

開 本 720 毫米×1020 毫米 1/16

印 張 27

字 數 419 千字

版 次 2015 年 1 月第 1 版 2015 年 8 月第 2 次印刷

書 號 ISBN 978-7-5604-3548-0

定 價 96.00 圓